Unter den Sternen

Kristina Messerschmidt

Unter den Sternen

Lesben und Astrologie

Krug & Schadenberg

Danksagung

Während eines Tanzkurses sprach mich Andrea Krug an, ob ich ein Astrologiebuch über Frauenbeziehungen schreiben wollte – vielen Dank dafür, dass sie nicht locker gelassen hat. Evelies Bröker-Messerschmidt sage ich Dank für ihre kraftvoll-löwische Unterstützung, dann auch wirklich anzufangen und vorwärtszukommen und außerdem für ihre skorpionisch-akribische Korrektur und Vertiefung so mancher Geschichte. Annette Schoen danke ich für ihre luftige Phantasie, die allerhand Gestalten in diesem Buch ins Leben gerufen hat, und für ihre jungfräulich-feinen Formulierungsvorschläge. Und schließlich habe ich viel Freude gehabt an dem präzisen und gleichzeitig humorvoll-freilassenden Lektorat durch Andrea Krug. Das wunderschöne und treffende Titelbild sowie den allerersten Anstoß zu dem ganzen Projekt verdanke ich Dagmar Schadenberg. Vielen Dank auch an meine Kolleginnen und Kollegen im Aquariana-Zentrum, die geduldig und oft während der intensiven Arbeit am Buch auf mich verzichtet haben. Dank gebührt außerdem sowohl meinem Lehrer in allen Lebenslagen Jacques Suijkerbuijk sowie all meinen SchülerInnen und KlientInnen, die mich durch Einblicke in ihre Horoskope und ihre Leben so vieles lernen ließen.

Einführung

Dieses Buch ist für Frauen, die Liebesbeziehungen mit Frauen haben – oder suchen. Es soll Lust machen, sich zu verlieben, sich selbst im Spiegel der Geliebten zu erkennen und der anderen einen Spiegel vorzuhalten. Mit kleinen Geschichten soll es die Freude am gemeinsamen Wachsen schüren: Es soll anregen, sich selbst und der Partnerin liebevoll zu begegnen, wie auch ermutigen, sich mit den eigenen Qualitäten aktiv in die Beziehung einzubringen.

Zu Beginn eines jeden Kapitels charakterisiere ich die Qualitäten eines Tierkreiszeichens und stelle anschließend die Beziehungsvarianten mit den anderen Zeichen vor. Insgesamt ergeben sich achtundsiebzig verschiedene Kombinationen, wenn zwölf Tierkreiszeichen frauengepaart aufeinander treffen – und sich dann wirklich begegnen.

»Mein Zeichen« – damit ist das Tierkreiszeichen gemeint, in dem die Sonne zum Zeitpunkt unserer Geburt stand. Die Sonnenstellung sagt am meisten über uns aus, denn die Sonne symbolisiert unser inneres Licht, unsere Ich-Kraft und Wesensqualität. Mond wiederum trägt uns und prägt unser Gefühlsleben. Das Zeichen des Aszendenten zeigt die Art und Weise an, wie wir unsere Qualitäten zum Ausdruck bringen. Dazu hat jede Frau acht Planeten zu ihrer Begleitung: Wie kommunizieren wir mit anderen? – Merkur. Nutzen wir das Potenzial unseres Willens? – Mars. Ist meine Venuskraft stark genug, dass ich mit einer anderen in Berührung gehen kann? Welche Orientierung gebe ich meinem Leben? – Jupiter. Setze ich meine Grenzen an der richtigen Stelle? – Saturn. Bin ich auch bereit, sie wieder aufzubrechen? – Uranus. Wie groß ist meine Fähigkeit zur Hingabe? – Neptun. Will ich meine ganze Macht wirklich befreien? – Pluto.

Jede Frau hat alle Zeichen in ihrem Horoskop eingezeichnet; wir haben also Aspekte aller zwölf Qualitäten in uns. Es mag daher erhellend sein, nicht nur das eigene Sonnenzeichen zu lesen, sondern sich auch auf die anderen Zeichen einzulassen und Anteile von sich darin wiederzuerkennen. Aszendent oder Mond – als wichtigste Aspekte neben der Sonne – mögen in den Zeichen stehen, die uns besonders ansprechen.

Astrologie ist ein präzises Instrument für Erkenntnis- und Entwicklungsprozesse. Im Geburtshoroskop sind unsere individuelle Anlagenstruktur, unser Potenzial und unsere Aufgaben dargestellt. Verantwortung zu übernehmen für uns als individuelle Frauen, zu wachsen und immer mehr wir selbst zu sein, erfüllt unseren Weg mit Lebendigkeit, Sinn und Qualität. Durch die Entfaltung und den Ausdruck unserer Möglichkeiten nehmen wir unseren Platz innerhalb der Menschheit und aller anderen Lebewesen auf der Erde ein und tragen bei zur Entwicklung des Ganzen.

Um astrologische Differenzierungen über sich und die Partnerin zu erhalten, ist der Gang zur Astrologin empfehlenswert. Ein Geburtshoroskop ist ebenso komplex wie aussagekräftig. In einer persönlichen astrologischen Beratung werden die Hauptqualitäten und Lebensthemen im Horoskop herausgearbeitet, es wird über den augenblicklichen Entwicklungsstand gesprochen, und es werden anstehende nächste Schritte betrachtet.

Und last but not least: Jede kann mit jeder! Sie ist immer die Richtige – allein auf das Bewusstsein kommt es an. Dieses zu schärfen, lade ich die Leserin mit vorliegendem Buch herzlich ein.

Kristina Messerschmidt, im Juli 2003

Die Sternzeichen

Widder	21. März – 21. April	11
Stier	21. April – 21. Mai	58
Zwillinge	21. Mai – 21. Juni	94
Krebs	21. Juni – 22. Juli	131
Löwe	22. Juli – 23. August	167
Jungfrau	23. August – 23. September	202
Waage	23. September – 23. Oktober	234
Skorpion	23. Oktober – 22. November	261
Schütze	22. November – 22. Dezember	285
Steinbock	22. Dezember – 20. Januar	306
Wassermann	20. Januar – 19. Februar	325
Fische	19. Februar – 21. März	341

Widder

21. März – 21. April

♈

Der erste Eindruck

Widder kommt kraftvoll, aktiv und dynamisch daher. Sie ist die Erste, sie führt die Zeichen im Tierkreis an. Sie setzt die Impulse und ergreift die Initiative. Wir erkennen sie daran, dass sie Dinge – auch unbequeme – auf eine direkte und unverblümte Art zum Ausdruck bringt. Sie ist schnell, nicht selten den anderen voraus und eigentlich meistens schon mit ihrem nächsten Projekt beschäftigt. Die anderen werden das Angefangene schon fortführen ...

Lebenseinstellung und materielle Erscheinungsformen

Widders Wurzeln liegen in ihrer Unabhängigkeit und Offenheit dem Leben gegenüber. Sie besitzt eine positive Naivität und die feste Überzeugung, frei zu sein und ihr Handeln selbst bestimmen zu können. Sie ist neugierig darauf, das Leben ganz kennen zu lernen. Sie wendet sich dem Dasein voll und ganz zu und ist nur allzu bereit, sich in dieses kraftvoll hineinzustürzen.

Dazu ist Widder mit einem kräftigen, muskulösen Körper ausgestattet. Regelmäßige sportliche Verausgabung dient nicht nur dazu, den Körper zu stählen, sondern insbesondere, ihre reichlich vorhandene Energie irgendwie abzubauen. Mit »irgendwie« beginnt Widder häufig ihren Weg – sie weiß noch nicht wohin, das aber auf jeden Fall mit vollem Einsatz.

Wohnung und Kleidung sind daher nicht unbedingt von vollendeter Ästhetik (das ist ihrem Gegenüber Waage wichtig), sondern eher rudimentärer Natur und an alltäglichen Bedürfnissen ausgerichtet. Einrichtung und Garderobe bestehen aus zweckmäßigen Einzelteilen, die für sich stehen und keine harmonische Verbindung untereinander haben müssen. Rot und Schwarz sind ihre bevorzugten Farben.

Energiefluss und Geld

Widder hat eine aktive, vorwärts gerichtete Energie. Sie ist ein beginnendes Feuerzeichen und verkörpert die Energie des Anfangs. Sie bringt die Initialkraft ein, die dazu notwendig ist, damit andere ein Projekt durch alle Stadien bis zum Ende durchführen können. Sie ist die Kraft, die aus der Ganzheit des Samenkorns freigesetzt wird, um den gesamten Lebenszyklus zu durchlaufen.

Widder gibt Anstöße und setzt in Bewegung. Sie hat den Drang und die Fähigkeit, Menschen aus ihrer Bequemlichkeit aufzurütteln. Sie initiiert, führt jedoch nicht durch. Sie hält es nicht aus, abzuwarten, zurückzustehen und wirken zu lassen. Sie wird lernen müssen, ihre Aufbruchsenergie zu sammeln und zu richten und ihren Willen auf die rechte Art und Weise zu verwenden.

Ebenso unrhythmisch ist ihr Umgang mit Geld. Widder weiß, dass Geld Macht ist. Ist sie jedoch nicht in der Lage, ihrem Leben eine klare Ausrichtung zu geben, wird sie ihr Geld schneller ausgeben, als sie es verdient hat. Sie plant nicht, und sie hält sich nicht auf mit Sparen, geschweige denn mit Geldanlage. Dazu bietet das Leben in der Gegenwart einfach zu viele Verlockungen für ihr begeisterungsfähiges Gemüt.

Ist Widder eine sehr emotionale Frau, führt das dazu, dass sie sich kurz nach dem Start eines Projektes anfängt zu langweilen und bald ein neues beginnt. Sie reagiert emotional schnell auf Möglichkeiten, die sie erkennt und aufgreift. Neue

Aufgaben reizen sie – sie ist im eigentlichen Wortsinn reiz-bar, und sie re-agiert unmittelbar und impulsiv. In diesen Reaktionen hat sie jedoch keinen Kontakt zu ihrem tieferen Selbst und ist auch von anderen Menschen schwer zu berühren.

Konflikte – Krisen – Wandlungen

Widder läuft fest, wenn sie nicht erkennt, dass ständige Aktivität noch lange nicht heißt, sich selbst mit den eigenen Qualitäten zu leben. Für sie ist es wichtig, sich der Frage zu stellen, wohin sie eigentlich will. Sie wird feststellen, dass sie sich eine Ausrichtung geben und lernen muss, Impulse aus ihrem eigenen Inneren zu setzen. Sie muss lernen zu agieren, anstatt zu reagieren.

Der Kopfbereich wird zu Widder gerechnet: Hier entstehen Kopfschmerzen, wenn sie unbedingt mit dem Kopf durch die Wand will. Ihr Kopf wird frei werden, wenn sie ihre Mentalkraft nutzt, um ihren Weg zu bestimmen. Entzündungsprozesse zeigen eine feurige Kraft, die sich aggressiv gegen sich selbst richtet.

Widders Konflikt entsteht, wenn sie aufgefordert wird, sich tatsächlich und allein in die erste Reihe zu stellen. Sie hat dann zu entscheiden, wohin sie gehen will. Sie muss sich wirklich sichtbar machen und sich den Auseinandersetzungen, die folgen werden, stellen. Das fordert sie direkt in ihre Kraft hinein. Und mehr noch: Sie wird ihre Empfindsamkeit und Verletzlichkeit kennen lernen. Indem sie sich davon berühren lässt, öffnet sie sich für sich selbst. Und indem sie das Risiko eingeht, sich zu zeigen, baut sie sich allmählich eine sichere Identität auf. Doch weiter ist für Widder nichts vorgegeben; sie wird immer neu ihre schöpferische Willenskraft nutzen – und lernen, eine Kriegerin ohne Zorn zu sein.

Individualität und Begegnung

Widder ist direkt und offen in der Begegnung. Sie liebt keine Umschweife oder Schnörkel. Das verlangt sie allerdings auch von anderen und kann darin ungeduldig sein. Im besten Fall trägt sie Konflikte aus – und nicht nach.

Widder ist der Archetypus für die Initiierung von Beziehungen. Ohne Impulskraft, ohne Anfang würde nichts entstehen. Widder ist Symbol für den Anfang, in dem das Ende des Zyklus' bereits enthalten ist. Wie ich meine Projekte beginne und was ich in meine Beziehungen im Keim hineingebe, legt weitgehend fest, was sich daraus entfalten wird. Hier liegt meine Verantwortung: Wer bin ich? Begegne ich?

Widder hat zu lernen, in Beziehung zu gehen, sich einzulassen und sich zu stellen. Dem ersten Schritt, »ich« sagen zu können, folgt der zweite, nämlich das »Du« wirklich zu sehen und als gleichberechtigte Partnerin anzuerkennen. Widder ist der typische KV, die Amazone mit Motorrad und Krawatte: Sie geht ganz von sich selbst aus, rück-sichts-los – und sie wird sich die Frage beantworten müssen, ob sie sich einer anderen Person wirklich zuwenden will.

Kreativer Ausdruck und Beruf

Widder muss auf jeden Fall ihre Tatkraft einsetzen, auf welcher Ebene auch immer sie sich bewegt. Mental bringt sie ihre ureigenen Ideen ein, durchbricht Althergebrachtes und lenkt das Leben in neue Bahnen. Emotional ist sie stürmisch, mitreißend und fordernd. Physisch packt sie konkret an und zeigt hohen Einsatz.

Entsprechende Berufe sind für sie geeignet: von der Fußballerin und Fitnesstrainerin über die Führungskraft in Management und Politik bis hin zur selbstständigen Unternehmerin.

Ungeduldig wie sie ist, kann sie weder annehmen noch abgeben; sie will alles allein machen und tut es auch. In Leitungspositionen ist sie die typische Herzinfarkt-Kandidatin mit Bluthochdruck. In untergebenen Stellungen Anweisungen auszuführen wird sie ebenfalls aufs Krankenlager treiben. In jedem Fall braucht sie ein eigenständiges Aufgabengebiet und genügend Raum, damit sie ihren großen Vorrat an Energie ausdehnen kann. Und sie braucht gute Mitarbeiterinnen, die ihre Energie aufnehmen und sie konstruktiv in die richtigen Bahnen leiten. Ob Widder in der Lage ist, sich mit ihrer eigenen Arbeitsweise konfrontieren zu lassen, hängt von ihrer Bereitwilligkeit ab, sich selbst zu reflektieren und sich zu verändern.

Entwicklung und Aufgabe

Widders Hauptaufgabe liegt darin, mit ihrem Willen auf die richtige Art und Weise umzugehen. Zunächst wird sie sich der Existenz ihres eigenen Willens bewusst werden müssen, dann ihre Willenskraft und schließlich auch den Willen anderer anerkennen müssen.

Widder wird mit ihrem Willen so lange an Grenzen stoßen und Schwierigkeiten provozieren, bis sie sich nach innen kehrt und die Wechselwirkungen und Zusammenhänge im Leben erkennt. Sie wird lernen, dass ihre Willenskraft für das Wohl des Ganzen gebraucht wird, dass sie mental Einfluss nehmen und machtvolle Wirkungen in ihrer Umgebung erzeugen kann. Damit geht eine hohe Verantwortung einher, und sie erkennt demütig ihr abhängiges Dasein als Teil eines größeren Ganzen. Durch die Wendung nach innen baut sie den Anschluss an ihre göttliche Essenz auf. Die Anerkennung eines umfassenderen Willens, in den sie sich mit ihren eigenen kraftvollen und willensstarken Möglichkeiten fügt, ermöglicht ihr, zu ihrer Aufgabe zu finden: den ursprünglichen göttlichen Willen aus dem Unsichtbaren ins Sichtbare zu bringen.

Widder und Widder

Widder trifft Widder

Wieder überlegt Widder laut, wie toll es doch sein müsse, sich nach dem Handballtraining nicht erst manierlich in die Damenumkleide zurückziehen zu müssen, um die verschwitzten Sportsachen auszuziehen, sondern sich in einer reinen Frauenumgebung zwangloser bewegen zu können. Ja, das wäre toll, stimmen andere kopfnickend zu. Und Widder weiß, dass sie alle ihr Training sofort dorthin würden verlegen wollen – jedoch ein Frauensportzentrum gründen würde keine von ihnen. Aber Zwillinge weiß eine Neuigkeit mitzuteilen: Sie war kürzlich auf Empfehlung von Schützin im Frauenfitness-Studio LADIES FIRST, und beide fanden, dass Trainerin Widder dort nicht nur den tollsten Body hatte, sondern auch etwas ganz Unternehmerisch-Feuriges ausstrahlte. Sie gerät ins Schwärmen. Da solle Widder doch einmal vorsprechen. Widder hält wenig von diesen Maschinenparks, ist aber neugierig geworden.

Zwei feurige Frauen treffen nun bei LADIES FIRST aufeinander. Die Handballerin will bei der wirklich muskelbepackten Trainerin Eindruck schinden und lässt sich gleich allerhand auflegen. Die beobachtet mit Wohlgefallen, wie die andere arbeitet, und es macht ihr Spaß, sie zu fordern und an ihre Grenzen zu bringen. Bevor die Handballerin ganz aus der Puste kommt – und sie ja eine Idee verfolgt, bei der es keine Zeit zu verlieren gilt –, sagt sie der Trainerin ohne Umschweife, dass sie eine Frage an sie habe und wann sie Zeit hätte. Die Direktheit gefällt dieser, und gleich nach Feierabend treffen sie sich in der Nachbarkneipe. Die eine Widder-Frau erzählt rundheraus von ihrer Idee: Ein Frauensportzentrum will sie gründen, und dafür sucht sie eine Partnerin. Die andere Widder-Frau ist schnell Feuer und Flamme. Ihr ist das Fitness-Studio längst zu einseitig, obwohl ihr die reine Frauenenergie gut gefällt. Das war schließlich der Hauptgrund, warum sie sich ganz auf Fitness spezialisiert hat. Sie selbst möchte übrigens gern Fußball spielen. Die andere Widder-Frau wird ganz aufgeregt und bekommt einen roten Kopf.

Dann überbieten sie sich gegenseitig darin, sich zu erobern. Es ist spannend von Anfang an: Welche ist die Führende? Welche lässt sich erobern? Ist es nur ein Spiel? Soll es überhaupt zu einer Partnerschaft kommen? Oder reicht eine kurze, aufregende Affäre? Diese zwei Frauen haben ihre eigenen Vorstellungen vom Leben, können alles selbst am besten, wollen alles allein schaffen und müssen sich das täglich aufs Neue bestätigen. Zwischen den beiden Widdern sprühen die Funken nur so, und erst mal ist nichts anderes angesagt, als die andere zu provozieren und herauszufordern. Mit großer Heftigkeit beginnen sie eine leidenschaftliche, alles wollende Beziehung. Kampfeslust und Emotionen finden ihren Platz in wilder Sexualität. Es geht oft heiß her zwischen ihnen – und manchmal auch recht hitzig.

Ihre Beziehung verlangt vollen Einsatz und strengt an – und Anstrengung liegt den Widdern ja. Sie finden es toll, dass sie endlich mal richtig loslegen können und die andere sich nicht gleich erschrocken zurückzieht. Auch das Geschäftliche gehen sie sofort an – das Frauensportzentrum ist nach einer Woche so gut wie gegründet. Dabei preisen beide ihre Unabhängigkeit und tun alles, um sie zu beweisen. Nach kurzer Zeit schon sind beide völlig erschöpft und ausgepowert – und sie tun alles dafür, dass die andere es bloß nicht merkt ...!

Widder begegnet Widder

Dann verstaucht sich die Handballerin den Fuß und kann kaum noch auftreten. Ihre Freundin Stier versorgt sie bestens, ohne lange zu fragen. Aber schließlich fragt sie, was denn ihre neue Flamme Widder mache. Und es kommt heraus, dass sie sich von ihr absolut nicht versorgen lassen will. Sie hat ihre Verstauchung heruntergespielt, und die andere war auch sofort damit einverstanden, sich mal eine Woche lang nicht zu sehen. Kranke zu versorgen ist nicht ihre Sache.

Dennoch beschäftigt die Fitnesstrainerin ihr Verhalten. Welche Art Beziehung hat sie eigentlich mit Widder? Kennt sie sie schon wirklich? Will sie das überhaupt? Sie merkt, dass sie mit ihr reden muss. Bei der anderen zu Hause sieht sie ihr Humpeln und die Schwellung und weiß sofort Bescheid. Mit so etwas kennt sie sich auch gut aus – mit der Verletzung und dem Herunterspielen. Bald lachen sie über ihre Heldinnenhaftigkeit. Dann sprechen sie darüber, wie schwer es für sie ist, sich eine »Blöße« zu geben, Grenzen zu zeigen und sich berühren zu lassen. Ihre wirklichen Bedürfnisse zu spüren und sich darauf einzulassen ist für sie nicht leicht.

Es tut ihnen gut, so miteinander zu sprechen. Sie stellen fest, dass eine Verletzung immer auch eine Heilung nach sich zieht – offenbar auf mehreren Ebenen. Etwas vorsichtiger als zuvor wenden sie sich wieder ihren Geschäftsplänen zu. Sie können sich gut gegenseitig mit ihren Ideen inspirieren – wenn sie einander wirklich zuhören, was ihnen nicht immer leicht fällt. Jedenfalls haben sie das Gefühl, miteinander die ganze Welt bewegen zu können. Mit einem Widderpaar bleibt eben nichts, wie es war. Nach vier Wochen allerdings merken sie, dass sie eigentlich überhaupt nicht mehr vorankommen; nach weiteren zwei Wochen gestehen sie sich ein, dass sie das Thema Sportzentrum sogar meiden. Dann wird ihnen klar, dass sie Hilfe benötigen: eine Finanzfachfrau und eine Marketingfachfrau.

Es fällt ihnen nicht leicht, Aufgaben abzugeben und sich auf andere zu verlassen. Außerdem stellen sie etwas unbehaglich fest, dass sie ihrer Unabhängigkeit offenbar so viel Wert beimessen, dass sie beginnen, nebeneinander her zu leben. Ihr gemeinsamer Beziehungsraum soll groß sein – im konkreten und im übertragenen Sinne –, jedoch fällt es ihnen schwer, ihn mit klaren Inhalten zu füllen. Etwas *mit*einander aufzubauen ist für sie ein Problem. Sie geben sich selbst und der anderen zwar viel Raum, um die eigenen Positionen erkämpfen zu können, doch ist es für sie wichtig, den eigenen Willen und die – scheinbare – Unabhängigkeit Projekten unterzuordnen, die die vereinte Kreativität von zwei Individuen verlangen. Oft ist es so, dass keine nachgeben will und auch keine fragt, wie es denn der anderen mit der anderen Meinung gehe. Positiv unterstützen sie sich gegenseitig darin, ihren individuellen Willen und ihre Ideen herauszuarbeiten und sie mit Kraft einzubringen. Auch dabei spornen sie sich zu Höchstleistungen an. Wachstum ist ihnen dadurch möglich, dass sie sich nicht mit der Durchsetzbarkeit ihres Willens identifizieren, sondern mit der schöpferischen Impulskraft, die diesem zugrunde liegt. Die beiden werden ihr Sportzentrum erst nach zwei Jahren einweihen können, doch es wird ein voller Erfolg, weil sie immer mehr zu einem einzigen impulsgebenden, kraftvollen Kanal für ihre gemeinsame Idee werden.

Widder und Stier

Widder trifft Stier

Das Flugzeug landet. Ungeduldig will Widder eine der Ersten sein, die von Bord gehen. Dann nervt die Warterei auf das Gepäck. Aber zuverlässig wartet ihre WG-Genossin Waage bereits am Gate auf sie, um sie abzuholen. Natürlich ist sie über Widders Begeisterung längst per eMail von ihr informiert worden: Widder kommt gerade von ihrem ersten Trip aus den USA zurück und ist kaum zu bremsen mit ihren Erzählungen. Toll war es, die Frauen dort sind ja so selbstbewusst – und nicht nur die junge Generation, altersgemischt sei dort alles, Frauen verschiedenster ethnischer Herkunft gebe es, einfach ganz anders als hier, und mit Geld könnten sie umgehen und professionell seien sie und so ideenreich, und was sie sich alles zutrauen würden ... Waage hört sich auf der Rückfahrt eine lange Hymne an und denkt sich ihren Teil: typischer Überschwang, wird schon wieder abflauen. Doch als sie zu Hause ankommen, ist Widder schon deutlich konkreter geworden. Sie will ein Unternehmen eröffnen: WOMEN ENTERPRISES, ein Dienstleistungsunternehmen, das Frauen umfassend auf ihrem Weg in die Selbstständigkeit berät und unterstützt. Sie setzt sich sofort an ihren Computer, lässt sich nur unterbrechen, um mit den anderen ihr Willkommensmahl einzunehmen, erntet dort zweifelndes Kopfschütteln, was Widder als »typisch deutsch« abtut, und hat um Mitternacht zwei Artikel an Frauenzeitungen verschickt, verschiedene Anzeigen in Frauenmagazinen aufgegeben und sich auf Websites eingetragen. Im Morgengrauen geht sie ins Bett, etwas frustriert, weil sie es doch nicht geschafft hat, sich in vier Stunden eine eigene Website zu erstellen, wie es von ihrem Server verheißen worden war.

Am nächsten Tag reduziert sie ihre Stundenzahl in dem Café, in dem sie jobbt. Sie braucht jetzt Zeit. Sie sucht eine Geschäftspartnerin und Investorin für ihr Unternehmen, denn Geld hat sie selbst keines. Alle Freundinnen sagen ihr voraus, eine solche Frau gäbe es nicht. Doch Widder ist zuversichtlich, schließlich hat sie positives Denken aus Amerika mitgebracht. Zwei Tage später meldet sich Stier telefonisch auf eine Online-Anzeige, sie wolle Widder kennen lernen, und sie möge ihr alle Unterlagen vorab faxen. Unterlagen – die hat Widder gar nicht, und sie sagt es Stier auch direkt. Widder sieht förmlich durchs Telefon, wie Stier den Kopf schüttelt. Dennoch verabreden sie sich.

Es sind zwei »Hörnertiere«, die aufeinander treffen. Das heißt, ihre Beziehung ist von Anfang an geprägt von dem Willen, sich für die eigene Sache einzusetzen, von Angriffslust und Kampfkraft und einer gehörigen Portion Eigensinn und Sturheit. Stier ist sehr interessiert an dem Unternehmen, allerdings auch an Widder als Frau, die sie mit ihrer ungebremsten Kraft und Unvoreingenommenheit fasziniert. Während es Widder nie schnell genug gehen kann, so braucht Stier allerdings ihre Zeit, und dieses Bedürfnis äußert sie auch mit Nachdruck.

Stiers ruhige und langsame Energie bringt Widder in Ungeduld, doch ist Stier sehr entschieden, und das gibt Widder die Sicherheit, abzuwarten. Außerdem ist Stier professionell, und zwar konsequent: Eine Website muss natürlich von einer Webdesignerin erstellt werden, anstatt viel Energie an das Herumprobieren zu verschwenden, weil frau keine Ahnung hat. Widder merkt, dass sie eine Menge lernen kann.

Widder begegnet Stier

Auch als sie einander persönlich näher kommen, fühlt sich Widder gefordert. Stier verlangt Genuss und Sinnlichkeit, und das ist neu für Widder, die bisher eher schnelle Nummern kannte. Aber genau das zieht sie an Stier an: ihr Sinn für Schönheit und Stil, ihre ausgewählte Garderobe – im Gegensatz zu Widders stetem Freizeitlook, das mehrgängige Dinner im teuren Restaurant (kein Szenelokal) – und diese Weiblichkeit! Schon fühlt sich Widder bemüßigt, ihr Geld zu zählen, um einladen zu können, doch das hat Stier mit einer ihrer vielen Kreditkarten längst diskret erledigt. Sie traut Widder das Geldverdienen nicht zu? Doch, das schon, aber nicht den Umgang damit – und das zu Recht. Das war Stier von Anfang an klar – doch Widders Entschlossenheit und Direktheit, mit der sie das Leben anpackt, findet sie supererotisch. Da kann Stier sogar die etwas ungehobelten Tischmanieren beeindruckend anders finden.

In dieser Nacht werden beide kein Auge zu tun und auch die folgenden Nächte nicht. Stier, einmal in Wallung gekommen, beweist eine unglaubliche Ausdauer. Die folgenden Tage und Wochenenden ist Widder selten allein zu sehen, und die ganze WG bekommt mit, dass es sich hier nicht mehr nur um WOMEN ENTERPRISES handelt. Das wird schließlich auch Widder suspekt: Hegt Stier gemeinsame private Zukunftspläne? Hat Stier nicht das neue Lebenspartnerschaftsgesetz erwähnt? Meint sie etwa sie beide damit?? Hält sie Widder für so konservativ??? Stier bemerkt, dass Widder beginnt, ihren Timer mit Terminen ohne sie zu füllen und stellt sie zur Rede. Widder überlegt nicht lange und bringt geradeheraus alle Fragen aufs Tapet, die sie bewegen. Stier meint ruhig, dass sie sich genau diese Fragen ernsthaft vornehmen sollten. Da stellt Widder fest, dass sie mehr Beziehungen als Lebensjahre gelebt und Stier an einem Punkt kennen gelernt hat, an dem sie sich eigentlich professionalisieren wollte. Ob sie sich auch auf das Unternehmen Lebenspartnerschaft einlassen könnte? Das kann sie nicht so schnell entscheiden – Stier übrigens auch nicht.

Widder beschließt, sich von Stiers Selbstbewusstsein berühren zu lassen. Stier will mehr, sogar viel mehr von ihr, als Widder je von sich selbst gewollt hat. Stier fordert Widder auf, sich einzulassen, sich zu verpflichten und Begrenzungen zu akzeptieren. Sie definieren ihre Beziehung bewusst als eine Partnerinnenschaft und eröffnen damit stolz ihr Beziehungsunternehmen.

Stier ermöglicht Widder, durch Festlegung und Verbindlichkeit Erfahrungen zu machen. Widder ermöglicht Stier, durch die Öffnung für neue Impulse und ungedachte Möglichkeiten zu wachsen. Stiers Langsamkeit und Gründlichkeit machen Widder zu schaffen, jedoch kommt sie auch in Berührung mit ihrem eigenen Bedürfnis nach Sicherheit und Schutz, nach Aufbau und Kontinuität. Ihre Angst, sich mit ihrer Begrenztheit, Abhängigkeit und Verwundbarkeit auseinander zu setzen, wird ihr bewusst. Sie kann lernen, abzugeben und der Liebe und den Fähigkeiten ihrer Frau zu vertrauen.

Für Stier wiederum ist es nicht leicht, mit Widders ungestümem Wesen und ihrer unbekümmerten Risikobereitschaft umzugehen. Sie erlebt jedoch in der Beziehung ihren eigenen Drang nach Freiheit und Abenteuer, ihr eigenes Bedürfnis, dem Leben neu und offen zu begegnen. Widder führt sie zu ihrer inneren Quelle der Inspiration zurück und verweist Konventionen und äußere Sicherheiten auf einen untergeordneten Platz.

WOMEN ENTERPRISES ist bald durch nichts mehr aufzuhalten.

Widder und Zwillinge

Widder trifft Zwillinge

Widder sieht die Zwillinge-Frau auf der Party einer Freundin und fühlt sich sofort von ihr angezogen. Widder ist neu in der Stadt und hat daher einen wunderbaren Anknüpfungspunkt für eine Annäherung. Und Zwillinge steigt sofort darauf ein: Nichts tut sie lieber, als Frauen ihre Stadt zu zeigen. Zwar lebt sie – untypisch für Zwillinge – seit ihrer Geburt in dieser Stadt, doch sie hat viele Städte bereist, nur um festzustellen, dass in ihrer Stadt die meiste Bewegung ist. Also bleibt sie besser da und geht mit den ständigen Veränderungen mit.

Zwillinge erweist sich als die ideale Stadtführerin, und Widder erweist sich als ideal zu Führende, denn sie will viel Neues sehen und alles kennen lernen. Zwillinge zeigt Widder alle ihre Lieblingsplätze, touristisch Bekanntes und Unbekanntes. Nicht dass Zwillinge so gut in Kunst und Geschichte bewandert wäre. Doch sie weiß viele Geschichten und Anekdoten zu erzählen, sie weiß, wo diese berühmte Schriftstellerin am liebsten verkehrte und wo jene bekannte Schauspielerin hin und wieder zu sehen ist. Widder ist von Zwillinges Leichtigkeit und Beweglichkeit völlig begeistert, und fasziniert lauscht sie Zwillinges nicht enden wollendem Repertoire an Legenden und Vermutungen. Sie verliebt sich Hals über Kopf in sie und zögert nicht, dies Zwillinge deutlich zu machen. Ihre draufgängerische Art wiederum beeindruckt Zwillinge, und da Widder ihr unbedingt ihre neue Wohnung zeigen will, ist der weitere Verlauf der Nacht vorgezeichnet.

Stürmisch-feurig geht es gleich zur Sache. Da beide ihrem Naturell gemäß nichts Dauerhaftes oder gar »Ernsthaftes« im Sinn haben, verbringen sie eine unbekümmerte Liebesnacht miteinander. Am Vormittag frühstücken sie im Café und erzählen sich ihre erotischen Abenteuer. Manchmal war die Liebe eben ein Strohfeuer, meint Zwillinge, und Widder nickt:

manchmal heiße Luft, wenn am Morgen danach alles ganz anders aussah. Ein neuer Tag, ein neues Glück – finden beide, lachen und beschließen, den Tag gemeinsam zu genießen. Sie fühlen sich wohl und frei miteinander.

Dann fangen sie an zu phantasieren. Zwillinges Stadtführung ist so gut, dass Widder findet, daraus müsse unbedingt etwas gemacht werden. Wie wäre es mit einem lesbischen Stadtführer? Vielleicht gleich mit einem Video dazu, meint Zwillinge verträumt. Widder geht im Geiste die letzten beiden Tage durch, sieht noch einmal die vielen verschiedenen Orte mit ihren Geschichten vor sich und findet den Gedanken gar nicht abwegig. Es müsse natürlich ein Verlag gefunden werden, der international tätig und bereit sei, das Buch in mindestens drei Sprachen zu übersetzen, ergänzt Zwillinge. Widder sieht in der neuen Stadt gleich neue Möglichkeiten der Aktivität auf sich zukommen. Zwillinge führt Widder offenbar sauerstoffreiche Frischluft zu, sie spürt, dass ihr Feuer kräftig angefacht wird.

Widder begegnet Zwillinge

Widders Lospowern und Vorwärtspreschen bewundert Zwillinge, amüsiert sie jedoch auch ein wenig, denn sie meint, dass da zu viel Energie verschwendet wird. Sie findet, dass Ideen doch erst mal einfach Ideen sind, mit denen gespielt werden könne. Widder fragt, ob sie Angst vor einem solchen Projekt habe. Zwillinge zögert: Ja, gibt sie zu, sie wisse nicht, ob sie sich zutraue, etwas schriftlich zu verfassen. Sie könne gut erzählen, wenn sie ein lebendiges Gegenüber habe, aber schwarz auf weiß, und alle würden es lesen ... Widder hat auch dafür schon die Lösung parat: Zwillinge erzählt, und Widder schreibt mit, oder besser noch, nimmt es auf Tonband auf. Dann müssen sie nur jemanden für die Transskription finden. Da kennt Zwillinge eine Studentin, die das sicher gern tun würde. Und doch zögert sie immer noch. Sie ist nicht der Typ, um Ideen wirklich in die Tat umzusetzen. Also fegt sie Widders Idee mit einer Handbewegung beiseite und wechselt das Thema.

Abends sitzen sie am See, und als es dunkel wird, hat Widder Lust, schwimmen zu gehen. Zwillinge wehrt ab, führt verschiedene Gründe an, es nicht zu tun, bis Widder merkt, dass es Ausreden sind. Sie fragt, ob sie Angst habe und legt den Arm um sie. Es fällt ihr nicht leicht, doch Zwillinge gibt zu, dass sie Angst hat – irrationale Angst. Schüchtern erzählt sie, dass sie die Phantasie habe, es könnten Ungeheuer im See sein, die sie hinunterziehen. Widder ist ganz gerührt von Zwillinges Offenheit und ihrer Empfindsamkeit. Es scheint, als ob es ihr nicht leicht falle, sich abzugrenzen, wenn Widder sich weiter vorwagt. Zwillinge verspürt Vertrauen zu Widder, die ihr so kraftvoll und beschützend erscheint. Ja, sie will sich öffnen. Ihr Gespräch wird tief, und ihr Vertrauen zueinander nimmt zu.

Das Thema lesbischer Stadtführer sprechen sie nicht mehr direkt an, doch wissen beide, dass es nicht vergessen ist. Das Gespräch am See jedoch hat bei ihnen einen starken Eindruck hinterlassen. Es scheint, dass mehr zwischen ihnen möglich ist als ein Strohfeuer. Und ein Projekt wie der Stadtführer würde ihre Beziehungsverdichtung deutlich spiegeln. Das spüren beide, und da sie sich unsicher auf dem Gebiet langfristiger Beziehungen fühlen, vermeiden sie das Thema. Irgendwann sprechen sie es dann doch an. Zwillinge schlägt vor, beide Projekte zu begrenzen, sie klein und überschaubar zu halten. Weder eine richtige Beziehung noch ein richtiges Buch, vielleicht eine Liebesbegegnung und ein Büchlein. Das sagt Widder gern zu – und das gibt Zwillinge Schutz.

Ihre Geschäftsbeziehung ist ideal: die Phantasie von Zwillinge verbunden mit der Entscheidungskraft von Widder. Die wache Aufmerksamkeit und Distanz von Zwillinge hilft, flexibel auf Situationsveränderungen zu reagieren und Energie zu sparen. Widder dagegen zögert nicht, Einsatz zu zeigen und auch mal ein Risiko einzugehen. Zwillinge lernt, das Leben anzupacken, direkt auf die nächste Herausforderung zuzugehen und Konflikte nicht durch wortreiches Drumherumreden vermeiden zu wollen. Widder dagegen sieht, dass manche Dinge sich besser erst mal im Kopf entwickeln lassen, dass nicht alles ausprobiert werden muss und manches auch liegen bleiben kann. Der Gefühlsbereich spielt für beide keine große Rolle, doch wissen sie, dass er ihrer Beziehung Tiefe gibt. Im Mentalen und auch im Handeln kennen sich Zwillinge und Widder besser aus. Sich auf eine langfristige Zukunftsperspektive festzulegen gehört nicht zu ihren Tugenden, hilft ihnen aber, ihre Ideen und ihre Kraft zu richten. Dann bewegen sich beide geschickt miteinander, sozusagen ökonomisch vorwärts. Es wird keine Energie vergeudet.

Widder und Krebs

Widder trifft Krebs

Kurz vor Schluss findet Widder auf dem Flohmarkt endlich die Stände mit dem Porzellan, das sie sucht. Ihre Mutter, Waage, hat in zwei Tagen Geburtstag und sammelt KPM-Geschirr. Widder hat ihre Rebellion gegen diese teure Marotte, wie sie es nennt, aufgegeben und weiß, dass ihre Mutter sich darüber freuen wird, wenn sie ihr ein Teil für ihre Sammlung schenkt. Sie will den Einkauf schnell hinter sich bringen und fragt Krebs, die hinter dem Stand mit einem Sammelsurium von Porzellan, Gläsern und Bestecken steht, nach dem, was sie sucht. Krebs zeigt auf die fünf Stücke, die direkt vor ihr stehen. Widder ist froh, dass sie so schnell fündig geworden ist und lässt sich ein Pralinentellerchen einpacken. Krebs sucht das Gespräch mit ihr, fragt, ob es ein Geschenk sei, und erklärt ihr, aus welcher Serie und aus welchem Jahr der Teller ungefähr stammt, damit die Mutter ihn einordnen könne. Widder bittet um Zettel und Stift, um es sich aufzuschreiben, merkt dann, dass sie durstig ist und fragt nach einem Getränkestand. Krebs bietet ihr ohne

Umschweife ein Glas Wasser aus ihrem Vorrat an. Widder nimmt dankend an. So bekommt sie auch das Telefonat mit, das auf Krebs' Handy eingeht.

Krebs' schwuler Kompagnon Löwe ruft an und erklärt völlig aufgelöst, er liege noch mit seinem neuen Lover im Bett, und es sei ganz toll, und er könne jetzt einfach nicht zum Einpacken und Abbauen kommen. So etwas sei bei ihm doch wirklich selten, und Krebs möge doch einfach, bitte, bitte, eine schöne, starke Frau ansprechen, die ihr beim Kistenschleppen helfen könne. Krebs seufzt – in Wirklichkeit ist dies schon das dritte Mal in diesem Jahr –, aber er ist einfach zu nett, um jetzt eine Szene zu machen. Sie legt auf, und ihr Blick fällt auf Widder. Was, wenn sie sie einfach fragen würde ...? Löwes Energie spornt sie an. Außerdem ist Widder zufälligerweise wirklich schön, und sie sieht sehr stark aus. Krebs fasst sich ein Herz und erklärt Widder ihr Problem. Die Kisten müssten gepackt und dann auf den Anhänger geladen werden – und sie habe es so im Rücken. Krebs würde ihr auch gern einen schönen Teelöffel oder eine Zuckerzange dafür schenken. Widder hat Zeit und findet Krebs außerdem sehr sympathisch. Sofort krempelt sie die Ärmel hoch und greift nach der ersten Kiste.

Krebs merkt, dass sie die Richtige angesprochen hat und ist nun ihrerseits damit beschäftigt, Widder mit ihrem aktiven Temperament zu bremsen. Schließlich muss sie erst alles einpacken, und die Kisten passen nicht alle exakt aufeinander, so dass äußerste Sorgfalt geboten ist. Außerdem ist Krebs langsam, und da viele ihrer Stücke wertvoll sind und sie sie außerdem liebt, braucht sie für jedes Stück eben ihre Zeit. Dennoch sind sie schneller fertig als sonst. Krebs druckst etwas herum und fragt Widder schließlich, ob sie sie zum Essen auf ihren Balkon einladen dürfe. Aha, denkt Widder – und sagt zu. Mit ihrem Rennrad ist sie fast genauso schnell da wie Krebs mit ihrem Anhänger. Und bald sitzen sie auf einem lauschigen Balkon mit vielen Pflanzen vor einer großen Salatschüssel.

Widder fühlt sich wohlig umsorgt. Aber außer diesem Gefühl von Geborgenheit spürt sie auch andere Gefühle in sich aufsteigen. Normalerweise kennt sich Widder als Frau, die in solchen Situationen das Geschehen dominiert. Doch Krebs lässt sie zurückhaltender sein als sonst, und an diesem Abend sagt sie nur, dass sie Krebs gern wieder sehen würde. Zum nächsten Treffen dann kommt sie mit Rosen. Krebs bewundert ihre Eindeutigkeit, die keinen Zweifel über ihre Absichten aufkommen lässt. Widder führt sie aus: Sie hat einen Tisch in einem Restaurant reserviert und Plätze für eine Mondscheinpartie auf einem Schiff gebucht. Widder macht Krebs den Hof, und das genießen beide. Doch Krebs braucht viel Zeit; sie will diese Frau erst mal nur kennen lernen, und dazu muss sie ihre eigenen Gefühle wahrnehmen und ihnen genau nachspüren. Weitere Absichten hat sie zunächst nicht. Jedoch überlässt sie sich an diesem Abend gern Widders Führung und fühlt sich dabei ganz aufgehoben. Aber dann wird Widder doch zu drängend – das ist nicht das richtige Tempo für Krebs. Ihr Gefühlshaushalt hält mit Widders stürmischen Avancen nicht mit. Widder wiederum kann gar nicht verstehen, dass Krebs plötzlich so zögerlich wird, es war doch schon alles klar, was ist denn jetzt auf einmal los?

Für Widder ist es schwer nachzuvollziehen, dass ihre Direktheit als Druck empfunden wird und daher nicht auf allzu viel Gegenliebe stößt. Sie fühlt sich missverstanden, ihr Feuer ist wie ausgelöscht, und sie überlegt enttäuscht, sich von Krebs ganz zu verabschieden und nach einem neuen »Projekt« Ausschau zu halten, in das sie Erfolg versprechender investieren kann. Krebs wiederum fühlt sich nicht gesehen und unverstanden, sie ist gekränkt und zieht sich in ihren stillen Sicherheitswinkel zurück. Sie hat das Gefühl, dass sie nicht sein kann, wie sie ist.

Aber Krebs' Löwe-Freund liest ihr die Leviten. So eine schöne, starke und feurige Frau könne sie doch nicht einfach gehen lassen! Er macht ihr Mut, bei ihrer Wahrheit zu bleiben und die Zeit einzufordern, die sie braucht. Wenn Widder das nicht akzeptieren wolle, sei sie nicht die Richtige für Krebs. Das baut Krebs auf und gibt ihr mehr Sicherheit in sich selbst. Sie spürt nach und merkt, dass sie mit dieser Wahrheit Widder entgegentreten kann. Auch Widder hat sich überlegt, dass sie ihr Vorhaben diesmal nicht so schnell aufgeben sollte, dass ihr jedoch wichtig ist, eine positive Reaktion von Krebs zu bekommen. Die bekommt sie auch, und dann ist sie bereit, ein anderes Tempo und Temperament zu akzeptieren. Krebs zeigt nun ihre Stärke, einfach einmal miteinander zu sein, ohne besondere Aktivität oder Absicht – ausatmen, sein. Widder wird gebremst, sie hält inne, und Krebs kann nun ihre Qualitäten einbringen. Sie fragt: »Wie fühlst du dich eigentlich mit mir?« Nun ist es Widder, die viel Zeit und mehrere Anläufe braucht, bis Krebs spürt, dass Widder am Punkt ihrer Gefühlswahrheit angekommen ist. Dann ist sie zufrieden und kann Widder wieder die nächsten Schritte überlassen. Die hat natürlich nichts von ihrer Kraft eingebüßt, allerdings spürt sie sich selbst mehr, sie ist tiefer bei sich.

Krebs verlangsamt also – jedoch konkretisiert sie die Beziehung. Ist es wirklich Verlangsamung? Oder eigentlich der schnellere Weg zu einer Beziehung, die auf sicherem Boden steht ...? Wasser, das sich langsam erwärmt?

Widder und Löwe

Widder trifft Löwe

Sehr vertrauenerweckend sieht dieser Hof nicht gerade aus: Überall stehen alte Autos, Autoteile und Reifen herum, und Löwin kommt mit ihrem alten offenen Daimler gerade so durch. Zweifelnd stellt sie den Motor ab, und da kommt ihr Widder entgegen, im roten Overall, sich die Hände an einem öligen Lappen abwischend und mit strahlenden Augen. Löwin ist hingerissen. Sie steigt aus dem Auto – und Widder ist gleich Feuer und Flamme für sie: Ja, diese elegante Frau passt zu den roten Ledersitzen! Löwin erklärt ihr, dass diese Werkstatt ihr empfohlen worden sei; sie suche eine Dauerbetreuung für ihren Wagen. Ob Widder ihn sich einmal anschauen wolle. Beide fassen gleichzeitig einen Kotflügel an, und sie spüren, wie das Blech die Erotik geradezu weiterleitet. Widder sagt gedehnt, da sei sie ganz richtig hier, sie selbst liebe auch die alten Modelle und zeigt auf die schöne schwarze 750er BMW hinter sich, die in der Sonne funkelt. Löwin reicht ihr die Schlüssel und riecht dabei das Motorenöl an Widder – total erotisch. Widder wiederum bekommt Löwins Parfüm in die Nase und schwört sich, es nie wieder zu vergessen.

Am nächsten Tag kommt Löwin, um ihren Wagen wieder abzuholen. Wie zufällig liegt eine Oldtimer-Zeitschrift auf dem Tresen, so dass sie ohne weiteres ins Gespräch kommen. Widder bemerkt, dass sie gute Beziehungen zu einem Autohaus mit alten BMWs habe – ob Löwin Lust verspüre auf eine kleine Landpartie. Und solle es lieber etwas Sportliches oder etwas Luxuriös-Bequemes sein? Auch das Motorrad stünde natürlich zur Verfügung, wenn ihr das lieber sei. Löwin fragt, ob sie denn auch einen Beiwagen habe. Darüber ist Widder ganz begeistert und verspricht, einen zu besorgen. Am Wochenende also fährt Widder mit einem Gespann vor und schwenkt vor der beeindruckten Löwin lässig eine toll aussehende Lederkappe. Aufgrund des ziemlich hart gefederten Beiwagens hat Löwin bald eine Begründung für die erste Pause, zufällig an einer einsamen Stelle am See.

Der Nachmittag bringt die aufregende Erotik, die sie sich von Anfang an ausgemalt haben. Sie fühlen sich beide stark angezogen vom Selbstbewusstsein und der kraftvollen Ausstrahlung der anderen. Sie überbieten einander mit ihren Einfällen und Varianten beim feurigen Liebesspiel. Widders Fingernägel, die trotz extralangen Schrubbens das Öl nicht verleugnen können, bilden dabei einen reizvollen Kontrast zu Löwins rot lackierten Nägeln. Irgendwann zieht Löwin es dann doch vor, von der harten Wiese am See nach Hause in ihr weich gepolstertes Bett umzuziehen. Dort verbringen sie dann das restliche Wochenende.

Beide sind in den nächsten Wochen so fasziniert voneinander, dass sie sich kaum aus den Augen lassen. Aber in ihrer *liaison amoureuse* werden auch Unterschiede sichtbar. Sonntagsmorgens: Joggt Widder gegen 8.00 Uhr bereits in ihre Lieblingsmuckibude, so dreht sich Löwin genießerisch noch zweimal auf die andere Seite, um dann träge im Stadtmagazin zu blättern, wo sie denn heute wohl das Frühstück einnehmen könnte. Auch die Garderobe, die natürlich der Lokalität angemessen sein soll, erfordert Aufmerksamkeit. Diese Sportlichkeit ist ein Wahn, denkt sie, für nichts und wieder nichts – betrachtet jedoch verstohlen ihre Figur im großen Badezimmerspiegel, der die seit einiger Zeit durch gewisse Hüftgoldschlemmereien veränderten Körperproportionen nun zum Vorschein bringt. Widder wiederum ist es rätselhaft, wie eine an sich so dynamische Frau sonntags nur faul im Bett liegen kann.

Widder begegnet Löwe

Da nun beide sehr überzeugt von sich selbst sind und sich niemals etwas von einer anderen sagen lassen würden, könnte hier der Anfang vom Ende liegen. Sie entfernen sich voneinander, weil nach einigen gegenseitigen Vorwürfen jede erst recht macht, was sie will.

Widder verbringt wieder mehr Zeit in ihrer Werkstatt und mit ihren Motorradfreundinnen, die Löwin argwöhnisch als etwas zu elegant betrachten. Löwin wiederum sitzt in den Cafés in der Sonne und überlegt dabei mit ihren Freundinnen, sich vielleicht doch an die Eröffnung einer Boutique zu wagen, in der von sportif bis schick alles für die lesbische Figur zu finden ist. Aber ihr fehlt noch der richtige Kick, um wirklich damit anzufangen; es würde viel Veränderung und auf jeden Fall viel mehr Arbeit bedeuten. Wie findet denn deine neue Freundin das? Sie ist doch so eine Aktive, unterstützt sie dich dabei? fragt Krebs, die besorgt beobachtet, dass Löwin in letzter Zeit wieder häufiger ohne Anhang zu sehen ist. Die hat für Mode wenig Interesse, bemerkt Löwin wie nebenbei. Und ergänzt dann doch mit viel sagendem Lächeln: Höchstens für Leder. Wie interessant, bemerkt Wasserfrau, die Widder auch nicht unattraktiv findet – aber würde sie dich denn unterstützen? Das Gespräch ist Löwin irgendwie unangenehm, und sie will es abbrechen. Aber Krebs insistiert: Sag mal, stehst du eigentlich zu Widder, die ja nun, sagen wir, eher der kernige Typ ist und gar nicht so schönheitsbewusst, wie es dir wichtig ist? Löwin fühlt sich ertappt. In Wahrheit hat sie mit Widder noch nie wirklich über diese Differenzen gesprochen.

Als sie beide dann darüber sprechen, stellen sie fest, dass sie sich zwar gestritten haben, aber dann einfach ihrer Wege gegangen sind. Auf den Grund gegangen sind sie ihrer Auseinandersetzung nicht, und sie merken, dass sie mehr Bereitschaft mitbringen müssen, über den je eigenen Tellerrand hinauszublicken. Als feurige Zeichen lieben sie Macht, und wollen sie zusammenbleiben, müssen sie lernen, ihre Macht zusammenzulegen, statt vereinzelt zu arbeiten. Dagegen steht ihre Angst, etwas verlieren zu können: Wenn Widder sich zu sehr über ihre Aktivität erfährt und identifiziert, wird sie ihren Erfolg und ihre Qualitäten nicht genießen können. Sie gibt zu, dass sie sich im Vergleich mit Löwin nicht fein genug fühlt. Und Löwin muss zugeben, dass sie selbst tatsächlich solche Gedanken hatte – sich andererseits schließlich genau von dieser Andersartigkeit als eigenem Wert angezogen gefühlt hat. Löwin wiederum fühlt sich im Vergleich mit Widder ängstlich und bewundert deren Tatkraft – und Widder gibt zu, dass sie Löwin in dieser Hinsicht wirklich nicht ganz ernst nimmt. Sie findet, dass Löwin zu selbstbezogen in dem bisher Geschaffenen verharrt und damit jede Veränderung eine Bedrohung für sie darstellt.

Öffnen sich die beiden also für sich selbst und ihre eigene Weiterentwicklung, werden sie die andere als unterstützende Ergänzung erleben. Konkurrenz ist dabei unbedingt förderlich; die Unterschiede fordern sie, sich mit ihren Qualitäten ganz zu zeigen und sich gegenseitig ihr Bestes zu geben. Widder freut sich über die Strahlkraft und das Selbstbewusstsein ihrer Löwin, und Löwin ist stolz auf ihre vor keinem Hindernis kapitulierende Widder-Frau.

Widder und Jungfrau

Widder trifft Jungfrau

Sie bleibt einen Moment stehen und atmet ein paar Mal tief durch. Dann läuft Widder weiter, freut sich über die Steigungen und die Anstrengung und fühlt sich immer besser. Sie ist zum ersten Mal auf Kreta, und sie ist ganz begeistert. Sie hat sich in einer Frauenpension eingemietet, um unter anderen Frauen zu sein und um an geführten Wanderungen teilzunehmen und so die Insel kennen zu lernen. Allerdings hat sie schon beobachtet, dass die meisten hier am liebsten am Strand liegen. Das kann Widder gar nicht nachvollziehen, denn für sie heißt Urlaub, endlich einmal an frischer Luft aktiv sein zu können und ihren Körper zu spüren und zu trainieren. Es wäre gähnend langweilig für sie, nur zu faulenzen.

Am dritten Tag hat sich dann eine Wandergruppe zusammengefunden. Jungfrau hat viel Werbung in der Pension gemacht, doch die meisten sind offenbar nur daran interessiert, in der Sonne zu liegen. Das ist für Jungfrau ganz unverständlich, denn die Sonne ist so schädlich, und vermutlich wird sie am Abend wieder ein paar Frauen mit üblem Sonnenbrand sehen. Außerdem bietet die Insel eine solche Vielfalt an Pflanzen, Tieren und Mineralien, die förmlich danach ruft, entdeckt zu werden. Jungfrau hat einen recht umfangreichen Rucksack dabei, um für alle Eventualitäten des Tages gerüstet zu sein. Widder dagegen erscheint mit Minimalgepäck, in dem sich außer einer Wasserflasche und etwas Proviant nichts zu befinden scheint. Nun ja, jede nach ihrem Belieben.

Die Wanderführerin Waage bemüht sich, es allen recht zu machen. Das ist jedoch aussichtslos. Jungfrau bleibt alle paar Meter stehen und schlägt ihr Pflanzenbestimmungsbuch auf, das sie stets parat hat. Sie ist schnell darin, Pflanzen zu finden, jedoch gibt es sehr viele Varianten, deren Vorkommen sie genau vermerkt. Widder wiederum will immer nur weiter und ist nach einer Stunde schon völlig genervt von dem ständigen Anhalten, wodurch sie nie das Gefühl bekomme, wirklich zu wandern. Dies sei doch kein botanischer Lehrpfad. Nun, diese geführten Wanderungen würden eben beides beinhalten, versucht Waage sie zu beruhigen. Nach einer weiteren Stunde wird Jungfrau aggressiv durch Widders stetes Drängen. Sie nehme schon sehr viel Rücksicht; wenn sie allein unterwegs sei, würde sie sich viel mehr Zeit lassen. Und Widder würde durch all diese Schönheit nur durchstürmen und alles verpassen. Jungfrau überlegt sich, einen Schritt auf Widder zuzugehen: Wie wäre es, wenn ich dir zeige, was ich sehe? Was interessiert dich denn, eher besonders Schönes oder Heilpflanzen? Gut, lenkt Widder ein, wenn wir nachher wenigstens mal eine halbe Stunde gehen können, ohne anzuhalten. Und: Heilpflanzen interessieren mich, das ist wenigstens etwas Nützliches. Jungfrau freut sich. Und sie erklärt: Bei deinem stürmischen Temperament solltest du Arnika kennen und Beinwell. Mal sehen, ob wir das finden; das wächst genau da, wo man es braucht: im Gebirge, um sofort ein Heilmittel zu haben, wenn man sich dort den Fuß verstaucht.

Widder ist Sportlehrerin und findet das tatsächlich so interessant, dass sie beginnt, sich auf Jungfraus langsameres Tempo einzustellen. Am Ende des Tages ist sie ganz fasziniert von deren Kenntnissen und sagt es ihr auch direkt. Jungfrau wird rot. Als Dank lädt Widder sie zu einer Autofahrt in den nächsten Tagen ein.

Widder begegnet Jungfrau

Widder sitzt schon im Auto und will eigentlich sofort losfahren. Jungfrau dagegen kommt mit Reiseführer und bremst: Wohin es denn überhaupt gehen solle. Nicht der Nase nach? fragt Widder enttäuscht. Jungfrau macht den Vorschlag, weiter voneinander zu profitieren: Widder fährt und Jungfrau sagt, wohin. Sie hat nämlich schon zwei Autotouren ausgearbeitet. Typischerweise ist zwar Widder eine Führungsfrau, aber heute will sie es mal so annehmen. Sie fahren zu ausgewählten Sehenswürdigkeiten, die Jungfrau kulturhistorisch bis ins Detail erklärt. Nach dreien dieser Etappenziele hat Widder genug. Außerdem nerven sie die Insekten, die doppelt stören, wenn man stillsteht. Aber natürlich hat Jungfrau einen selbst angesetzten Kräutersud als Insektenschutz dabei. Da muss Widder lachen – Jungfrau ist offenbar auf alle Eventualitäten eingerichtet. Dennoch will Widder nun einfach mal fahren, den blauen Himmel und den Fahrtwind im offenen Cabrio genießen. Jungfrau hält das für Benzinverschwendung und Umweltzerstörung. Widder ist schuldbewusst, sieht dabei aber so süß aus, dass Jungfrau gern wieder einsteigt. Sie merkt, dass sie beginnt, sich in diese ungestüme Frau zu verlieben. Sie beschließt, es Widder merken zu lassen und himmelt sie ein wenig an. Das funktioniert gut. Widder gibt vor Freude doppelt Gas und hält aber, als sie ein Hinweisschild auf eine Ruine entdeckt, von sich aus an. So turteln sie sich langsam durch den Tag ...

Abends ist Strandparty angesagt, und das ist die Gelegenheit, um sich näher zu kommen. Jungfrau hat es nicht leicht, sich mit ihrer stilleren und zurückhaltenden Art sichtbar zu machen. Sie hat lange daran gearbeitet, sich selbst als Frau wahrzunehmen und sich damit zu zeigen. Ersatzweise hat sie oft versucht, mit ihrer Sachkenntnis aufzufallen oder sich mit ihrer Fähigkeit, sich auf Situationen einzustellen und alles im Griff zu haben, unentbehrlich zu machen. Auch Widder hat dies ja schon kennen und schätzen gelernt. Doch Widder spürt mehr in dieser Frau, und das will sie sehen.

Jungfrau muss vor sich selbst zugeben, dass sie sich immer wieder von Frauen angezogen fühlt, die einfach und geradlinig auf das Leben zugehen. Irgendwie klappt das bei ihnen. Sie dagegen bereitet alles sorgfältig vor und erlebt dann, dass doch wieder etwas dazwischenkommt, was sie leicht aus der Bahn wirft. Frauen wie Widder dagegen, mit einer robusteren Konstitution versehen, scheinen immer zu bekommen, was sie brauchen, stellt sie mit einem gewissen Neid fest. Dafür sind sie aus gröberem Holz geschnitzt und nehmen nur das Oberflächliche im Leben wahr, tröstet sie sich.

Doch dann überrascht Widder sie. Widder hat sich vorgenommen, Jungfrau ganz als Frau zu begegnen und ihr den Hof zu machen. So bahnt Widder den Weg: Sie eröffnet einen Beziehungsraum, und Jungfrau ist bereit, diesen Raum zu betreten und ihn auszufüllen. Die Temperamente sind unterschiedlich, und als ihre Annäherung fortschreitet, entsteht knisternde Spannung. Widder lässt sich auf die zartfühlende Jungfrau ein und kommt in Verbindung mit ihren eigenen emotionalen Tiefen, mit ihren verzweigten Gefühlen, ihren Widersprüchen und Ängsten. Sie wird sich weiterhin zügeln müssen und häufiger abwarten; Jungfrau wiederum lernt, sich in ihrem Tempo und mit ihrer kühleren, rationaleren Art selbstbewusst einzubringen, ihre Schönheit zu zeigen und ganz für sich einzustehen. Und Widder wird es zu schätzen wissen, dass Jungfrau Fragen stellt, sie genau kennen lernen will und sich nicht mit vordergründigen Eindrücken zufrieden gibt. Widder entdeckt ihre Hingabe – und ihre eigene Weiblichkeit.

Der Urlaub geht seinem Ende zu, doch sie wissen, dass sie sich als ungleiches Paar über Kreta hinaus schätzen werden.

Widder und Waage

Widder trifft Waage

Waage bemerkt, dass sie in diesem Jahr noch kein einziges Mal Fahrrad gefahren ist, weil ihr ihr Rad einfach nicht mehr gefällt. Es ist hoffnungslos verrostet, und das Design ist veraltet. Nach fünf Fahrradgeschäften und unzähligen Probefahrten geht sie zum schwul-lesbischen Fahrradladen. Widder bedient sie, eine sportliche Frau mit Schraubenschlüsseln im Overall. Nicht unattraktiv, findet Waage. Widder möchte am liebsten allen Kundinnen ihr Lieblingsrad verkaufen, ein tolles 20-Gänge-Mountainbike, doch sie hat gelernt zu differenzieren. Dieser Frau wird sie es bestimmt nicht verkaufen können; es würde nicht zu ihr passen. Aber sie hat es sich zur Devise gemacht, ihr Lieblingsrad allen zumindest anzubieten, das muss sein. Waage schaut zweifelnd, mag die andere jedoch nicht gleich vor den Kopf stoßen. Vielleicht, sagt sie. Was sie denn noch habe; eigentlich suche sie etwas Leichtes, Elegantes. Das dachte ich mir, sagt Widder lachend, das Mountainbike ist viel zu sportlich für dich. Waage ist erleichtert, dass Widder ihr das Nein erspart.

Widder fühlt sich angezogen von Waage. Schön und verführerisch erscheint sie ihr; mit keinem Merkmal der Weiblichkeit geizend, zieht sie Widder in ihren Bann. Auch ihr hat es Widder angetan. Sie schenkt ihr lange Blicke und macht aus ihrer Bewunderung für ihre Kenntnisse und ihren Umgang mit den Schraubenschlüsseln, als sie geschickt und kraftvoll Sattel und Lenker verstellt, keinen Hehl. Widder wiederum spürt, dass Waage begehrt werden will. Das liegt ihr: Ohne Umschweife bitte sie um ein Date – und bekommt es.

Sie legt sich ins Zeug, lässt Garderobe und Haarschnitt einer Prüfung durch ihre Stierfreundin unterziehen – war wirklich nötig, findet diese kopfschüttelnd – und kleidet sich neu ein. Waage bemerkt diese Veränderung voller Entzücken und lässt sich gern von Widder umschwärmen. Sie genießt die folgenden, täglich wechselnden kleinen Aufmerksamkeiten. Die Flirtphase zieht sich hin, und beide genießen die sich aufbauende erotische Spannung. In einer romantischen Vollmondnacht dann bricht schließlich ihre Leidenschaft aus ihnen hervor. Beide haben allerdings so viel Gefallen an ihrem Verführungsspiel gefunden, dass sie es noch länger aufrechterhalten. Waage möchte sich weiter umworben fühlen, und Widder kann ihre aktive Seite so richtig zur Geltung bringen: Immer neue und ungewöhnlichere Orte denkt sie sich für ihre Verabredungen aus.

Im weiteren Verlauf der Partnerschaft verändern sich ihre Ansprüche. Waage verwendet gern viel Zeit für die Beziehung und ihre Weiterentwicklung: Gespräche, Austausch, gemeinsame Freizeitgestaltung, Kultur und gesellschaftliche Ereignisse. Widder hat für so etwas keine Zeit mehr; sie ist beschäftigt mit ihren vielen Ideen, die sie endlich anpacken will, hat sie doch in der Flirtphase schon so vieles vernachlässigen müssen. Auch ist in der Wohnung viel umzubauen und für den Mountainbike-Urlaub zu trainieren. Sie überlässt es Waage, Anstöße für die Beziehungspflege zu geben, lässt sich jedoch immer weniger darauf ein. Waage sieht alles zu kompliziert, findet sie, sie selbst bevorzugt konkretere Wege, z.B. am Wochenende einfach mal zusammen zum Training zu gehen. Das wiederum empfindet Waage als eine Missachtung ihrer Bedürfnisse, denn sie will endlich darüber sprechen, wie es ihnen miteinander geht. Widder ist das zu viel Gerede, sie will lieber verändern; die Diskussion beginnt erneut, bis sie beide merken, dass sie so nicht weiterkommen.

Widder begegnet Waage

Sie betrachten ihre Beziehung noch einmal von Anfang an und stellen fest, dass sie in ihrer ersten Begegnung Rollen übernommen haben, an denen sie festhalten. Widder nimmt die Dinge in die Hand, und Waage lässt auf sich zukommen. Widder liebt das praktische Tun, und Waage will erst eine gute Atmosphäre schaffen. Darüber geraten sie gleich wieder in Streit: Widder findet gute Atmosphären aufgesetzt und unerträglich, und Waage hält Widders Tatendrang für reinen Aktivismus und Verdrängung.

Dennoch ist die Erkenntnis über ihre unterschiedlichen Herangehensweisen an Beziehungen hilfreich. Die Qualitäten, die sie selbst zwiespältig, jedoch irgendwie attraktiv an der anderen finden, haben sie sich gegenseitig als Aufgabe zugeschoben. Widder soll den Antrieb geben, denn sie will immer weiter gehen und neue Ideen in die Beziehung einbringen. Waage dagegen soll die Harmonie pflegen, denn sie genießt es, es schön und ruhig mit ihrer Widder-Frau zu haben. Dazu verspüren sie voller Unbehagen, sich zu sehr auf die andere eingestellt zu haben.

Sie gehen erst mal auf Distanz. Widder setzt sich mit einem praktischen Vorschlag durch, den Waage schließlich akzeptiert, weil sie spürt, dass er zum Wohle der Beziehung ist. Widder fährt mit Sportsfreundinnen in die Berge, denn ihr ist klar geworden, das sie zu ihren Interessen stehen und ihnen nachgehen muss. Für Waage ist es nicht leicht, sie fahren zu lassen. Zuerst hat sie versucht, sie zu einem Urlaub in der Toskana und speziell Florenz zu überreden, aber Widder hätte sie vermutlich vor lauter Ungeduld nur genervt. So fährt sie lieber mit ihrer Löwin-Freundin, die sich ebenso gern wie sie in die Kulturszene stürzt und den Rest der Zeit in schönen Cafés verbringt. Doch merken Widder und Waage unabhängig voneinander, dass sie auch noch andere Möglichkeiten finden wollen, mit ihren Unterschieden zu leben. Sie wollen sich Zeit für die Auseinandersetzung miteinander nehmen.

Widder sagt dann, sie befürchte, dass sie ihrer Partnerin mit ihren ständigen Impulsen einfach zu viel sei und dann lieber gar nichts sage. Und Waage gibt zu, dass es ihr tatsächlich schwer fällt, nein zu sagen, weil sie Widders Ablehnung befürchtet. Auf diese Weise, merken sie, ist schon vieles unausgesprochen in der Luft hängen geblieben. Allerdings haben beide auch Vorteile davon: Das Verhalten kommt Waages Wunsch nach Harmonie entgegen, und Widder lebt ihre Ideen und Impulse einfach woanders aus.

Bei Widder und Waage entstehen die Konflikte durch Scheinharmonie. Wichtig ist, dass sie sich aufeinander, aber auch auf ihre eigenen inneren Konflikte tiefer einlassen. Waage kann lernen, ihre Bedürfnisse und ihr Empfinden für wahre Harmonie aktiv einzubringen, statt sich in Erwartung negativer Reaktionen an Widder anzupassen und sich zurückzunehmen. Widder wiederum mag fürchten, ihre Stärke und Autorität zu verlieren, wenn sie Kompromisse mit ihrer Partnerin eingeht. Sie kann lernen, die Schönheit und Harmonie, die durch Waage eingebracht wird, wahrzunehmen und sich daran zu erfreuen – ohne alles gleich umzugestalten.

Es mag daher länger dauern, den nächsten Urlaub zu planen, doch wird es dann sicher ein gemeinsamer werden.

Widder und Skorpion

Widder trifft Skorpion

Schon am Telefon hat Widder gemerkt, dass Skorpion diesmal noch mehr wollen würde. Nicht dass bei ihr selbst nie solche Elemente mit im Spiel wären, doch hat sie im Laufe der Zeit gelernt, diese Bestrebungen in sich zu kontrollieren. Zu viel Respekt hat der Berg sie gelehrt. Widder ist seit vielen Jahren Bergführerin und Skilehrerin. Sie hat viele Gipfel in den Alpen bezwungen und auf allen Gletschern waghalsige Abfahren riskiert. Dabei hat sie nur eine Erfahrung gesucht: sich dem Berg überlegen zu fühlen. Sie ist oft an die Grenzen ihrer Kräfte gegangen und hat sich darin als stark und unbesiegbar erlebt. Ein lebensbedrohlicher Absturz hat sie dann zu anderen Einsichten gebracht. Im Winter führt sie nun am liebsten Gruppen auf Tourenski, und dabei hat sie auch Skorpion kennen gelernt. Sie war ihr damals schon aufgefallen, weil sie schweigsam und ohne sich zu schonen gelaufen war. Jedes Mutzusprechen hatte sie schroff abgelehnt. Sie hatte oftmals die Zähne zusammenbeißen müssen, weil sie keine gute Kondition besaß, aber sie hatte schließlich jede Tour bewältigt. Damals schon hatte sie sich nach Kletterkursen erkundigt. Widder hatte ihr empfohlen, es erst mal in der Halle zu probieren, da es in ihrer Heimatstadt eine Kletterwand zum Üben gäbe. Skorpion hatte abgewinkt. Wenn, wolle sie eine echte Wand. Nun hat sie sich wieder gemeldet und sehr entschlossen geklungen. Die meisten Frauen, die diese Entschlossenheit an den Tag legen, haben gerade Liebeskummer, und den wollen sie durch die Anstrengung in der Wand vergessen.

Skorpion hat endgültig genug. Seit zwei Jahren will sie mit Wasserfrau eine wirkliche Partnerschaft leben, doch die kann sich nicht entscheiden. Sie ist ständig in mehrere gleichzeitig verliebt, und Skorpion ist rasend eifersüchtig. Jetzt will sie dem Leid ein Ende setzen und sich trennen. Außerdem wird sie den bereits anvisierten Kletterkurs besuchen. Das Klettern scheint ihr ein gutes Symbol dafür zu sein, ihren Kummer sozusagen zu übersteigen. Nun hat sie gerade mit Widder telefoniert und freut sich, dass es in zwei Wochen losgehen wird.

Die beiden haben sich auf den ersten Blick nicht voneinander angezogen gefühlt. Widder ist zu extravertiert für den verschlossenen Skorpion. Sie verachtet die ihr oberflächlich und grob erscheinende direkte Art von Widder. Und das lässt sie sie spüren – Widder soll merken, dass sie sich nicht alles leisten kann, was sie sich meint herausnehmen zu können! Auch nicht als Lehrerin. Doch etwas widerwillig spürt Skorpion auch, dass ihr Widder imponiert.

Widder fühlt sich unwohl unter der Beobachtung, kann sich ihr aber auch nicht ganz entziehen. Skorpion ist, wie erwartet, eifrig in der Wand, zäh und unnachgiebig. Dann wieder spürt Widder ihre hohe Empfindsamkeit und eine zarte Zerbrechlichkeit. Die Undurchschaubarkeit und Widersprüchlichkeit von Skorpion besitzen einen Reiz für Widder. Sie will wissen, woran sie mit ihr ist. Skorpion bemerkt die Wirkung, die sie auf Widder hat und spürt ebenfalls eine Anziehung. Doch sie hat sich vorgenommen, alles zu meiden, was zu einer unglücklichen Affäre führen könnte und konzentriert sich nur auf die Wand und die nächsten Griffe vor sich. Sie kennt ihren giftigen Stachel und ist gewillt, ihn einzusetzen, sollte Widder ihr zu nahe kommen.

Widder begegnet Skorpion

Über eine andere Teilnehmerin hat Widder herausgefunden, dass Skorpion tatsächlich Liebeskummer hat. Von da an hält sie sich fern von ihr – sie will keinesfalls Lückenbüßerin werden. Die Phase des radikalen Lebens samt Extremsport hat sie außerdem hinter sich; sie glaubt nicht mehr, damit etwas für ihr Leben zu gewinnen. Skorpion bemerkt den Rückzug Widders, sagt sich, sie sei froh, ihre Ruhe zu haben und sich mit sich selbst zu beschäftigen – jedoch merkt sie, dass ihr die Aufmerksamkeit auch gut getan hat.

Nach Ende des Kletterkurses fragt sie Widder, ob sie in den nächsten Tagen Zeit für eine Bergtour habe. Dabei sieht sie Widder so tief in die Augen, dass diese in Windeseile ihren Terminkalender im Kopf durchgeht und sagt, sie könne es einrichten, eine Tour mit einer Übernachtung zu machen. Ihr Herz klopft ihr dabei bis zum Hals. Das kennt sie eigentlich nicht, aber Skorpion bringt sie in Verwirrung. Widder nimmt sich vor, am Ende des zweiten Tourtages Eindeutigkeit in dieser Beziehung geschaffen zu haben.

Macht ist im Spiel, und das mögen beide. Auf der Tour beginnen sie Spannung zwischen sich aufzubauen; ein Spiel aus

Nähe und Distanz, aufregend und erotisierend. An den Tag schließt sich eine leidenschaftliche, wilde Liebesnacht auf der Berghütte an. Auch gefühlsmäßig kommen sie sich näher – sie kennen beide Tiefen im Leben, und die Intensität, die sie dadurch gewonnen haben, könnte nun in ihrer Beziehung zum Tragen kommen. Das finden beide gefährlich. Widder sieht ihre Autonomie und Geradlinigkeit bedroht, und Skorpion fürchtet um das Ende ihrer Verschlossenheit und Selbstbeherrschung. Am zweiten Tag ziehen sie sich erst mal stolz zurück und wandern weiter, als sei nichts geschehen.

Kampfkraft, Wille und Macht sind Qualitäten, die beide miteinander teilen. Dabei geht Widder nach vorn, und Skorpion geht in die Tiefe. Gemeinsam ist ihnen, dass sie auf dem Grund ihres Wesens keine Angst vor Wahrheiten haben. Sie brauchen allerdings die Bereitschaft, sich für ihre eigene innere Wahrheit zu öffnen – für beide aus unterschiedlichen Gründen nicht leicht. Skorpion liebt es, in ihre inneren Tiefen zu blicken und immer mehr ihre Vergangenheit zu durchdringen; in dieser Beschäftigung erfährt sie sich ganz. Widder dagegen sucht die direkte Konfrontation; sie löst Probleme, indem sie auf sie zugeht und etwas verändert. Für Skorpion ist das provozierend, stellt diese Herangehensweise doch die Berechtigung ihrer Tiefsinnigkeit in Frage. In Widder wiederum lösen Skorpions Warum-Fragen Hilflosigkeit aus, und das unterminiert ihre Selbstsicherheit.

Widder hat sich Klarheit für das Ende des Tages vorgenommen, und so spricht sie in der letzten Pause ihre Beziehung an. Als sie sich ansehen, ist die starke Anziehung unmittelbar wieder da. Widder erkennt ein lohnenswertes Ziel und wird sich ganz dafür einsetzen. Skorpion sieht es und fasst Vertrauen. Sie sprechen darüber, sich mit ihren Ängsten füreinander öffnen zu wollen, bereit zu sein, mit ihren Selbstbildern Sicherheiten loszulassen. Für beide ist es wichtig, in ihrer Macht zu bleiben, jedoch Stolz aufzugeben und sich aus ihrer Liebe heraus zu öffnen. Mit der Bereitschaft, bisherige Identifikationen fallen zu lassen, werden sie sich in Wandlungsprozessen eine tiefere Wahrheit erkämpfen. Und Herausforderungen mögen sie ja.

Widder und Schütze

Widder trifft Schütze

Widder hat per Anzeigen und via Internet eine Gruppe ins Leben gerufen, die sich mit neuen Lebensformen für die Zukunft beschäftigt. Ihr schwebt ein Wohn- und Arbeitsprojekt mit dem vorläufigen Titel »Frauen gestalten aktiv« vor. Sie hat noch keine Vorstellungen, was dort genau geschehen soll, doch spürt sie, dass diese Energie in der Luft hängt und nach konkreter Umsetzung verlangt. Schützin ist die Anzeige an mehreren Orten ins Auge gesprungen, und sie hat voller Anerkennung gedacht, dass dies eine Frau initiiert haben müsse, die weiß, was sie will und sich auch dafür einsetzt.

Sie ist nicht enttäuscht von Widder, als sie sie beim ersten Treffen kennen lernt. Doch auch Schützin fällt Widder mit ihrer Begeisterungsfähigkeit und ihren Utopien und Visionen sofort auf. In der Gruppe sind sie als zwei Feuerzeichen eine fulminante Kombination: Sie verstehen sich unmittelbar und verbringen ihre erste gemeinsame Nacht mit Diskussionen und Pläneschmieden. Da beide nur nach vorn und selbstverständlich positiv denken, gibt es keine Hindernisse für sie, nur interessante Details, die ihre Kreativität ungemein anregen. Sie kommen in Fahrt.

Bevor andere nur zum Planungsstadium gekommen sind, haben sie schon drei Teilprojekte besprochen und – mental – durchgeführt. Das hebt sie von den anderen ab, macht sie allerdings auch schnell unerreichbar. Beide sind sehr aktive Zeichen, denen viel Kraft und Energie zur Verfügung steht. Sie brauchen Aufgaben, mit denen sie sich identifizieren können – und sie finden sie auch. Widder hat damals das bundesweit allererste

Frauenkneipenkollektiv mitgegründet und ist daher in der Szene als Ikone bekannt. Sie hat viel erlebt und Know-how gesammelt, und jetzt, wo sie auf die Sechzig zugeht, wird ihr bewusst, dass sie neben viel Elan und Engagement auch ihre Lebenserfahrung als Kapital für neue Projekte einsetzen kann.

Schützin ist deutlich jünger als Widder, hat aber vieles aus den Erfahrungen der alten Frauenbewegung für sich aufgegriffen. Sie hat bei verschiedenen Frauenzeitschriften mitgearbeitet und verfolgt jetzt die Vision, eine weltweite Frauennachrichtenagentur aufzuziehen. Sie meint, dass Frauen sich an die Spitze einer jeden Entwicklung setzen sollten, denn sie würden sich nach besseren und umfassenderen Werten richten als Männer. Eine gute Kommunikation sei dafür das A und O.

Ihr Altersunterschied fällt erst mal gar nicht auf, und natürlich entwickelt sich eine tolle Liebesbeziehung zwischen den beiden, erscheinen sie sich selbst doch wie geschaffen füreinander. Widders Wohnung wird gleich zur Geschäftsstelle des neu gegründeten Vereins umfunktioniert, und Widder zieht in Schützins Wohngemeinschaft, denn dort ist es immer so inspirierend. Sie trennen sich überhaupt nicht mehr. Schließlich kann Schützin die Vereinssatzung, die beide mit ihren Visionen schon längst wieder überholt haben, auch nachts im Bett überarbeiten. Darin zeigt Widder leider eine gewisse Ungeduld, denn Nachbesserungen sind nicht ihre Stärke. Wäre eine ganz neue Initiative nicht viel besser ...? Jedenfalls sind die beiden sehr beschäftigt, und sie führen den reizbaren Ton, der sich in ihre Gespräche eingeschlichen hat, zunächst auf Überarbeitung zurück.

Widder begegnet Schütze

Sie fahren erst mal in Urlaub: Reisen bildet und erweitert den Horizont. Zunächst besuchen sie zwei Frauenprojekte im benachbarten Ausland und fühlen sich gleich wieder inspiriert und gestärkt. Dann haben sie noch zwei Wochen Zeit in einem Frauenhotel in den Bergen – denn Widder findet, dass Campen in ihrem Alter nicht mehr das angemessene Abenteuer darstellt. Allerdings haben sie nun nichts Richtiges mehr zu tun. Sie werden beide unruhig und merken, dass der ursprüngliche Schwung raus ist; ohne Arbeit wissen sie eigentlich nur wenig miteinander anzufangen.

Im Hotel kommen sie ins Gespräch mit einem anderen Paar, Waage und Skorpion, die ihnen einige gute Denkanstöße geben. Widder und Schützin erinnern sich, dass sie sich durch das gemeinsame Interesse, etwas Neues schaffen zu wollen, kennen gelernt haben. Mit ihrer Idealkraft war es für sie leicht, ihre ganze Energie in ein Projekt zu stecken. Ihre Partnerschaft sollte eigentlich das Projekt tragen. Die Beziehung hat sich für sie einfach von selbst und nebenbei entwickelt. Das andere Paar beharrt darauf, dass eine Beziehung selbst auch ein Projekt sei, das mindestens ebenso viel Pflege brauche wie ihr Verein. Widder und Schützin merken, dass sie eine Trennung gemacht haben: Sie sind ihre persönliche Weiterentwicklung nicht mit demselben Engagement angegangen wie die berufliche. Die Entwicklung ihrer Beziehung ist hinter der äußeren Arbeit zurückgeblieben. Dies ist für beide ein neuer Gedanke – wie könnte es nun weitergehen?

Skorpion schlägt Widder vor, eine direkte Begegnung mit Schützin einzufordern und Konflikte in der Beziehung anzusprechen. Dazu braucht sie Mut, denn nun muss sie sich öffnen und sich auch einmal in ihrer Verletzlichkeit zeigen. Widder fällt jedoch sofort etwas ein: Sie fühlt sich eigentlich in Schützins Wohngemeinschaft – denn so ist es für sie immer noch – nicht wirklich wohl. Sie merkt, sie braucht eigentlich mehr Ruhe und einen klaren Rückzugsraum – auch vor Schützin. Diese fühlt sich angegriffen und meint ihre WG verteidigen zu müssen. Widder glaubt jedoch, das hänge mit ihrem Alter zusammen, und das sei doch eigentlich in Ordnung. Sie fühlt sich erleichtert – und merkt daran, dass sie das schon lange mit sich herumgetragen hat. Und ein paar andere Punkte fallen ihr auch noch ein, die sie immer schon mal aussprechen wollte …

Waage ermutigt Schützin, eine Vision für die Beziehung selbst zu entwerfen; in welche Richtung soll sie sich entwickeln? Wenn ihre Beziehung ein Vorbild für andere sein sollte, was wäre ihr persönlich dann in der Beziehung mit Widder konkret wichtig? Da bekommt Schützin Muffensausen angesichts der Größe ihrer Ziele – wird sie den hehren Zielsetzungen in ihrem eigenen Leben eigentlich gerecht? Aber auch sie fühlt sich motiviert; ihr kommt gleich etwas in den Sinn – schließlich will sie etwas vom Leben!

Beiden ist klar, dass es vor allem darum gehen muss, sich selbst in der Beziehung entwickeln zu können. Die Beziehung kann nur so gut sein, wie beide ihre Werte und Qualitäten in Freiheit einbringen. Das war beiden in Bezug auf die Vereinsgründung übrigens völlig klar gewesen! … Und hier könnte sich ein Kreis wunderschön schließen.

Widder und Steinbock

Widder trifft Steinbock

Steinbock hat gerade zu einer wichtigen Ausführung angesetzt, als die Tür aufgeht und Widder verspätet, aber mit einem fröhlichen »Hallo, ist dies hier die Vorbereitungsgruppe für die Lesben-Literaturwoche?« hereinschneit. Das wöchentliche Treffen findet zwar schon seit zwei Monaten statt, und Steinbock kann es eigentlich nicht leiden, mit jeder neuen Frau immer wieder von vorn anfangen zu müssen, andererseits sollte frau ja dankbar sein für jede Unterstützung, redet sie sich gut zu. Sie heißt also Widder willkommen.

Die schlägt vor, frau solle doch erst mal mit einem »Blitzlicht« beginnen, mit welchen Impulsen heute jede überhaupt hier sei, das würde die Kreativität freisetzen, und darum ginge es doch bei Literatur, oder? Steinbock ist nicht nur bei jedem Treffen dabei, sie organisiert die Woche auch schon zum dritten Mal mit und hat ihre Erfahrungen als alte Häsin in der Szene ordnend und strukturierend eingebracht. Ihre Autorität ist anerkannt, und jede weiß, dass Steinbock das Abarbeiten der Tagesordnung heilig ist. Ganz diffus haben einige andere allerdings auch schon gedacht, frau könnte doch einmal etwas anders machen. Aber Steinbock war immer so klar, und es war ja auch praktisch, nach einem übersichtlichen Plan vorzugehen. Außerdem hat keine überzeugende Argumente dagegensetzen können. Und hier kommt Widder, konzeptionslos und einfach anders: eigen-willig.

Steinbock und Widder geraten heftig aneinander. Allerdings wird eine Waage, die gerade eine Mediationsausbildung macht, angestupst, sie solle ihre Fähigkeiten zeigen und sich hier moderierend einschalten. Waage weiß natürlich, dass es längst andere Stimmen in der Gruppe gibt und schlägt vor, dass jede nicht nur sagen solle, wie sie die Situation gerade empfinde, sondern auch, was sie selbst gern wolle. Für Steinbock ist es schwer zu hören, dass einige eine Veränderung wollen. Widder wiederum wird von Waage aufgefordert, zunächst die bisherige Arbeit der anderen und vor allem von Steinbock zu würdigen, bevor sie ihre Ideen einbringt. Das kann sie gut annehmen, obwohl es ihr nicht leicht fällt, ihre Energie einzuhalten. Steinbock wiederum ist beruhigt, weil sie merkt, dass Widder die Gruppe nicht sprengen will.

Allerdings haben es beide nach wie vor schwer, aufeinander zuzugehen, weil sie die Art der anderen grundlegend suspekt finden. Steinbock ist zu streng für Widder und Widder zu spontan für Steinbock. Eigentlich fürchten sie sich ein wenig voreinander. Immerhin sind es zwei »Hörnertiere«, eine aus dem Element Feuer und eine aus dem Element Erde, die sich hier treffen. Diese Gemeinsamkeit allerdings sorgt dafür, dass sie sich teilweise nicht gut gewähren lassen können: Sie sind temperamentsmäßig unterschiedlich, sind jedoch beide geborene Anführerinnen, wollen immer die Ersten sein und haben immer Recht. Dass ihr erstes Zusammentreffen so konkurrent ausfällt, wundert daher nicht.

Widder begegnet Steinbock

Zufälligerweise treffen sich beide ein paar Tage darauf in einem Yogakurs wieder. Beide müssen lachen und setzen sich danach zu einem guten Wein, den beide schätzen, zusammen. Sie tauschen sich aus: Widder will lernen, sich besser zu konzentrieren und gleichzeitig entspannter arbeiten zu können; sie ist nämlich angehende Schriftstellerin. Steinbock will einfach ihren Stress loswerden. Widder wundert sich – sie hatte den Eindruck, Steinbock gehe so bewusst und strukturiert mit sich um, dass sie gar keinen Stress habe. Das ist der anderen etwas peinlich. Sie beschließt, ehrlich zu sein, und der Wein hilft ihr dabei. Ihre Strukturiertheit sei ihr manchmal eher im Weg, sagt sie. Widders Auftritt in der Gruppe habe sie ein Stück weit bewundert. Sie käme nicht einmal auf die Idee, eine bestehende Ordnung einfach so zu durchbrechen. Widder findet sie jetzt ganz anrührend und weich. Sie merkt, dass sie ihr Bild von Steinbock revidieren muss. Die Frau beginnt sie zu interessieren.

Sie kommen in ein intensives Gespräch. Steinbock ist sehr kritisch und verlangt viel, besonders von sich selbst. Sie ist darauf bedacht, keinen Fehler zu machen, plant daher alles bis ins Detail, um die Situation und sich selbst jederzeit im Griff zu haben. Unvorhergesehenes ängstigt sie. Widder wiederum liebt gerade das Neue, Unbekannte, den Raum, der noch unerschlossen vor ihr liegt und den sie mit ihrer Energie und ihren Ideen gestalten will. Ihr machen Strukturen Angst, denn sie glaubt sich darin eingeengt.

Sie finden heraus, dass sich beide auf ihre Art in ihre Sicherheitszonen zurückziehen. An diesem Abend aber merken sie, dass sie sich nahe gekommen sind. Steinbock ist etwas verlegen. Widder jedoch legt einfach den Arm um sie und drückt sie an sich. So bleiben sie eine Weile stehen. Widder sagt schließlich, sie möchte sie gern näher kennen lernen – ob sie Lust habe, noch tanzen zu gehen? Das hat Steinbock schon lange nicht mehr gemacht, und sie sagt sofort nein. Als Widder fragt, ob das nun eine alte Struktur von ihr sei oder die reine Wahrheit, muss Steinbock lachen – und ab geht es in die Disco.

Widder bleibt weiter dran. Aber erst eine Woche später ist Steinbock bereit, sich auf eine Beziehung mit Widder einzulassen. Es tut ihr gut, dass Widder um sie wirbt, und es gefällt ihr, dass Widder weiß, was sie will. Außerdem fühlt sie sich nun in ihrer Art geschätzt. Was stimmt, denn Widder ist beeindruckt von der Klarheit, mit der Steinbock auf ihrem Rhythmus und auf ihrem Weg besteht. Es ist tatsächlich wichtig, dass sie die Qualitäten der anderen anerkennen, und sie brauchen auch genügend Wertschätzung für sich selbst. Dann öffnet sich Steinbock für ihre Lebendigkeit, ihre verkrusteten Strukturen brechen auf, und ihre Kreativität kommt zum Vorschein. Und indem Widder sich auf Begrenzungen und Langfristigkeit einlässt, wird sie in sich mehr Tiefe und Berührbarkeit zulassen können.

Es mag gut sein, dass jede einen separaten Wirkungsbereich behält. Wenn sie dann auch bereit sind, voneinander zu lernen und ihren Eigensinn zugunsten der Gruppe und des verbindenden Zieles zurückzunehmen, dann entsteht ein gemeinsames Ganzes. Immer noch entspricht es Widders Temperament, neue Impulse zu setzen – so schnell kommt kein Steinbock nach –, und immer noch liegt Steinbocks Stärke darin, die Strukturen zu entwickeln, die zu einer Verwirklichung der Idee führen. Ein solches Team ist unschlagbar.

Widder und Wassermann

Widder trifft Wassermann

Widder reist mit einem LKW voller Ausstellungsobjekte an. Sie hat eine kleine Firma, die Solaranlagen baut und will nun auf der ersten europäischen Messe für alternative Energien ihre Produkte ausstellen. Von Anfang an ist ihr die Messeorganisation etwas chaotisch erschienen, und tatsächlich geht gleich alles drunter und drüber. Es sind keine Arbeiter zum Abladen da, wie bestellt, und der Parkplatz ist viel zu weit vom Aufzug entfernt. Nun, Widder ist eine handfeste Frau. Sie trinkt also erst mal einen Kaffee und sucht dann Wasserfrau, ihre Ansprechpartnerin für die Organisation. Diese ist vollkommen aufgelöst, ein Handy und ein Walkie-Talkie klingeln gleichzeitig, und in ihrer Mappe sind sämtliche Pläne durcheinander geraten. Widder bietet ihr zu Beruhigung Lakritz an, das Wasserfrau sofort als eines von der allerbesten holländischen Sorte erkennt, und damit ist die Freundschaft geschlossen.

Weit nach Mitternacht, als die meisten Stände aufgebaut sind – Widder bemängelt den viel zu kleinen Ausstellungsraum –, treffen sich beide zu einem Gute-Nacht-Drink. Wasserfrau schüttet Widder ihr Herz aus. Seit einem Jahr ist sie schon bei der Kongressorganisation GmbH angestellt, und so langweilig, wie der Firmenname ist, so altbacken sind auch die Arbeitsmethoden. Widder weiß sofort, was sie meint. So viel Papierverschwendung hat sie schon lange nicht mehr erlebt – und dann noch beim Thema alternative Energien! Wasserfrau seufzt: In der Führungsetage gäbe es einige Personen, die meinten, Papier sei sicherer als Elektronik. Ihre vielen guten Vorschläge würden einfach nicht aufgegriffen; sie platze geradezu vor Ideen. Die Frage, die Widder jetzt natürlich auf der Zunge brennt, lautet: Warum gehst du da nicht weg? Eine rege Diskussion entsteht – vom Thema sichere Arbeitsplätze – gibt es sowieso nicht mehr – über die Initiativkraft des Individuums –

ohne die kommt nie etwas in Gang – bis hin zu innovativen Arbeitstechniken – machen den Arbeitsplatz lebendig.

Morgens um drei wissen sie voneinander, dass ausgetretene Pfade sie ausgesprochen langweilen, dass sie sich von Massen distanzieren und Mainstream noch nie ihre Sache war. Neues, das zieht sie an, darin sind sie sich einig. Wasserfrau kündigt sofort. Und im Laufe der nächsten zwei Tage entsteht ein spannungsvoller Raum zwischen ihnen, und erotische Schwingungen werden immer spürbarer. Widder weiß zunächst nicht so recht, ob sie die etwas unkörperlich erscheinende Wasserfrau wirklich sexy findet, aber es flirtet sich wunderbar mit ihr. Wasserfrau nämlich genießt das Spiel mit den Möglichkeiten sehr. Hin und wieder allerdings findet sie Widder doch zu sportlich und realistisch. Und irgendwann ist Widder das Spiel nicht mehr genug, und sie will es wissen.

Eine aufregende Liebesgeschichte entbrennt zwischen beiden. Im erotischen Bereich ist Wasserfrau sehr erfindungsreich, und Widder ist beglückt über so viele Gelegenheiten zu erotischer Aktivität. Die Fernbeziehung gefällt ihnen gut, sind sie es doch gewohnt, von außen ständig neue Energie in ihr Leben hereinzuholen, und dies scheinen sie auch für ihre Beziehung zu brauchen. Dennoch beginnt ihr Interesse nach einem halben Jahr zu erlahmen, und ihr Hunger nach Neuem wächst. Sie beginnen sich miteinander zu langweilen und glauben sich bereits in- und auswendig zu kennen, der Kick ist nicht mehr da. Sie kennen das beide – die Frauen wechseln, die Struktur bleibt. Hier ist also wirkliche Innovation gefragt ...

Widder begegnet Wassermann

Das wollen sie angehen, und sie ziehen in eine gemeinsame Wohnung. Da Gewohnheiten ihnen ein rotes Tuch sind, werden die Möbel ständig umgestellt, und der Freundinnenkreis muss sich täglich erweitern, sonst ist keine Entwicklung mehr da. Klingt schon wieder nach Konzept? Wasserfrau hat zwischenzeitlich bei einer Messeorganisation für Film und Fotografie angefangen zu arbeiten, wo ihr Interesse an neuen Methoden und Technologien gefragt ist. Beide Frauen sind also gut beschäftigt. Sie erleben viel Dynamik in ihrem Leben, in weiten Teilen jedoch durch ihre beruflichen Herausforderungen von außen gespeist. Sie lieben es, auf einem hohen Energielevel zu leben, viele Impulse aufzunehmen, überall mitzumischen und sich stark zu verausgaben. Wasserfrau hat beruflich gleich viele Kontakte; sie versteht es, Dinge unglaublich interessant darzustellen und verschafft Widder so viele Aufträge, dass diese kaum nachkommen kann.

Während Wasserfrau sich besonders in den Kreisen von Exzentrikerinnen und Avantgardistinnen wohl fühlt – als Individualistin braucht sie doch auch ihre Freundinnengemeinschaft –, findet Widder die eher zu abgehoben. Die Frau der Tat muss wissen, was man mit ausgefallenen Ideen anfangen kann. Sie wird also die zu intellektuellen oder künstlerischen Höhenflügen neigende Wasserfrau schnell auf die Niederungen des Machbaren herunterholen. Machbar allerdings ist für Widder vieles. Deshalb verstehen sie sich ja auch so gut. Die abgefahrenste Idee der Wasserfrau ist für Widder Anfeuerung, sich dafür eine Möglichkeit der Umsetzung auszudenken. Schließlich ist sie dafür da, neue Pfade im unwegsamen Gelände zu schlagen. Und Wasserfrau findet es toll, dass eine ihre Ideen aufgreift.

Und doch spüren sie, dass sie auf der Beziehungsebene eine tiefere Verbindung brauchen. Sie kommen zu dem Schluss, dass echte Kreativität nur aus inneren Quellen kommen kann und dass dies auch für ihre Beziehung wichtig ist. Es braucht mehr Input in die Beziehungsdynamik zwischen ihnen. Zusammen arbeiten sie daran, Wasserfraus freiheitliche Ideale von Selbstverwirklichung und Individualität auf die Beziehung zu übertragen. Konkretisierungen und die damit verbundene Verantwortung erlebt Wasserfrau häufig als Einschränkung, und dann zieht sie sich zurück. Sie nimmt sich oft selbst nicht ernst in dem, was sie alles denkt. Widder ist da konfliktbereiter: Sie fordert Wasserfrau heraus, zu ihren Idealen zu stehen und sich tatsächlich damit zu identifizieren. Wasserfrau wiederum muss lernen, Widder darin zu unterstützen, sich für ihre eigenen Ideen und Projekte einzusetzen; Widder neigt dazu, viel zu arbeiten, jedoch keine durchgängige Linie zu verfolgen.

Irgendwann kommt Wasserfrau nach Hause und wedelt mit einem Blatt Papier herum: Hier sucht ein Frauenkollektiv eine vierte Frau, um sich auf Solaranlagen zu spezialisieren. Widder rebelliert: Gibt's da nicht ständig Auseinandersetzungen? Ja, sagt Wasserfrau und reicht ihr den Telefonhörer.

Widder und Fische

Widder trifft Fische

Fische liebt diesen Ort, denn hier kann sie das Grenzenlose und Unendliche so intensiv wie nirgends fühlen. Daher kommt sie jedes Jahr hierher. Heute, am ersten Abend, sitzt sie noch besonders lange nach Sonnenuntergang am Strand und spürt in die Stimmung der mit einem rosa Horizont beginnenden Nacht hinein. Störend findet sie nur das grelle Flutlicht und den Lärm der Frauen, die begeistert in der Nähe Beach-Volleyball spielen – unter ihnen Widder, die sich durch die Tageshitze in ihrer Aktivität gebremst fand und nun endlich zu vollem Leben erwacht.

Später kommen alle unterschiedlichen Frauen in der Strandbar zusammen, um sich vom Tag zu verabschieden. Widder und Fische sehen sich zum ersten Mal: Die eine ist ermattet, aber glücklich von zwei Stunden Dauereinsatz am Netz, die andere ist müde, aber glücklich vom langen Schauen. Widder verliebt sich sofort. Nicht nur dass sie sowieso allzeit bereit ist zu einem Urlaubsflirt, sie ist vor allem unwiderstehlich angezogen von diesen Augen, die immer noch verträumt in die Ferne schweifen. Doch hin und wieder suchen sie auch den Blick dieser faszinierenden, offenbar mitten im Leben stehenden Widder-Frau. Widder erfasst die Situation und bestellt romantische Musik bei der DJane. Es ist eine wunderbare Stimmung; so geht Widder zu Fische hinüber und bittet sie um einen Tanz. Fische fühlt sich wie im Traum. Den größten Teil der Nacht verbringen sie eng umschlungen tanzend. Dann geht jede in ihr Zimmer, denn Fische braucht Zeit.

Fische glaubt fest daran, dass nichts zufällig geschieht. Alle ihre Beziehungen haben auf eine ungewöhnliche Art begonnen; niemals hat sie eine Partnerschaft geplant, sie wüsste gar nicht wie. So will sie alles auf sich zukommen lassen.

Widder verzichtet am nächsten Tag aufs morgendliche Joggen und lässt nachmittags sogar den Tauchkurs sausen, weil sie mit Fische zusammen rein emotional in die Tiefen des Meeres eingetaucht ist. Nie hat sie das Meer als Ganzes auf sich wirken lassen. Mit Fische neben sich geht das ganz leicht, genau genommen kann sie sich gar nicht entziehen. Sie spürt, dass Fische ihr für vieles die Augen öffnet, das sie noch nie wahrgenommen hat. Sie weiß nicht, wie ihr geschieht, aber auf einmal findet sie sich in den Armen von Fische wieder, weich und dahinschmelzend. Sie bleiben für den Rest des Urlaubs zusammen, eingehüllt vom Meer und ihrer Liebe, zeitlos, alles vergessend. Fische liebt die Kraft und die Stabilität dieser Frau an ihrer Seite, sie fühlt sich geliebt und kann ganz offen sein. Widder wiederum gibt alles auf, was sie sich für den Urlaub vorgenommen hat. Auf einmal merkt sie, dass sie keinerlei Aktivität braucht; sie ist ganz ausgefüllt damit, die Energie von Fische aufzunehmen.

Wieder im urbanen Leben, findet Geschäftsfrau Widder zurück zur Zeit der Uhren und der Termine; ihre Romanze scheint schnell der Vergangenheit anzugehören. Die Urlaubsfotos hängen bei beiden an der Wand, und bei ihren anfänglich regelmäßigen Telefonaten schauen sie träumerisch darauf. Fische nimmt die Fotos später manchmal noch mit, wenn sie abends von ihrer Wiese aus in die Wolkenbilder schaut.

Widder begegnet Fische

So unterschiedlich Widder und Fische auch sind, im Tierkreis sind sie direkt benachbart: Fische beendet den Kreislauf, und Widder beginnt ihn. Fische ist identifiziert mit dem Ganzen, sie erlebt immer auch sich selbst, wenn sie auf etwas schaut. Sie sieht wie in etwas Unendliches hinein, sie sieht alles und nichts, Leben und Vergehen, ein Sein in einem niemals endenden Fließen, ohne Störungen und Widersprüche. Für Widder ist das Leben Aktivität, sie ist identifiziert mit ihrem eigenen Tun und erfährt sich in der Reibung und Auseinandersetzung mit anderen. Ihre Kraft, in Bewegung zu setzen, bewegt sie selbst.

Trotz dieser Unterschiedlichkeit haben beide Frauen doch erlebt, dass große Nähe zwischen ihnen möglich ist, und sie wollen sie tiefer ergründen. Widder hat in diesem Urlaub nicht zum ersten Mal gespürt, dass Stille und Muße in ihrem Leben selten vorkommen. Diesmal aber hat sie eine tiefe Berührung in dem einfachen Sein erlebt, das mit Fische zusammen so selbstverständlich war. Zu Hause fällt sie sofort in ihre bekannte Struktur zurück; sie macht weiter wie bisher und stürzt sich in ihre Aufgaben, die vehement nach ihrer Aktivität verlangen. Sie hat jedoch inzwischen erlebt, dass sie sich auf die Wirkung, die diese Frau auf sie ausübte, einlassen konnte. An den ersten beiden Wochenenden nach dem Urlaub muss sie sich bestürzt eingestehen, dass sie sich vom »Nichtstun« offenbar bedroht fühlt. Sie glaubt sich zu verlieren, wenn nicht ein äußerer Termin ihr Halt bietet – sie kennt das von manchen früheren endlosen Sonntagen her.

Und Fische? Ehrgeiz, etwas schaffen zu wollen, ist ihr fremd; sie ist zufrieden mit dem, was sie hat. Das stellen die Dorfbewohner immer wieder kopfschüttelnd fest, wenn sie an ihrem wild wuchernden Garten vorbeikommen. Doch nun findet Fische im Urlaub eine Frau anziehend, die etwas vom Leben will, die das Leben mitgestalten will. Sie fühlt sich in ihrer Beschaulichkeit irritiert. Soll sie Widder zu sich einladen? Würde sie kommen?

Widder kommt sofort, und sie nimmt sich nichts zu arbeiten mit. Sie will Fisches Energie atmen, sie will an ihrer Offenheit teilhaben, sie will das Sein mit ihr und mit sich selbst genießen. Fische dagegen spürt eine unbekannte Unruhe in sich. Sie betrachtet ihr Haus mit ganz neuen Augen: Sie sieht, dass es längst ein Eigenleben entfaltet hat, seit es zuletzt renoviert worden ist. Spinnen wohnen darin, Wände haben ihre Farbe verloren, Türen klemmen. Der obere Balkon ist so zugewuchert, dass Fische ihn schon lange nicht mehr betreten hat. Es war ihr nie wichtig gewesen. Unsicher betrachtet sie auch ihren Garten: Wird Widder ihn voller Begeisterung als erstes umgestalten? Sie merkt, dass sie das gar nicht so schlecht fände. Sie spürt, dass irgendwie neues Leben in sie einzieht.

Als Widder kommt, legt sie sich als erstes mit Fische zusammen mitten hinein in die duftenden Blumen und weint vor Glück über das Leben, das auch ohne ihr Dazutun reich ist. Und Fische phantasiert, dass sie mit Widder zusammen das Haus ganz neu mit ihrer gemeinsamen Energie durchdringen könnte; es möchte in Schönheit gestaltet werden, um gemeinsam darin zu sein.

Stier

21. April – 21. Mai

♉

Der erste Eindruck

Stier begegnet uns als Frau, die mit beiden Beinen fest auf der Erde steht. Praktisch und realistisch ist sie, gleichwohl merken wir, dass sie viel Sinn für Schönheit hat. Mit ihrem zur Fülle neigenden Körper strahlt sie Ruhe und Sicherheit aus, denn sie nimmt sich Zeit für das, womit sie sich beschäftigt. Schnelle Veränderungen sind ihre Sache nicht, und Entscheidungen fällt sie erst nach gründlicher Prüfung. Wir wissen, woran wir mit ihr sind und schätzen sie für ihre unbedingte Zuverlässigkeit.

Lebenseinstellung und materielle Erscheinungsformen

Ist Widder eine Pionierin, so können wir uns Stier als Siedlerin vorstellen: Sie liebt fest umrissene Räume, in denen sie ihren klar definierten Aufgaben nachgehen kann. Begrenzungen sind ihr angenehm, und sie wird alles daran setzen, mit dem, was sie darin vorfindet, gut umzugehen.

Stier wird oft nachgesagt, dass sie auf den physischen Aspekt des Lebens fixiert sei und dass ihr materielle Sicherheit über alles ginge. Tatsächlich hat sie einen guten Bezug zu Formen, zu allem Irdischen und Konkreten. Doch müssen wir hier mit dem Vorurteil aufräumen, dass die Zeichen des Elementes Erde mit dem Physischen gleichzusetzen seien. Erde bedeutet Form, und Formen gibt es auf allen Ebenen: In der Materie selbst finden wir die »dichtesten« Formen, Gefühlsformen können jedoch auch dicht, intensiv und geradezu greifbar werden, und Gedankenformen haben als feste Überzeugungen und Konzepte eine große Macht. Stier hat mit allen diesen Formen zu tun: Sie kann an ihnen festhalten, sie kann sie einsetzen, verschönern und benutzbar machen. Sie kann sich in ihnen selbst erkennen und sich in ihnen ausdrücken, sie kann sie jedoch auch als Ersatz benutzen oder an Gewohnheiten festhalten.

Ihre Jahreszeit ist April/Mai, die Zeit, in der die Natur in ihrer vollen Blüte steht, die Knospen sich entfalten und ausformen und die ganze Fülle des Lebens sichtbar wird. Auch Stiers Erscheinungsform kann so sein: üppig und kraftvoll, luxuriös und genießerisch. Kleidung, Wohnung, Essen sind stets Genüsse für die Sinne. Sie legt Wert auf solide Qualität und zugleich Schönheit. Möbel z.B. dürfen gern ihre Geschichte haben, insbesondere für Antiquitäten hat Stier ein Faible. Nützlichkeit und Ästhetik gehen bei ihr Hand in Hand. Sie liebt es, zu verwöhnen und verwöhnt zu werden – die Potenziale irdischen Daseins sind bei Stier erlebbar.

Energiefluss und Geld

Stier liebt den Umgang mit Geld. Sie hat das Bewusstsein dafür – zumindest hat sie die Chance, es zu entwickeln –, dass Geld eine göttliche Energie ist. Geld verbindet Menschen miteinander durch einen stetigen Fluss und ermöglicht dadurch ein kreatives Leben. Stier weiß um diese Möglichkeiten und nutzt sie gern. Sie setzt Geld um in sichtbare Dinge, investiert in Geschäfte und Projekte und in ihre eigene Weiterentwicklung. Auch arbeitet sie gern dafür, das Geld zu vermehren, denn das spiegelt ihr ihre Schaffenskraft wieder. Vertraut sie nicht genug auf ihr eigenes schöpferisches Potenzial, beginnt sie, Geld zu horten. Dann bietet ihr das Geld Sicherheit, und es scheint sogar das Leben vorhersehbar zu machen: Der Zeitpunkt zum Hausbau und die monatlichen Renteneinkünfte können berechnet werden.

Weder Geld noch andere Energien wie Zeit oder Kraft zerrinnen ihr unter den Händen. Sie hat die Fähigkeit, Energien zu halten und zu verdichten, um sie sich nutzbar zu machen. Sie wird sich daher nicht auf alles einlassen, was ihr begegnet, sondern prüfen, ob das Projekt lohnenswert ist. Stimmt es für sie, wird sie ganz dabei sein, ihre Kraft zur Verfügung stellen, sich gefühlsmäßig einlassen und ihre Gedanken auf die Sache konzentrieren.

Konflikte – Krisen – Wandlungen

Stiers Qualitäten sind das Halten, Ausgestalten und Formen. Dazu gehört das Verlangen, etwas festzuhalten, zu konservieren und im eigenen Besitz zu bewahren. Je mehr sich Stier mit ihrem äußeren Besitz oder ihren Gefühlen identifiziert, und je mehr ihre Ideen zu Glaubenssätzen werden, desto größer wird die Angst, etwas scheinbar Unverzichtbares verlieren zu können. Ihr Sicherheitsbedürfnis wächst, sie kann nicht mehr loslassen und neigt dazu, Dinge, Meinungen oder Menschen zwanghaft festzuhalten. Ihre Angst nimmt zu: vor Geldmangel, vor der Zukunft, vor Krankheiten, vor dem Verlust ihrer Partnerin, vor dem Tod – und im Extremfall wird es zu einer Angst vor dem Leben. Sie schottet sich möglicherweise ab und sucht in der Isolation Gefahren zu vermeiden. Sie kann jedoch auch maßlos und verschwenderisch sein, versuchen, andere zu korrumpieren und für sich einzunehmen, um sie nicht zu verlieren.

Stier kommt in den Konflikt, zu spüren, dass sie Neuem nur begegnen kann, wenn sie Altes loslässt. In Krisensituationen wird sie spüren, dass das Leben nicht wirklich einschätzbar und kontrollierbar ist. Sie kann dann lernen, Sicherheit in ihrem Inneren zu finden, auf ihre eigenen Fähigkeiten und Talente zu bauen und ihre schöpferischen Qualitäten als Kapital zu sehen. Sie erkennt das Zunehmen an Körperfülle, das Anhäufen von Besitz, die Verpflichtung von Menschen als einen Ersatz für einen inneren Mangel, der Vertrauen heißt. Hat sie diesen –

oder einen für sie passenderen – Begriff formuliert und nimmt sie ihn für sich in Besitz, wird sie frei. Sie kann dann angstfrei ihre Qualitäten zum Vorschein bringen, sie ausgestalten und weitergeben.

Individualität und Begegnung

Stier sucht immer etwas »Eigenes«, was für sie heißt, dass es ihr gehört und bei ihr bleibt. Ihre Beziehungen sind langfristig angelegt, und so nimmt sie sich auch Zeit, um eine Beziehung aufzubauen. Sie will die andere Person gründlich kennen lernen, um zu wissen, woran sie mit ihr ist. Sie baut nicht auf Sand, sondern auf Fels. Im Zusammensein gibt sie anderen ihre ganze Aufmerksamkeit. Menschen sind ihr wichtig, und das will Stier auch für andere sein, daher fordert sie sie in die Begegnung hinein.

Dabei geht sie langsam und Schritt für Schritt vor. Sie prüft genau, wo jemand steht und in welcher Hinsicht sie sich auf sie verlassen kann. Dabei konfrontiert oder provoziert sie weniger; vielmehr stellt sie quasi einen Raum zur Verfügung und beobachtet, wie jemand sich darin bewegt und was sie daraus macht. So gewinnen andere ihr Vertrauen, das sie selbst gern erwidert.

In Liebesdingen kommt sie langsam – aber gewaltig. Wenn sie sich einlässt – wozu eine Nicht-Stier-Frau viel Geduld mitbringen muss –, dann voll und ganz. Es ist ein sinnliches Vergnügen, mit Stier zusammenzusein. In der Sexualität läuft Stier zu Höchstform auf: Körperlichkeit, Fühlen, Schönheit, Düfte, Begehren, Genuss, Verwöhnen, Rausch und Ekstase, das alles liebt sie und kostet es aus. Gern teilt sie ihr Hab und Gut mit ihrer Liebsten, denn sie geht keine Liebesbeziehung ein, um sie schnell wieder zu beenden – eine bewusst gewählte Genussnacht ist natürlich etwas anderes, Kostverächterin ist sie ja nicht.

Eigenschaften, die andere problematisch an ihr finden, sind auch hier ihr Besitzdenken und ihre Eifersucht. Stier hält die Treue und verlangt sie bedingungslos von der anderen. Sie ist zwar bereit, alles zu geben – so wie sie es versteht –, hat es jedoch schwer, in der Beziehung Neues zuzulassen. Sie muss lernen, dass Spontaneität und Abwechslung die Beziehung nicht bedrohen, sondern ihr im Gegenteil Entwicklung ermöglichen und Stabilität geben.

Kreativer Ausdruck und Beruf

Unnötige Risiken schätzt Stier weder in ihrem Privatleben noch in ihrem Beruf. Sie wird daher typischerweise einen sicheren Angestellten-Job dem freischaffenden Dasein vorziehen. Was sie allerdings an der Selbstständigkeit reizt, ist die Möglichkeit, ihre Kräfte und ihre Kreativität nach eigenen Gesichtspunkten einsetzen zu können.

Da ihr Nachhaltigkeit wichtig ist, wird sie sich gern auf diesem Gebiet betätigen, z.B. im Umweltschutz, im Bereich alternative Technologien, in der Naturheilkunde, in ökologischen Geldanlagen. Als Unternehmerin kann sie höchst erfolgreich sein: Stier kann sich und ihre Mitarbeiterinnen sehr gut einschätzen, da sie lange prüft und Risiken nur eingeht, die durch ein Maximum an Sicherheiten abgedeckt sind. Von ihren Mitarbeiterinnen verlangt sie viel – weiß allerdings auch, was sie verlangen kann, so dass sich im Idealfall alle mit ihren Fähigkeiten einbringen können. Sie ist klar in ihren Forderungen und in dem, was sie selbst zur Verfügung stellt. Sie ist großzügig und gibt anderen langfristige Sicherheit.

Entwicklung und Aufgabe

Stier hat die Gabe, aus allem, was sie auf der Erde vorfindet, die Schönheit hervorzuholen. Da kann es sich um ein altes Möbelstück oder Gebäude handeln, das sie liebevoll restauriert, oder um Ton, aus dem sie ein wunderschönes Gefäß formt, es kann ihre Partnerin sein, die sie darin unterstützt, ihre innere Schönheit äußerlich sichtbar zu machen, oder ein Ritual, dessen inneren Wert sie deutlich macht.

Stier setzt sich auseinander mit dem Begriffspaar Energie und Form. Sie hat die Aufgabe, mit Energien und mit Formen auf die richtige Art und Weise umzugehen. Energie bezieht sie aus ihrer inneren Quelle von Fülle und Überfluss, wenn sie sich voll Selbstvertrauen an diese wendet. Von hier kommt ihre schöpferische Kraft, und von hier erhält sie ihre Impulse, die sie mit ihrer verdichtenden Kraft in die äußere Form hinein manifestiert. Stier ist das Zeichen von schöpferischer Kraft und Manifestation. Stier wirkt von innen heraus in die Materie hinein – nicht umgekehrt. Ist sie gut angeschlossen an ihre innere Quelle, wird sie in der Lage sein, genau die Menschen und die Umstände anzuziehen, die sie zur Verwirklichung ihrer Ideen braucht. Darin liegt Macht, und Stier muss daher ihre Motivation ständig überprüfen: Will sie etwas nur für sich, sogar etwas erzwingen, und isoliert sie sich damit von ihrer Umwelt, oder lässt sie das Leben frei, ohne dabei ihre Ideen aufzugeben? Macht und Demut gehören hier eng zusammen.

Stier und Stier

Stier trifft Stier

Wenigstens bei der Betriebsfeier ist das Essen einmal besser! Stier und Stier verstehen sich sofort, als sie über die Vor- und Nachteile des Kantinenessens diskutieren. Beide sind sich einig darin, dass der ganze Betrieb viel besser laufen würde, wenn die Angestellten sich am Arbeitsplatz wohler fühlten. Neuen Ideen gegenüber wie dem Bereitstellen von Betriebsräumen fürs »power napping« – dem modernen Mittagsschlaf – und dem Einsatz mobiler Massageteams sind sie äußerst aufgeschlossen. Sie beginnen sich darüber auszutauschen, mit welchen Massageformen sie bisher die besten Ergebnisse bei Nackenverspannungen erzielt haben. Da beide über langjährige Erfahrung darin verfügen, sind sie bald ganz vertieft, und ihr Gespräch erstreckt sich von der Ergonomie der Bürostühle über die Bequemlichkeit von Wasserbetten bis hin zu den Gourmetrestaurants der Stadt, wodurch sie dann endgültig bei der Erotik gelandet sind. Denn alles, was über die Sinne geht, hat für Stier eine erotische Komponente.

Eine Stier-Frau lädt die andere zu einem schlichten Abendessen zu sich nach Hause ein – fünf Gänge zuzüglich Espresso. Als sie ihre Köpfe über dem Gastgeschenk, einem französischen Kochbuch zusammenstecken, kann der Weg der Liebe, über den Magen begonnen, nun weitergehen ... Stier und Stier wissen sich zu genießen, und nach den ersten rauschhaften Nächten beschließen sie, ihrer Verbindung baldigst eine gemeinsame Grundlage zu geben.

Stier und Stier kommen auf allen Ebenen bestens miteinander aus. Sie sind sich unmittelbar einig, was die Einrichtung ihrer neuen Wohnung angeht: Sie wird gemütlich und komfortabel sein und so luxuriös wie möglich ausfallen. Es gibt viele Pflanzen, ein üppiger und schön gestalteter Garten wird gedeihen, und ein bis zwei Katzen vervollständigen ihr Reich. Die beiden bleiben allem Körperlichen weiterhin zugeneigt; sie lieben es, sich zu verwöhnen, gut zu essen, viel zu kuscheln und guten Sex zu haben. Allerdings nehmen das Kuscheln und das gute Essen bald überhand, denn auf Dauer sind sie doch eher bequem als leidenschaftlich. Sie haben es gern, wenn die Dinge bleiben, wie sie sind. Das gibt ihnen einen hohen Grad an Stabilität und Zuverlässigkeit, und sie nehmen es erst mal in Kauf, dass Dynamik und erotische Spannung darunter leiden.

Aus demselben Grund mögen beide keinen Streit. Sie werden also viel dafür tun, Kompromisse zu finden, und das geht auf Kosten ihrer Individualität. Bei zu viel Nachgiebigkeit fangen sie an, ihr Territorium abzugrenzen und zu verteidigen, sie werden stur und unflexibel. Aus untergründigen Spannungen werden offene Aggressionen und gegenseitige Verletzungen.

Stier begegnet Stier

Es ist ihre Freundin Skorpion, die den beiden ihre Angst vor Veränderungen auf den Kopf zusagt. Sie sei sogar der größte Feind ihrer Beziehung. Sie fragt, wovor denn jede wirklich Angst habe und was sie deshalb vermeide? Was fürchteten sie denn zu verlieren?

Sie stellen fest, dass sie an Strukturen und Plänen festhalten, die sie anfangs einfach als ordnend eingerichtet hatten. Diese Strukturen ersetzen nun offenbar das Vertrauen, das notwendig ist, um Veränderungen zuzulassen oder sogar aktiv anzugehen. Das ist für beide ein großes Thema. Einer wird klar, dass sie kein rechtes Vertrauen zu sich selbst hat und sich daher immer wieder selbst sabotiert. Die andere merkt, dass sie weder zur Partnerin Vertrauen hat, noch zur Zukunft oder zum Leben selbst. Als sie an diesen Punkt gelangen, spüren sie, dass sie therapeutische Hilfe in Anspruch nehmen wollen. Wenn sie schon über sich sprechen, dann soll das Ganze in einem professionellen

Rahmen stattfinden. Dort kommt heraus, dass eine die große Angst hat, bei Meinungsverschiedenheiten von der anderen nicht mehr geliebt zu werden. Auch die andere kennt diese Angst, die sie daran hindert, zu bestimmten Bedürfnissen zu stehen, weil sie deshalb abgelehnt werden könnte. So stark und selbstsicher sie nach außen erscheinen, so versteckt sind ihre Selbstzweifel, die sie nach und nach in sich entdecken. Jede für sich geht nun durch eine harte Zeit.

Für beide ist es wichtig, zu ihrer kreativen Energie zu finden. Je gefestigter ihr Selbstvertrauen ist, desto eher können sie die Risiken auf sich nehmen, die mit jeder konkreten Veränderung einhergehen. Immer wieder sind sie herausgefordert, ehrlich mit sich und miteinander zu sein, sich zu zeigen und ihre gewohnten Selbstbilder loszulassen. Sie arbeiten an der Bereitschaft, in die Ungewissheit hineinzugehen, die jeder echte Konflikt mit sich bringt. Ihr Vorteil ist, dass sie Begrenzungen nicht ablehnen, und so kann es für sie hilfreich sein, klare und übersichtliche Strukturen für ihre Konfliktaustragung auszuarbeiten, d.h. bewusst eine Konfliktkultur aufzubauen.

Dabei finden sie heraus, dass sie die Fähigkeit besitzen, sehr gut das Potenzial in der jeweils anderen zu erkennen. Sie gehen dazu über, sich gegenseitig gezielt zu unterstützen, wozu sie in der Paartherapie Methoden kennen gelernt haben. Und schließlich haben sie eine Fülle von Material zu Tage gefördert, das noch bearbeitet und entwickelt werden will. Sie erzählen Skorpion, dass ihr wichtigster Prozess die innere Wandlung war, Erneuerungen nicht als angstbesetzt zu erleben, sondern sie positiver sehen zu können. Und mit folgender Aussage machen sie ihre Freundin wirklich neidisch: Sie haben festgestellt, dass sie auf den Geschmack gekommen sind und an Veränderungen richtig Freude haben. Sie warten nicht mehr, bis sie festgelaufen sind, sondern gehen ihr Leben aktiv an. Die beiden Stier-Frauen lächeln sich vielsagend an: In ihnen ist langsam eine Geschäftsidee gewachsen. Sie werden ihr Angestelltendasein aufgeben und auf Grundlage ihrer eigenen Erfahrungen eine Ausbildung zum Coach machen. Es gibt doch so viele kreative Frauen, die in ihren Selbstzweifeln stecken geblieben sind ...

Stier und Zwillinge

Stier trifft Zwillinge

Gut, dass sie mitgegangen ist auf diese Party der Freundin einer Freundin. Erstaunlich, wie viele Frauen sie noch nie gesehen hat – und Zwillinge spürt, wie sich ihr Blick insbesondere auf eine richtet. Bald merkt sie, dass sie sich geradezu unwiderstehlich angezogen fühlt von dieser üppigen, schönen und sinnlichen Frau. Fast fürchtet sie sich ein wenig vor dieser erotischen Ausstrahlung, die ihr aus jeder Körperzelle entgegenstrahlt.

Auch Stier beobachtet die Zwillinge-Frau schon eine ganze Weile, diskret jedoch, so dass diese nichts merkt. Etwas burschikos scheint sie zu sein – doch warum nicht? Ihr gefällt ihr Lachen und ihre offensichtliche Leichtigkeit. Natürlich ist Stier nicht entgangen, dass sie Zwillinges Aufmerksamkeit auf sich gelenkt hat. Gut so, und sie schüttelt ihre Haare, um deren Wirkung sie weiß.

Auf einmal steht Zwillinge neben ihr und reicht ihr mit vielsagendem Blick ein Glas, gefüllt mit ihrem letzten Getränk. Sehr aufmerksam, gurrt Stier und schenkt ihr einen tiefen Blick zurück. Locker beginnt Zwillinge ein Gespräch, das – von außen betrachtet – der übliche Smalltalk ist, jedoch sind die Schwingungen, die beide in ihre Stimme legen, das, was ihre gegenseitige Faszination wachsen lässt. Stiers Aura, diese Ruhe, dieses Dasein, diese Erdigkeit – da verlangsamt sich Zwillinges Redefluss wie von selbst um die Hälfte – sie staunt. Und Stier fühlt sich irgendwie stattlich, lässt sich von Zwillinges ätherischer Beweglichkeit, ihrer Luftigkeit und Lockerheit umwehen – und sich von ihrem Charme schließlich den Kopf verdrehen.

Die Nacht verbringen sie bei Stier, denn Zwillinges Wohnung – das ist ihr gleich klar – hat nicht das rechte Niveau für Stier. Und in der Tat: Zwillinges Erwartungen werden übertroffen. Stier hat alles, was zwei Frauen für eine interessante Liebesnacht brauchen ... Temperamentsmäßig müssen sie sich erst aufeinander einstellen. Stier mag die langsame Annäherung und kostet jede körperliche Berührung genussvoll aus. Das eröffnet Zwillinge ganz neue Welten, und flexibel, wie sie ist, lässt sie sich gern von Stier auf deren Art verführen. Dann aber will Zwillinge alles ausprobieren, was Stier in ihrem Nachtschränkchen aufbewahrt.

Am nächsten Tag: Bevor Stier mit ihrer Morgentoilette fertig ist, hat Zwillinge schon Zeitung und Brötchen geholt sowie ein paar Freundinnen angerufen – es gibt jetzt schrecklich viel zu erzählen. Leider hat Stier noch keinen eMail-Anschluss, aber der ließe sich ja schnell installieren. Stier ist etwas befremdet darüber, wie selbstverständlich sich Zwillinge gleich in ihrer Wohnung bewegt.

Und überhaupt bekommen beide nach kurzer Zeit das Gefühl, sich zu sehr auf die andere einstellen zu müssen, zu unterschiedlich scheinen allein ihre Geschwindigkeiten zu sein. Und ihre Anziehung? Welche Kraft hat sie wirklich?

Stier begegnet Zwillinge

Zwillinge ist ein flüchtiges Zeichen und neigt dazu, einfach woanders hinzugehen. Stier neigt dazu, zu bleiben, wo sie ist. So könnten sie sich schnell verlieren. Das spüren beide und beschließen, nicht in diesen Mustern verharren zu wollen. Sie überlegen, wie sie sich nun wirklich begegnen können. Tags darauf kommt Zwillinge mit einem Buch unter dem Arm. Sie findet, frau könne doch nachlesen, wie andere vor ihnen mit solchen Konflikten umgegangen seien. Im Beziehungsratgeber steht, sie sollten sich als erstes von ihren Wünschen erzählen.

Stier wünscht sich von Zwillinge, dass sie sich in ihrem Bewegungsdrang auf Stier zubewegt, anstatt wegzulaufen; Zwillinge könnte sie mehr nach ihren Bedürfnissen und Gefühlen fragen, anstatt über irgendwelche Frauen aus der Szene zu erzählen. Das trifft Zwillinge – und der Vorwurf ist nicht neu. Stier kommt ganz nahe auf Zwillinge zu: Ich könnte dich festhalten und dich auffordern, dich ganz auf deine Gefühle und natürlich auf mich einzulassen. Zwillinge fühlt sich etwas unbehaglich. Sie gibt zu, dass sie Angst hat, in ihrer Bewegungsfreudigkeit gebremst und in ihrer Freiheit eingeschränkt zu werden; ihr Gedanken- und Ideenfluss könnte unterbrochen werden. Sie wünscht sich von Stier, freigelassen zu werden. Doch das reicht Stier nicht aus für eine Beziehung! Im Nu sind sie wieder im Streit.

Sie spüren, dass sie sich gegenseitig an ihre Grenzen bringen können, und das finden sie gar nicht so schlecht. Stier fürchtet, dass Zwillinge in ihrem Leben zu viel Staub aufwirbelt, alles durcheinanderbringt, sie mit ihren Ideen erschlägt und sie sich in kürzester Zeit nicht einmal in ihrer eigenen Wohnung mehr zurechtfinden wird. Stier liebt die Ruhe und braucht dafür ein Mindestmaß an Ordnung. Zwillinge wird klar, dass sie eigentlich diese Ruhe an Stier so anziehend fand. Braucht sie diese Qualität vielleicht auch für ihr Leben? Zwillinge stellt fest, dass sie in Wirklichkeit nicht so veränderungsbereit ist, wie es immer scheint. Sich auf Langsamkeit einlassen? Gefühle wirklich spüren? In einer Situation bleiben, um sie einfach nur wahrzunehmen, wie sie ist? Das findet sie irritierend und schwierig. Es entsteht manch spannungsgeladene Situation, in der es wichtig ist, dass Stier Zwillinge einfach hält, jedoch auch Zwillinge beweist, dass ihr Stier so wichtig ist, dass sie nicht gehen wird.

Zwillinge holt nämlich aus Stier durch geschicktes Fragen heraus, dass sie sich oft allein fühlt und festgefahren in ihrer Entwicklung. Dinge, die ihr früher viel bedeutet haben, sagen ihr jetzt nichts mehr. Sie sucht Veränderung und hätte gern mehr von Zwillinges Leichtigkeit und Unkompliziertheit. Stier merkt, dass sie langsam in einen Erzählfluss gerät und lang Verborgenes zum Vorschein kommen kann. Zwillinge gehen Stiers Offenheit und Traurigkeit nahe; sie fühlt sich selbst tief berührt und spürt, dass sie sich auf die intensiven Gefühle von Stier einlassen will. Das hilft ihr, sich für ihr eigenes Gefühlsleben zu öffnen.

Ihre Grenzgänge lohnen sich, immer wieder.

Stier und Krebs

Stier trifft Krebs

Unentschlossen betrachtet und prüft Krebs im Einrichtungshaus die Wolldecken. Nach einiger Zeit der Beobachtung gesellt sich Stier zu ihr und steuert ihre Erfahrungen auf dem Gebiet bei. Aus dem Fachsimpeln wird ein erstes gemeinsames Kaffeetrinken. Sie mögen sich gleich und verstehen sich unmittelbar in den wesentlichen Dingen des Lebens: Sie haben beide ein gemütliches Zuhause und einen sicheren Arbeitsplatz. Nun brauchen sie nur noch eine dauerhafte Partnerschaft, in der sie endlich »ankommen« können. Sie sehen sich tief in die Augen, und sie wissen, mit dieser Frau könnte es Wirklichkeit werden.

Stier und Krebs lernen sich langsam näher kennen, denn sie brauchen beide viel Zeit. Dieser Rhythmus tut ihnen gut, und sie fühlen sich wohl und geborgen in der Gegenwart der anderen. Stier ist für Krebs ein wahrer Ankerpunkt, neigt sie doch dazu, leicht in emotionale Stürme zu geraten. Stier gibt ihr die Kraft und Stabilität, die sie braucht, um mit ihren schnell wechselnden und mitunter extrem schwankenden Gefühlen einen Halt zu finden. Auch Stier ist sehr gefühlvoll, jedoch bleibt sie mit ihren Gefühlskurven innerhalb eines begrenzten Maßes. Stier ist von den für sie viel zu schnellen emotionalen Wechseln zwar etwas befremdet, jedoch ist sie auch sehr berührt, wenn Krebs typischerweise bei jedem Kinofilm – und sie sucht sich am liebsten die der romantischen Gattung aus – so mitgeht, dass sie sich erst am nächsten Mittag wieder richtig bei sich fühlt. Sie ist dann besonders anlehnungsbedürftig und verlangt, dass Stier ganz für sie da ist; sie braucht das.

Doch auch Krebs ist gern für Stier da; sie ist eine wunderbare Versorgerin, mütterlich und einfühlsam. Sie liebt es, einzukaufen und zu kochen – wenn auch in einfacheren Varianten als Stier –, und sie schmückt die Wohnung gern mit allerhand Zierrat, der für Stiers Geschmack allerdings nicht immer ganz stilsicher ausgewählt ist. Der Höhepunkt des Tages ist das Bad zu zweit, nach dem beide dann zum ausgiebigen Kuscheln ins Bett im gemeinsamen Schlafzimmer gehen. Sex ist für Krebs nicht so wichtig, und für Stier – na ja, ihre Partnerin hat eben andere Vorzüge.

Streit ist gar nicht ihre Sache, beide lieben es gemütlich und sicher, da kann frau ruhig mal nachgeben. Krebs' emotionale Schwankungen sorgen für ausreichend Bewegung in ihrer Beziehung, und Stier hält sich zurück – es ist schon genug los. Durch irgendeinen kleinen Auslöser jedoch platzt Stier irgendwann der Kragen. Sie braucht zwar lange, aber dann kracht es umso heftiger. Ihre ganzen unterdrückten eigenen Bedürfnisse nach Ruhe und eigenem Raum kommen heraus. Sie sei es schon lange leid, immer mit den Gefühlskrisen von Krebs mitzugehen, die am nächsten Tag sowieso wieder anders seien. Krebs beleidigt das tief; sie zieht sich zurück. Schließlich habe Stier auf ihre Bemühungen, sie mit ihren eigenen Gefühlen aus der Reserve zu locken, nicht reagiert.

Stier begegnet Krebs

Nun ist es an der Zeit, dass Stier stehen bleibt und nicht zurückweicht. Nachgiebigkeit und Verständnis helfen nicht mehr weiter. Und hat Krebs da nicht etwas Richtiges angesprochen? Stier ist nicht so offen mit ihren Gefühlen wie Krebs, »trägt sie nicht so an der Oberfläche«, wie sie es ausdrückt. Hat Krebs ihr da vielleicht einiges abgenommen und öfter mal die Gefühle zum Ausdruck gebracht, die eigentlich in ihr selbst waren? Nun kommt Stier mit dem heraus, was sie fühlt. Dass sie sich überrannt fühle von den ewig wichtiger scheinenden Angelegenheiten ihrer Partnerin, dass es immer um deren Gefühle und Kränkungen gehe, wie wenig sie sich eigentlich von ihr gesehen gefühlt habe – und sie merkt, was sie in dieser Zeit alles zurückgehalten hat. Die ganze Unzufriedenheit kommt mit Macht hoch, sie ist nicht mehr gewillt, irgendetwas zu unterdrücken und wirft Krebs das vor.

Die ist sauer. Warum Stier nicht schon längst etwas gesagt habe? Das käme davon, wenn Gefühle unterdrückt würden! Und jetzt sei Krebs schuld an allem, nur weil Stier immer alles im Griff behalten wolle, das könne ihr so passen!

Also ein Streit, endlich. Nun geht es um die Beziehung zwischen den beiden, und es wird das ausgesprochen, was vorher irgendwie nicht da sein durfte, denn es hätte die Idylle ja gefährden können. Nun spricht Stier endlich einmal über sich, nimmt sich selbst wichtig und geht dabei das Risiko ein, von Krebs ganz neu gesehen zu werden. Und Krebs traut sich, mit den Themen herauszukommen, die sie hinter ihrem ganzen Gefühlswirrwarr verborgen hatte – diese nämlich gehen richtig an die Substanz.

Wenn sie so offen miteinander sind, können sie sich gegenseitig ihre Qualitäten aus einer größeren Tiefe heraus geben. Krebs fürchtet sich nicht so schnell vor den Gefühlen anderer Menschen, und so kann sie Stier in dem Prozess, der dieser Angst bereitet, tragen. Sie fordert sie auf, sich zu öffnen und zu zeigen – und liebt Stier dafür noch mehr. Stier wiederum fragt nun direkt nach, um was es Krebs denn wirklich ginge in ihren scheinbar so existentiellen Gefühlskrisen. Dafür erntet sie

Dankbarkeit, weil Krebs endlich aussprechen darf, was sie in der Tiefe beschäftigt. Und Stier liebt sie dafür noch mehr.

Stier und Löwe

Stier trifft Löwe

Stier und Löwin wissen das Leben zu genießen. Sie lernen sich in einer Frauen-Bar der gehobeneren Klasse über einigen Cocktails in kleiner Runde kennen. Stier hält erst mal Abstand, zum einen, weil für sie gut Ding Weile hat und zum anderen, weil ihr diese Frau etwas zu auffällig erscheint. Der geschmacklich versierten Stier-Frau behagt die Kombination von offensichtlich echtem Gold am Finger und Strass um den Hals ganz und gar nicht. Das muss sie nun erst mal loslassen – und sie will das auch, denn allmählich fühlt sie sich angezogen. Die Löwin nämlich ist bester Laune, vergnügt und sprühend vor Lebensfreude, was sie zum Mittelpunkt der Runde macht. Stier kann die Augen einfach nicht von ihr lassen, so stark erlebt sie ihre Ausstrahlung.

Diese Blicke bleiben Löwin nicht verborgen. Auch ihr ist die eher stille und doch präsent wirkende Frau mit der gediegenen, sicher teuren Kleidung aufgefallen. Sie wirft einen längeren Blick zurück und – Aufbruch ist angesagt. In immer kleiner werdender Runde ziehen sie von Ort zu Ort; sie stellen fest, dass sie wunderbar miteinander tanzen können, und im Morgengrauen sind sie zu zweit.

So beginnt eine schöne, genussvolle Beziehung, es werden luxuriöse Geschenke ausgetauscht, geschäftliches Zusammenarbeiten erwogen, Löwin führt Stier in die Tanzclubs der Stadt, und Stier weiht Löwin in die Kunst der Herstellung feiner Badeöle ein. Erotisch verstehen sie sich ausgezeichnet, sie lieben das Verwöhnen und Verwöhntwerden, Löwin bringt ihre spielerischen Qualitäten ein und Stier die aufregend-sinnlichen. So finden sie sich gegenseitig äußerst bereichernd.

Nachdem sie in ihrem ersten gemeinsamen Urlaub ihre Vorliebe für die toskanische Küche entdeckt haben, nimmt nun die Zubereitung raffinierter Gerichte immer größeren Raum in ihrer Beziehung ein. Hier ist Stier ganz in ihrem Element. Löwin lässt sich dagegen gern bedienen, würde eher mal ausgehen – übrigens fehlt ihr das schon länger, merkt sie. Nun, dann übernimmt eben Stier öfter das Kochen, kein Problem. Bis dann Stier der Löwin zu häuslich wird und diese beginnt, ihren alten Freundinnenkreis zu reaktivieren. Löwin braucht Öffentlichkeit, sie ist gern in Gesellschaft. Stier wird eifersüchtig und bemerkt gleichzeitig die zunehmende Lustlosigkeit der Löwin, sich in ihrer Partnerschaft zu engagieren. Zur Rede gestellt, weicht Löwin aus; es ist ihr ganz und gar lästig, Vorwürfe zu hören. Stier wird sauer, weil sie merkt, dass sie an Löwin nicht herankommt. Langsam gerät die sonst geduldige Stier-Frau in Rage, zerdeppert Geschirr und wütet mehrere Stunden lang. Kommt Löwin jetzt mit ihrer Unzufriedenheit heraus?

Stier begegnet Löwe

Das nämlich ist wichtig: Beide müssen ihre Unzufriedenheit in der Beziehung aussprechen. Da ihre Partnerschaft, rein äußerlich betrachtet, sehr erfolgreich scheint – für die Außenwirkung tun sie auch allerhand –, haben sie es nicht leicht, dorthin vorzudringen, wo ihre Differenzen liegen. Sie sind geübt im Ablenken, weichen aus auf Gebiete, auf denen sie sich gut verstehen.

Löwin verkörpert in dieser Beziehung den experimentierfreudigen, spielerischen, draufgängerischen, nach außen gerichteten Teil. Stier verkörpert den stabilen, ruhigen, kontinuierlichen, aufs Häusliche gerichteten Teil. Wird dies zu einer Polarisierung, entfernen sie sich allmählich voreinander. Löwin hat nämlich auch einen Teil in sich, der Bequemlichkeit und Routine ganz gern hat. Ebenso hat Stier einen lebendigen und neugierigen Anteil in sich, den sie jedoch Löwin zugeschoben hat. Da beide kraftvolle und gern Raum einnehmende Frauen sind, können sie an diesem Punkt schnell einsichtig werden. Jede bekommt schließlich mehr für sich, wenn sie ihre Anteile wirklich beansprucht.

Sie lernen, ihre Bedürfnisse auszusprechen und – im konkreten Leben dann doch viel schwieriger – die Kraft und das Selbstbewusstsein der anderen zu akzeptieren. Doch sie gewinnen dabei. Es entsteht ein großer Beziehungsraum mit vielen Möglichkeiten der Kreativität. Löwin ist dabei mit ihrer Feuerkraft eher die Ideenreichere und Dynamischere, und Stier steuert den Sinn fürs Praktische und Schöne bei. Da beide Genussmenschen sind, genießen sie auch bestehende Harmonie; um nicht wieder darin stecken zu bleiben, ist es wichtig, dass jede für sich auf ihrem individuellen Raum besteht. Sie brauchen genügend Abgrenzung und eigene Lebensbereiche, in denen sie sich frei entfalten und ausdehnen können. So haben sie sich selbst und einander am liebsten: in ihrer vollen Größe.

Stier und Jungfrau

Stier trifft Jungfrau

Die beiden Erdzeichen begegnen sich nun schon zum dritten Mal auf einer dieser Verkaufsparties für nützliche Haushaltsartikel, die eine gemeinsame Freundin, ihres Zeichens ebenfalls Jungfrau, hin und wieder veranstaltet. Sie haben beide denselben Gedanken: Hier gibt es gemeinsame Interessen, und das ist eine gute Ausgangsbasis, um mehr daraus zu entwickeln.

Die Annäherung nimmt dann Stier in die Hand, denn sie ist entschlossener und will die Dinge in eine konkrete Form bringen. Jungfrau ist vorsichtiger und prüft genau, worauf sie sich einlässt. Sie braucht eine »Probezeit«, in der beide sich kennen lernen und praktische Erfahrungen miteinander sammeln können. Jungfrau schlägt Vorträge oder Museumsbesuche vor, Stier wünscht sich Essengehen und Sauna, und sie einigen sich auf eine Fahrradtour mit Picknick. Naturverbunden sind beide, und Jungfrau findet, da kämen sie außerdem sehr preisgünstig davon. Sie verstehen sich gut, sie lieben das Draußensein, die frische Luft, bestimmen um die Wette die Pflanzen des Umlands und genießen ihr Picknick, das Stier überraschend noch mit einer Flasche Champagner und Trüffeln der feinsten Art abrundet. Jungfrau fühlt sich verwöhnt und blüht auf.

Dann befragt sie Stier nach ihrem Vorleben, denn sie will wissen, mit wem sie es zu tun hat. Die Stier-Frau ist davon etwas irritiert – sie hätte sich eigentlich gern ein wenig auf die Decke gelegt und nun mit der körperlichen Annäherung begonnen. Doch diese Fragestunde interessiert sie bald selbst. Jungfrau gibt sich nicht mit oberflächlichen Antworten zufrieden, sie geht ins Detail, und Stier beginnt über längst vergangene Beziehungen nachzudenken, die sie bereits abgeschlossen glaubte. Der Tag vergeht wie im Nu, und der nächste Ausflug wird geplant. Ihre Zuneigung füreinander manifestiert sich schließlich durch einen Ausbruch von Stiers nicht mehr zu zügelnder Leidenschaft. Sie verführt Jungfrau, und diese lässt es nur zu gern geschehen.

Im weiteren Verlauf wiederholt sich ein Muster. Stier will das Zusammensein genießen und träumt schon von einer gemeinsamen Wohnung. Jungfrau hingegen scheint immer etwas zu tun zu haben, kann einfach nicht zur Ruhe kommen. Jungfrau nämlich will Stier noch besser kennen lernen, und so einigen sie sich auf das Anschauen von Möbelkatalogen: Stier schaut bei der gediegenen Luxusklasse, Jungfrau bei den preiswerten Gelegenheiten. Sie diskutieren ein wenig, wobei sie beide zur Rechthaberei neigen – Stier eher aus Sturheit, Jungfrau eher aus Vorsicht. Dann geben sie auf und lassen das Thema beiseite. Solche Situationen gibt es häufiger, und die Frauen fühlen sich festgelaufen.

Stier begegnet Jungfrau

Die Partnerschaft dieser beiden ist auf Sicherheit aufgebaut. Darin verstehen sie sich gut. Finanzielle und emotionale Sicherheit ist ihnen sehr wichtig, sie brauchen sie und geben sie auch gern. Jedoch halten sie zu sehr an ihren eigenen, aber auch an den einmal gemeinsam aufgestellten Strukturen und Konzepten fest. Daraus bildet sich auf die Dauer ein destruktives Beziehungsmuster heraus.

Stier unterdrückt die Ungereimtheiten und Widersprüche in sich selbst, weil sie nicht sein dürfen; sie könnten das ganze Beziehungsgefüge ins Wanken bringen. Jungfrau spricht vieles aus, denn sie ist kritisch. Jedoch spürt sie, dass sie Stier leicht damit verletzt und auch die Beziehung gefährden könnte. So verschwinden die Zwischentöne aus ihrer Beziehung. Stier neigt zur Unbeweglichkeit aus Trägheit, sie mag Veränderungen nicht, weil sie spürt, dass selbst äußere Veränderungen schlussendlich sie selbst betreffen. Jungfrau ist grundsätzlich beweglicher, allerdings wenig risikofreudig, weil sie befürchtet, ihre fragile Struktur und die der Beziehung könne ernstlich angeknackst werden.

Doch den beiden Frauen ist die Partnerschaft wichtig, und sie wollen etwas für sie tun. Stier will Jungfrau mehr Vertrauen und Stabilität geben, denn sie weiß um deren Kraft, das Leben formen zu können. Stier kann anpacken und gestalten, und das will sie Jungfrau spüren lassen. Die inneren Prozesse kann häufig Jungfrau besser angehen. Sie hat ein sehr feines, differenziertes Gespür dafür. Für sie ist es wichtig, zu erkennen, dass sie wirkliche Sicherheit nur findet, wenn sie ihren Empfindungen des Unbehagens nachgeht. Dann kann sie eine Klärung herbeiführen und neue Harmonie. Wenn die Beziehung gefestigter ist, wird sie erleichtert spüren, dass sie ihr Gefühl von Misstrauen loslassen und sich in das Vertrauen fallen lassen kann, das sie durch Stier erfahren hat.

Sie holen den Möbelkatalog wieder hervor. Eigentlich ist das gar keine schlechte Möglichkeit, sich noch besser kennen zu lernen ...

Stier und Waage

Stier trifft Waage

Stier gehört zum Vorstand des Vereins, der sich das Schaffen solider finanzieller Grundlagen für Frauenprojekte zum Ziel gesetzt hat. Auch auf dem Frauenball, aus dessen Erlösen ein neues Projekt gesponsert werden soll, diskutiert sie das Für und Wider staatlicher und privater Förderungen – bis ihr Waage ins Auge fällt: Diese Harmonie von Formen und Farben des Abendkleides mit ihrem Körper! Diese unvergleichliche Eleganz ihrer Bewegungen! Beim jetzt beginnenden nächsten Tanz verschwindet sie Richtung Waage. Stier führt, und Waage folgt, das hat sie beobachtet, wie passend, und Waage nimmt die Einladung gern an.

Mit einem einzigen Blick hat Waage erkannt, dass diese Frau für sie interessant sein könnte. Gut gekleidet zu sein und ein gutes Benehmen zu zeigen sind die Grundvoraussetzungen, um ihr überhaupt näher zu kommen, und die erfüllt Stier ohne weiteres. Ein Langsamer Walzer – nicht allzu schwierig, aber dennoch spürt Waage sofort, dass diese Frau tanzen kann, und: sie kann führen, nicht unbedingt selbstverständlich. Stier ist froh, dass sie vorher einige Details rekapituliert hat, denn Waage ist in der Tat eine anspruchsvolle Tänzerin. Nun, Stier auch. Zwar hat sie sich einen eher ruhigen Abend mit vielleicht ein oder zwei geschäftlichen Besprechungen vorgestellt, aber durch diese Frau sind all ihre Sinne geweckt. Waages auch. Sie flirten, sie trinken Cocktails, sie tanzen. Mehr braucht es nicht, um die ganze Nacht miteinander verbringen zu wollen.

Zwei feinsinnige Frauen, die Körperkontakt lieben, die sich in harmonischer Umgebung wohl fühlen und die Schönheit und

Kultur zu schätzen wissen. Sie passen wunderbar zueinander, finden sie, zumal die Lesbenszene in puncto Schönheit erst langsam am Aufholen ist. Darin sind sie sich absolut einig. Ihre Freundinnen finden, dass sie geradezu beneidenswert glücklich miteinander wirken. In der Beziehung jedoch bilden sich bald erste Konfliktherde. Die luftige Waage braucht Kontakt und Austausch, sie ist vielseitig interessiert und geht gern aus. Stier hingegen genießt die Zweisamkeit so sehr, dass sie nichts anderes braucht, vielmehr so gern zu Hause ist, dass sie einen Teil ihrer Arbeit jetzt immer mitbringt. Waage fühlt sich eingeschränkt, fürchtet jedoch Streit mit der zwar liebevollen und freundlichen, doch mitunter auch recht heftigen Stier-Frau. Ihre Bedürfnisse zeigt sie nicht mehr; sie sagt nichts und zieht sich öfter zurück. Stier spürt, dass sich etwas zwischen ihnen zusammenbraut, aber aus Waage ist nichts herauszuholen. Und schließlich ging bisher alles gut, was soll denn jetzt sein – die Beziehung ist doch ein gut funktionierendes Nebeneinander.

Stier begegnet Waage

Beide haben eine gute Wahrnehmung und drücken sie oft nicht aus. Sie sind so sehr auf Harmonie und Gleichgewicht ausgerichtet, dass sie sich vor allem fürchten, was ihr scheinbar harmonisches Miteinander stören könnte. Stier geht es um Stabilität in ihrem Leben, sie will das Leben planbar und sicher haben und besitzt auch ein gutes Gespür dafür, wie das zu bewerkstelligen ist. So hat sie sich schon in relativ jungem Alter eine beachtliche materielle Lebensgrundlage aufgebaut. Mit Waage will sie das nun teilen, übersieht jedoch dabei, dass für Waage auch noch andere Werte eine wichtige Rolle spielen: Freundinnen, Austausch, kulturelle Events. Stier hat eher eine Gemäldesammlung an ihren eigenen Wänden hängen und ist damit zufrieden, während Waage weiterhin die Vernissagen der Stadt besucht, gern unter Menschen ist und nicht zuletzt an den neuesten Modetrends aktiv Anteil nimmt.

Und schließlich hat Waage es nicht so leicht, sich überhaupt auf eine Partnerschaft festzulegen. Sie gibt zu, dass sie sich festgehalten fühlt und zumindest innerhalb der Beziehung nach Freiräumen sucht. Sie hat begonnen, bestimmte Dinge für sich zu behalten, sich zurückzuziehen oder so zu tun, als würden Konflikte einfach nicht existieren. Als sie darüber sprechen, merkt Waage, dass sie erstaunlich lange so leben kann – Stier jedoch auch. Nun geht das Beziehungspotenzial gegen Null, und sie fühlen sich langsam so unbehaglich und leer miteinander, dass sie notwendigerweise einiges aussprechen müssen.

Sie brauchen allerhand Offenheit und Mut, um mit ihren eigentlichen Bedürfnissen und auch mit ihren Ängsten herauszukommen. Sie stellen fest, dass sie meistens eher zu rücksichtsvoll miteinander sind. Stier ist die Erste, die verlangt, nun nicht mehr geschont zu werden, sondern die Wahrheit zu hören. Jedoch wird es sich auch als gut erweisen, dass sie einander viel Raum geben, denn sie bringen sich damit gegenseitig Respekt und Anerkennung entgegen. Dies ist eine wichtige Grundlage, auf der nun die ehrliche Auseinandersetzung möglich ist. Und auf der eine wirklich gemeinsame Zukunft geplant werden kann – eine Gemäldegalerie mit solider finanzieller Grundlage?

Stier und Skorpion

Stier trifft Skorpion

Das Gespräch, das sich in der Pause im Freundinnenkreis entspinnt, ist kontrovers. Es geht um die Neuinszenierung eines Stückes im Stadttheater, und Stier und Skorpion sind beide so echauffiert, dass sie beschließen, die Diskussion später fortzusetzen. Stier ist das Stück zu modern, fehlinterpretiert und geradezu ins Unverständliche verzerrt. Skorpion jedoch ist begeistert, sie sieht Tiefgründigkeit, Mehrdeutigkeit und findet viele Ansätze zum Nachdenken. Sie findet Stier in ihren Ansichten haarsträubend konservativ; allerdings gefällt ihr die Heftigkeit des Gespräches, ihr imponiert, dass Stier ihre Meinung deutlich vertritt. Sie provoziert, denn sie will dieser Frau näher kommen. Stier fühlt sich durch Skorpions Provokationen zwar verunsichert, aber sie spürt auch eine Anziehung, spürt, dass sie mit Skorpion eine Tiefe finden kann, die sie bisher nicht gekannt hat.

Eine leidenschaftliche Beziehung zwischen beiden beginnt. Sinnlichkeit und Sexualität spielen eine wichtige Rolle; hier erleben sie sich in ihrer Urkraft, lassen die andere ihre Macht spüren, verlangen Hingabe von ihr, suchen Nähe. Beide Frauen sind auf diesem Gebiet stark. Stier betont mehr die Körpererfahrung selbst, genießt die Berührung, liebt den Haut-an-Haut-Kontakt und das Zusammensein. Skorpion will vielmehr die Tiefe der Erfahrung, sie ist unruhig, will immer noch weiter gehen, will Grenzerfahrungen machen. Das wird Stier zu viel. Sie braucht Ruhe und Zeit, um Eindrücke wirken zu lassen, denn dadurch ist sie in Berührung mit der Energie der anderen. Darauf will sich Skorpion nicht einlassen. Skorpion sucht rastlos neues Erleben, den Kick, die ultimative Grenze, die ihr dann doch wieder zu eng erscheint. Das Dasein und die Geborgenheit, die Stier ihr bieten will, erträgt sie nicht.

In ihren Auseinandersetzungen treiben sich beide durch ihre Heftigkeit immer weiter zu entgegengesetzten Standpunkten. Die große Spannung zwischen ihnen kann irgendwann nicht mehr überbrückt werden, sie wird zur Zerreißprobe.

Stier begegnet Skorpion

Zwei stark empfindende und sinnliche Frauen kommen hier miteinander in Berührung. Die beiden Zeichen liegen sich im Horoskop gegenüber, d.h. sie scheinen Gegensätze zu sein und haben doch ein gemeinsames Thema. Stier sind Sicherheit und Grenzen wichtig, sie braucht Fülle um sich herum, in materieller, emotionaler und sozialer Hinsicht. Skorpion hingegen prüft ihre Beziehungen ständig, vertraut keiner Gegebenheit auf Dauer und sucht Tiefe und Wandlung.

So richten sich beide in ihrem jeweiligen Lebenskonzept ein und verteidigen es als das einzig Richtige. Festhalten und Loslassen, Stabilität und Wandlung gehen jedoch Hand in Hand. Um wachsen zu können, d.h. Grenzen zu überschreiten, ist es wichtig, die eigenen Grenzen kennen zu lernen. Es fällt ihnen nicht leicht zuzugeben, dass sie es vermeiden, an ihre Grenzen wirklich heranzugehen. Stier hat Angst vor dem Unbekannten – für sie ist es wichtig, die Erfahrung zu machen, auf ihre inneren Fähigkeiten vertrauen und mit neuen Herausforderungen umgehen zu können. Skorpion hat Angst vor einer anderen, ihr unbekannten Größe, dem Konfrontiertsein mit ihrer Begrenztheit – ihr Lernschritt ist es, sich ganz einzulassen auf das, was ist, und nicht mit dem beschäftigt zu sein, was nicht ist.

Stier unterstützt Skorpion darin; sie lässt sie nicht ausweichen in analytisches Fragen und Zweifeln. Sie wird sie sanft und sicher zurückbringen zu den Gefühlen, die da sind. Auch tut es Skorpion gut, wenn Stier sie körperlich festhält, weil sie in diesem Schutz in ein tieferes Erleben gehen kann. Das ist nicht leicht für Skorpion, doch Stier hat die Kraft dazu und lässt sie spüren, dass ein Ankommen möglich ist.

Skorpion wiederum lässt Stier erleben, dass jenseits des Bekannten der Lebensfluss immer noch weiter fließt. Sie weckt in Stier innere Sehnsüchte nach Öffnung und nach der Fülle und Wahrheit tief in ihr. Sie selbst geht mit gutem Beispiel in das unerforschte Land voran.

So wird ihre Beziehung immer intensiver. Sie wissen, dass die tiefste Wandlung aus der Stille entsteht, aus dem Sein mit dem, was ist.

Stier und Schütze

Stier trifft Schütze

Stier wirft einen Blick auf die Uhr: In einer halben Stunde ist Geschäftsschluss in ihrem Reisebüro, und üblicherweise kommt um diese Zeit noch jemand, der einen Last-Minute-Flug für den nächsten Tag verlangt. Unverständlich für Stier, der es immer Freude bereitet, mit Menschen ihre Reisen sorgfältig zu planen und vorzubereiten. Die Türglocke geht, und Schützin kommt mit wehenden Haaren und offensichtlich eben erstandenem Reiserucksack hereingestürmt. Möglichst schnell möglichst weit weg will sie, möglichst preisgünstig; gibt es noch einen Last-Minute-Flug für den nächsten Tag?

Stier seufzt innerlich und wendet sich auf ihrem bequemen Sessel dem Computer zu. Aus langjähriger Erfahrung weiß sie, dass so einer Frau keine Pauschalreise anzubieten ist. Welches Land? Schützin: unwichtig. Erdteil? Vielleicht Südamerika oder mal Afrika. Afrika, da hat Stier wunderbare Reisen, ganz exotisch bei vollem Komfort und allen Security-Anforderungen der heutigen Zeit. Nein, nein, damit kann Schützin nichts anfangen. Sie will Abenteuer, selbstbestimmt reisen, frei sein, ursprüngliche Atmosphäre und Natur erleben. Ihre Augen strahlen; offenbar sieht sie alles schon vor sich. Stier bemerkt das Feuer in ihren Augen und wird selbst angesteckt. Sie sucht weiter: Trekking in Nepal? Da sei sie selbst mal gewesen, und da die Buchungszentrale jetzt ohnehin geschlossen habe, könne sie ihr gern im Café um die Ecke mehr davon erzählen.

Schützin ist enttäuscht – aber Erzählungen einer Reiseverkäuferin interessieren sie sehr. Abenteuerberichte kann sie nicht erwarten, jedoch hat sich Stier intensiv mit der Entwicklung alter Kulturen beschäftigt. Bald ist Schützin ganz in ihren Bann gezogen, welch eine interessante Frau! Die matriarchale Kultur auf Kreta wird ihrer beider Thema, der Abend weitet sich aus, eine gemeinsame Reise drängt sich geradezu auf. Schützin möchte am liebsten sofort los, und da Stier sich gut auf Kreta auskennt, verzichtet sie auf ihre übliche Vorbereitungsphase und lässt sich von Schützins Abenteuerlust mitreißen.

Natürlich verlieben sie sich auf der Reise. Die Qualitäten und Eigenarten der anderen bereichern sie: Schützin lernt, Luxus und Bequemlichkeit ungehemmt zu genießen, und Stier findet großes Vergnügen daran, manchen Tag ganz ungeplant zu erleben. Sie nehmen sich vor, dies in ihrem Alltag unbedingt beizubehalten. Dort fühlen sie sich dann wirklich gefordert ...

Stier begegnet Schütze

Der Alltag fordert seinen Tribut, da sich die gewohnten Strukturen als sehr mächtig erweisen. Dass Stier sofort beginnt, mit Reiseveranstaltern für Individualreisende Kontakt aufzunehmen, ist ein einfacher Schritt der Veränderung. Mit Schützins spontanen Einfällen und begeisterten Plänen für globale Friedensmärsche und internationale Jugendcamps kommt sie jedoch kaum mit. Zu viel wird in zu kurzer Zeit von ihr verlangt. Sie braucht erst mal Ruhe.

Schützin hat sofort begonnen, die gute Stier-Idee einer wirtschaftlichen Grundsanierung umzusetzen. Sie macht einen bedingungslosen Kassensturz und entwirft einen Haushaltsplan. Zufrieden mit sich geht sie auf die Suche nach einem festen Job, doch als Stier ihr vorwirft, mit einer 30-Stunden-Stelle käme sie nie auf einen grünen Zweig, reicht ihr die Bevormundung.

Die beiden Frauen wissen, dass sie einen wichtigen Berührungspunkt haben: Sie lieben die Größe und die Fülle des Lebens. Schützin findet sie mehr in der Ferne, Stier im Hier und Jetzt. Wo also Schützin mehr Bodenhaftung gebrauchen kann, tut Stier ein Höhenflug hin und wieder sehr gut. Schützin hat es oft schwer, sich mit den Gegebenheiten des täglichen Lebens anzufreunden. Sie bringen Reibung mit sich, weil Grenzen sichtbar werden und stutzen Größenwahn auf das wahre Maß zurecht. Stier hingegen liebt die Sicherheit gebenden Grenzen, und sie findet es nicht leicht, auch nur bis in die Nähe dieser Grenzen zu gehen. An Grenzen also begegnen sie einander, und hier ergänzen sie sich. Für Schützin ist die Bereitschaft wichtig, ihre eigene Begrenztheit anzuerkennen, die Stier ihr so oft spiegelt, und sich auf sie einzulassen. Stier wiederum hat Angst, unbekannte und damit unsichere Gefilde zu betreten, in die Schützin sie locken will und die sie doch auch reizen.

Vertrauen ist ebenfalls eine Qualität, die beide Zeichen gemeinsam haben. Mit Erde und Feuer kommen hier zwei sehr kraftvolle Zeichen zusammen, die miteinander viel erreichen können: dauerhaftes Wachstum und sicheres Vorwärtsgehen.

Stier und Steinbock

Stier trifft Steinbock

Steinbock (oder Steinziege?) hat den Berg bis zur halben Höhe erklommen. Es ist einer der letzten schönen Herbsttage, doch in der Höhe ist es schon so kühl, dass jetzt kaum noch Menschen unterwegs sind. Sie hat ihr nächstes Ziel bereits im Visier: die Auenhütte, auf der sie einkehren will, um dann auf der letzten Hütte vor dem Gipfel zu übernachten. Vor zwei Jahren war sie schon einmal hier, und sie erinnert sich gern an die Wirtin, die wunderbar kochen konnte. Ob sie noch immer da ist? Sie freut sich, als sie gleich beim Eintreten herzlich von ihr begrüßt und offenbar wiedererkannt wird. Ein bequemer Liegestuhl steht schon bereit, denn es dauert stets ein wenig, bis das Essen fertig ist. Stier legt auch auf der Hütte Wert auf frische Zutaten, um möglichst viele Vitalstoffe zu erhalten. Es ist ein leckeres, nahrhaftes Gericht, kalorienreich und eher für ein anschließendes Verdauungsschläfchen geeignet als für den weiteren Aufstieg. Steinbock ist es dennoch recht – in Stiers Gegenwart kann sie genießen.

Sie unterhalten sich miteinander in der Sonne, und Stier fragt, ob sie nicht bleiben will, um mit ihr einen schönen Abend am Kamin zu verbringen. Nein, Steinbock will höher hinauf, und nun muss sie sich sputen, denn der Nachmittag ist längst angebrochen. Sie verabschiedet sich, und Stier sieht ihr traurig hinterher. Doch etwas beunruhigt Steinbock ... und dann wird ihr klar, dass, je weiter sie sich von der Auenhütte entfernt, ihre Sehnsucht nach der Wärme dieser Hütte umso mehr zunimmt – oder nach der Wärme von Stier? Sie ist hin- und hergerissen, sie wollte doch morgen auf den Gipfel und muss dafür heute ihr Pensum schaffen. Auf einmal kommt ihr das Bild vor Augen, Stier würde ihr mit dem Fernglas hinterherschauen. Da spürt sie, dass sie umkehren muss.

Sie verbringen eine romantische Nacht in den Bergen, zuerst in der Abendsonne, dann unter den Sternen, dann beim Feuer. Stier ist zärtlich, liebevoll und leidenschaftlich, Steinbock zunächst verhalten, doch dann wird sie weich und gibt sich ganz hin. Sie ändert ihre Pläne, bleibt einen Tag länger und bricht dann erst Richtung Gipfel auf.

Sie gestehen sich beide, dass sie eigentlich eine Partnerin suchen, mit der sie ihr Leben teilen können. Und doch haben sie sich aufeinander eingelassen. Vorsichtshalber sagen sie sich, dass sie sich vermutlich nicht wieder sehen werden.

Stier begegnet Steinbock

Beide Erdzeichen brauchen viel Zeit für Veränderungsprozesse. Die Kurzfristigkeit ihrer Liebesgeschichte ist daher höchst ungewöhnlich – nicht jedoch die Abgeschiedenheit und die Romantik. Stier und Steinbock haben nun die Gelegenheit, ihre Qualitäten zu investieren, und sie spüren, dass in dieser Beziehung ein Potenzial steckt.

Stier verlebt den Winter im Tal, und Steinbock besucht sie dort. Stier liebt es, ein einfaches Leben zu führen, ohne modernen Schnickschnack, jedoch in Schönheit und Wohlbehagen. Steinbock fasziniert ihre Naturverbundenheit und ihr ruhiges Dasein. Sie selbst ist ehrgeizig und macht gerade ihre dritte berufsbegleitende Fortbildung in Folge, um sich weiter zu spezialisieren. Ausflüge in die Berge sind daher selten geworden, doch mit Stier zusammen nutzt sie ihre wenige Zeit gern dafür. Es sind stille Wanderungen, und sie erkunden die einsamen Pfade abseits der Skipisten. Diese besondere Welt müssten doch noch mehr Menschen zu schätzen wissen, finden sie. Langsam keimen ihnen Ideen.

Schade nur, dass Steinbock so viel in ihren Beruf investiert hat. Ob sie sich noch einmal umstellen soll? Eine Bergführerinnenausbildung? Zusammen eine kleine Firma gründen, Wander- und Klettergruppen leiten, Naturbeobachtung, kleine Seminare in der Auenhütte, Selbsterfahrung und Meditation in den Bergen?

Beide Frauen bringen eine große Beständigkeit im Ausarbeiten ihrer Ideen auf. Alles muss Hand und Fuß haben. Steinbock dringt in jedes Detail ein, um nichts dem Zufall zu überlassen. Sie vertiefen sich in ökologische Aspekte und Marktentwicklung in der Tourismusbranche, studieren Seminarangebote im Bereich der Persönlichkeitsentwicklung und erstellen einen Plan für die nächsten zwanzig Jahre mit allen Alternativmöglichkeiten, um die Unüberschaubarkeit des Lebens zu berücksichtigen. Im nächsten oder übernächsten Jahr werden sie mit einer Gruppe von Freundinnen beginnen.

Ihre Partnerschaft entwickeln sie parallel weiter. Darin betont Stier das Sein mit den eigenen Ressourcen und das Anerkennen von Grenzen. Steinbock dagegen gibt nicht eher Ruhe, bis sie das Gefühl hat, aus allem das Beste herausgeholt und alles bis zur höchsten Blüte ausgearbeitet zu haben. Daraus entsteht manche Streßsituation zwischen ihnen, die sie herausfordert, ihre Positionen stets aufs Neue klarzumachen. Doch sie gehen ebenso gründlich wie liebevoll miteinander weiter, und darin entfalten sie ihre Kreativität.

Und Stier beruhigt immer wieder: Wir haben alle Zeit der Welt. Sieh dir einfach die Berge an.

Stier und Wassermann

Stier trifft Wassermann

Stier arbeitet seit einiger Zeit maßgeblich an einem Projekt mit, in dessen Zentrum ein bewusster Umgang mit Geld steht. Die Idee dabei ist, Geld aus den materialistisch ausgerichteten Händen zu befreien und für ideelle, geistige Zwecke zur Verfügung zu stellen. Wasserfrau hat irgendwo eine Einladung zu einem Info-Abend gesehen und fühlt sich vom Idealismus dieses Projektes angezogen.

Sie ist dann doch recht verwundert, dass Stier mit soliden Informationen über Geldkreislauf und Finanzpolitik die erste Hälfte des Abends bestreitet. Wasserfrau kennt zwar allerlei anarchistische Theorien über Sinn und Unsinn des Geldes, weiß aber gar nichts Konkretes über Wirtschaft und Finanzen. Sie jedenfalls versucht, mit so wenig Geld wie möglich auszukommen. Von Stiers Vortrag fühlt sie sich bald ermüdet. Inmitten der Ausführungen über die verheerenden Auswirkungen einer verfehlten Zinspolitik platzt es aus ihr heraus, dass doch einfach allen alles gehören sollte.

Stier findet Wasserfrau völlig abgehoben. Wasserfrau schimpft, Stier würde Geld viel zu wichtig nehmen. Stier antwortet, Geld sei schließlich eine wichtige Lebensgrundlage. Wasserfrau: Nein, für sie sei es das nicht. Stier mit viel sagendem Blick auf Wasserfrau: Gerade die ärmsten Kirchenmäuse würden ständig über Geld sprechen, immer stehe der Geldmangel im Mittelpunkt ihres Lebens. Für das Eigentliche und Schöne sei dann kein Raum mehr. Geld sei also wichtig! Das Thema müsse endlich mal auf den Tisch, zu lange habe man sich vor diesem Tabu in der ganzen spirituellen Szene herumgedrückt.

Die Diskussion wird in der örtlichen Frauenbar fortgesetzt – Wasserfrau bei Mineralwasser, Stier beim Cocktail. Wasserfrau ist wider Willen angezogen von der Selbstüberzeugtheit der Stier-Frau, in deren Argumentation sie nicht einbrechen kann. Und Stier muss leider feststellen, dass sie die funkelnden Augen der Wasserfrau in zweierlei Hinsicht reizen ... Die Annäherung allerdings kommt erst besser in Gang, als Stier Wasserfrau die Analogie zwischen irdischem Geldfluss und dem universellen Fluss des Lebens mit Hilfe mehrerer Cocktails deutlich machen kann.

Ihre noch frische Liebesbeziehung bleibt voller Spannungen. Sie können sich nicht darüber beklagen, dass sie sich nichts zu sagen hätten, allerdings laufen ihre Gespräche fast nur auf Konfrontationskurs. Schließlich findet Stier, die Zeit für eine Paarberatung sei gekommen. Sie versucht, Wasserfrau davon zu überzeugen, dass dies eine lohnenswerte Investition in ihre Zukunft sei, doch letztlich ist es ihre Neugier, die Wasserfrau in den Sessel der Beraterin bringt.

Stier begegnet Wassermann

Theorien über zwischenmenschliche Kommunikation interessieren Wasserfrau sehr, und sie löchert die Beraterin mit Fragen – während Stier geduldig auf die praktische Arbeit mit den konkreten Regeln zur Kommunikation in Zweiergesprächen wartet. Die erfahrene Beraterin weiß bald, wo sie anzusetzen hat, um den beiden zu helfen.

Es kommt heraus, dass die Wasserfrau am liebsten von Luft, Liebe und spannenden Wolkenschlössern leben möchte – und sie kann es auch! Die Erdfrau hingegen bevorzugt das Leben mitten in den konkreten Gegebenheiten des Alltags; sie liebt es, anzupacken, wo es ihr wichtig erscheint, und sie genießt den Komfort, der ihr dadurch möglich wird. Wenn sie sich so richtig zuhören, finden sie es eigentlich sehr anziehend, wie die jeweils andere mit dem Leben umgeht. Verstehen können sie es allerdings nicht, doch die Beraterin macht deutlich, dass dies auch nicht nötig sei. »Annehmen« sei das Mittel der Wahl – erst annehmen, dann vielleicht auch verstehen.

Sie sind bereit, es damit zu versuchen und machen erstaunliche Erfahrungen. Das bedingungslose Annehmen der anderen bringt sie dazu, sich nicht nur tiefer auf deren Qualitäten einzulassen, es macht vor allem sichtbar, welche unerfüllten Bedürfnisse in ihnen selbst schlummern.

Wasserfrau leidet in Wirklichkeit nicht nur an chronischem Geldmangel, sondern auch an einem Mangel an Berührbarkeit. Zu allem findet sie Argumente und Gegenargumente, doch im emotionalen Bereich spürt sie nicht viel. Das bewundert sie an der Stier-Frau. Diese wiederum findet es unwiderstehlich, dass Wasserfrau sich nicht an Normen oder scheinbar unumstößliche Sicherheitsvorkehrungen hält; sie spürt, dass es ihr selbst an Leichtigkeit und Unkonventionalität fehlt.

Sie beschließen eine Reise nach Paris, wo beide schon einmal gewesen sind. Dort wollen sie die Atmosphäre der Lieblingsorte der jeweils anderen kennen lernen und spüren. Stier führt Wasserfrau in feinste Restaurants und Galerien mit schönsten Ausstellungen. Wasserfrau wiederum streift mit Stier durch Orte, die in keinem Stadtführer verzeichnet sind. Sie bleiben in Kontakt mit sich und ihren Gefühlen, und sie freuen sich darüber, dass die andere Anteil an ihrem Leben nimmt. Die Kommunikationsregeln tragen Früchte ...

Stier und Fische

Stier trifft Fische

Fische ist eine hochsensible und spirituelle Künstlerin, die die Bilder ihrer reichen Innenwelten wunderschön auf die Leinwand bringt. Zu ihrem vierzigsten Geburtstag gibt sie ein großes Fest, zu dem auch Stier über eine gemeinsame Freundin eingeladen ist. Stier ist eine erfahrene Galeristin, sie liebt schöne Bilder und hat außerdem ein gutes Gespür für den Handel mit Kunst. Sie erkennt schnell das finanzielle Potenzial und den Wertzuwachs, der in Bildern steckt – obwohl sie sich, ehrlich gesagt, mit den meisten ihrer ausgestellten Werke nicht auseinander gesetzt hat. Die moderne Kunst ist zwar schön, doch sehr abstrakt.

Sie hat gehört, dass Fische wunderbar male, ihre Bilder jedoch nicht vermarkten könne; ein häufiges Künstlerschicksal, wie Stier immer wieder bedauernd feststellen muss. Nun sucht sie bei Fische die Wände ab, wird jedoch erst in der einen oder anderen Ecke fündig, in der Bilder halbversteckt herumstehen. Das liegt nicht an der relativen Unordnung in der Wohnung, die Fische gleichzeitig als Atelier dient, sondern, da ist sich Stier sicher, am mangelnden Selbstwertgefühl der Künstlerin. Denn die Bilder sind gut! Nur mit Mühe überredet sie Fische zu einem Termin, um alle ihre Bilder zu besichtigen.

Stier ist hochzufrieden mit dem, was sie zu sehen bekommt. Sie spürt, dass sie ein Talent entdeckt hat. Und dann ist da noch etwas: Von einigen Bildern ist sie ganz unerklärlich angezogen. Fische hingegen steht fast abgewandt und wie desinteressiert dabei. Allein die Idee einer Ausstellung setzt sie jedes Mal unter enormen Stress. Und da kommt sie, die ewige, von ihr so gefürchtete Frage, jetzt auch von Stier: »Was stellt denn dieses Bild eigentlich dar?« Fische ist tief verletzt; Tränen steigen ihr in die Augen, sie kann das nicht abstellen, sie hat keinen Schutz dagegen. Sie will allein sein, will sich so etwas nicht mehr anhören müssen – ihre Bilder sind doch ihre Sprache! Ihre geliebten Bilder von Ignoranten betrachten zu lassen, erscheint ihr wieder einmal gänzlich unmöglich.

Stier ist genervt, doch sie ist Geschäftsfrau genug, um nicht gleich aufzugeben. Sie schlägt einen Spaziergang vor, der mehr Raum für einen persönlichen Austausch über die Bilder ermöglicht.

Fische hat sich zu ihrem Geburtstag fest vorgenommen, sich nicht mehr so schnell in ihre Innenwelt zurückzuziehen und sich den äußeren Anforderungen der Welt zu stellen. Sie willigt also ein und geht noch einen Schritt weiter: Sie führt Stier zu dem Ort, der sie zu eben dem Bild inspirierte, das Stier offenbar berührt hat. Auch Stier spürt die besondere Ausstrahlung dieses Ortes, in Stille sitzen sie gemeinsam dort, und dann beginnt Fische zu sprechen. Sie erzählt von den Empfindungen, die sie hier kürzlich hatte, einem tiefen, umfassenden Erlebnis von Verschmolzensein. Sie erzählt von den lebendigen Wesenheiten hier, die in großer Liebe für den Schutz und das Wachstum der Natur Sorge tragen. Stier ist tief berührt. Wonach sie selbst nie aktiv gesucht hat, ist ihr jetzt ganz nahe. Tief in allen Formen verborgen, sieht sie das Leben selbst. Sie sieht, dass Schönheit sich in der Natur Formen schafft, und mehr noch, sie spürt ihre eigene Schönheit, und sie spürt Fisches Schönheit. Vor ihrem inneren Auge sieht sie wieder das Bild von Fische, und jetzt weiß sie, was sie angezogen hat: Sie erlebt sich selbst darin.

Stier wird nicht nur Fisches Mäzenin und Galeristin, sondern auch ihre Geliebte und Partnerin. Dieser besondere Ort in der Natur wird ihr gemeinsamer Ort, ein Ort von Stille und tiefer Übereinstimmung. Hier öffnet sich Stier am meisten für ihre eigene Feinfühligkeit, und das äußere Leben tritt zurück.

Durch Fische entdeckt sich Stier ganz neu. Ihre Sensibilität hat einen Raum gefunden, und Fische fordert Stier dazu auf, sie zu zeigen. Durch Fisches Übersetzungshilfen erschließt sich ihr ihre eigene Bildersammlung gänzlich neu. Sie ist überwältigt, was sie den Bildern alles über sich selbst entnehmen kann. Auch Fische tritt in ein neues Leben ein. Sie ist überrascht von der Wirkung, die sie nicht nur mit ihren Bildern auf andere Menschen hat, sondern auch mit ihrer Person. Stier ermutigt sie, sich sichtbar zu machen und ihre Empfindsamkeit als ihr Kapital – wie Stier es nennt – zu betrachten. Das ist eine neue Sichtweise für sie, die sich immer für unfähig gehalten hat, mit der äußeren Welt zurechtzukommen.

In der Zukunft – und beide finden, dass sie viel Zeit haben – werden sie gemeinsame Formen für die Verbindung zwischen innen und außen entwickeln. Sie selbst stehen ja für diese Verbindung. Wir phantasieren: meditative Malkurse, Selbsterfahrung im künstlerischen Ausdruck, Workshops über die verborgenen Kräfte der Natur, die Geheimnisse wahrer Partnerschaft ...

ZWILLINGE

21. Mai – 21. Juni

♊

Der erste Eindruck

Zwillinge ist selten allein anzutreffen, und wenn, telefoniert sie sicher gerade mit einer Freundin und schreibt gleichzeitig eine eMail. Zwillinge geht leichtfüßig und locker ihrer Wege, sie ist beweglich, neugierig und kommunikativ. Es gibt kaum etwas, wofür sie sich nicht sofort interessiert. Sie mag manchmal zögern, wenn es darum geht, sich für eine von zwei Möglichkeiten zu entscheiden. Dann aber greift sie zurück auf ihre Zwillinge-Art und macht beides. An mehreren Projekten gleichzeitig zu arbeiten fällt ihr nämlich nicht nur leicht, sondern ist für ihr Lebensgefühl unerlässlich.

Lebenseinstellung und materielle Erscheinungsformen

Leben heißt für Zwillinge Bewegung und Veränderung. Sie ist der sprichwörtliche Schmetterling, der von Blüte zu Blüte flattert und sich überall zu Hause fühlen kann. Sie mag keine festen Formen oder Formalien – wie sie es nennt –, sie liebt die Spontaneität, behält sich die Möglichkeit von Umentscheidungen vor und legt sich überhaupt nicht gern fest. Flexibilität und Kurzweil, Anpassungsfähigkeit und Erfindungsreichtum stellen für sie hohe Werte dar.

Mobiliar, das nicht von ihr allein bewegt werden könnte, verabscheut sie (Pappmöbel sind sicherlich von einem Zwilling erfunden worden). Da sie äußeren Formen nicht allzu viel Wert beimisst, findet sie es daher oft nicht notwendig, sich auf sie einzulassen. Die Folge ist Flüchtigkeit, die von anderen als Oberflächlichkeit angesehen und bewertet wird.

Vom Körperbau her ist sie schlank und zierlich, ein eher unruhiger und nervöser Typ. Sie neigt zum Vielreden und Intellektualisieren, gibt aber auch mit ihrem Witz und ihrer Ironie eine wunderbar unterhaltsame Gesprächspartnerin ab. Auf Essen und Kleidung legt sie nicht allzu viel Wert. Essen muss leicht verdaulich sein und Kleidung leger und praktisch. Das Schuhwerk muss stimmen, muss sportlich und stabil sein, denn Zwillinge liebt schließlich die Bewegung.

Energiefluss und Geld

Zwillinge ist ein Luftwesen, und mit entsprechender Leichtigkeit bewegt sie sich durchs Leben. Sie ist neugierig und offen, allzeit bereit, ihrem Wissensdrang nachzugeben und daher unbeständig in ihrer Art. Die Vielfalt ihrer Interessen, ihre schnelle Auffassungsgabe und ihr unmittelbares Erkennen von Zusammenhängen führen dazu, dass sie vieles anfängt, aber nicht unbedingt zu Ende führt. Sie ist im Geiste schon mit neuen Ideen beschäftigt und kann das Gefühl haben, etwas längst beendet zu haben, selbst wenn es auf der konkreten Ebene noch nicht wirklich abgeschlossen ist.

So mühelos, wie Zwillinge im Lebensfluss unterwegs ist, verhält es sich auch mit ihrem Geld: Es kommt und geht, ist jedenfalls im Fluss. Die Easy-going-Haltung von Zwillinge bewirkt, dass sie sich nie echte Sorgen um Geld zu machen braucht. Sie hat das Talent, ihre Energie so in Bewegung zu halten, dass ihr das Geld zufließt. Allerdings geht sie auch locker damit um. Sie ist großzügig und spendabel, bis es zu Ende ist. Dann lebt sie, ohne besonderes Murren, eben mal spartanischer; auch das ist eine interessante Erfahrung, findet sie.

Konflikte – Krisen – Wandlungen

Konflikte oder gar Krisen spielen in Zwillinges Leben zunächst selten eine Rolle, denn sie verfügt über die Gabe, allem geschickt auszuweichen, was sich ihr in den Weg stellt. Es gehört zu ihren Qualitäten, Wege und Auswege zu finden, wo andere sich festgefahren fühlen. Für Zwillinge ist es eine sportliche Herausforderung, unkonventionelle Lösungen zu finden und improvisierend Klippen zu umschiffen.

So lässt sie es gar nicht erst zu einem Konflikt kommen. Die erste echte Krise entsteht für Zwillinge dann, wenn ihr bewusst wird, dass sie über ihrer Fähigkeit, sich in alle Positionen gleichermaßen einfinden zu können, nicht mehr weiß, wer sie selbst eigentlich ist. Da sie viel Neues und Unterschiedliches in ihrem Leben erlebt, wird es ihr nie langweilig. Dennoch erlebt sie irgendwann in ihrem Lebensreichtum eine Übersättigung. Sie ist überall und nirgends zugleich. Alles steht unverbunden nebeneinander, und sie spürt, dass sie keinen eigenen Standpunkt hat. Mit ihrem empfindsamen und fragilen Wesen fühlt sich Zwillinge am sichersten, wenn sie in Bewegung bleibt. Sie hat Angst, dass Stillstand Starre und damit Zerbrechen bedeutet. Doch nun fühlt sie sich verloren und merkt, dass sie in all ihrer Bewegung doch nur auf der Stelle tritt.

Jetzt geht es nicht mehr um Auswege – im Gegenteil: Es ist wichtig für sie, in dieser Krise zu sein und die damit verbundenen Gefühle zuzulassen. Sie muss nun zu einem Punkt in sich finden, von dem aus sie ihre verschiedenen Lebensaspekte miteinander verknüpfen kann. Es ist ein wiederkehrendes Thema für Zwillinge, sich zu festigen und eine Identität aufzubauen. Dazu braucht sie die Bereitschaft zu gefühlsmäßiger, tiefer Berührung. Durch das Einnehmen eines Standpunktes bringt sie die Zentrierung in ihr Leben, die der Ausgangspunkt für ihre Wachstumsprozesse ist.

Individualität und Begegnung

Zwillinge schätzt ihre persönliche Freiheit sehr. Und das heißt für sie: spontane Entscheidungen treffen, sich möglichst wenig festlegen, keine Verpflichtungen eingehen. Zwillinge kennt viele Menschen und ist gut informiert über alles, was in ihrem näheren und weiteren Umfeld geschieht. »Was man allein für Leute kennen lernt, wenn man tagsüber einfach mal so durch den Park schlendert ...« Sie hat offene Augen und Ohren und bekommt schon nebenbei vieles mit, was sie später gern zum Besten gibt. Überhaupt spricht sie mit Vergnügen über andere, und da sie dabei nicht bewertet, sondern alles einfach als sehr interessant darstellt, ist sie auf Parties äußerst beliebt.

Wer sie selbst ist, ist schwerer zu ergründen. Sie hält sich bedeckt, was ihre eigene Meinung angeht und ist so schnell bei einem anderen Gesprächsthema, dass andere ihre Ausweichmanöver kaum bemerken. Es ist nicht leicht, Zwillinge so »festzunageln«, dass sie einmal stehen bleibt. Für sie ist es ein wesentlicher Wachstumsschritt im Leben, zu lernen, sich zu Menschen und Situationen in Beziehung zu setzen und in echte Begegnung zu gehen. Sie fürchtet ihre Unabhängigkeit zu verlieren und aufgrund ihrer zu großen Anpassungsbereitschaft keinen eigenen Entwicklungsraum mehr zu haben.

Selbstsicherheit und Bodenständigkeit sind nicht ihre Stärken. Lernt sie, diese Qualitäten mehr in sich aufzubauen, kann sie sich selbst besser zeigen und darin standhalten. Dann vermag sie zu beweisen, dass Leichtigkeit auch in der Tiefe zu leben ist.

Kreativer Ausdruck und Beruf

Zwillinges Stärken sind Kommunikation und Beweglichkeit. Sie liebt daher Jobs, in denen sie ihre Fähigkeit einsetzen kann, mit verschiedensten Angelegenheiten und Informationen umzugehen. Dies kann in einem Büro mit moderner Kommunikationstechnologie sein, es kann bedeuten, viel unterwegs zu sein, vor allem aber liebt Zwillinge es, mit Menschen zusammenzuarbeiten.

Zwillinge kann gut Dinge miteinander verknüpfen, und sie kann an mehreren Projekten gleichzeitig arbeiten, ohne die Übersicht zu verlieren. In einem Beruf mit viel Routine entwickelt sie bald Langeweile. Sie braucht die Abwechslung und kann sich darin voll entfalten.

Durch ihren Einfallsreichtum hält Zwillinge kein Problem für unlösbar. Sie denkt ohne Vorurteile und ist jederzeit bereit, feste Konzepte zu hinterfragen und zugunsten neuer Ideen zu verwerfen. Dadurch überschätzt sie sich manchmal selbst. Klare Zielvorgaben und Strukturen sind für sie hilfreich, damit sie sich nicht verliert in den vielen Möglichkeiten, die sie sieht. Andererseits braucht sie genügend Raum, um ihren Gedanken freien Lauf in jegliche Richtung lassen zu können.

Zwillinge arbeitet kollegial und ist in jedem Team gern gesehen – auch wenn einige ihrer Schnelligkeit und ihren Gedankensprüngen nicht recht folgen können. Sie braucht die Anregung von anderen und freut sich darüber, andere im kreativen Austausch miteinander inspirieren zu können.

Entwicklung und Aufgabe

Bewegung, Beziehungen und Wechselwirkungen sind die Grundlage jeder Entwicklung im Leben. Ohne diese Zwillinge-Qualitäten gäbe es kein Lernen und kein Wachsen. Zwillinge hält die Dinge in Gang und trägt durch ihre Geschicklichkeit und Geschmeidigkeit dazu bei, den Fluss des Lebens am Fließen zu halten. Entwicklung beinhaltet jedoch schon im Wort, dass es etwas gibt – eine Essenz, einen Kern –, das sich aus seinem Eingewickeltsein *ent*-wickeln will. Für Zwillinge ist es wichtig, sich innerlich auf diese Essenz auszurichten, mit ihr in Kommunikation und Kontakt zu gehen. Zwillinge verliert sich, wenn sie sich auf Dauer zu sehr nach außen ausrichtet. Beispiele aus unserem Alltag sind Nachrichten- und Informationsflut sowie

Konsumgüterangebote, die bis ins Uferlose immer weitere Vielfalt erfahren, ohne noch einen Sinn erkennen zu lassen. Beliebigkeit ohne Bedeutung, Neutralität ohne Anteilnahme, Anhäufung von Wissen und Formen ohne Sinn sind Fallstricke für den Zwillinge-Anteil in uns und in unserer Gesellschaft.

Zwillinge hat die Aufgabe, die wahre Bedeutung von Beziehungen herauszuarbeiten. Sinnvolles Wachstum entsteht durch gegenseitige tiefe Begegnung und Berührung. Formenreichtum und Differenzierungen in die Horizontale, in die Breite hinein, sind die eine Variante der zwillingsmäßigen Kommunikation. Die andere Variante ist die Kommunikation in der Vertikalen, mit dem eigenen Inneren, der Essenz der eigenen Individualität. Durch das Hören auf die innere Stimme und das Kommunizieren mit der Außenwelt verbindet Zwillinge ihre »zwei Seelen« in sich und wird ganz. Sie selbst mit ihrer Qualität wird sichtbar, das Leben kann sie berühren und wirkliche Wandlungs- und Wachstumsprozesse in ihr und in anderen in Gang setzen.

Zwillinge und Zwillinge

Zwillinge trifft Zwillinge

Nun sieht sie diese Frau schon wieder ... Wo war sie ihr noch das letzte Mal aufgefallen? Bei der »Frauen-für-den-Frieden-Party«, beim offenen Qi-Gong-Kurs im Tiergarten oder bei der Lesung der neuen, viel versprechenden Krimi-Autorin? Sie durchleuchtet die Bilder zu den Aktivitäten der letzten Wochen und kommt zu dem Schluss, dass es nun wohl an der Zeit sei, sie anzusprechen. Auch die andere kennt sie von irgendwoher, aber auch beim zweiten Cappuccino finden sie es beim besten Willen nicht heraus. Allerdings wissen sie nun, dass sie beide Zwillinge und sehr vielseitig interessiert sind. Einige gemeinsame Interessengebiete haben sie identifiziert und tauschen sich nun eifrig über ihre Eindrücke und Erfahrungen aus. Selbstverständlich haben sie auch gemeinsame Bekannte, und nach ein wenig Klatsch und Tratsch fühlen sich die beiden schon ganz vertraut miteinander.

Sie tauschen ihre Handy-Nummern und eMail-Adressen aus und verabreden sich gleich für drei Veranstaltungen in der nächsten Woche, wobei sie sich versichern, dass das Leben natürlich jederzeit etwas anderes mit ihnen vorhaben könne, sie dann aber auf jeden Fall absagen würden. Das Leben allerdings will es so, dass sie sich gleich am nächsten Tag beim Geburtstag einer gemeinsamen Bekannten um fünf Ecken wieder treffen. Die hatten sie bei ihrem Gespräch am Tag zuvor glatt übersehen. Das Wiedertreffen ist ein Zeichen, finden sie und gehen anschließend noch zum Salsa-Tanzen. Flotte Musik und schnelle Drehungen, gern auch mal improvisiert, das mögen sie. Und wo lässt es sich besser flirten als beim Tanzen? Flirten ist eine große Leidenschaft der Zwillinge, und so wandeln sie ihre nächste Verabredung um in einen weiteren Partygang – im Theater schaut man schließlich nur geradeaus. Der Flirt wird eindeutiger, sprich, sie tanzen und flirten nur noch miteinander.

Und dann spricht auch nichts mehr dagegen, die Nacht miteinander zu verbringen. Sie überlegen, wohin am besten, und sie entscheiden sich für die Wohnung, in der der zweite Band der Sexgeschichten liegt, von denen sie schon den ersten Band toll fanden. Sie lesen sich gegenseitig vor und würzen das Ganze mit Anmerkungen aus ihrem eigenen erfahrungsreichen Liebesleben. Natürlich mögen sie auch den praktischen Sex, der jedoch interessant und abwechslungsreich sein soll, so dass das Darüber-Sprechen nicht zu kurz kommen darf.

Ihre künftigen Verabredungen sind ja schon eingetragen, und so trennen sie sich am nächsten Morgen voller Freude auf eine interessante gemeinsame Zeit. Das erste Treffen sagt die eine ab – sie hatte versehentlich einen Doppeltermin gemacht –, das zweite die andere – eine Freundin hat gerade Liebeskummer und braucht Zuspruch –, und den dritten Termin verschieben sie gemeinsam auf eine Woche später, weil ihr Timer einfach schon zu voll ist. Sie schicken sich gegenseitig SMSe mit der Abschiedsformel »bis bald«. Und dann fällt ihnen auf, dass etwas nicht stimmt. Unabhängig voneinander haben Freundinnen darauf aufmerksam gemacht, dass diese Terminabsagen auffälligerweise immer dann einsetzten, wenn sie sich gerade frisch verliebt hätten – das sei doch nicht neu ...

Zwillinge begegnet Zwillinge

Die eine Zwillinge-Frau traut sich vor und gesteht, dass sie Angst vor Nähe habe. Die andere Zwillinge-Frau nickt und sagt, das sei bei ihr so ähnlich und sie wolle das wirklich mal verändern. Ob sie es denn zusammen versuchen wollten? Sie diskutieren und haben das Thema Nähe und Distanz, gespickt mit reichlichen Beispielen aus ihrem Bekanntenkreis – überwiegend Luft- und Feuerzeichen übrigens – in seinen vielfältigen Aspekten bald analysiert. Als sie schon dabei sind – sie sind beide literarisch bewandert – über eine Anthologie zu diesem Thema nachzudenken, fällt dem einen Zwilling auf, dass sie sich gerade ziemlich von ihrer eigenen Beziehung distanziert haben. Nähe, wodurch entsteht sie denn nun? fragt der andere Zwilling – wahrscheinlich über Gefühle? Also erzählen sie von ihren Gefühlen, ihren Erfahrungen, ihren Ängsten und ihren Wünschen.

Sie spüren beide, dass dies ein Ansatz ist, und doch kommen sie nicht recht weiter. Sie beschließen, ihre Freundin Krebs zu Rate zu ziehen. Die fragt sie beide schlicht: Was fühlst du denn jetzt? und lässt sie nicht entkommen, bis sie Antworten erhalten hat. Die Zwillinge bemerken die Ausweichmanöver der anderen natürlich sofort und sind recht betroffen, sich selbst im Spiegel zu erkennen. Sie engagieren die strenge Freundin für einige Sitzungen, weil sie spüren, dass sich alles in ihnen sträubt, sich tiefer einzulassen, sich zu zeigen, Unsicherheit zu ertragen und an Punkte der Stagnation zu kommen.

Krebs verordnet ihnen stilles Beisammensein, keine Aktivität und kein Programm; nur Sprechen aus dem Herzen heraus ist erlaubt. Das ist schwer. Sie gelangen an Grenzen, fühlen sich eingesperrt, wollen alles hinwerfen. Allein der Gedanke, dann wirklich in alten Mustern zu verbleiben, motiviert sie, in ihrem Weg weiterzugehen. Sie erleben, dass nur gerichtete Bewegung aus dem Kreislauf herausführt, jedoch sie selbst die Richtung aus ihrem Inneren heraus bestimmen müssen. Sie zentrieren sich in ihrem Herzen. Nähe entsteht.

Und zu der Anthologie ist es natürlich auch gekommen.

Zwillinge und Krebs

Zwillinge trifft Krebs

Heute ist ihr erster Tag in der neuen Redaktion, und Zwillinge ist gespannt darauf, das ganze Team kennen zu lernen. Nette Kolleginnen sind es, die bei der Frauenzeitschrift arbeiten, die nicht nur Mode und Kindererziehung behandelt, sondern Karriere und Lifestyle für selbstständige Frauen in den Mittelpunkt stellt. Und liebevoll ist ihr Schreibtisch geschmückt, ein Blumenstrauß, Pralinen und ein Maskottchen, eine kleine Giraffe. Krebs ist es wichtig, eine »Neue« so zu begrüßen, dass sie sich gleich in der Abteilung willkommen fühlt. Sie erklärt Zwillinge, die Giraffe sei das Symbol für gewaltfreie Kommunikation, ein Tier mit großem Herzen und einem langen Hals für den Überblick. Das interessiert Zwillinge, und Krebs schildert ihr in eindrucksvollen Bildern, wie sie bei einem Seminar zu diesem Thema miterlebt habe, dass sich zerstrittene Menschen durch diese Methode liebevoll neu begegnen konnten. Zwillinge fühlt sich durch ihr Erzählen ganz berührt; dann schüttelt sie es ab und denkt sich, dass Krebs bei einem einfachen Rechercheauftrag gefühlsmäßig nicht so mitgehen sollte.

Sie verabreden sich zum Kaffee. Krebs lädt Zwillinge zu sich nach Hause ein, doch das ist Zwillinge zu schnell zu nah. Sie murmelt etwas von »umständlich hinzukommen«, und so schlägt Krebs stattdessen ein Café vor. Plüschsofas und Kerzen – das ist gar nicht Zwillinges Stil, doch Krebs ist offensichtlich Stammgästin. Ob sie sich hier wohl fühle, fragt sie Zwillinge fürsorglich, und dadurch fühlt sich diese irgendwie ganz aufgehoben auf ihrem Sofa.

Zwillinge zählt die Stationen ihrer journalistischen Laufbahn auf und will dann alles über die neue Redaktion erfahren. Da ist sie an der richtigen Adresse, denn Krebs arbeitet schon seit Gründung der Zeitschrift dort. Sie selbst ist mehr und mehr zum Zuarbeiten übergegangen, übernimmt nur noch gelegentlich Rechercheaufgaben und ist das unentbehrliche Mädchen für alles in der Redaktion geworden. Das eigene Schreiben hat sie schon länger aufgegeben. Sie kennt jedoch einige von Zwillinges früheren Artikeln und gesteht, dass sie ihre leichte Feder sehr bewundert. Sie selbst steht nicht gern in der Öffentlichkeit und konnte es außerdem, wie sie Zwillinge anvertraut, gefühlsmäßig schwer verkraften, wenn in ihren Manuskripten redigiert wurde, die sie mit viel Herzblut geschrieben hatte. Das sei ihr immer sehr nahe gegangen, so dass sie sich mit ihrem jetzigen Aufgabenbereich viel wohler und sicherer fühle.

Während Krebs erzählt, beantwortet Zwillinge dreimal ihr Handy. Ihre Entschuldigungen nützen wenig, Krebs fühlt sich übergangen. Obwohl sie diese Journalistinnenkrankheit kennt, kann sie sich nicht damit abfinden. Und offenbar ist Zwillinge eben genauso wie die anderen.

Zwillinge allerdings fühlt sich geehrt dadurch, dass Krebs ihr so viel Vertrauen schenkt, ihr diese intimen Details gleich beim ersten Treffen zu erzählen. Mit der eher sachlichen Auflistung ihres beruflichen Werdegangs fühlt sie sich jetzt regelrecht blutleer. Sie weiß nicht, wie ihr geschieht, doch Krebs ist so offen mit ihr, dass ihr kaum etwas anderes übrig bleibt, als ebenso offen zu sein. Solche Anwandlungen kennt sie gar nicht, doch sie spürt, dass sie mehr davon will.

Für das nächste Wochenende verabredet sich Zwillinge mit Krebs zu einer Achtziger-Jahre-Party und freut sich, dass es Krebs dort gut gefällt. Sie versucht, mit Krebs zu flirten, doch diese hält sich auf Distanz. Zwillinge wird direkter. Da ist Krebs genervt. Sie durchschaut Zwillinges Interessen noch gar nicht, und nun will die sie schon anmachen? Zwillinge ist irritiert; sie weiß nicht, wie sie sich richtig verhalten soll, um Krebs nicht zu verletzen, und überlegt, ob sie sich besser zurückziehen soll.

Zwillinge begegnet Krebs

Zwillinge fragt sich, was sie anfangs an Krebs so angezogen hat, und Krebs spürt zu Hause nach, was sie eigentlich so heftig hat reagieren lassen. Sie kommen beide zu dem Schluss, dass die jeweils andere etwas hat, was ihr selbst ganz abgeht und was sie anzieht und zugleich vorsichtig macht.

Zwillinge findet Krebs sehr gefühlsbetont, etwas zu sehr für ihren Geschmack, denn sie findet sich gar nicht zurecht in diesen verzweigten Gewässern. Andererseits hat sie bei sich selbst eine Öffnung gespürt, auch das etwas unangenehm zwar, aber: Hat sie nicht schon lange danach gesucht? Krebs wiederum hat es zunächst gefreut, mit ihren Erfahrungen auf Interesse zu stoßen, einfach erzählen zu können, ohne dass Zwillinge gleich hätte von sich sprechen wollen. Doch hat Zwillinge sie wirklich wahrgenommen und ihre Gefühle respektiert? Sicherer fühlt sich der Rückzug an, die Zeit würde es dann zeigen.

So ist es auch. Die beiden gehen sich zunächst aus dem Weg, doch dann entscheidet sich Krebs, Zwillinge kennen lernen zu wollen. Sie prüft, ob diese eigentlich echtes Interesse an den Themen hat, die sie journalistisch bearbeitet. Da kommt Zwillinge ins Schleudern, doch hat sie sich vorgenommen, die Chance des Berührtwerdens durch Krebs diesmal nicht ungenutzt verstreichen zu lassen. Sie stellt sich Krebs' Fragen und versucht ernsthaft herauszufinden, wie sie selbst zu ihren Themen steht, was sie fühlt, was es mit ihr zu tun hat, ob sie das schon erlebt hat, wie sie damit umgehen würde etc. Zwillinge sitzt abends stundenlang an ihrem Laptop, um sich durch Aufschreiben Klarheit darüber zu verschaffen, welche Gefühle und Standpunkte sie selbst hat. Und Krebs lässt nicht locker. Sie spürt, dass Zwillinge bereit ist, sich einzulassen, und das schätzt sie sehr. Nach wie vor gefällt ihr Zwillinges Leichtigkeit, doch verlangt sie auch Gefühlstiefe.

Und irgendwann haben sie die Ebene erreicht, auf der so viel Wärme zwischen ihnen entstanden ist, dass der Funke auf beiden Seiten überspringt – der Beginn einer langen und wunderschönen Freundschaft.

Zwillinge und Löwe

Zwillinge trifft Löwe

Löwin steht leibhaftig vor dem neuen Modell, das ihr seit der Automesse vor einer Woche in allen einschlägigen Zeitschriften begegnet ist. Und es macht tatsächlich so viel her, wie sie es sich vorgestellt hat: ein Sportcabrio in rotmetallic mit starkem Motor und allem erdenklichen Komfort. Zwillinge kommt herbeigeeilt, um die neue Kundin zu begrüßen. Mit einem Blick erkennt sie an Garderobe, Körperausdruck und Sprache, dass Löwin nicht nur das Auto zu besitzen wünscht, sondern auch das nötige Kaliber dafür besitzt – hoffentlich auch finanziell.

Zuvorkommend und beredt erklärt ihr Zwillinge die Vorzüge dieses Modells, wobei sie selbst mehr an den technischen Raffinessen interessiert zu sein scheint als Löwin. Sie fühlt sich fast überflüssig, als sie auf den Bordcomputer höchsten Standards hinweist, die GPS-Anlage – selbstverständlich mit TMC –, die Mobilfunkanlage – bedienbar über Schalter am Lenkrad oder Sprachsteuerung – sowie die modernste Hifi-Anlage. Löwin hingegen bestaunt anerkennend Schönheit und Schnittigkeit der Karosserie sowie die luxuriöse Ausstattung des Innenraums. Unauffällig überprüft sie, ob der Wagen tatsächlich Heckspoiler und zwei Auspuffe hat. Doch durch die Begeisterung von Zwillinge wird ihr Spieltrieb geweckt, und sie probiert alle Knöpfe im Cockpit aus – so nennt Löwin insgeheim die tollen Armaturen! Und da sie sich nicht ungern mit einer schönen Frau an ihrer Seite sehen lässt, nimmt sie Zwillinge gleich mit auf die Probefahrt. Wunderbar, das Auto ist gekauft. Zwillinge ist fast enttäuscht, weil der ihr liebste Teil entfällt – das Handeln. Löwin reicht ohne auch nur eine Frage zu den Zahlungsmodalitäten ihre Kreditkarte über den Tisch. Zwillinge ist beeindruckt. Löwin bemerkt das mit Wohlgefallen und lädt sie zu einem Ausflug am nächsten Wochenende ein.

Zwillinge ist kleidungsmäßig zwar auf betuchte Kundschaft eingestellt, nicht jedoch auf eine betuchte potenzielle Geliebte. Sie scannt aufgeregt ihre Freundinnen durch, wer für schicke Garderobenleihgaben in Frage kommen könnte und wird fündig. So fährt ein elegantes Frauenpaar high speed über Land, steuert hier ein Schloss-Café an und dort eine Rosenschau. Das Wetter ist super, das Auto sowieso, und Löwin setzt ihre natürliche Gabe ein, sie beide sich wie Königinnen fühlen zu lassen. Abends lädt Löwin ins örtliche Edelrestaurant ein, und anschließend geht es in ein oder zwei In-Locations der gehobenen Klasse. Zwillinge weiß zwar, dass sie mit Löwins Standard nicht mithalten kann, doch sie ist Zwillinge genug, um sich schnell in ihre Rolle einzufinden. Sie flirten heftig miteinander. Löwin ist so charmant und selbstbewusst wie Zwillinge interessant und geistreich zu erzählen weiß. Der Abend miteinander wird spannungsreicher, sie finden sich aufregend und verbergen es nicht voreinander. Noch ein Cappuccino auf Löwins Dachterrasse? Es ist bereits in den frühen Morgenstunden, und der Cappuccino ist dann doch nicht mehr nötig ...

Ihr Liebesspiel ist erotisch und spielerisch, Zwillinge und Löwin haben viel Spaß miteinander, tollen im Bett und den reichlich vorhandenen bequemen Polstern in Löwins Wohnung herum. Irgendwann klingelt das Telefon, und auf dem Anrufbeantworter ist Löwins Geschäftspartnerin zu hören – wo sie sich herumtreibe und ob sie das wichtige Business-Essen platzen lassen wolle. Und während Löwin unter der Dusche steht, verabschiedet sich Zwillinge innerlich von ihrem Ausflug in die mondäne Welt.

Zwillinge begegnet Löwe

Sie hören ein paar Wochen nichts voneinander. Als Löwins Zahlung im Autohaus eingeht, greift Zwillinge dann doch zum Hörer. Sie reden ein bisschen herum, ob das neue Auto gut eingefahren und ob die besonders schöne und alte Rosensorte auf der Dachterrasse angegangen sei. Schließlich fasst sie sich ein Herz, sie schlägt einen Kinobesuch vor und Löwin sagt zu.

Zwillinge geht bewusst in ihren eigenen Kleidern zur Verabredung. Sie spürt, dass sie nichts vorspielen darf, wenn sie in einer halbwegs ehrlichen Beziehung mit Löwin sein will. Löwin verzieht keine Miene und lässt sich anschließend sogar auf das

Frauencafé ein, kann sich dort allerdings die Bemerkung nicht verkneifen, dass das Café in den bald zwanzig Jahren seines Bestehens wirklich gewonnen habe. Endlich nicht mehr diese Sack-und-Asche-Mentalität der achtziger Jahre. Löwin lässt deutlich ein Schaudern erkennen. Doch Zwillinge, eine alte Aktivistin, ist nun nicht mehr gewillt, Löwin den Maßstab aller Dinge sein zu lassen. Diese Zeit habe auch ihre Berechtigung gehabt, sagt sie mit fester Stimme. Frau habe experimentiert, sich gegen patriarchale Zwänge gestellt, eigene Wege gesucht und sich eine eigenständige Kultur aufgebaut. Sie selbst sei für Freiheit, Vielfalt und Buntheit im Leben auf die Straße gegangen, und das sei ihr jetzt noch wichtig. In so einer Luxusenklave zu leben wie Löwin, das sei auf Dauer jedenfalls nichts für sie! Löwin ist genervt; schon wieder so eine, für die finanzieller Reichtum mit Machthaberei und Schuldgefühlen verbunden ist. Sie schaut demonstrativ auf die Uhr. Das bringt Zwillinge erst richtig in Fahrt. Eigentlich ist sie gar nicht konfliktfreudig, aber so missverstanden will sie nicht gehen.

Zwillinge fragt und argumentiert, aber sie neckt Löwin auch und macht Witze, wenn deren Antworten allzu einfach ausfallen. Dass Zwillinge so geistreich und witzig bleibt, beeindruckt Löwin. Doch keine von den hundertfünfzigprozentigen, humorlosen und verbiesterten Feministinnen. Als sie ihre Vorurteile zugibt, lachen beide und legen eine gemeinsame Lästerstunde ein über die feministischen Anfangszeiten, an die beide sich noch gut erinnern. Eigentlich freuen sie sich ja über die Weiterentwicklung in der Frauenszene, die Professionalisierung der Frauenbetriebe und den Einzug von Schönheit und Wirtschaftlichkeit in den Projekten. So kommen sie auf ihre eigenen beruflichen Karrieren zu sprechen, der Abend wird immer interessanter, und es sieht so aus, als sollten noch einige folgen.

Zwillinge und Jungfrau

Zwillinge trifft Jungfrau

Auch heute ist sie zu spät dran, umso ausführlich in der Bibliothek zu recherchieren wie sie eigentlich müsste. Immer wieder passiert ihr das, obwohl sie weiß, dass die Uni-Angestellten pünktlich Schluss machen. Zwillinge seufzt. Sie schreibt eine Diplomarbeit über geschlechtsspezifische Sprache im westlichen Kulturkreis, den genauen Titel hat sie noch nicht festgelegt. Sie hat reichlich Stoff gesammelt, ist auf viele interessante Nachbargebiete gestoßen, hat Berge von Literatur zu Hause und eine große Anzahl Zeitschriftenartikel – und sie kommt einfach nicht vom Fleck. Dabei rückt der Abgabetermin rasant näher. Sie hat sich verzettelt und sucht einen Ausweg in weiterer Literatur. Nervös schaut sie auf die Uhr, und da kommt auch schon die Bibliothekarin und macht auf das Ende der Lesezeit aufmerksam. Als sie Zwillinges gequälten Gesichtsausdruck sieht, fragt Jungfrau freundlich nach ihrem Thema und nickt aufmunternd, als Zwillinge zu erzählen beginnt. Ja, mit diesem Thema kenne sie sich zufällig recht gut aus, und wenn Zwillinge noch Zeit habe, würde sie ihr gern beim Kaffee weiter zuhören.

Gern willigt Zwillinge ein, denn sie spürt die Ruhe und eine gewisse ordnende Kraft, die von dieser Frau ausgehen. Dieses Empfinden reicht aus, um ihr von ihrem Problem zu berichten. Jungfrau hört sehr geduldig und interessiert zu. Schließlich ist sie Bibliothekarin geworden, weil sie findet, dass Ordnung mindestens das halbe Leben ist. Es gehört zu ihren Lieblingsaufgaben in der Bibliothek, immer differenziertere Stichwortverzeichnisse anzulegen und Vernetzungssysteme zu entwickeln, um alles akribisch zu erfassen und zu archivieren. Sie jongliert Tausende von Artikeln und Stichworten mit einer Grazie, die ihre Kolleginnen neidlos anerkennen.

Jungfrau fragt Zwillinge nach ihren Hauptthesen, beginnt auf einem Blatt Papier eine kleine Skizze, ergänzt sie, ändert sie ab, fragt weiter und kann Zwillinge nach zwei Stunden eine übersichtliche Aufstellung ihrer zentralen Aussagen mit zu bearbeitenden Nebengebieten und Literaturhinweisen übergeben. Zwillinge staunt, und Jungfrau ist tief befriedigt. Zwillinge findet den Entwurf einfach folgerichtig. Ordnung scheint in ihr Chaos eingezogen zu sein, und ihre Verzweiflung macht Erleichterung Platz. Nur wenige Themen sind von Jungfrau als noch gründlicher auszuarbeiten gekennzeichnet und auch gleich mit Signaturen versehen. Zwillinge bedankt sich, bemerkt jedoch, dass sie am nächsten Tag nicht in die Bibliothek kommen könne, weil sie an anderen Projekten zu arbeiten habe. Jungfrau vermag das kaum zu glauben angesichts ihres Abgabedrucks und hält mit Kritik nicht hinterm Berg. Aber Zwillinge wedelt mit ihrem Papier in der Hand und fühlt sich äußerst optimistisch. Jungfrau kann sich so viel Lockerheit nicht entziehen und lacht mit; sie mag Zwillinge, und beim Abschied sehen sie sich tief in die Augen.

Erst drei Tage später kreuzt Zwillinge wieder auf. Abermals hat sie keine Ordnung in ihren Gedanken. Jungfrau tröstet sie und spürt, wie sehr sie sich freut, mit ihrer Arbeit jemandem dienen zu können; Leben wird in ihre Archive gebracht – jemand kommt und nutzt sie. Zwillinge hat intuitiv den Weg zu Jungfrau gesucht, sie will ihrer Situation, wie sie ist, nun nicht mehr ausweichen.

Zwillinge begegnet Jungfrau

Zwillinge fragt Jungfrau, was sie jetzt verändern könne. Immer habe sie ihre Freiheit geschätzt, nie habe sie sich festlegen müssen – sie kommt einfach nicht zurecht mit dieser neuen Anforderung. Indem sie ihre Verzweiflung zeigt, fühlt sie sich Jungfrau gegenüber ganz offen, und sie sind sich sehr nahe. Jungfrau spürt das und schlägt einige Minuten stilles Miteinandersein vor. Für Zwillinge ist das herausfordernd; sie findet aber die Intensität, die dadurch entsteht, ansprechend. Und sie spürt jetzt deutlich, dass sie sich konzentrieren muss – erstens auf ihre Arbeit insgesamt und zweitens auf ihre Hauptthesen.

Jungfrau fühlt sich immer sicherer in dem, was sie tut, und Zwillinge spürt, dass sie sich darauf einlassen kann; Klarheit ist gut für sie. Für Jungfrau, die sich Zeit ihres Lebens im Hintergrund gehalten hat, ist es neu, sich auf diese Art zu profilieren. Zwar bekommt sie für ihre Bibliotheksarbeit Anerkennung, doch den Abbruch ihres eigenen Studiums wiegt das nie ganz auf. Inspiriert durch Zwillinge fragt sie sich, ob sie noch einmal einsteigen sollte. Damals wollte sie einfach zu perfekt sein und war damit nicht weitergekommen. Hat sie sich jetzt verändert?

Sie bilden ein Team, in dem beider spezifische Kraft zur Anwendung kommt: Zwillinges unbekümmerter Ideenreichtum und Jungfraus kritisch-ordnendes Talent. Bei der Fülle von Zwillinges Materialien fällt locker ein zweites Thema ab, und Zwillinge sieht bereits ein gemeinsames Buchprojekt vor sich, vielleicht auch eine kleine Studieneinrichtung, die möglicherweise von einer Stiftung finanziert werden könnte, sie hat da doch mal was gehört ... Jungfrau winkt streng, aber lachend ab: erst mal das nahe Liegende erledigen. Okay, sagt Zwillinge blitzenden Auges, dann fang du jetzt auch an zu schreiben! Aber erst einmal nehmen sie sich sehr liebevoll und nicht nur kollegial in die Arme ...

Zwillinge und Waage

Zwillinge trifft Waage

Ein Abschlusskonzert der Musikhochschule hat ihr die Redaktionsleiterin für heute Abend noch per SMS aufgedrückt. Dabei wollte sie unbedingt zum Geburtstag ihrer Nachbarin gehen, zu der ihr neuer Schwarm auch einladen ist. Zwillinge seufzt, aber als angehende Journalistin kann sie es sich nicht leisten, auch nur einen Auftrag abzulehnen; wie schön wäre es, unabhängig genug zu sein, um Aufträge spontan annehmen oder ablehnen zu können.

Auf dem Programm stehen neben einer Beethoven-Ouvertüre das Cello-Konzert von Dvorak sowie eine Symphonie von Mendelssohn. Studierende bringen oft frischen Wind in eingefahrene Hörgewohnheiten, was ihr eigentlich gut gefällt; heute jedoch ist sie einfach gereizt. Die Ouvertüre: Routiniert macht sich Zwillinge innerlich Notizen. Dann die Solistin am Violoncello: Nicht so verkrampft wie die meisten anderen, kaum Unsauberkeiten, ein schöner Bogenstrich, ein sehr schöner sogar! Zwillinge wird aufmerksamer, geradezu aufgeregt – etwas an dieser Musik trifft sie, spricht sie an, berührt sie tief. Als studierte Musikwissenschaftlerin kennt sie auch dieses Konzert in- und auswendig, aber so hat sie es noch nie gehört. Verstohlen blickt sie durchs Opernglas und sieht eine schöne, ganz in ihr Spiel versunkene Frau im harmonischen Dialog mit ihrem Instrument. Zwillinge schließt die Augen und taucht in die Musik ein. Bilder steigen in ihr auf, und die Schönheit des Klanges rührt sie zu Tränen. Ihre Gereiztheit ist verschwunden. Später vergisst sie sogar die nachbarliche Party und träumt der Musik nach.

Ihr Artikel ist diesmal nicht mit den geschliffenen Worten der Ironie geschrieben, wie es der Stil des Blattes eigentlich fordert. Doch Zwillinge kann über diese Musik unmöglich auf die übliche analytisch-kühle Art schreiben, die auf einen Verriss hinausgelaufen wäre. Sie bemerkt es selbst und ist irritiert. Im Internet sucht sie nach weiteren Informationen über die Cellospielerin: Waage ist sie, und sie beschäftigt sich mit Meditation. Bevor sie um ein Interview bittet, surft Zwillinge daher auf einigen Astrologie- und Meditationssites herum, um sich fit zu machen. Dann steht sie Waage gegenüber.

Obwohl Zwillinge das Interview professionell führt, entgeht Waage deren Unsicherheit nicht. Sie findet Zwillinge süß und gar nicht uninteressant. Zwillinge befragt sie lässig über die Verbindung von Meditation und Musik und stellt schließlich cool eine Frage zu ihrem Privatleben. Anstelle einer Antwort darauf schlägt Waage vor, ihr ein wenig vorzuspielen, denn ihre Musik sei es doch, die sie berührt habe, oder?

Zwischen ihnen entsteht ein Raum, der gewebt ist von Klängen, Harmonien und Bildern. Inniger und spannungsreicher wird die Musik. Waage sucht den Blickkontakt. Zwillinge sieht die Frau, die sich mit ihrem wunderschönen und sehr weiblichen Instrument rhythmisch bewegt, registriert ihre Erotik und spürt plötzlich auch die Erotik der Situation. Waage spielt nicht mehr nach Noten; sie spielt mit ihr, Zwillinge, und ihrem Instrument ein gemeinsames Konzert. Zwillinge spürt die Verbindung, fühlt sich einbezogen in ein Ganzes, leicht unbehaglich mit dieser Art der Ansprache – oder Aufforderung? Ihre Coolness verlässt sie zunehmend. Zärtlich umspielt sie jetzt die Musik und klingt dann aus.

Unsicher geht Zwillinge auf Waage zu. Sie streichelt das Instrument, und vorsichtig streichelt sie die Frau. Doch jetzt steht Waage auf und räumt ihre Noten zusammen. Das Interview ist vorbei – soll Zwillinge jetzt gehen?

Zwillinge begegnet Waage

Dein Spiel war schön, sagt Zwillinge zweideutig. Schön genug, um es fortzusetzen? fragt Waage entgegenkommend. Nun hat Zwillinge auf der Astrologiesite gelernt, dass Waage und Zwillinge beide nicht gerade die entschiedensten Wesen sind. Mit diesem Wissen beschließt sie, einfach voranzugehen. Ja, sagt sie, du hast mich doch schon eingeladen! Da wird Waage vorsichtig, als ob sie keinesfalls zu direkt erscheinen wolle. Zwillinge bemerkt ihren Rückzug, erinnert sich aber gut an ihre Gefühle während der Musik und weiß, dass Waage tatsächlich eine sehr direkte erotische Verbindung zwischen ihnen gesponnen hat. Diesen Gefühlen vertraut sie jetzt, will aber auch Waages Gefühle ernst nehmen und ihr Zeit lassen. Sie schlägt eine neue Verabredung vor, der Waage erleichtert zustimmt.

Waage spürt, dass ihre Erleichterung zwei Seiten hat: Sie hat Zwillinge nicht verloren, und sie ist der Situation entkommen, die sie selbst kreiert hat. Dieses »Spiel« ist ihr nicht neu, und sie ist froh, dass Zwillinge in dieser ersten Begegnung geschickt eine Brücke gebaut hat. Nun ist sie wieder an der Reihe – was will sie eigentlich? Und was drückt sie durch ihre Musik aus, wovor sie im Leben Angst hat? So exakt und fein sie ihre innersten Empfindungen durch ihre meditative Art des Musizierens wahrnehmen und auch zum Ausdruck bringen kann, so wenig hat sie den Mut dazu in der direkten Begegnung. Sie ruft sich Zwillinges Auftreten ins Gedächtnis zurück. Deren zur Schau getragene Coolness hat sie sofort durchschaut. Sie spürt die Verwandtschaft zu Zwillinge und die Chance, die in einer Beziehung liegen könnte.

Bei ihrem nächsten Treffen erscheinen beide schon ein wenig verwandelt. Sie bringen Offenheit mit, Ehrlichkeit und die Bereitschaft, ihre Gefühle zu zeigen. Die andere soll ihre Wünsche und ihre Ängste sehen können. Beide sagen, dass dies ein wichtiger Schritt für ihr Wachstum sei. Zwillinge wünscht sich Waages Unterstützung: Sie möge sie weiter einfach nur mit ihrer Musik berühren, denn das sei ein guter Weg für sie, für ihre Gefühle offen zu bleiben. Nicht umsonst habe sie Musikwissenschaft studiert, aber eben die wissenschaftliche Seite. Die Musik könne ihr Waage geben. Da traut sich Waage, sich auch etwas zu wünschen: Zwillinge möge weiter das Potenzial in ihr ansprechen, das jenseits der Musik liege und das sie so schwer verbalisieren und direkt zeigen könne.

Sie sind verliebt, und sie sagen ja dazu.

Zwillinge und Skorpion

Zwillinge trifft Skorpion

Mit leichtem Zögern betritt Zwillinge den Laden und schaut sich um. Sie schlendert auf die Vitrinen zu, in denen die verschiedenen Vibratoren und Dildos ausgestellt sind. Ausführlich betrachtet sie die Modelle in blau, rot und schwarz und wandert dann weiter zu anderen Toys nebst Zubehör für schöne Stunden zu zweit. Sie wirft einige Blicke auf die Abteilung der härteren Gangart, in der eine Kundin – ganz dem Klischee entsprechend in schwarzem Leder – einige Gegenstände offenbar einer kritischen Prüfung unterzieht.

Tatsächlich aber hat Skorpion Zwillinge von Anfang an scharf beobachtet. Sie erkennt sofort die Novizin auf diesem Gebiet und spürt, wie es sie reizt, sie ein kleines bisschen zu schockieren. Nett sieht sie aus, nett normal und nicht so gestylt wie die Frauen aus den Clubs. Skorpion seufzt; ihr Alleinsein wird ihr schmerzlich bewusst.

Gerade wendet sich Zwillinge interessiert der Literatur zum Thema zu, die, wie sie schon in den einschlägigen Medien verfolgt hat, im Laufe des letzten Jahrzehnts immer umfangreicher geworden ist. Toll, was es heute so alles gibt, und spannend, wie sich das Sexualverhalten der Lesben verändert hat – oder wird es nur offensiver in die Öffentlichkeit gebracht? Und je mehr sie eine Wirkung des Ambientes auf sich zulässt, desto deutlicher spürt sie ein aufkeimendes, aufregendes Interesse daran, die aus ihrer eigenen Fünfziger-Jahre-Moral-Jugend herrührenden Defizite in diesem Bereich auszugleichen.

So sinniert sie, in einem Bildband schmökernd, vor sich hin, als Skorpion ihre Stunde für gekommen hält. »Und – wie gefällt es dir?« Zwillinge blickt auf und sieht sich der Frau in Leder gegenüber. »Schöne Frauen und schöne Fotografien«, lächelt sie sie etwas unsicher an. Ihr Outfit empfindet sie jetzt als sehr brav und altbacken. »Wenn es mehr zur Sache gehen soll, empfehle ich dir übrigens dies hier«, sagt Skorpion und tippt auf den obersten Band eines ganzen Stapels, »ganz neu herausgekommen und wirklich anmachend. Und als Verkaufsgag geben sie gleich eine Tube Gleitgel dazu.« Skorpion schaut Zwillinge herausfordernd in die Augen, die nicht mehr weiß, wo sie hinsehen soll. Schließlich ist sie ganz harmlos und aus reiner Neugier in dieses Geschäft gegangen, dessen Anzeige sie schon lange im Auge gehabt hat. Skorpion spürt ihre Überlegenheit, und sie genießt es.

Das Spiel hat begonnen, und es soll kein Entrinnen geben für Zwillinge. Skorpion lockt sie immer weiter dorthin, wo sie sie haben will. Fasziniert, angezogen und erstaunt über sich selbst lässt Zwillinge sich mitziehen und landet schon am frühen Abend in Skorpions Bett.

Wie sie es denn am liebsten habe, verlangt Skorpion zu wissen. Zwillinge fühlt sich überfordert von ihrer Direktheit und versucht auszuweichen. Doch Skorpion lässt nicht locker. Und dann besinnt sich Zwillinge eines anderen und spielt mit. Sie beginnt zu experimentieren, und sie merkt, dass es ihr gefällt, in verschiedene Rollen zu gehen. Sie probiert aus, will Neues kennen lernen und Wege entdecken, die ihr bisher unbekannt waren. Sie geht auf Skorpions Leidenschaftlichkeit ein und hat viel Spaß dabei – was Skorpion jetzt irritiert. Am nächsten Morgen gibt es Espresso von Skorpion und ein »So long« von Zwillinge.

Zwillinge begegnet Skorpion

Bei beiden wirkt die Nacht nach. Obwohl erfahren in One-Night-Stands, haben sie doch etwas Neues erlebt, das sie nicht recht loslassen will. Skorpion sitzt da und brütet vor sich hin. Zwillinge hat so anders reagiert, als sie es gewohnt ist. Auch sonst werden die Frauen angesteckt von ihrem Begehren und ihrer Leidenschaft, doch lassen sie sich bereitwillig von Skorpion, die ihre dominante Rolle nie wirklich verlässt, durch die Nacht führen. Zwillinge hingegen hat sich ihr als ebenbürtig erwiesen, jedoch mit einer ganz anderen Art. Das verstört sie und hat sie gepackt. Die Natürlichkeit und die Lockerheit von Zwillinge wirken anziehend auf sie. Irgendwie hat sie sich letzte Nacht leichter gefühlt – sie haben sogar richtig zusammen gelacht! Skorpion schüttelt den Kopf und lächelt gleichzeitig.

Zwillinge ist mit der Unverblümtheit beschäftigt, die Skorpion bei ihren sexuellen Aktivitäten an den Tag gelegt hat. Nie zuvor hat sie sich beim Sex so tabulos und offen gefühlt. Ihre zwei besten Freundinnen jedoch kommentieren ihre Geschichte äußerst skeptisch. Nur Sex miteinander zu haben sei Entfremdung in der Beziehung. Leder und Toys: reines Machogehabe, auf modern getrimmt. Dagegen sei frau in den bewegten Siebzigern und Achtzigern schließlich auf die Straße gegangen. Zwillinge spürt Ärger in sich aufsteigen, doch sie merkt, dass sie nicht genau formulieren kann, was sie an Skorpion wirklich anzieht. Sie sollte sie noch einmal treffen.

Sie wissen, wie sie sich finden können. Zwillinge ist die Erste, die auf einer ihrer Mailboxen die Nachricht findet. Ohne Umschweife macht sie sich auf den Weg und steht mit einem Strauß Blumen vor Skorpions Tür. Das nun findet Skorpion sehr direkt und schlägt ein Café vor. Erst mal Abstand schaffen! Zwillinge fragt, wie sie die gestrige Nacht überstanden und was sie heute erlebt habe. Sie habe schon Telefonate mit völlig schockierten Freundinnen hinter sich, übertreibt sie ein wenig. Und sie würde sich gern ausführlich über Sex austauschen, die letzte Nacht sei für sie ganz toll gewesen. Wie sei das für Skorpion? Das ist zu viel für diese, doch nun lässt Zwillinge nicht locker. Sie will reden und – sehr deutlich – nicht nur das.

Zwillinges Art passt nicht zu Skorpions Vorstellungen. Für Skorpion geht Sex immer an Grenzen, sie erlebt hier größte Intensität und Berührung. Und dennoch ist ihr bewusst, dass sie stets auf der sicheren Seite geblieben ist. Nicht umsonst hat sie schon seit Jahren eine feste Beziehung vermieden und keine Frau an ihren tiefen Gefühlen teilhaben lassen. Zwillinge setzt das nun in Bewegung. Ja, sie will sich öffnen!

Zwillinge spürt Skorpions inneren Kampf, und ihr wird klar, dass reden nicht genügen wird. Hier wird es um verborgene Gefühle gehen, Tabus auf tieferen Ebenen, Ängste und Vorsicht, Nähe und Rückzug. Sie merkt, dass sie der Berührung mit solchen Gefühlen bisher ausgewichen ist, und da sie ja Defizite ausgleichen möchte, wird sie das Gespräch noch einmal beginnen – auf einer neuen Ebene.

Zwillinge und Schütze

Zwillinge trifft Schütze

Wie jedes Jahr macht Zwillinge eine Woche Urlaub mit ihrer Nichte, und diesmal geht es mit der zwölfjährigen Löwin auf einen Reiterhof. Die Nichte ist völlig aufgeregt, während für die Unternehmensberaterin eine Woche mit Pferden nicht gerade der Hit ist. Doch sie hofft, es sich mit einer Tasche voll Bücher schön machen zu können.

Die frische Landluft ruft in Zwillinge Glücksgefühle hervor, doch der Geruch der Pferdeställe entspricht nicht ihrer stadtgewöhnten Nase, und auch die Tiere findet sie zwar schön, aber etwas zu groß. Schützin, die Reitlehrerin, ist eine typische Landlesbe, stellt Zwillinge fest: sportlich-kräftig, wilde Haare, braungebrannt mit Holzfällerhemd, Jeans und Gummistiefeln – wobei sie zugeben muss, dass sie sie sehr freundlich und mit erkennendem Blick zwischen all den Hetero-Eltern begrüßt hat. Zuerst geht es um die Theorie des Westernreitens, was Zwillinge sehr interessant findet, doch das Kapitel Pferdepflege nutzt sie, um sich hinter einem Buch zu verschanzen.

Nun geht das Reiten richtig los. Zwillinge führt Löwins Pferd gleich hinter Schützin und muss zugeben, dass diese eine gute Figur auf ihrem Pferd abgibt. Wunderschön sieht es aus, wie sie selbstverständlich und in vollkommener Harmonie im Sattel sitzt, in der Bewegung eins zu sein scheint mit ihrem Pferd. »Und du – willst du's nicht auch mal versuchen?« reißt Schützin sie in diesem Moment lächelnd aus ihren Betrachtungen. Zwillinge wird rot, lehnt stotternd ab und lässt sich dann doch etwas schamhaft von ihr aufs Pferd helfen. Es fühlt sich sehr wackelig an dort oben. Schützin spricht ihr ermutigend zu, auszuatmen und sich zu entspannen. Immer wieder kommt ein »Ausatmen!«, so dass Zwillinge beginnt, an ihrer Lockerheit zu zweifeln, auf die sie immer so stolz war.

Am Lagerfeuer braucht Zwillinge einen Schemel mit weichem Kissen. Sie weiß kaum, wie sie sitzen soll und spürt deutlich die Anfängerin in sich. Schützin setzt sich neben sie. Gemeinsam sehen sie ins Feuer, und dann beginnt Schützin zu erzählen. Wie sie schon als Mädchen Cowboybücher verschlungen und sich nichts sehnlicher gewünscht habe, als durch die Weiten der Prärie zu galoppieren, allein mit ihrem Pferd, nur den Horizont vor sich. Diese Sehnsucht habe sie nie aus den Augen verloren und sich tatsächlich später erfüllt. Zwillinge schaut sie bewundernd an – von dieser Zielstrebigkeit könnte sie eine Scheibe gebrauchen. Nun sei ihr nächstes Ziel, fährt Schützin fort, einen eigenen Reiterinnenhof aufzubauen, nur für Frauen und Mädchen. Leider fehle ihr gänzlich die finanzielle Begabung und das Marketing-Know-how. Zwillinge horcht auf: Das ist ihr Gebiet! Die Ideen purzeln ihr nur so im Kopf herum und tanzen auch gleich auf ihrer Zunge. Die Nacht wird lang und mit verschiedenen Aktivitäten verbracht – wobei die Weiterentwicklung der vorläufig entworfenen Wirtschaftlichkeitsberechnung bald auf den nächsten Tag verschoben wird ...

Sie planen eifrig, telefonieren häufig, führen Gespräche mit Banken. Dann spricht Schützin die für sie schon lange im Raum stehende Frage aus, ob Zwillinge mit auf den Hof ziehen will. Die ist entsetzt; Landleben kommt für sie überhaupt nicht in Frage!

Schützin ist betrübt, und doch kennt sie dieses Muster gut. Immer wenn sie von einer Sache völlig begeistert ist, steckt sie zwar andere damit an, aber schließlich bleibt sie mit ihrem Projekt allein. Dass sie ihre Ziele verfolgt, wird von anderen sehr bewundert – und es scheint gleichzeitig Angst zu machen, dass eine so vorwärts geht und sich das Erreichen des Ziels so ohne weiteres zutraut. Diesmal allerdings spürt sie, dass es ein wichtiges, bisher scheinbar nebensächliches Ziel zu verfolgen gilt: ihre Beziehung. Wie kommt es, dass über ihrer Zielstrebigkeit immer anderes auf der Strecke bleibt? Sie fragt Zwillinge, warum sie eigentlich wirklich so ablehnend reagiert habe. Zwillinge erzählt weitschweifig von ihrer städtischen Natur und ihrer beruflichen Einbindung. Ob sie denn überhaupt bereit sei, sich partnerschaftlich zu binden, fragt Schützin. Das sei doch etwas ganz anderes, meint Zwillinge ausweichend, das sei abhängig von Gefühlen, und die könnten sich ändern, und dann habe man sich festgelegt. Schützin riecht Lunte und erklärt ihr, dass sie verschiedene Maßstäbe anlegt: Schließlich berate Zwillinge ihre Unternehmen auch langfristig, hier plane sie weit im voraus für andere – und auch für sich selbst, denn sie begleite ihre Kunden über Jahre hinweg. Wenn sich hier Gefühle änderten, würde sie sich von ihnen auch nicht abhängig machen. Warum also denke sie in der Kategorie Beziehungen anders?

Zwillinge versucht sich herauszuwinden, merkt jedoch selbst, dass an dieser Sache viel dran ist. Ihr logisches Denken tritt wieder in den Vordergrund, und sie wird ganz wach. Schützin ist auf eine Goldader gestoßen. Dass Zwillinge das selbst noch nicht gesehen hat! Warum eigentlich nicht? Bald diskutieren sie eifrig – seltsamerweise zum ersten Mal seit dem Reiterhof – über ihre eigene Beziehung. Die Gefühlsebene ist für sie nicht unbedingt ein Gebiet, mit dem sie sich viel beschäftigt haben, höchstens theoretisch. Nun, sie spüren beide, dass sie in ihrem

Leben an einem Punkt der Veränderung stehen und sie miteinander eine Chance haben könnten.

Konkret sieht das so aus: Wozu ist frau Zwillinge, fragt diese sich, wenn sie nicht auch auf dem Lande beruflich etwas erfinden könne. Schützin ergänzt, sie kenne die Strukturen dort gut und sie werde sie unterstützen, ihre Ideen zu verwirklichen. Zwillinge macht die Kontakte – darin ist sie gut –, und es wird ihr auch etwas einfallen, womit sie ihre städtischen Freundinnen auf den Hof locken kann, vielleicht Kurse rund um das Thema Selbsterfahrung oder so. Ach ja, und dann sind da noch die Unternehmerinnen, die wollen sich aktiv entspannen, natürlich beim Reiten. Sie freuen sich und küssen sich liebevoll.

Zwillinge und Steinbock

Zwillinge trifft Steinbock

Zwillinges Urlaube sollen das Angenehme mit dem Nützlichen verbinden, und nützlich ist für sie immer Bildung. Zusammen mit ihrer Reisegruppe findet sie sich im Heimatmuseum ihres Urlaubsortes ein. Toll, wie die BewohnerInnen des abgelegenen Bergdorfes ihre kreativen Fähigkeiten für die Verbesserung ihres Alltagslebens eingesetzt haben. Steinbock, die Museumsleiterin, erklärt jedes Objekt ausführlich und weiß auf jede der zahlreichen Fragen eine Antwort.

Zwillinge ist beeindruckt, wie selbstverständlich sich Steinbock in Kulturen und Zeitaltern bewegt und mit welcher wissenschaftlichen Präzision sie sich ausdrückt. Sie selbst interessiert das alltägliche Leben der Menschen am meisten. In welcher Art von Gemeinschaft sie lebten, in welchem Verhältnis Individualität und Normen zueinander standen, welche Kommunikation zu anderen Dörfern bestand. Die Fragen sprudeln nur so aus ihr heraus, so dass Steinbock ihr einen Extra-Termin dafür anbietet. Sie selbst hat abends selten etwas vor, und die Verabredung kommt schnell zustande.

Es stellt sich heraus, dass Steinbock zehn Jahre zuvor in dieses Dorf gezogen ist, um sich ganz der Arbeit im Museum widmen zu können, das sie für einzigartig in Mitteleuropa hält. Sie schwärmt, wenn sie von ihren kleinen archäologischen Grabungen erzählt, bei denen sie wertvolle Tonscherben und Knochenreste gefunden hat. Zwillinge findet das hochinteressant und will alles über Grabungen wissen, über Besitzrechte, Altersbestimmung etc. Steinbock freut sich über so viel Interesse und taut immer mehr auf. Eigentlich hat sie selten eine solche Gelegenheit, wird ihr bewusst. Wann war sie das letzte Mal aus, anstatt die Abende im Labor zu verbringen? Vielleicht ist Zwillinge ja verliebt in sie? Ihre letzte Beziehung ist lange her. Aber ein Urlaubsflirt – das ist nichts für sie. Und doch spürt sie, dass etwas in ihr sich öffnet. Zwillinge strahlt sie an: Jetzt will sie etwas über das soziale Leben der Menschen erfahren, wie z.B. hätten sie Partnerschaften gelebt? Steinbock fühlt sich irgendwie ertappt, ist einen Moment irritiert und geht dann vorwärts. Sie wolle nun das Gespräch über vergangene Zeiten beenden; in welchem sozialen Umfeld denn Zwillinge leben würde. Auch da macht Zwillinge gern mit, erzählt über ihr Leben in der Großstadt, ihren Beruf und erwähnt nicht zuletzt ihre derzeitige Lebensabschnittspartnerin. Steinbocks Stimmung sinkt merklich, was Zwillinge sofort registriert und einzuordnen weiß. Für einen Urlaubsflirt ist sie allemal zu haben, und sie beginnt sofort, ihren Charme einzusetzen. Das ist Steinbock nicht gewohnt, und sie erliegt noch in derselben Nacht Zwillinges Verführungskünsten.

Es braucht einige Tage und Nächte, um Steinbock weiter aus ihrer Reserve zu locken. Ungewohnt für Zwillinge, die sich leicht und jederzeit auf andere Menschen einstellen kann. Jedoch imponiert es ihr auch, wie Steinbock ihr eigenes Zeitgefühl als Maß nimmt. Steinbock ihrerseits ist fasziniert von Zwillinges leichtfüßiger Art, mit ihr zusammen zu sein. Sie versucht es ihr nachzumachen und verdrängt hartnäckig die Gedanken an das Ende des Urlaubs.

Anfangs telefonieren sie noch häufig, später seltener. Steinbock ist meistens diejenige, die anruft. Zwillinge versichert ihr, dass ihr ihr Zusammensein viel gebracht habe und sie Steinbock gern einmal wieder sehen würde. Steinbock reicht das nicht; sie will Verbindlichkeit und Perspektive mit Zwillinge entwickeln. Ihre erste Bedingung ist, dass Zwillinge sich für eine Partnerin entscheidet. Zwillinge ist das zu viel. Eine Fernbeziehung als Zweitbeziehung ist für sie genau stimmig. Sie findet Steinbock eifersüchtig, konventionell und bürgerlich, findet, dass Steinbock zu hohe Ansprüche stellt und ein übergroßes Sicherheitsbedürfnis hat. Damit trifft sie einen wunden Punkt bei Steinbock, und diese zieht sich erst mal zurück. So hat Steinbock es immer gemacht: Sie hat optimale Sicherheit und unverrückbare Eindeutigkeit in einer Partnerschaft gesucht, ihre Partnerinnen haben ihr oft mangelnde Flexibilität vorgeworfen, und die Beziehungen waren auseinander gegangen.

Steinbock besucht Zwillinge, weil sie zu einer klaren Entscheidung finden will. Zwillinge fühlt sich dadurch bedrängt und kontrolliert – ein Gefühlsmuster, dass wiederum sie seit langem kennt. Nun, sie haben beide genug Lebenserfahrung gesammelt, um Projektionen zu erkennen und zu wissen, dass sie damit nicht weiterkommen. Sie beschließen, sich ehrlich alles zu sagen.

Zwillinge hat die Affäre im Urlaub sehr genossen. Zu Hause aber ist sie gut beschäftigt, hat eine lockere Partnerschaft und fühlt sich in ihrem Freundinnenkreis sehr wohl. Sie gibt zu, dass sie Angst davor hat, sich festzulegen. Steinbock kommt aus einer gegenteiligen Situation: Sie genießt ihr Alleinsein sehr, jedoch spürt sie durch die Zeit mit Zwillinge einen Mangel. Und sie hat nicht nur erlebt, wie schön es ist, sich auszutauschen und sich gegenseitig zu inspirieren, sondern Zwillinges Offenheit hat ihr auch ermöglicht, sich weniger als sonst zurückzuziehen. Sie wirkt traurig, und Zwillinge tröstet sie, das ständige Zusammensein mit anderen könne auch anstrengend sein und man müsse sich schon gut abgrenzen können, um sich nicht zu verzetteln. An Steinbock gefalle ihr so gut, dass sie offenbar so zentriert sei und keine Abstriche aus falscher Anpassung mache. Steinbock lächelt. Zwillinge auch. Beide fühlen sich in ihrem Bedürfnis nach Freiheit und Individualität gesehen.

Sie überlegen, welchen Wert Verzettelung und Rückzug haben könnten. Konstruktiver könnte man das eine Beweglichkeit nennen und das andere die Fähigkeit zur Einsamkeit. Lachend finden sie, dass daraus doch etwas zu machen sein müsse.

Zwillinge und Wassermann

Zwillinge trifft Wassermann

Heute findet sie zwei Antworten auf ihr Stellengesuch in ihrem Briefkasten. Zwillinge ist Erzieherin und hat ihren letzten Job gekündigt, weil sie es dort nicht mehr ausgehalten hat. Die vielen Vorschriften und Normen haben ihr die Luft zum Atmen genommen. Ganz zu schweigen von den Kindern, die sie nur mehr überwachen und versorgen sollte. Das hat ihr nicht ausgereicht, und sie hat dieser Institution, wie schon manch anderer davor, den Rücken gekehrt.

Im ersten Stellenangebot riecht sie den Muff zwischen den Zeilen sofort. Der zweite Brief dagegen klingt interessant: Da schreibt eine Frau, sie suche Gleichgesinnte zum Aufbau eines Kinderladens, wobei es nicht um Erziehung im herkömmlichen Sinne gehe, sondern darum, den Kindern Raum für ihr freies Wachstum zu bieten. Das will Zwillinge kennen lernen, und so steht sie Wasserfrau bald gegenüber.

Wasserfrau setzt sich seit längerem mit neuen Konzepten der Kindererziehung auseinander. Ihr Ansatzpunkt ist die individuelle Entfaltungsmöglichkeit der Kinder. Damit trifft sie bei Zwillinge auf offene Ohren. Der liegt die Freiheit von Kindern sehr am Herzen; sie identifiziert sich leicht mit denen, die sich eingeengt fühlen von Grenzen und Bestimmungen; Kinder würden doch selbst spüren, was für sie gut und richtig sei ... Wasserfrau unterbricht ihren Redefluss: Kinder brauchten sogar sehr klare Grenzen und Rhythmen, die ihnen einen sicheren Raum bieten. Und da Kinder sich ganz am Beispiel orientierten, brauchten sie beispielhaft lebende Erwachsene. Solche Menschen suche sie nun, als Erzieherin und als Eltern – ob Zwillinge zu ihnen gehöre? Zwillinge ist aufgeregt und fühlt sich zugleich unbehaglich. Theoretisch war ihr das auch klar, und nun wird es von ihr verlangt: tatsächlich so zu sein, wie sie gern sein würde. Eine Herausforderung – die sie annehmen wird? Sie leiht sich erst mal einen Stapel Bücher und Zeitschriften aus.

So bleibt sie zumindest in Kontakt. Über eines ist sie sich nämlich sicher: Sie hat sich in Wasserfrau verknallt. Sie liest daher fleißig und geht, besser vorbereitet, zu einem nächsten Info-Abend. Sie ist die Einzige, die kommt. Wasserfrau ist betrübt, doch Zwillinge freut sich über die Gelegenheit, zwei Fliegen mit einer Klappe schlagen zu können. Sie gehen ins Café und sind bald bei ihren eigenen Kindheitserfahrungen von Einengung und ihrem Widerstand dagegen. Dieser Widerstand hat fortgedauert und ihr Leben geprägt. Ihrer beider Augen blitzen. Sie sind in der Gegenwart gelandet und beschließen, sich etwas zu gönnen und die Nacht durchzumachen, indem sie sich gegenseitig in ihre Lieblingsclubs führen. Am nächsten Tag wachen sie gemeinsam auf.

Zwillinge begegnet Wassermann

Nun sind sie sich persönlich näher gekommen, doch was ist eigentlich aus dem Projekt geworden? Wasserfrau hakt nach, was Zwillinges Literaturstudium denn ergeben habe. Äußerst interessant hat Zwillinge das alles gefunden, einiges aber auch befremdlich. Damit müsse sie sich noch näher befassen, aber sie hätte schon Lust, so einen innovativen Kinderladen mitzugründen. Wasserfrau ist erleichtert, endlich nicht mehr allein zu stehen. Begeistert stürzen sie sich in die Arbeit und versuchen, gleichgesinnte Eltern zu finden, die ihnen ihre Sprösslinge anvertrauen wollen. Zwillinge hat zahllose Ideen dazu: Sie investieren viel Zeit und Geld, um eine Internetpräsenz aufzubauen, knüpfen bundesweit und weltweit Kontakte mit anderen Projekten. Schließlich initiieren sie ein internationales Netzwerk »Neue Wege für Kinder« und übernehmen die Aufgabe, den ersten Kongress vorzubereiten. So sind sie bald sehr bekannt in der Szene, haben jede Menge Verbindungen geknüpft, ihr ganzes Geld ausgegeben, aber immer noch keine konkreten Eltern vor Ort, um wirklich arbeiten zu können.

Sie wenden sich an Jungfrau als Coach. Heraus kommt, dass ihnen das Beispielhafte und das Setzen von Grenzen, das Wasserfrau anfangs so betont hat, abhanden gekommen ist. Sie sind mit dem Äther in die Weite gegangen, haben jedoch ihre Erdung verloren. Nun machen sie sich gegenseitig Vorwürfe. Zwillinge sei vor dem Begriff »Beispiel« gleich am Anfang zurückgeschreckt, das habe Wasserfrau sehr wohl bemerkt. Zwillinge kontert, dass Wasserfraus Ideal viel zu hoch hänge, damit würde sie die Leute nur abschrecken. Einig sind sie sich jedenfalls, dass sie die inhaltlichen Auseinandersetzungen zu wenig geführt haben. Das haben sie durch ihr großes Engagement nach außen vernachlässigt.

Sie legen ein Konfliktprogramm fest, in dem sie sich alles sagen, was sie tatsächlich bewegt. Jungfrau erlaubt kein Entweichen, und es ist für beide berührend, was in diesem Prozess entsteht. Wasserfrau hat Zwillinge imponiert, weil sie es wagte, ungewöhnliche Gedanken zu denken und unorthodoxe Wege zu beschreiten. Sie selbst hat nämlich Angst davor, so etwas nicht durchzuhalten, sich viel zu leicht von anderen beeinflussen zu lassen. Das passiert vor allem, wenn Zwillinge sich mit ihrer eigenen Lebensführung zeigen soll, denn dort fühlt sie sich oft unsicher und ohne Standpunkt. Sie ist erleichtert, weil sie merkt, dass sie sich auf die Spur kommt – und dadurch fühlt sie sich sicherer. Langsam begreift sie, was Authentizität und Beispiel-Sein heißen könnten.

Wasserfrau wiederum hat sich so über Zwillinges Interesse und Engagement gefreut, dass sie über deren Ambivalenzen hinweggegangen ist. Zwillinge hat sie genau in ihrem Idealismus angesprochen, und den wollte sie ungern durch eine Enttäuschung ersetzen. Nun sei diese trotzdem da, das muss sie, schon wieder lachend, zugeben.

So kommen sie beide auf dem Boden der Tatsachen an, und sie stellen fest, dass ihre Ehrlichkeit miteinander offenbar das Energiefeld schafft, das endlich die Anziehungskraft besitzt, die sie sich gewünscht haben. Eltern melden sich und drücken ihnen ihr Vertrauen aus, dass ihre Kinder bei ihnen in guten Händen seien. Wasserfrau und Zwillinge haben einen großen Bogen geschlagen, und mit dem sind sie genau am richtigen Punkt angekommen.

Zwillinge und Fische

Zwillinge trifft Fische

Im Meditationszentrum ist das Abendessen vorbei, und es fehlen immer noch zwei Frauen, die sich für den Wochenendkurs angemeldet haben. Nun, es wird dennoch pünktlich angefangen. Zwei Minuten vor Beginn der ersten Meditation schneit Zwillinge atemlos herein, die sich eigentlich sicher gewesen war, dass sie es, wie immer, gerade noch rechtzeitig schaffen würde. Fünfzehn Minuten später öffnet und schließt sich die Tür leise, und Fische setzt sich seufzend. Sie hatte schon damit gerechnet, dass sie es wieder einmal nicht zur rechten Zeit schaffen würde, irgendwie ist die Zeit immer weg.

Später haben beide noch einen Extra-Termin mit der Kursleiterin, um sich das Haus zeigen und die Regeln erklären zu lassen – leider eine Unterbrechung des vereinbarten Schweigens. Sie sind in einem Zimmer untergebracht und verabreden flüsternd, sich gegenseitig an die Uhrzeit zu erinnern. Fische hat vorsichtshalber zwei Wecker mitgebracht, während Zwillinge ihren vergessen hat.

Fische scheint die Zeit in der Stille zu genießen, während Zwillinge das Schweigen schwer fällt. Obwohl sie eigentlich in sich zentriert bleiben sollte, beobachtet sie Fische heimlich. Diese schafft es zwar nicht, die vorgeschriebene Meditationshaltung lange durchzuhalten, aber sie scheint ganz in der Meditation versunken zu sein; sie zuckt oft zusammen, wenn der Gong das Ende ankündigt. In den Pausen sitzt sie auf der Bank und schaut einfach nur vor sich hin. Zwillinge kann auch schlecht in der Meditationshaltung sitzen, ihr fehlt es jedoch an Bewegung, was sie in den Pausen am liebsten durch Joggen um den See wettmachen würde. Hier aber ist nur achtsames Gehen angesagt. Das macht sie ganz kribbelig, und sie fragt sich, warum sie sich das antut. Dann schaut sie auf Fische und weiß, warum. Sie sucht die Stille, das Sein. Sie atmet aus, sie atmet ein, sie atmet noch einmal aus. Ankommen, Stillsein.

Der Sonntagmittag kommt dann doch. Und merkwürdig, hatte Zwillinge sich die ganze Zeit darauf gefreut, endlich wieder sprechen zu können, so hat sie jetzt gar keine rechte Lust dazu. Sie muss sich ein paar Mal räuspern, bevor sie den Mund aufmacht. Und ihr fällt auch nichts Wichtiges ein. Sie lächelt erst mal Fische richtig an. Dann bedankt sie sich dafür, dass diese so ein gutes Vorbild und damit eine echte Stütze während dieses Kurses gewesen ist. Fische weiß nicht, womit sie das verdient hat. Eigentlich war sie nicht anders als sonst auch. Doch hat ihr die Struktur sehr gut getan. Sie hat in dieser Zeit viel Kraft gespürt, und, sagt sie – ebenfalls lächelnd –, Zwillinges Unruhe habe sie als sehr lebendig empfunden.

Zwillinge spürt, dass Fisches offene Ausstrahlung sie tief berührt. Sie verabreden sich zum gemeinsamen regelmäßigen Meditieren. Es dauert einige Zeit, bis sie sich auf eine Liebesbeziehung einlassen. Dann aber ist es intensiv und nahe.

Zwillinge begegnet Fische

In der inneren Welt fühlt Fische sich ganz zu Hause, während sie für Zwillinge eher eine Zuflucht ist. Dennoch ist der spirituelle Weg beiden gleichermaßen wichtig. Sie wollen zusammenleben, denn gerade nach dem Meditationswochenende spürt Zwillinge, dass ihre WG zu festgefahren ist in alten Vorstellungen. Sie will weg dort und zu Fische ziehen, die seit ein paar Jahren allein lebt. Fische freut sich sehr auf das gemeinsame Leben, denn sie empfindet sich selbst manchmal als etwas wunderlich, wenn sie ganze Nachmittage lang einfach nur aus dem Fenster schaut. Zwillinge hat viel Lebendigkeit und Bewegung in ihren Alltag gebracht.

Zwillinge erweist sich als die Lebenspraktischere von beiden, während Fische öfter mit den Erfordernissen der äußeren Welt zu kämpfen hat. Zwillinge zieht sie manchmal damit auf, obwohl Fische an diesem Punkt sehr empfindlich ist. Zwillinge bekommt nämlich immer alles hin, manchmal zwar recht improvisiert, aber das liegt ihr, und so klappt bei ihr alles. Fische hingegen bekommt ihr Leben schwer auf die Reihe, jedenfalls nach herkömmlichen Maßstäben. Zwillinge ist jedoch tolerant, denn ihr sind Normen ein Gräuel. Und sie muss zugeben, dass, auch wenn sie manches anders machen würde, Fisches Wohnung wunderschön eingerichtet und gestaltet ist.

Zwillinge ist in mehreren Projekten engagiert und kürzlich außerdem in die Redaktion der örtlichen Lesben- und Schwulenzeitschrift eingestiegen, weil sie gern einmal im Medienbereich arbeiten möchte. Fische dagegen hat wenige äußere Verpflichtungen, denn sie braucht viel Raum und Zeit für sich.

So kommt es, dass sie sich nicht oft sehen. Zwillinge hat häufige Zusatztermine, und Fische mag sie nicht in jeder Stimmung um sich haben. Außerdem hat sie wieder angefangen zu malen und benutzt ihr zusätzliches Zimmer als Atelier. In einem Anfall von schlechter Laune beschließen sie, ihr gemeinsames Wohnprojekt erst mal zu verschieben. Zwillinge merkt, dass sie aufatmet und gleich besser drauf ist.

Bei ihrem nächsten Meditationstermin kommen jedoch beide wieder auf die Sache zurück. Äußere Gegebenheiten für ihre Beziehung verantwortlich zu machen passt nicht zu ihren spirituellen Übungen, die schließlich größerer Bewusstwerdung dienen sollen. Zwillinge schlägt vor, ihre Beziehung praktischerweise in die Stille hineinzunehmen. Fische leitet also eine Meditation zum Herz-Chakra an. Sie spüren hier eine tiefe Verbundenheit miteinander, und sie legen fest, diese zur Grundlage ihrer Beziehung zu nehmen. Auch wenn Zwillinges Bewegungsdrang sie daran hindern will, sich festzulegen, auch wenn Fische sich in ihrem Sein in ihrer eigenen Welt gestört fühlen sollte – sie spüren, dass sich jede damit nur um sich selbst drehen würde. Den Sinn des Lebens sehen beide jedoch in Gemeinschaft, die nur durch Offenheit füreinander entstehen kann. Sie teilen die innere Welt miteinander, und ihre Unterschiede können dabei nur bereichernd sein.

Krebs

21. Juni – 22. Juli

♋

Der erste Eindruck

Krebs erleben wir als ruhige und tragende Frau im Hintergrund. Sie liebt es nicht, in der ersten Reihe zu stehen, und braucht einen Raum, in dem sie sich geschützt und wohl fühlen kann. Dort blüht sie auf und steht voll in ihrer Kraft. Als Wasserzeichen nimmt sie leicht Gefühle und Schwingungen auf und braucht daher viel Ruhe und Rückzug. Abgrenzung ist schwer für sie, kann allerdings besonders hart ausfallen, wenn sie für sich die Notbremse zieht. Sie ist weich, offen und beeinflussbar, und sie verbreitet um sich eine liebevolle Atmosphäre, die es auch anderen erleichtert, sich zu öffnen.

Lebenseinstellung und materielle Erscheinungsformen

Für Krebs' Lebensgefühl ist es wichtig, dazuzugehören: zu einer Frau, zu einer Familie, zu ihren Kindern, zu ihrem Arbeitsplatz, zu ihren Freundinnen usw. Mit anderen Menschen zusammen zu sein bedeutet ihr alles. Sie glaubt, wenn sich die Menschen nur mehr umeinander kümmern würden, wäre unser Leben viel besser. Sie selbst tut viel dafür – sie beschützt, sie versorgt, sie hält Kontakte aufrecht, sie hilft, wo sie kann. Sie ist die Mutter, die den Boden bereitet, auf dem alle sich wohl und angenommen fühlen können. Jede darf in ihrer Nähe sein, ohne besondere Leistungen erbringen zu müssen. So ist sie eher abwartend, spürt, wie sich Situationen entwickeln, schaut, wie

Menschen sich zeigen, prüft, was sie anderen zumuten kann. Im richtigen Moment dann bringt sie sich ein und schafft eine Atmosphäre, in der Menschen näher zusammenkommen können.

Krebs' Zuhause ist von Gemütlichkeit, runden und weichen Formen und mehreren Kuschelecken geprägt. Sie braucht sinnliche Erfahrungen, um das Leben zu begreifen. Sie legt wenig Wert auf klinische Sauberkeit oder Ästhetik, viel mehr bedeutet ihr die Atmosphäre, in der sie und ihre zahlreichen Freundinnen sich wohl fühlen können. Ihre Wohnung kann tendenziell etwas voll sein, weil sie ihre Erinnerungsstücke um sich haben möchte und sie besitzen will, was ihr gefällt. Krebs ist häuslich, liebt Besuch, aber auch lange Stunden auf der Couch oder in der Badewanne. Wasser ist ihr Lieblingselement, und wann immer es ihr möglich ist, wird sie ihr Zuhause in der Nähe eines Sees haben. Mit Sicherheit kennt sie jemanden, die am Wasser wohnt und die sie gern besucht.

Energiefluss und Geld

Krebs' Energien fließen langsam, jedoch kraftvoll. Wenn Wasser erst einmal in Bewegung gekommen ist, dann fließt es und ist nicht leicht zu stoppen. Auch Krebs hat Schwierigkeiten, ihre Energie wieder zurückzunehmen, wenn sie sie in Gang gesetzt hat. Hat sie sich auf etwas oder jemanden eingestellt und eine gefühlsmäßige Bindung aufgebaut, identifiziert sie sich tendenziell damit und fühlt sich darin wohl und geborgen. Ihre Ängste vor Verlust und Einsamkeit kompensiert Krebs dadurch, dass sie Bestehendes zu bewahren sucht: Sie fühlt und fügt sich ganz in die Situation ein, weiß genau, was gebraucht wird und versorgt und nährt die Situation so, dass sie lange erhalten bleibt.

Krebs ist im Gefühlsbereich zu Hause. Gefühle und Wasser sollen jedoch fließen; sie sind unbeständig und lösen feste Formen auf. Krebs gibt sich ihren eigenen Gefühlen gern hin und fließt auch leicht mit den Gefühlen anderer mit. Sie unterliegt starken Stimmungsschwankungen, verliert sich in ihren Gefühlen, fühlt sich dann ungeborgen und ängstlich und hat ein großes Schutzbedürfnis. Um ihren Gefühlshaushalt im Gleichgewicht zu halten, braucht sie Ruhe und Rückzug. Doch sie verfügt über innere Zähigkeit, kann sich selbst immer wieder Mut zusprechen und auch Trost gut annehmen.

Krebs besitzt die Fähigkeit, die Dinge anzuziehen, die sie braucht. Durch ihre Offenheit begegnet ihr vieles, was sie in ihr Leben einbauen kann, zumal sie keinen Wert auf spezifische Dinge oder Luxus legt. Sie mag gebrauchte Dinge recht gern, weil ihnen bereits eine menschliche, heimelige Energie anhaftet. Auch teilt und tauscht sie gern mit anderen. So wird sie keine Reichtümer anhäufen, doch kommt sie gut durchs Leben.

Konflikte – Krisen – Wandlungen

Durch ihre auf Erhaltung ausgerichtete Lebenseinstellung erscheinen Konflikte für Krebs bedrohlich. Sie hängt lange an gewohnten Situationen und an ihr lieb gewordenen Menschen; Loslassen und Freigeben fällt ihr schwer. Konflikte versucht sie zu vermeiden, indem sie sich noch mehr für den Status quo einsetzt: Sie arbeitet mehr, versorgt noch besser, richtet alles so her, dass sich alle wohl fühlen – jedenfalls wie Krebs es sich vorstellt. Veränderungen sollen nicht sein, so dass der Lebensfluss ins Stocken gerät und der Konflikt noch größer wird. Wenn Krebs das spürt, zieht sie sich häufig innerlich zurück, ohne jedoch die Situation zu verlassen. Damit bringt sie sich in eine unklare Zwischenposition: Sie ist da und doch nicht ganz da, sie fühlt sich allein und sucht es zu verbergen. Sie will einem Schmerz entgehen, der doch längst da ist. Sie will ihn nicht spüren und schneidet sich dadurch von ihren tiefsten Empfindungen und ihrer Lebensquelle ab, die ihr die nächsten Schritte auf ihrem Weg zeigen könnten. In dieser Krise muss sie eine Entscheidung treffen.

Krebs' größter Schmerz ist es, ihr Alleinsein zu erleben. Wenn sie jedoch bereit ist, sich in diesen Schmerz wirklich einsinken zu lassen, wird sie an einem tieferen inneren Nährboden ankommen, und sie wird erleben, getragen zu sein. Gerade das Zulassen von Einsamkeit als einer Tatsache wird sie eine tiefe und wahrere Verbundenheit mit dem Leben erfahren lassen. Anstatt sich rückwärts auszurichten, kann sie dann ja zum Fluss des Lebens sagen, der sie nicht immer sanft, aber doch zuverlässig in ihren Wandlungs- und Entfaltungsprozessen trägt.

Individualität und Begegnung

Für Krebs sind Beziehungen ein Hauptbestandteil ihres Lebens. Sie ist grundsätzlich allen Lebewesen gegenüber freundlich und sehr annehmend eingestellt. Insbesondere jedoch wendet sie sich gern hilfsbedürftigen Wesen zu, sowohl Menschen als auch Pflanzen und Tieren. Sie legt dabei keinen Wert auf bestimmte Spezies, wie z.B. besonders seltene Pflanzen oder Rassehunde. Wenn schon, dann haben es ihr die einfachen Spezies angetan. Sie nimmt die Pflanzen in Pflege, die bei ihren Freundinnen kurz vor der Vertrocknung stehen, und sie rettet Tiere aus dem Tierheim, am liebsten die Promenadenmischungen. Unter den Menschen hat sie die größten FreundInnen bei Kindern, bei alten Menschen und den so genannten Randgruppen. Sie zeigt keinerlei Berührungsängste, sitzt mit Obdachlosen auf der Bank, tauscht mit Jugendlichen coole Sprüche aus und plaudert mit einer schicken Geschäftsfrau übers Wetter, nicht ohne sie abschließend zu einem Tee auf ihren nicht ganz aufgeräumten Balkon einzuladen. Krebs ist nicht unbedingt differenziert in ihren Beziehungen – ihre Stärke liegt darin, mit allen auszukommen. Sie geht mit den Gefühlen und Problemen anderer mit, wodurch diese sich angenommen und verstanden fühlen und sich ihr noch mehr öffnen können. Krebs ist eine gute Zuhörerin und kann sich ganz auf die Situation und Sprache eines anderen Menschen einstellen.

Als Kehrseite ihrer unmittelbaren Reaktionsfähigkeit kann sie sich leicht abgelehnt fühlen. Bringt ihr ein Mensch nicht mehr die erwartete Aufmerksamkeit entgegen, kann sie beleidigt reagieren, sich zurückziehen, Schuldgefühle hervorrufen und dramatische Situationen inszenieren. Nüchterne Betrachtung fällt ihr schwer. Zu sehr zweifelt und verzweifelt sie an sich selbst, sie fühlt sich abhängig und erlebt die scheinbare Zurückweisung tief. Sie ist so lange nachtragend, bis sie eine deutliche Anstrengung ihres Gegenübers erlebt, den Fauxpas oder Fehler wieder gutzumachen. Wenn der Ausgleich geschaffen ist, ist sie wieder offen und zugewandt. Weniger gefühlsbetonte Menschen kommen völlig ins Schwimmen, wenn sie versuchen, mit Krebs' Gefühlsschwankungen Schritt zu halten.

Um Menschen, die ihr wichtig sind, nicht zu verlieren, macht sich Krebs manchmal unentbehrlich. Das erlebt sie selbst, oft unbewusst, als nicht stimmig, und sie provoziert dann, dass andere ihr die Grenzen setzen, die sie selbst nicht halten kann. Sie klar und gleichzeitig liebevoll zu konfrontieren, kann ihr helfen, sich besser in ihren wahren Bedürfnissen zu spüren und diese zu verbalisieren.

Kreativer Ausdruck und Beruf

Konkrete Materialien zum Anfassen sind Krebs das Liebste. Sinnliches Erleben setzt ihre Phantasie frei, und in der direkten Begegnung mit Menschen entwickelt sie ihre schöpferischen Stärken. Für sie ist es nichts, allein in einem Büro oder Studierzimmer zu sitzen, denn sie würde sich abgeschnitten fühlen vom Leben, und ihr kreativer Fluss würde versiegen. Krebs braucht den Raum, sich spielerisch entfalten zu können. Theorien findet sie oft lebensfremd, sie muss selbst ausprobieren und eigene Erfahrungen machen.

Im Beruf hat sie gern mit Menschen zu tun. Am liebsten arbeitet sie im Team, und sie sucht sich oft Aufgabengebiete, in denen sie Menschen helfen kann. Soziale, pädagogische, pflegende und versorgende Berufe liegen ihr gut, jedoch wird sie auch in jedem anderen Beruf diese Qualitäten einbringen. In ihrer Eigenschaft als Mutter und als Hausfrau wird der Krebsanteil in jeder Frau angesprochen, und doch werden alle Zeichen diese Aufgaben auf ihre spezielle Art angehen. Mütterlichkeit ist die Fähigkeit, alle Lebewesen tief anzunehmen und sie ohne eigene Erwartungen und ohne Leistungsanspruch in ihrem Wachstum zu unterstützen. Wenn Krebs genügend Selbstvertrauen und Stabilität in sich hat, ist das ihre größte Stärke.

Entwicklung und Aufgabe

Krebs hat den Kontakt zu den Wurzeln, zu dem, was tief in der Erde bzw. in unserem Unbewussten liegt. Sie verbindet uns mit dem Leben in der Tiefe und trägt daher alles Wandlungspotenzial, das wir für unser individuelles Wachstum brauchen, in sich. Sie erinnert uns daran, dass das Leben ein einziger Fluss ist, symbolisiert in der fließenden Qualität unserer Gefühlswelten. Krebs macht uns die Vielfalt, aber auch das Ebben und Fluten von Gefühlen bewusst. Sie selbst lernt im Laufe ihres Lebens, dass sie sich diesem Lebensstrom nur überlassen kann, wenn sie ein bewusstes Empfinden für ihre eigene Individualität hat.

Dann hat sie sich die Fähigkeit erworben, Leben in Erstarrtes zu bringen. Ihre Aufgabe ist es, andere Menschen die Verbundenheit aller Lebewesen auf der Erde erfahren zu lassen. Sie ist ein Beispiel dafür, sich voller Vertrauen fallen lassen zu können und aufgefangen zu werden. Sie lehrt andere, einfach zu *sein.*

Krebs und Krebs

Krebs trifft Krebs

Frisch ineinander verliebt lassen sich Krebs und Krebs eng umschlungen auf der Parkbank nieder. Sie haben sich vor einigen Monaten in der Coming-out-Gruppe der Kreisstadt kennen gelernt, in die sie einmal wöchentlich aus ihren Dörfern fahren. Dort war das Hauptthema, »es« ihren Familien zu erzählen. Einen Mann zu heiraten und Kinder zu bekommen ist immer noch selbstverständlich in ihrem Umfeld – Lesben scheint es nur im Fernsehen und in den Großstädten zu geben, und dort sollen sie auch bleiben.

Beide Krebse haben also Ausreden dafür erfunden, wie sie ihre Nachmittage in der Stadt verbringen. Dabei würden sie jetzt, da sie beide zum ersten Mal so verliebt sind, ihre Freundin so gern als Geliebte vorstellen. Zwar haben sie sich schon gegenseitig besucht, aber dass zwischen ihnen mehr ist als Freundschaft, trauen sie sich nicht zu zeigen. Nach längerem Zögern haben sie jedoch eine Tante in der Großstadt besucht, die nie verheiratet war und von der man so manches munkelte. Volltreffer! Die Tante führt sie durch die Szene, die die beiden jungen Frauen zunächst das Fürchten lehrt. Sehr anders ist hier alles, und sie fühlen sich fremd und unsicher. Besonders im Frauen-Sexshop steigt ihnen die Röte ins Gesicht, doch nach einigen Tagen sind sie vollends begeistert, und ihr Entschluss steht fest.

Nun sitzen sie auf der Parkbank und fühlen sich unwohl. Sie spüren die Blicke der Passanten und wünschen sich nur eines: Normalität und Freiheit. Alles erscheint ihnen eng hier. Die abweisende Umgebung schweißt sie zusammen. Ein Krebs ist noch in der Ausbildung, die andere steht kurz vor dem Abitur. Ihre Lieblingsbeschäftigung besteht jedoch darin, Pläne für die gemeinsame Zukunft zu schmieden, die sie herausbringen soll aus der ländlichen Enge. Beim bevorstehenden bundesweiten

Lesbentreffen wollen sie Kontakte knüpfen, um sich in der Großstadt nicht so verloren zu fühlen. Ihre ganze Energie stecken sie jedoch in die Planung ihrer gemeinsamen Wohnung. Ein großes Bett soll her, darin sind sie sich einig, und ein gemütliches Sofa, um endlich grenzenlos kuscheln zu können. Wunderbar wäre ein kleines Häuschen mit Garten; sie wissen jetzt schon, dass sie in spätestens fünf Jahren eines haben wollen. Dann wäre auch genügend Platz für Haustiere, sie könnten abends auf der Bank vor dem Haus sitzen, und bis dahin hätten sich auch die Eltern an ihre Lebensform gewöhnt und würden sie besuchen kommen. Das steht nämlich noch aus: Die Eltern müssen von ihren Plänen unterrichtet werden.

Zunächst zögern sie es so lange wie möglich hinaus. Dann gestehen sie sich ein, dass es ihnen schwer fällt, sich von ihren Familien und ihrer vertrauten Umgebung zu trennen. Schließlich reden sie sich ein, dass die Eltern sie sicher verstehen würden und erzählen ihnen von ihrer Beziehung. Die Familien sind entsetzter als befürchtet – und erleichtern den beiden damit den Auszug.

Krebs begegnet Krebs

Die Krebse ziehen in eine Ein-Zimmer-Wohnung mit Kachelofen, was sie richtig gemütlich finden. Aus der Wohnung wollen sie gar nicht heraus. Sie haben viel nachzuholen, was Zweisamkeit angeht, und außerdem ist ihnen die Stadt zu groß und zu fremd. Sie sind sich in den Bedürfnissen und Vorstellungen zu ihrem Wohn- und Beziehungsalltag einig und finden im Miteinander die Geborgenheit, die sie brauchen. Sie halten sich mit Jobs über Wasser und genießen ihr Glück zu zweit.

Nach einem Jahr fängt es zwischen ihnen an zu kriseln, sie sind launisch, machen sich Vorwürfe, es sei zu wenig Geld da, sie würden mehr mit der Katze als miteinander sprechen, sie hätten kaum andere Frauen kennen gelernt, sie seien immer noch nicht im Frauenzentrum gewesen ... Gereiztheit bestimmt zunehmend das Bild. Die eine meint, es sei wichtig, Sachen ohne die andere zu unternehmen. Die andere meint, sie sollten sich tiefer aufeinander einlassen. Sie streiten, beharren auf ihren Standpunkten und ziehen sich voreinander zurück. Sie fürchten, aufgrund ihrer Differenzen auseinander gehen zu müssen, was sie so bedroht, dass sie einander ihre Liebe noch mehr beteuern. Doch der nächste Streit folgt unausweichlich, und in ihrem Festlaufen suchen sie sich Hilfe in einer Selbsthilfegruppe.

Das bringt frischen Wind. Sie erkennen, was sie beide als bedrohlich für ihre Beziehung erleben: Die Sicherheit ihres Lebensentwurfs darf nicht angegriffen werden, und dazu gehört die Unberührbarkeit und damit Unwandelbarkeit ihrer Beziehung. Dann erinnern sie sich daran, weshalb sie eigentlich in die Stadt gezogen waren. Sie wollten ihr eigenes Leben leben, es anders machen als ihre Eltern – und merken, dass sie sich nun ebenso in einer Scheinidylle eingerichtet haben wie diese! Sie merken, dass das Risiko für sie darin liegt, sich ihre Unterschiede anzusehen.

Die eine Krebs-Frau ist aktiver und will die Szene kennen lernen, um sich in der neuen Stadt heimisch und geborgen zu fühlen. Die andere hat deshalb Verlustängste; jedoch merken sie, dass sie im Grunde beide Angst vor Neuem haben, und deshalb hat auch die eine sich nicht durchgesetzt. Die andere will mehr Tiefe innerhalb der Beziehung. Sich tiefer einzulassen bedeutet, die eigenen Bedürfnisse, Wünsche und Ängste zu artikulieren und die andere daran teilhaben zu lassen. Auch hier spüren sie vage, dass dadurch möglicherweise dunkle, wenn auch vielleicht wenig greifbare Empfindungen zum Vorschein kommen könnten, die ihre scheinbar feste Beziehung ins Wanken bringen könnten.

Ihnen wird klar, dass sie eine Entscheidung treffen müssen, und sie merken, dass sie das bereits Angefangene weiterführen wollen: Sie wollen jetzt wirklich ihr eigenes Leben leben, sich nicht vor sich selbst und voreinander zurückziehen, sondern sich vielmehr zeigen in ihrer Unterschiedlichkeit und Einzigartigkeit. Da wird das Leben für sie wieder lebendig.

Krebs und Löwe

Krebs trifft Löwe

Die beiden schauen sich eine ganze Weile an, dann reicht die eine der anderen ihren Ball hinüber. Die wirft ihn zurück, und die Freundschaft ist geschlossen. Krebsmutter blickt zu ihrer Tochter hinüber, sieht, dass alles in Ordnung ist und wendet sich wieder ihrer Nachbarin zu. Auch Löwin-Tante beobachtet die Szene. Nur selten hat sie Zeit, mit ihrer Nichte auf den Spielplatz zu gehen, dann aber genießt sie es. Eigentlich hätte sie auch Lust herumzutoben, den Ball zu kicken, auf der Schaukel durch die Luft zu sausen und dabei laut zu juchzen.

Am Ende des Vormittags sind die beiden Mädchen nicht voneinander zu trennen, und Löwin schlägt ein Abschiedseis vor. Krebs zögert, weil ihre Tochter dann in ihrem Tagesrhythmus durcheinanderkommen würde. Aber Löwin strahlt sie so an, dass sie entspannt und annimmt. Löwin spendiert ihnen ihre Lieblingseisbecher, jedoch besteht Krebs darauf, dass diese herumwandern, um von allem probieren zu können. Dann machen sie Geschmacksraten mit geschlossenen Augen, und Löwin bestellt begeistert noch ein paar Kugeln dazu, damit die Fülle des Sortiments richtig zur Geltung kommt. Frauen wie Mädchen haben offensichtlich viel Spaß dabei, und zum Schluss sehen alle ziemlich bunt aus, ihre Bäuche sind voll und Löwin wie Krebs bei den Mädchen gleichermaßen beliebt.

Am Abend ruft Löwin Krebs an. Ihr habe das Eisessen gut gefallen und auch der natürliche Umgang mit den Mädchen. Im Zusammensein mit ihnen habe sie sich selbst wie ein Kind gefühlt. Das könne sie gern öfter haben, lädt Krebs sie lachend ein. Löwin spürt ihre Warmherzigkeit und fühlt, dass sie sich öffnet. Zwei Tage später steht sie vor ihrer Tür, mit ihrer Nichte, einem Stofflöwen für die Tochter und einem üppigen Blumenstrauß mit Konfekt für die Mutter. Krebs fühlt sich geschmeichelt und umworben. Sie spielen mit den Kindern, und Löwin macht Krebs eindeutig den Hof. Sie tollen durch die Wohnung und landen schließlich zu viert erschöpft auf dem Bett. Jetzt wollen die Kinder kuscheln; dazu gehören alle Stofftiere und die beiden Frauen. Krebs wird die Flirterei jetzt zu nahe, und auch die Kinder sollen nicht alles mitbekommen. Sie geht Tee kochen. Auf Löwins Einladung zum Frauenball am Wochenende antwortet sie, ihre Tochter akzeptiere den schwulen Babysitter nicht immer, eine alleinerziehende Mutter könne eben nicht so einfach einen Abend ausgehen. Immer noch guter Laune schlägt Löwin einen Ausflug vor, doch nur zögerlich sagt Krebs zu.

Sie telefonieren immer nur kurz, denn Löwin ist als Geschäftsfrau viel unterwegs und nur per Handy erreichbar. Das ist für Krebs problematisch; sie nämlich braucht lange Telefonate, um sich auf ihre Gesprächspartnerin einzulassen. Löwin ist abends erst spät zu Hause, und da ist Krebs schon zu müde zum Telefonieren. Am Wochenende fährt Löwin in ihrem Sportflitzer vor. Der Kindersitz passt nicht hinein, und ohne den fährt Krebs nicht. Also geht es mit dem Bus in den Park, wobei der größte Teil von Löwins üppigem Picknick zurückbleiben muss. Die Stimmung ist getrübt.

Krebs begegnet Löwe

Die Tochter fühlt sich wohl auf dem Ausflug, und ihre Stimmung lädt Löwin und Krebs dazu ein, sich auf ihre Freude am Miteinander zu besinnen. Krebs gibt zu, dass sie Löwins Auto toll findet, sie aber von den Mühen des Mutterseins so gestresst sei, dass sie schon bei kleinen Zwischenfällen genervt ist.

Löwin freut sich über das Kompliment; sie verspricht, das nächste Mal mit dem Firmenwagen zu kommen, der zwar bieder sei – hier unterbricht Krebs sie, weil sie sich bewertet fühlt. Löwin ist leicht indigniert, jedoch entschlossen: Sie nimmt Krebs in die Arme und lässt sie ihr Frausein spüren. Sie will nicht, dass Krebs sich in ihr Muttersein zurückzieht.

Doch so schnell geht es nicht. Krebs hat seit der Enttäuschung mit dem Vater der Tochter keine Beziehung mehr gehabt und sich im Schutz der Mutterrolle verborgen. Auch mit Löwin vergleicht sie sich: Die tritt selbstbewusst auf, hat einen interessanten Beruf und kann machen, was sie will. Dagegen fühlt sie sich wie ein Mauerblümchen. Löwin reagiert mit Unverständnis. Sie habe doch so eine tolle Tochter und ein wunderbares Verhältnis zu ihr! Genau das sei es, entgegnet Krebs, auch Löwin sehe in ihr die Mutter und nicht die Frau.

Sie streiten sich über ihre Wertmaßstäbe und über die Möglichkeiten, ihr Leben zu gestalten. Löwin findet, dass jeder Frau die Welt offen stehe und sie nur zuzugreifen brauche. Sich durch das Muttersein einschränken zu lassen sei negatives Denken und eine sich selbst erfüllende Prophezeiung. Sie würde sich durch nichts einschränken lassen. Krebs kocht und rechnet ihr vor, was sie allein der Babysitter kosten würde, wenn sie all die Kurse besuchen würde, zu denen sie Lust hat, ganz zu schweigen von den Kursgebühren selbst und dem Cafébesuch danach. Sie ist wütend – alles weltferne Sprüche! Löwin ist genauso sauer auf Krebs', wie sie findet, enge Sichtweise. Sie werden unterbrochen von der Tochter, die mal muss und sich langweilt. Krebs geht, um eine Toilette zu finden. Anschließend ist der Tochter immer noch langweilig, und zu anderen Kindern will sie partout nicht gehen. Also unterbrechen sie ihren Streit und spielen mit ihr.

Abends lässt sich Löwin nicht nach Hause schicken. Sie hat sich in den Kopf gesetzt, Krebs zu erobern, und zwar ganz. Sie schlägt Krebs vor, mit anderen Müttern zusammenzuziehen,

Lotto zu spielen und sich in eine wohlhabende Frau zu verlieben, die sie unterstützen würde. Dabei sieht sie sie blitzenden Auges an. Krebs beginnt zu weinen und legt sich in Löwins Arme. Löwin ist gerührt und spürt Krebs' Erschöpfung. Sie wird weich, streichelt sie, lässt sie bei sich ankommen. Die gemeinsame Nacht beginnt kuschelig, doch Löwins Verspieltheit und Begehren setzen sich durch und lassen die Erotik die Oberhand gewinnen.

Am nächsten Morgen muss Löwin zu einem außerordentlichen Geschäftstermin, doch sie verspricht, mit ihrem Coach einen Termin für Krebs zu machen. So leicht soll sie sich nicht davonstehlen ...

Krebs und Jungfrau

Krebs trifft Jungfrau

Am besten sieht sie sich erst mal in Ruhe um und hält Ausschau nach Frauen, die sie vielleicht kennt. Krebs fühlt sich recht verloren auf dieser Homöopathie-Fortbildung, die zwar ausdrücklich auch für interessierte Laien gedacht ist, doch sie hat das Gefühl, dass sich alle hier schon seit langem kennen. Sie setzt sich etwas abseits und beobachtet die hereinströmenden Menschen, die sich, kaum dass sie das Foyer betreten haben, gleich in den Armen irgendeiner anderen Person wiederzufinden scheinen. Eine hält sich auch etwas abseits, wofür Krebs ihr, innerlich aufatmend, dankbar ist; sie ist also nicht die Einzige, die hier neu ist. Als die Fortbildung beginnt, sucht sie sich gleich einen Platz neben Jungfrau und nickt ihr aufmunternd zu, was diese etwas irritiert.

Krebs ist Krankenschwester und möchte gern auf dem Gebiet der Homöopathie etwas dazulernen, weil sie mit der reinen Schulmedizin immer unzufriedener ist. Sie will sich eine Hausapotheke zusammenstellen, um die Kinder in ihrem großen Bekanntenkreis bei den vielen Wehwehchen des Alltags unterstützend versorgen zu können. Ihre eigene Homöopathin hat ihr diese Fortbildung empfohlen, da Homöopathie dort bildhaft und intuitiv gelehrt werde. Sie fühlt sich auch gleich angesprochen von der familiären Atmosphäre und ist nur ein wenig traurig, dass sie selbst noch nicht dazugehört. Thema der ersten Veranstaltung ist »Mittel bei Husten«, und Krebs hört erstaunt, wie viele verschiedene Arten des Hustens es gibt, mit Details, auf die sie noch nie geachtet hat. Ihre Nachbarin scheint sich bereits gut auszukennen. Sie hat ein dickes Buch auf ihren Knien, blättert hin und her und macht laufend mit winziger Schrift Einträge.

In der Pause folgt Krebs ihr auf den Fersen: Woher sie komme, ob sie schon einmal hier war und was für Einträge sie denn bloß mache. Jungfrau weiß sofort, dass Krebs neu auf dem Gebiet ist, und da sie ihre aufrichtig-neugierige Art nett findet, verabredet sie sich mit ihr für den Abend. Da fasst Jungfrau die Grundlagen der Homöopathie für Krebs zusammen und erklärt ihr geduldig den Aufbau des homöopathischen Repertoriums. Krebs ist fasziniert von der Strukturiertheit dieser Lehre. Allerdings hat sie im Laufe des Tages auch gelernt, dass es wichtig ist, sich in den ganzen Menschen einzufühlen und die Essenz seines Leidens zu erspüren. Märchen, Musik und Fallbeispiele zu den einzelnen Mitteln haben sie in ihren Bann gezogen, und es gab nicht ein Mittelbild heute, mit dem sie sich nicht hätte identifizieren können. Das allerdings verunsichert sie, und sie fragt Jungfrau um Rat. Die erklärt ihr, es sei zwar richtig, in die Tiefen des menschlichen Gemüts zu gehen, jedoch müsse auch das Handwerkszeug zum Einsatz kommen: das sorgfältige Hierarchisieren und Nachschlagen der Symptome sowie die exakte Kenntnis von Leitsymptomen, Modalitäten etc. Krebs schwirrt der Kopf. Diese Art des Arbeitens überlasse sie gern Jungfrau, sie selbst fühle lieber mit, und dazu ermutigt Jungfrau sie auch.

Das Wochenende vergeht wie im Fluge, und Krebs und Jungfrau sind gar nicht mehr auseinander zu bringen. Sie tauschen sich eifrig aus, was durch ihre verschiedenen Wahrnehmungsarten eine reiche Fülle ergibt. Da sie in derselben Stadt leben, fahren sie gern gemeinsam zurück.

Krebs begegnet Jungfrau

Es dauert ein wenig, bis sich zwischen ihnen eine Liebesbeziehung entwickelt. Krebs und Jungfrau sind abwartende, vorsichtige Zeichen, die sich nicht schnell in Abenteuer stürzen. Bei Jungfrau jedoch fühlt Krebs sich geborgen, sie ist unbedingt zuverlässig, und Krebs spürt, dass sie sie nie aus einer Laune heraus im Stich lassen würde. Sie kennt nämlich ihre eigenen Launen nur zu genau und fürchtet auch darum, dass Jungfrau eines Tages von ihren Gefühlen genug haben könne.

Jungfrau jedoch beschäftigt sich mit ganz anderen Dingen. Sie ist gerade dabei, als Heilpraktikerin mit einer Kollegin zusammen eine homöopathische Praxis zu planen, jedoch kommen sie nicht recht vorwärts, da es zwischenmenschlich immer wieder hakt. Jungfrau hat die Phantasie, vielleicht besser mit Krebs eine gemeinsame Praxis zu eröffnen, wenn Krebs sich nur dazu entscheiden könnte, ihren Beruf an den Nagel zu hängen und umzusatteln. Sie hat doch so viel Interesse an der Homöopathie gezeigt, und wenn sie ordentlich lernen würde, würde aus ihr bestimmt eine gute Homöopathin werden, einfühlsam wie sie ist. Sie könnte sicher sehr gut Kinder behandeln. So überlegt Jungfrau und stellt Krebs eines Tages ihren ganzen Plan vor. Auch die finanzielle Seite hat sie schon durchdacht, und nun braucht sie nur noch einige konkrete Zahlenangaben, um alles auf sichere Füße zu stellen.

Krebs ist gänzlich überrascht. Nein, das hat sie ganz und gar nicht vor. Homöopathie zu lernen erscheint ihr viel zu aufwendig, zumal es ihr überhaupt nicht liegt, so viele Details auswendig zu lernen, geschweige denn, danach in der Anamnese zu fragen. Das interessiert sie auch gar nicht, sie nimmt Anteil am

Leben der Menschen, aber nicht an ihren Symptomen. Nun ist Jungfrau erschüttert. Krebs tröstet sie und fragt, ob sie denn gar nicht wahrgenommen habe, dass sie ein ganz anderer Mensch sei als sie, mitfühlend und nicht analytisch. In diesem Moment hat sie ihre Angst vergessen, dass Jungfrau sie vielleicht verlassen könne. Sie spürt, dass sie jetzt nur die Wahrheit ihrer Empfindungen ausdrücken kann. Und sie fragt, ob Jungfrau denn Angst davor habe, ihre Praxis zu eröffnen und ob sie sie besser unterstützen könne. Nur: Als Praxiskollegin käme sie nicht in Frage. Jedenfalls nicht als homöopathische ... Und da kommt ihr ein neuer Gedanke. Vielleicht kann sie ja mit ihrer Einfühlsamkeit etwas anfangen, vielleicht Massage lernen, denn sie hat immer schon gern körperlich berührt, vielleicht auch eine körpertherapeutische Ausbildung machen. Nun fängt Krebs an zu träumen. Doch dann wendet sie sich erst mal wieder Jungfrau zu, die weint und ihren Trost braucht.

Sie merken, dass sie sich gegenseitig gut unterstützen können, wenn sie bei ihren jeweiligen Qualitäten bleiben und lernen, sich rechtzeitig über ihre Ideen und Gefühle auszutauschen. Beide gestehen sich ein, dass sie sich zu lange zu sehr zurückhalten. Welche »Mittelbilder« tun das noch? Nun brauchen wir bestimmt dasselbe Mittel, meint Krebs. Nein, natürlich nicht, antwortet Jungfrau und greift nach dem Repertorium.

Krebs und Waage

Krebs trifft Waage

Krebs brütet über ihren Plänen. Vor über zwanzig Jahren schon war sie in das Kollektiv der Frauenkneipe eingetreten, vor fünfzehn Jahren hat sie sie dann allein übernommen. Zwar hat sie immer wieder die Wände gestrichen, und auch die einstigen Plakate sind irgendwann nach einer Renovierung nicht wieder angebracht worden. Doch in den letzten Jahren mehrten sich die Beschwerden der Gästinnen, die Kneipe sei zwar sehr heimelig, insbesondere im Vergleich mit manch supercooler Bar, doch ein bisschen zeitgemäßer könne es schon sein. Nach langem Hin und Her ist nun auch Krebs entschlossen, frischen Wind in den Laden zu bringen. Die Finanzierung ist gesichert – Mutter sponsert das Unternehmen aus dem Erbschaftstopf –, und eine Innenarchitektin hat sie im Frauenbranchenbuch auch gefunden. Auf diese wartet sie jetzt.

Als Waage hereinkommt, ist sie entsetzt, dass frau dem Zeitgeist so weit hinterher sein kann. Dennoch blickt sie Krebs freundlich an und bittet darum, sich umschauen zu dürfen. Krebs spürt, dass sie innerlich einen Rückzieher macht: Zu modern und zu gestylt wirkt diese Frau, vermutlich kann sie nicht mit ihr zusammenarbeiten. Waage setzt sich zu ihr und holt einen großen Block heraus. Ohne zu sprechen, beginnt sie zu zeichnen. Einige Striche, Schraffuren, etwas Farbe, und allmählich entsteht das Bild eines lichten, offenen Raumes, in dem mit Pflanzen ästhetisch einige Akzente gesetzt sind. Krebs gefällt der Entwurf nicht, der Raum ist zu offen, die Farben sind zu kühl, aber vor allem findet sie diese Frau unnahbar. Sie bleibt skeptisch. Waage merkt, dass etwas nicht stimmt, klappt den Block zu und bittet Krebs, ihr von der Kneipengeschichte zu erzählen. Da atmet Krebs auf; genau das hat ihr gefehlt. Sie holt Kaffee, und dann beginnt sie zu erzählen.

Es ist eine lange Geschichte, in der sich die Entwicklung der Frauenbewegung spiegelt. Sie berichtet von Beziehungen, die sich hier gefunden, aber auch getrennt haben, von berührenden Coming-out-Stories und von den zahllosen Projekten, die hier für die Szene geschmiedet worden sind. Waage, die erst vor kurzem in die Stadt gezogen ist, ist ganz in ihren Bann gezogen. Die Kneipe beginnt allmählich auch in ihr zu leben, und im Stillen tut sie Krebs Abbitte für ihre erste Ablehnung. Sie fühlt sich wohl in Krebs' Gegenwart und will mehr wissen: Krebs' persönlicher Lebensweg ist eng mit der Kneipe verknüpft. Mehrere Liebesbeziehungen haben für sie hier ihren Anfang genommen, und gerade vor kurzem hat sie wieder eine Trennung durchgemacht. Krebs weint, und Waage legt tröstend den Arm um sie. Sie weiß nun genug, um ihren Entwurf Krebs und ihrer Geschichte anzupassen. Waage hat sich viel mit der Philosophie des Raumes beschäftigt, und sie weiß, dass sie sowohl dem Geist des Ortes als auch der Wirtin gerecht werden muss.

Beim nächsten Treffen zeigt sie Krebs ihren neuen Entwurf. Der Raum ist jetzt in warmen Farben gehalten, die Pflanzen sind geblieben, doch sind etliche gemütliche Separées und auch größere Tische dazugekommen. Krebs steigen schon wieder Tränen in die Augen, doch diesmal weil die Zeichnung sie so berührt. Waage sieht sie an und spürt, dass sie gerade dabei ist, sich zu verlieben. Und auch Krebs schaut sie liebevoll an.

Krebs begegnet Waage

Waage gestaltet die Kneipe mit Geschmack und Harmoniegefühl zu einem Café um. Sie erklärt Krebs ihren zweiten Entwurf damit, dass sie als Wirtin die wichtigste Person sei und dem Café die Prägung gebe. Auf ihre Art müsse der Stil daher abgestimmt sein. Für so zentral hat sich Krebs noch nie gehalten, und sie freut sich darüber.

Nachdem das Café fertig ist, sind Krebs und Waage so weit, dass sie als Paar zusammenziehen wollen. Allerdings sind ihre Vorstellungen recht unterschiedlich. Waage wünscht sich eine große, lichte, interessant geschnittene Wohnung, in der sie ihre innenarchitektonischen Ideen umzusetzen vermag. Sie kann es kaum erwarten, eine Wohnung für sie beide auszustatten. Schon im vorhinein allerdings besteht Krebs darauf, ihr Zimmer auf ihre Art und mit ihren alten Möbeln einzurichten. Sie braucht ein Mindestmaß an Geborgenheit, nachdem sich in ihrem Leben so vieles verändert hat. Ihr ist es nur wichtig, eine Wohnung in der Nähe ihres Cafés zu haben. Eigentlich ist ihr das alles zu viel, aber sie möchte Waage in ihrem Enthusiasmus nicht gern enttäuschen. Sie überlässt einfach Waage die Wohnungssuche.

Waage nämlich freut sich sehr auf das Neue, so sehr, dass sie nicht bemerkt, dass Krebs sich immer mehr zurückzieht. Sie beschäftigt sich mit Maklern und Anzeigen, telefoniert herum, reaktiviert alte Bekanntschaften und hat schließlich eine tolle Altbau-Maisonette-Wohnung gefunden. Geduldig erklärt sie Krebs, dass es sich dabei um eine Wohnung handelt, die sich über zwei Stockwerke erstreckt. Sie will mit Krebs am liebsten ganze Tage über Katalogen verbringen und schwärmt von neuen Streichtechniken und Biofarben. Krebs bekommt schlechte Laune. Waage versteht nicht, was in ihr vorgeht, und Krebs kann es ihr zunächst auch nicht erklären.

Dann aber platzt Krebs heraus, dass sie gar keine Lust darauf habe, sich mit Einrichtungsfragen zu beschäftigen; ihr sei das noch nie wichtig gewesen, und diese Kataloge und Waages Zeichnungen seien ihr einfach zu abstrakt. Da wird Waage sauer. Schließlich höre sie auch immer geduldig Krebs' Erlebnissen im Café zu. Das sei ihr schon manches Mal zu viel gewesen. Krebs wirft ihr vor, sie lasse das Menschliche nicht an sich heran. Krebs begegnen im Café Schicksale, wie sie es nennt. Ihre Gästinnen erzählen ihr viel, und im Laufe der Jahre ist sie zu einer Beraterin geworden, die schon mancher Frau in Krisenzeiten beigestanden hat. Waage sei viel zu nüchtern und sachlich. Waage kontert, dass Krebs diese Gefühlskrisen viel zu ernst nehme. Das verletzt Krebs. Das Gefühl steigt in ihr hoch, in ihrem ganzen Leben eigentlich nie eine gute Beziehung gehabt zu haben. Auch mit Waage fehle ihr die emotionale Begegnung, sie fühle sich allein und isoliert. Als Waage das hört, platzt ihr der Kragen. Dann solle sich Krebs doch endlich mal um ihre eigene Beziehung kümmern. Sie solle die Vergangenheit ruhen lassen und in die Zukunft mit Waage gehen. Schließlich wollten sie zusammenziehen und Krebs würde alles Diesbezügliche nur Waage überlassen.

Der Streit tut ihnen gut. Krebs begreift, dass sie tatsächlich mehr in die Hand nehmen muss und auch kann. Waage sieht ein, dass sie Krebs schon früher hätte ansprechen müssen. Es fällt ihr eben schwer, sich auf Krebs' – für Waages Geschmack ausuferndes – Gefühlsleben einzulassen. Aber sie will auch mehr dazu beitragen, dass Krebs ihren Sinn für Schönheit entdeckt und ihr damit Waages Leben näher bringen.

Am folgenden Wochenende gehen sie in ein Einrichtungshaus. Und als Waage Krebs auf einem wunderschönen Naturholzbett liebevoll in die Arme nimmt, flüstert diese ihr ins Ohr: Ich freue mich auf die Zukunft mit dir.

Krebs und Skorpion

Krebs trifft Skorpion

Krebs atmet. Sie atmet tief in ihren Körper und in die Erde hinein. Ihre Augen sind geschlossen. Die Gruppe von Frauen steht um das Feuer vor der Schwitzhütte, die sie am Tag zuvor gemeinsam gebaut haben. Das Ritual der Schwitzhütte bildet den ersten Höhepunkt und wird auch am Ende eines Wochenseminars stehen, in dem es um die weibliche Verbindung zur Natur geht. Das abgeschieden liegende Frauenferienhaus bietet die ideale Grundlage dafür.

Eine Schwitzhüttenzeremonie hat Krebs noch nie mitgemacht, doch hatte dies sie in der Ausschreibung besonders angezogen. Am Tag zuvor war die erste Austauschrunde gewesen, und die hatte sehr unterschiedliche Erwartungen gezeigt. Bei Krebs hatte allein die Errichtung des niedrigen runden Baus viele Gefühle geweckt: Sie erwartet höhlische Geborgenheit, Sein im Mutterleib, Wärme, Zusammengehörigkeit mit den anderen, Zugehörigkeit zu Mutter Erde selbst und Aufgehobensein im Kosmos. Eine andere Frau, Skorpion, hatte dagegen von Wandlung gesprochen, durch dunkelste Tiefen zu gehen, Konfrontation mit ihrem Schatten zu erleben, die Erwartung von höchster Ekstase im Aufgeben ihres niederen Selbst. Beide hatten stark aufeinander reagiert, das war ihnen unmittelbar klar gewesen. Etwas wie Feindseligkeit war da, oder war es mehr die durchaus aggressive Bereitschaft gewesen, die eigenen Bedürfnisse zu schützen? Skorpion weiß genau, was sie will: Sie will wissen, wer sie ist, sie sucht einen Durchbruch in die Befreiung und will ihre Grenzen total kennen lernen. Je mehr sich ihr in den Weg stellt und je mehr sie kämpfen kann, desto besser. Schöne Gefühle und Geborgenheit in einer Schwitzhütte – pah, diese lieblichen Vorstellungen werden Krebs schon ausgetrieben werden, denkt sie bei sich.

Jetzt treten sie gebückt nacheinander in die Schwitzhütte ein und setzen sich eng aneinander in den Kreis, in dem schon die Schamanin sitzt. Die letzte verschließt den Eingang, so dass sie von vollkommener Schwärze umgeben sind. Die Schamanin gießt mit ihren ersten Anrufungen reichlich Kräutersud auf die glühend heißen Steine, und sofort entsteht durch den Dampf eine große Hitze. Immer wieder erfolgen Gebete und weitere Aufgüsse, wodurch sich die Hitze steigert.

Krebs fühlt sich wohl; genau so hat sie es sich vorgestellt. Sie ist ganz offen, nimmt die Wärme auf, die Gemeinschaft und die Atmosphäre, die die starken Düfte und die Gebete verbreiten. Beim nächsten Durchgang weint sie, Trauer steigt in ihr hoch, sie weiß nicht, was es ist und lässt es einfach fließen.

Skorpion ist unruhig. Sie hat diese Zeremonie schon mehrfach gemacht und weiß, dass sie nur zufrieden sein wird, wenn sie sich für ihr Inneres wirklich öffnet. Sie spürt, dass ihre Unruhe und der Druck in ihr sie auch jetzt am meisten daran hindern, die Erfahrungen zu machen, die sie machen könnte. Doch sie scheint nichts daran verändern zu können und ist zutiefst verzweifelt.

Am Nachmittag die Austauschrunde: Krebs fühlt sich weich und ist einfach dankbar, dabei zu sein. Skorpion dagegen ist unzufrieden. Die Schwitzhütte sei nicht heiß genug gewesen, weil die Frauen nicht genügend Bereitschaft und Intensität für ihre Wandlungsprozesse eingebracht hätten – ein deutlicher Blick zu Krebs. Jetzt ist Krebs wütend: Skorpion würde ihr ihre Vorstellungen aufzwingen. Das sei nicht Sinn der Schwitzhütte! Die Schamanin spürt das Potenzial und fordert sie für den Abend zu einer Aussprache zu dritt auf.

Krebs begegnet Skorpion

Sie sitzen im Dreieck zusammen. Skorpion gehört der Redestein zuerst: Sie ist hierher gekommen, um sich in tiefe Auseinandersetzung mit ihrer Weiblichkeit zu begeben. Das Schwitzhüttenritual sei zu Reinigungs- und Wandlungsprozessen da; Krebs dagegen erlebe sie als bremsend. Geborgenheit durch andere Menschen bekommen zu wollen sei regressives Verhalten, das sie in einer Therapie ausleben könne, nicht jedoch in diesem Ritual. Sie erwarte nicht zuletzt von der Schamanin, dass sie diese Prozesse vorantreibe und zu dem Punkt bringe, der keine Rückkehr zu alten Strukturen zulasse! Nun ist es an Krebs zu sprechen: Sie kocht vor Wut und ist gleichzeitig den Tränen nahe. Sie befinde sich genau an dem Punkt, an dem sie sei, und sie lasse sich von Skorpion nichts vorschreiben. Ihre Geborgenheitswünsche gingen Skorpion gar nichts an, sie solle sich doch einfach um sich selbst kümmern. Warum sie sich denn so beeinflussen lasse von ihr? Sie könne offenbar leichter austeilen, als sich ihre eigenen wunden Punkte ansehen. Damit solle sie sich doch erst mal zeigen, bevor sie andere angreife!

Die Schamanin schlägt vor, gemeinsam in die Stille des Herzens zu gehen und die Worte wirken zu lassen. In der Meditation wiederholt sie das Gesprochene, entkleidet von der Emotionalität und den Vorwürfen, die darin laut geworden sind. Nach der Stille sprechen beide noch einmal. Krebs will diesmal beginnen: Sie entschuldigt sich für ihre harten Worte. Sie würde Skorpions Verzweiflung sehen, mit der sie in das Ritual gegangen sei. Sie sehe, dass Skorpion mit irgendetwas festgelaufen sei, das sie hindere, in ihrem Leben frei weiterzugehen. Sie dankt Skorpion für ihre offenen Worte ihr gegenüber, mit denen sie genau ins Schwarze getroffen habe – ihr falle es immer noch schwer, wirklich erwachsen zu sein. Krebs sieht sie nun direkt an.

Skorpion blickt einen Moment zu Boden, dann spricht sie. Auch sie dankt Krebs für ihre Worte, die sie sehr berührt hätten. Es falle ihr leicht, andere zu kritisieren; sie würde immer sofort bei anderen sehen, was nicht stimme, und gerade damit lenke sie von sich selbst ab. Sie würde in der nächsten Schwitzhütte sehr gern neben Krebs sitzen, denn von ihr würde bereits viel Geborgenheit ausgehen, und das helfe ihr. Skorpion wirkt nun ganz anders, und Krebs ist tief berührt.

Von da an sitzen sie nur noch zusammen. Sie erzählen sich ihre Lebensgeschichte und stellen viele Parallelen fest: nicht erfüllte Bedürfnisse, Mangelsituationen in der Kindheit und dabei ein machtvolles Wollen und Sehnen nach der ultimativen Stille und dem Sein. Sie verstehen einander gut – und treiben sich gegenseitig immer wieder in emotionale Ausbrüche hinein. Das schürt das Feuer zwischen ihnen, und sie verlieben sich heftig ineinander.

Bei der abschließenden Schwitzhüttenzeremonie ist die Hitze tatsächlich bis ins scheinbar Unerträgliche gesteigert.

Krebs und Schütze

Krebs trifft Schütze

Heute hat sie wirklich keine Lust, aufzustehen. Schließlich hat sie Urlaub und kann sich das Ausschlafen gönnen. Wieder einschlafen kann Krebs allerdings nicht, weil ihr das Bild der Animateurin in den Sinn kommt. Immer noch schlank ist sie, mit schönen Faltenzeichnungen in einem strahlenden Gesicht; in stets guter Laune spornt sie die Urlauberinnen im Clubdorf zur

Aktivität an, denn das ist hier ihr Job. Eine tolle Frau, schwärmen Schmetterlinge in ihrem Inneren. Krebs seufzt. Seitdem ihre letzte Beziehung vor drei Jahren auseinander gegangen ist, ist sie nicht mehr in Urlaub gefahren. Diesmal hat eine Freundin sie zu einem Clubdorf gedrängt, wo garantiert andere Singles seien, die Kontakt suchten. Sie selbst hat sich Aktivurlaub verordnet, seit sie in dem Alter ist, in dem sie nach dem Arbeitstag in der Beratungsstelle zu Hause nur noch die Füße hochlegen mag.

Schützin gehört seit ihrem fünfzigsten Geburtstag zum festen Stamm der AnimateurInnen. Damals hatte sie gemerkt, dass ihre ständigen Jobwechsel sie zunehmend ermüdeten. Da eine Festanstellung im Lehramt mit ihrer Fächerkombination Geschichte und Sport unmöglich war, hat sie sich für regelmäßige Saisonarbeit entschieden. Jetzt betreut sie seit Jahren die Frauen über Fünfzig. Ihr liegt die aktive Arbeit, sie braucht die Sonne, hat gern internationale Frauen um sich und liebt vor allem die Abwechslung. Den Schwerpunkt der Aktivitäten würde sie zwar gern in Richtung Kultur verlagern, doch das liefe nicht so gut, sagen die Chefs.

Krebs schaut den Schlussübungen der Frühgymnastik zu und lädt Schützin anschließend zum Frühstück ein. Private Kontakte zu den Gästen wurden nicht gern gesehen, sagt diese, doch ihr sei das egal. Schützin fühlt sich heute morgen irgendwie frustriert und müde. Krebs ermuntert sie zu erzählen. Sie ist eine gute Zuhörerin und hat daraus ihren Beruf als Psychologin entwickelt, in dem sie seither beständig arbeitet. Sie hört schnell heraus, dass Schützin viele ihrer Qualitäten in ihrem Job nicht lebt, und sie sagt ihr, sie wundere sich, dass sie nicht viel unzufriedener sei. Sie habe aus ihren Interessen weder richtige Ziele abgeleitet noch ihre Ideale wirklich losgelassen, und das sei einfach zu spüren. Krebs wagt einen tiefen Blick in ihre Augen. Schützin schaut irritiert weg und verabschiedet sich bald. Das Gespräch hat etwas in ihr berührt, und das ist auch

Krebs' Energie zu verdanken. Ihre liebevolle und zugewandte Art hat eine Saite in Schützin zum Schwingen gebracht, die lange nicht mehr erklungen ist.

Motiviert zeigt sie Krebs in ihrer Freizeit die Umgebung, insbesondere die interessanten Überreste matriarchaler Kulturen, die hier zu entdecken und in keinem Reiseführer erwähnt sind. Wie gern würde sie solche Touren für Frauen selbst leiten. Krebs blickt sie interessiert an, zumal sie aufgrund ihrer eigenen früheren Beschäftigung mit dem Thema erkennt, wie viel Wissen Schützin tatsächlich besitzt.

Die erotischen Schwingungen zwischen ihnen werden zwar immer stärker, doch Schützin hat von Urlaubsflirts längst genug, und für Krebs ist so etwas gänzlich indiskutabel, da sie sich dem Schmerz des späteren Verlustes nicht aussetzen will. Natürlich tauschen sie Adressen aus.

Krebs begegnet Schütze

Im November fährt Schützin zu Krebs. Diese muss sich eingestehen, dass sie sich eigentlich schon seit dem Urlaub auf einen Besuch Schützins vorbereitet. Sie hat ihre eigene Literatur über Matriarchatskulturen hervorgekramt, einiges Neueres bei Freundinnen gefunden, und eine wunderbare Ausstellung dazu läuft auch gerade in der Stadt. Und Schützin redet sich ein, dass dies der eigentliche Grund für sie sei, Krebs zu besuchen.

Doch schon die erste Nacht verbringt Schützin nicht im Gästezimmer. Es erfordert keine große Überredungskunst von einer Seite, sie werfen ihre guten Vorsätze ohne weiteres über den Haufen. Sie spüren beide, wie ausgehungert sie sind nach Körperkontakt, Nähe und intimem, intensivem Zusammensein. Zwar kennt sich Krebs aus ihren sonstigen Beziehungen als den häuslichen Typ, doch etwas in Schützin bringt sie diesmal in größere Dynamik. Oder ist es ihrem Alter zuzuschreiben, dass sie das Gefühl hat, keine Zeit mehr verschwenden zu wollen? Jedenfalls greift sie Schützins Thema aus dem Urlaub wieder auf. Sie ist erfahren genug, um Schützins Vermeidungsstrategien leicht zu durchschauen.

Krebs' Art, fast unmerklich den tief in ihr verschütteten Wunsch nach Selbstausdruck und Sinngebung in ihrem Leben anzusprechen, lässt Schützin sich immer mehr öffnen. Sie fühlt sich so angenommen und verstanden, wie sie es noch nie erlebt hat. In Kürze ist sie wie verwandelt, als hätte alles in ihr nur auf diesen Moment gewartet. Eigentlich will sie nur noch in Krebs' Armen liegen, umhüllt und geborgen. Endlich nicht mehr andere Menschen zu irgendwelchen Aktivitäten animieren müssen, immer gut drauf sein, motivierend, nie nachlassend in ihrer Energie – sie will nur noch sein, nichts mehr machen. Sie spürt endlose Erschöpfung in sich. Krebs umsorgt sie; das ist etwas, das ihr liegt und das sie eigentlich in jeder ihrer Liebesbeziehungen gemacht hat. Aber sie weiß, dass das nicht reicht. Schützin braucht viel Zuwendung; doch gibt es auch etwas in ihr, das sie befreien muss. Krebs besteht auf Ausstellungs- und Museumsbesuchen. Und sie insistiert darauf, dass Schützin Coaching-Stunden bei einer Löwe-Kollegin nimmt.

Dann fragt sich Krebs nach ihrem eigenen Interesse daran, Schützin in eine andere berufliche Laufbahn zu bringen. Genau das fragt auch Schützin sie vergnügt nach ihrer dritten Coaching-Stunde – und ob sie nicht einmal mitkommen wolle? Krebs wehrt ab – sie wolle sich doch nicht verändern. Oder doch? fragt Schützin. Wenn sie so an ihr »arbeite« – habe das etwa nichts mit ihr selbst zu tun? Habe sie nicht auch einmal geäußert, dass ein Leben im Süden immer ihr Traum gewesen sei? Und habe sie nicht gesagt, es sei keine Zeit zu verschwenden? Die Animateurin kommt in Schützin durch, und nach einigen Tagen Bedenkzeit – denn die braucht sie nun mal – geht Krebs mit zum Coaching. Und bald geht es nur noch darum, wie sie am besten ihre Kündigungsschreiben formulieren.

Krebs und Steinbock

Krebs trifft Steinbock

Der Raum im Frauencafé füllt sich allmählich. Damit hatte Krebs nicht gerechnet, dass so viele Frauen am neuen Lebenspartnerschaftsgesetz interessiert sind. Sie setzt sich schon seit langem für die gleichgeschlechtliche Heirat ein. Nun ist endlich ein Teil des Gesetzes in Kraft getreten, und Krebs ist mit einigen Freundinnen hier, um den Vortrag einer Rechtsanwältin dazu zu hören.

Rechtsanwältin Steinbock kommt pünktlich und ihrem Berufsstand gemäß businessmäßig gekleidet. Krebs spürt, dass sie innerlich auf Distanz geht – aber es soll ja um die Sache gehen. Steinbock erläutert die Unterschiede zwischen Lebenspartnerschaftsgesetz und den Vorschriften des Bürgerlichen Gesetzbuches über die Hetero-Ehe, zieht einen internationalen Vergleich, erklärt, wann es sinnvoll sein kann, statt der gesetzlich vorgesehenen Ausgleichsgemeinschaft per Lebenspartnerschaftsvertrag eine Gütertrennung zu vereinbaren, und vergisst nicht zu betonen, dass noch lange keine Gleichstellung erreicht sei, da das Adoptionsrecht und sämtliche steuerrechtlich und rentenrechtlich privilegierenden Vorschriften bislang aus dem Gesetz ausgeklammert seien. Es sei zwar mit Verfassungsbeschwerden von Lesben und Schwulen wegen ungerechtfertigter Ungleichbehandlung zu rechnen, jedoch könne es noch Jahre dauern, bis das Bundesverfassungsgericht eine Entscheidung treffe. Zunächst müsse durch alle Instanzen geklagt werden, bevor die Betroffenen Verfassungsbeschwerde erheben könnten. Sie bereite schon Musterprozesse mit Mandantinnen vor. Steinbock ist ihre Entrüstung über die diskriminierende Ungleichbehandlung anzumerken, und Krebs glaubt eigene Betroffenheit bei ihr zu spüren, woraus sie auf ihre potenzielle Heiratswilligkeit schließt. Das macht sie ihr wieder sympathisch, und sie setzt sich nach dem Vortrag an ihren Tisch.

Krebs braucht es konkreter, und die juristische Fachsprache ist ihr teilweise unverständlich. Die Sache mit dem gemeinsamen Namen will sie genauer wissen und ob für die Lebenspartnerinnen trotzdem die Adoption von Kindern möglich sei. Bei Steinbock stellt sich Unmut darüber ein, dass eine aus der Frauenszene mal wieder die Gelegenheit nutzt, die Gebühren für die anwaltliche Beratung zu sparen. Sie ist müde, hat einen langen Tag hinter sich und will nach dem Tee gleich nach Hause. Aber Krebs schaut sie so offen und ohne Argwohn an, dass Steinbock nicht anders kann, als mit ihr zu sprechen. Dann erzählt Krebs von ihren Beziehungswünschen und will auch von Steinbock wissen, wie es ihr damit geht. Diese ist verblüfft über die Indiskretion, spürt jedoch auch eine vage Anziehung und Öffnung in sich. Als Steinbock ein Gähnen doch nicht mehr unterdrücken kann, meint Krebs mitfühlend, sie sehe sehr müde aus, habe sicher einen langen Tag hinter sich und wolle jetzt nach Hause. Steinbock ist wieder erstaunt, steht jedoch sofort auf. Sie werde sie bald anrufen, meint Krebs, und zückt den Kugelschreiber, um die private Telefonnummer auf der Visitenkarte zu notieren. Steinbock weiß nicht, wie ihr geschieht, aber sie gibt ihr tatsächlich die Nummer.

Steinbock findet Krebs vollkommen grenzüberschreitend. Krebs wiederum findet Steinbock wirklich zugeknöpft. Aber von dieser Gegensätzlichkeit sind sie fasziniert, und sie fühlen sich stark voneinander angezogen. Krebs ergreift die Initiative: Sie entführt Steinbock schon nachmittags aus der Kanzlei, lässt sie am Wochenende nicht arbeiten, sondern liegt mit ihr einfach am Badesee. Steinbock rutscht unmerklich in ein völlig neues Leben hinüber, und sie beginnt es immer mehr zu genießen. Bald ist sie rettungslos in Krebs verliebt, und Krebs sieht sich am Ziel ihrer Wünsche angekommen, eine Partnerin fürs Leben gefunden zu haben.

Steinbock ist glücklich über die Lebendigkeit, die in ihr Leben eingezogen ist. Ganz neue Welten öffnen sich für sie, und nach kurzer Zeit schon begreift sie nicht mehr, wie sie früher so viel hat arbeiten können. Krebs freut sich über die Veränderungen bei Steinbock und genießt die Sicherheit, die sie bei ihr erlebt. Sie selbst kennt eine solche Stabilität in ihrem Leben nicht; Steinbock ist immer ruhig und ausgeglichen, hat keine Stimmungsschwankungen und hält jede Verabredung zuverlässig ein.

Genau das gibt Krebs schließlich zu denken. Meint Steinbock wirklich sie? Steinbock ist nämlich immer gleichbleibend in ihren Gefühlen, wird nie launisch. Diese Absolutheit lässt Krebs zunehmend zweifeln. Sie beginnt, Steinbock zu provozieren, versucht, Gefühle aus ihr herauszulocken, will sie endlich einmal verunsichert sehen. Steinbock versteht die Welt nicht mehr. Sie waren doch glücklich und friedlich miteinander, und jetzt bricht Krebs an jeder Ecke einen Streit vom Zaun. Krebs hat das Gefühl, an Steinbock nicht heranzukommen. Sie fühlt sich gänzlich unverstanden und will die Beziehung beenden. Steinbock versteht noch weniger; sie sind doch erst ein halbes Jahr zusammen, haben gerade etwas begonnen, was Krebs nun einfach so hinwerfen will? Krebs ist ehrlich und gesteht sich ein, dass sechs Monate ihre kritische Marke ist, an der sie Beziehungen meistens beendet. Steinbock spürt, dass es jetzt an ihr ist, initiativ zu werden, denn Kontinuität ist ihre Stärke. Doch ihr Ratschlag, einfach in der Beziehung zu bleiben und sich um ihre Gefühle nicht so viel zu kümmern, bewirkt das Gegenteil. Krebs fühlt sich nicht ernst genommen und zieht sich zurück. Und plötzlich fällt Steinbock auf, dass sie ihre Arbeit sehr vernachlässigt hat, und sie zieht sich in ihre Kanzlei zurück.

Beiden tut der Rückzug gut. Sie sammeln sich und kommen zu demselben Schluss: Sie brauchen ihr eigenes Leben als Grundlage, um sich tiefer und ehrlicher aufeinander einlassen zu können. Krebs nimmt wieder Kontakt auf zu ihren alten Freundinnen, mit denen sie nach Herzenslust ihre ganzen Gefühle ausleben kann. Sie fühlt sich wieder wohl und merkt, dass sie mit Steinbock deutlicher auch auf deren Ebene kommunizieren muss, um sie gefühlsmäßig zu erreichen. Es fällt ihr schwer, Steinbock in ihrer Andersartigkeit zu akzeptieren. Das öffnet ihr die Augen für sich selbst, denn sie hat sich immer für sehr offen und akzeptierend gehalten – da muss sie wohl ihr Selbstbild korrigieren. Steinbock wird klar, dass ihre Geradlinigkeit für sie selbst, aber auch für Krebs sehr wichtig ist. Allerdings muss sie ihre Lebensveränderungen noch mehr auf ihre Art gestalten. Was sie an Krebs angezogen hat, war die gefühlsmäßige Öffnung, die sie in sich selbst spürte. Dabei will sie nun bleiben und von hier aus weitergehen.

Geläutert und mit frischem Selbstbewusstsein begegnen sie sich wieder. Sie spüren, dass sie tiefer ja zueinander sagen wollen. Und das »Ja« ist auch bei der standesamtlichen Zeremonie zur Eintragung der Lebenspartnerschaft das entscheidende Wort.

Krebs und Wassermann

Krebs trifft Wassermann

Sie hatte es schon mehrmals in der lokalen Frauenzeitung gelesen, und nun endlich findet Wasserfrau Zeit, zu dem Vorbereitungstreffen zur Gründung einer feministisch-ökologischen Gemeinschaft zu gehen. Sie hat selbst seit längerem einige Ideen zu einem solchen Projekt entwickelt und stellt sich vor, dass sie dort auf Gleichgesinnte treffen wird.

Rund ein Dutzend Frauen diskutieren die äußeren Gegebenheiten, die für eine Lebens- und Arbeitsgemeinschaft stimmig wären. Krebs vertritt mit plastischen Bildern eine abgeschiedene Lage: mitten in der Natur, in hügeliger Landschaft mit Bachlauf und Seenähe, mit Anbindung ans öffentliche Verkehrsnetz, so dass keinerlei Privatautoverkehr nötig sei. Es gäbe ein Gemeinschaftshaus mit Küche, Speise- und Gemeinschaftsräumen sowie Wohngebäude zur Bildung von Wohngemeinschaften. Ideal sei ein alter Bauernhof mit viel Atmosphäre.

Wasserfrau ist entsetzt. So viel Gemeinschaft erinnert sie an Familie, Zwang und moralische Vorschriften. Obwohl neu in der Runde, hält sie sich mit ihren Ideen nicht zurück: keine Einschränkungen persönlicher Freiheiten, eigene Küche, keine gemeinsamen Essenszeiten, die den individuellen Zeitplan einengen würden. Auf zweimal täglich fahrende Busse will sie nicht angewiesen sein, ihr Auto fahre mit Bio-Diesel, und damit sei sie gleich eine Werbeträgerin in der Region. Krebs fühlt sich angegriffen: Als ob sie jemanden einschränken wolle, hier gehe es doch um gemeinschaftliche Aspekte, dazu ziehe frau schließlich zusammen. Wasserfrau kontert, wenn das nicht auf der Grundlage persönlicher Freiheit geschehe, dann sei das ein Rückschritt in die Zeit der Stammeskultur. Matriarchale Stammeskulturen sind jedoch für einige Frauen ein wichtiges Vorbild, so dass Wasserfrau hier in ein Fettnäpfchen getreten ist. Sie glaubt, das letzte Mal hier gewesen zu sein, doch am Ende lädt Krebs sie zu einer Fortsetzung des Gespräches ein.

Das ist Wasserfrau nur recht. Sie erläutert, dass die Grundlage jeder Gemeinschaft, die sich auf gesunde Art entwickeln wolle, der individuelle Weg der Einzelnen sein müsse. Hierarchien würden sich schnell einschleichen, so dass alle Frauen von Anfang an gleichberechtigt Entscheidungen treffen müssten, zu leicht entstünden Abhängigkeiten und ein Machtgefälle. Gewiss, es gäbe kaum Vorbilder für solch ein Modell, aber das sei für sie nur motivierend. Krebs lässt Wasserfraus Begeisterungssturm über sich ergehen und erklärt dann, dass sie selbst gar kein Interesse daran habe, alles mitzuentscheiden, sie gebe gern vertrauensvoll an andere ab. Sie mache gern mit, wenn jemand etwas initiiere, doch wolle sie sich nicht an allem verantwortlich beteiligen. Das sei ihre Individualität – ob sie ihr die zubillige, fragt sie in scharfem Ton. Wasserfrau hat keine rasche Antwort parat. Diese Frau holt sie zu schnell auf die Erde herunter, wo sie noch mitten im Entwurf ihrer Theorie ist. Krebs kennt diese Frauen, die große Ideen haben und nicht bereit sind, die Dinge zu sehen, wie sie sind. Aber sie spürt durch sie auch eine Weite in sich, die ihr gut tut. Wasserfrau versteht nicht, dass Krebs kein Interesse daran haben will, in einem Gemeinschaftsprojekt mitzubestimmen. Das müsse sie nicht verstehen, sondern einfach akzeptieren, stellt Krebs fest. Wasserfrau ist irritiert; mit Denkanstößen aus einer ganz neuen Richtung geht sie nach Hause.

Krebs begegnet Wassermann

Wasserfrau merkt, dass ihr Krebs nicht mehr aus dem Kopf geht. Krebs dagegen hat Wasserfrau schnell vergessen, zu viele Theoretikerinnen sind ihr schon begegnet, mit denen sie bald nichts mehr anfangen konnte. Sie ist überrascht, als Wasserfrau sich bei ihr meldet, und beim zweiten Anruf innerhalb einer Woche spürt sie, dass diese offensichtlich mehr von ihr will als diskutieren. Sie überlegt, wie sie sie wirklich kennen lernen und wie sie Wasserfrau greifbar machen kann.

Krebs hat, wie meistens, kein Konzept, als sie sich wieder sehen. Doch weiß sie, dass sie sich nicht auf eine Beziehung einlassen will, in der sie diejenige ist, die den Gefühlsbereich versorgt, während die andere in ihrem Ideenbereich jederzeit einer echten Begegnung entschwinden kann. Doch auch Wasserfrau kommt nicht unvorbereitet. Auch wenn sie davon überzeugt ist, dass sie sachlich zum Thema Gemeinschaft die besseren Ideen hat, hat sie ein unklares Gefühl, irgendetwas Wichtiges in Krebs zu finden. Diese hat die Ausstrahlung, mit beiden Füßen fest auf dem Boden zu stehen, Halt geben zu können, und das zieht Wasserfrau an. Sie ist bereit, es näher zu ergründen.

Diesmal fragt sie Krebs zuerst nach ihren Erfahrungen mit Gemeinschaften. Krebs gibt zu, dass sie ihr Leben lang einen Mangel an Gemeinschaft, so wie sie es sich wünsche, erlebt habe. Sie vermisst die Verbindlichkeit, das einfache Zusammensein, eine Nähe ohne die ganzen Ansprüche, die nur Druck erzeugen, eine Nähe, die nicht mehr von anderen verlange, als sie selbst zu sein. Wasserfrau bemerkt, dass Krebs offenbar unter einem Minderwertigkeitsgefühl leidet, weshalb sie so leicht unter Druck gerät und sich dann hart abgrenzt. Und sie sagt, dass sei doch eine sehr schöne Sehnsucht, die sie habe, und sie selbst wolle auf ihre Art auch nichts anderes. Für sie sei die Individualität der Ausgangspunkt, niemand dürfe sich mit anderen vergleichen, und jede könne ohne Einschränkung sich selbst leben. Was aber, gibt Krebs zu bedenken, wenn ich dieses Muster nun mal in mir habe, mich zu vergleichen, mich unfähig fühle, mich so oft für nicht gut genug halte? Sie könne das nicht einfach abwerfen, obwohl sie schon lange daran arbeite.

Das ist für Wasserfrau schwer nachzuvollziehen, und doch muss sie zugeben, dass zwar viele Menschen sich nach dieser Freiheit sehnen, die meisten jedoch mit sich an einem anderen Punkt stehen, von dem aus sie auch anderen ihre Freiheit nicht zubilligen können. Und wenn sie ehrlich mit sich ist: Auch sie kann ja schlecht Krebs in ihrer Art lassen, ein bisschen umerziehen würde sie sie schon gern. Sie müssen lachen, und das befreit nun wirklich.

Sie fangen noch einmal von vorn an, erzählen sich ihre Lebensentwürfe, ihre Sehnsüchte, Ideale und ihre konkreten Erfahrungen. Immer greift Wasserfrau die Stichworte auf, um ihre Vision zu verändern und zu erweitern. Und immer holt Krebs sie in die Niederungen des Menschlichen zurück – von wo aus es weitergeht. Sie sind ein ideales Paar, finden sie. Und kuscheln sich erst mal näher aneinander, denn das mag Krebs gern – und Wasserfrau auch, wenn sie ehrlich ist.

Krebs und Fische

Krebs trifft Fische

Seit zwei Wochen geht Krebs täglich direkt nach der Arbeit ins Krankenhaus zu ihrem Vater, der nach einem Oberschenkelhalsbruch sehr geschwächt und bettlägerig ist. Gestern nun ist bei ihm zusätzlich eine Lungenentzündung diagnostiziert worden, so dass die behandelnde Ärztin um ein Gespräch mit ihr gebeten hat. Dem sieht sie mit Sorge entgegen und erhofft doch gleichzeitig Gewissheit dadurch. Ihr Vater ist kaum noch ansprechbar, und sie fühlt sich völlig überfordert mit der Situation.

Die Ärztin erklärt ihr, dass es eine gewisse Wahrscheinlichkeit gebe, dass ihr Vater die Lungenentzündung nicht überstehen werde. Selbstverständlich würden sie alles in ihrer Macht Liegende tun, um ihn am Leben zu erhalten, doch solle sie sich auf das Schlimmste gefasst machen. Das Schlimmste, geht es Krebs im Kopf herum, ist der Tod das Schlimmste? Die Ärztin spricht weiter: Im Krankenhaus gebe es eine Hospizstation, auf der Sterbende nicht nur gepflegt, sondern in den Tod begleitet würden. Sie könne sie gern mit einer der dort ehrenamtlich Arbeitenden bekannt machen, die ihr das Konzept vorstellen würde. Verwirrt und dankbar nimmt Krebs an.

Auf der Hospizstation empfängt Fische sie freundlich und lässt sie zunächst von ihrem Vater und ihrer Beziehung zueinander erzählen. Krebs hat zeitlebens kein besonders gutes Verhältnis zu ihrem Vater gehabt. Seit dem Tod ihrer Mutter lebt er im Altenheim, wo sie ihn mit zwiespältigen Gefühlen zwischen Ablehnung und schlechtem Gewissen mehrmals im Jahr besucht, ohne dass zwischen ihnen jemals ein echtes Gespräch aufkommt. Und dann weint sie, und Fische nimmt sie tröstend in den Arm. Es dauert lange, bis der Tränenstrom versiegt. Dann fühlt sich Krebs viel besser. Es ist gut, dass du um deinen Vater weinst, sagt Fische, du scheinst ihn ja doch zu mögen. Wenn du willst, holen wir ihn herauf, und ich helfe dir, mit ihm zu kommunizieren. Das ist wichtig für dich, und für ihn auch. Krebs spürt großes Vertrauen zu Fische; sie strahlt Sicherheit aus, als wenn der Tod selbstverständlich wäre. So ist es doch auch, entgegnet Fische schlicht, als Krebs ihren Gedanken ausspricht.

Fische zeigt ihr, wie sie mit ihrem Vater sprechen kann, wenn seine Antworten nur aus kurzen Lauten der Zustimmung oder Ablehnung bestehen. Sie ermuntert sie, ihm ihr ganzes Leben mit ihm noch einmal zu erzählen und dabei auch ihre Gefühle nicht auszusparen. Ehrlich solle sie sein, sich dabei jedoch mit ihm vom Herzen aus verbinden. Krebs findet das schön. Sie nimmt sich Urlaub, um viel Zeit für ihn zu haben, und spürt, wie sie ihrem Vater immer mehr erzählen kann. Manchmal hat er Atemnot, bewegt sich unruhig, scheint mit etwas zu kämpfen. Sie bleibt. Und immer mehr sieht sie seine menschliche Unvollkommenheit und spürt, dass sie ihm verzeihen kann.

Dann gibt er keine Laute mehr von sich und hält die Augen geschlossen. Da merkt Krebs, dass sie ihn nicht gehen lassen will. Was sie immer vermisst hat, ist endlich eingetreten: Sie fühlt sich ihm nahe. Fische bemerkt es und ist darauf vorbereitet. Sie weiß, dass sie nun mit Krebs über den Tod sprechen muss.

Krebs begegnet Fische

Für Fische sind Tod und Leben nie zweierlei gewesen, sondern immer wie ein Ozean mit Ebbe und Flut. Seit ihrer Kindheit hat sie sich zum Befremden ihrer Eltern mit den so genannten letzten Dingen beschäftigt. Wenn ein Tier gestorben war, hat sie es sowohl mit Ehrfurcht als auch mit Freude beerdigt. Dass sie als Kind mit für andere unsichtbaren Wesenheiten gesprochen hat, haben ihre Eltern ihr erst später erzählt. Dadurch hat sie sich wieder erinnert und begonnen, sich gezielt mit der nicht sinnlich wahrnehmbaren inneren Welt auseinander zu setzen. Anhaltspunkte dafür hat sie in absolut jeder Religion und Kultur gefunden. Engel, Devas, Götter, Zwerge, Elfen – viele unterschiedliche Wesenheiten von unterschiedlichster Macht und Verantwortung bevölkern in einer wunderschön abgestimmten Hierarchie den Kosmos. Fische weiß, dass die Lebewesen in dichten Körpern nur ein geringer Teil des ganzen Lebens sind.

Fische erzählt diese Geschichte nur selten, zu oft hat sie die Erfahrung gemacht, dass ihr Gegenüber ab einem bestimmten Punkt unruhig wurde, und sie wusste dann, dass sie in deren Auffassungsvermögen eine Grenze erreicht hatte. Doch Krebs bleibt offen und ist nachdenklich dabei. Was es dann aber mit dem Tod auf sich habe, will sie wissen. Das sei ein Übergang in einen anderen Seinszustand, erzählt Fische. Das Leben sei ein kontinuierlicher Fluss, nur unterbrochen durch unser eigenes Unvermögen, uns mit dem Fluss bewusstseinsmäßig zu identifizieren. So fühlten wir uns in jeder Inkarnation wieder allein und isoliert, weil wir uns nur mit dem sinnlich Wahrnehmbaren, der Persönlichkeit, identifizierten. Krebs spürt eine Öffnung in sich, die weit über den erwarteten Trost hinausgeht. Für einen Moment kann sie den Lebensfluss in sich spüren und fühlt sich unendlich getragen.

Sie dankt Fische und geht wieder zu ihrem Vater. Sie sieht ihn nun nochmals mit einem anderen Blick und spürt ihre Bereitschaft, ihn loszulassen. Lange schaut sie ihn an, tief verbunden mit ihm und dankbar dafür, dass er ihr das Leben ermöglicht hat. Da schlägt er die Augen auf, und sie sieht, dass er die andere Welt schon erblickt hat. Sie nimmt seine Hand und drückt sie zum Abschied. Er schließt die Augen und atmet ein letztes Mal aus. Krebs bemerkt Fische neben sich und fasst ihre Hand. Sie spürt tiefe Verbundenheit und Stille im Zimmer, eine Schwingung von Einheit und Zeitlosigkeit.

Krebs weiß, dass dieser Moment ihr Leben entscheidend verändert hat. Viel später noch, als Krebs und Fische längst zusammen leben, holt Krebs sich diesen Augenblick von Intensität zurück, wenn sie spürt, dass sie diesen Tag ihres Lebens nicht mit innerer Dankbarkeit begonnen hat.

Löwe

22. Juli – 23. August

♌

Der erste Eindruck

An Löwin kommen wir unter keinen Umständen vorbei. Als »Königin der Tiere« ist sie in der Lage, jeden Raum mit ihrer Präsenz zu füllen. Sie fällt auf, indem sie auffällt – das heißt, sie macht sich deutlich sichtbar, zeigt sich in ihrer ganzen Größe und Fülle. Das kann das Körperliche meinen, vor allem aber ist es ihre Ausstrahlung, ihre Aura, die die Aufmerksamkeit auf sich zieht. Das gefällt manchen und manchen nicht – die Löwin auf jeden Fall genießt es, wenn alle Blicke auf sie gerichtet sind. Dabei ist sie warmherzig und heißt strahlend alle willkommen, die in ihrer Nähe sind.

Löwe ist ein Feuerzeichen; es ist die Zeit des Hochsommers, und in ihm entfaltet die Sonne ihre volle Strahlkraft.

Lebenseinstellung und materielle Erscheinungsformen

Das Leben erscheint Löwin als ein Spiel mit einer Fülle von Möglichkeiten, und Löwin liebt es, der Mittelpunkt dieses Spiels zu sein. Auf der sprichwörtlichen Bühne des Lebens zu stehen ist für sie unverzichtbares Elixier. Hier inszeniert sie sich selbst bzw. ihr Anliegen und erntet die Anerkennung dafür. Oft tut sie das mit einer Art kindhafter Unschuld und Freude; sie ist einfach so, und dafür wird sie von vielen gemocht. Vom Leben will sie vor allem Kraft bekommen. Mit ihrer Kraft kann sie Menschen oder Projekte sehr gut zusammenhalten. Auch in sich wirkt sie wie aus einem Guss. Ihre Stärken sind Eindeutigkeit und Einfachheit; sie martert sich nicht mit komplizierten Betrachtungen, sondern sucht in allem nach einfachen Lösungen. Sie ist die eine Sonne, um die sich alles dreht, sie ist das Feuer, das alle anzieht.

Löwin liebt alles, was groß ist und etwas darstellt. Es darf strahlen, glitzern und prunken. Was andere vielleicht als geschmacklos oder übertrieben bezeichnen würden: zu Löwin passt es, denn sie zeigt gern, was sie hat, sie stellt ihren Reichtum zur Schau und protzt damit.

Das löwische Organ im Körper ist das Herz. Alles Blut fließt durch dieses zentrale Organ, und von hier aus wird jede einzelne Körperzelle wiederum mit Blut versorgt.

Energiefluss und Geld

Für Löwin ist das Leben Reichtum und Fülle. Alles scheint nur dafür da zu sein, damit Löwin es nehmen kann. Sie ist nicht bescheiden und nicht demütig; sie ist die Königin, die findet, dass ihr alles zusteht. Mit dieser Einstellung kann sie genau die Situationen und Menschen anziehen, die sie haben will. Sie ist aus dem ganzen Tierkreis die Person, die am meisten im Wohlstand lebt. Löwin ist nicht geizig; ein hervorragender Charakterzug ist ihre Großzügigkeit. Sie gibt gern, sie schenkt gern – und sie bekommt gern Geschenke. Doch fließt ihr das Geld nicht weg, sie hält es bei sich, oder vielmehr: Je mehr sie verschenkt, desto mehr fließt ihr zu. Das ist die typische Löwe-Energie: Das Kommen und Gehen findet in ihrem Reich statt, dessen Mittelpunkt sie ist.

Löwin liebt Reichtum nicht nur auf der materiellen, sondern auf allen Ebenen. Sie ist freigebig mit ihren Gefühlen, lässt gern alle an der Wärme und Größe ihres Herzens teilnehmen, und sie kann gut der mentale Konzentrationspunkt in einer Firma sein.

Konflikte – Krisen – Wandlungen

Löwin verfügt über eine starke magnetische Anziehungskraft, die daraus entsteht, dass sie sich mit etwas identifiziert: einem Wert, einer Qualität, einem Ziel etc. Wie unsere Sonne die Planeten in ihrer Umlaufbahn hält, so kann auch Löwin ein Kraftfeld aufbauen und den Menschen darin Raum und Halt geben. Was oder wen sie anzieht, ist in hohem Maße davon abhängig, womit sie sich identifiziert. Am Anfang ihrer Entwicklung ist es ihr Egoismus, mit dem sie alles auf sich selbst bezieht. Sie ist dann der Mittelpunkt einer Gesellschaft, eines Projektes etc. Ist eine positive Aufmerksamkeit auf sie gerichtet, fühlt sie sich gut, ist es jedoch nicht so, fühlt sie sich schlecht, und ihr vorheriges Gefühl von Größe schlägt ins Gegenteil um.

Löwin ist stolz auf ihre natürlichen Begabungen und auf ihre Errungenschaften. Sie kann sehr zufrieden mit sich sein und das Leben genießen, sozusagen bequem und träge in der Sonne liegen. Zufriedenheit kann bei Löwin jedoch zum Selbstzweck werden, d.h. zu Selbstzufriedenheit. Sie vernachlässigt und unterdrückt dann das natürliche Wachstumsbestreben in sich. Löwin braucht ihr Publikum, um gesehen zu werden, und das macht sie abhängig. Sie braucht die Anerkennung und muss daher alles tun, um ihrem Publikum weiterhin zu gefallen. Das aber will keine Veränderung, sondern nach wie vor seinen gewohnten Star. So ist der sicherste und erst mal bequemste Weg für sie, zu bleiben, wie sie ist – bis Abhängigkeit und Festgefahrenheit sie unzufrieden machen. Die Rollen, die sie spielt, sind Teile von ihr selbst. Wenn sie das anerkennt, kann sie alle Anteile zu einem großen Ganzen integrieren. Löwin macht sich sichtbar damit; diese Nacktheit bereitet ihr Angst, doch wenn sie dafür Mut aufbringt, gewinnt sie an Stärke.

Individualität und Begegnung

Wenn Krebs die familiäre Bindung und Geborgenheit liebt, so symbolisiert Löwin die Zeit der Pubertät. Sie probiert sich aus, will nicht zum Volk gehören, sucht etwas Eigenes und bildet sich manchmal eine Menge darauf ein, anders zu sein. Ihre Individualität zu entdecken und zu pflegen ist der Löwin wichtig. Allerdings braucht sie dazu, wie oben erwähnt, zunächst den Schutz und die Unterstützung ihrer Peer Group.

Löwin verschenkt ihre Aufmerksamkeit großzügig, und manch eine genießt es, sich in Löwins Wärme und Ausstrahlung zu sonnen. Diejenigen, die nicht so viel Selbstbewusstsein haben, mögen sie angeberisch finden. Doch profitieren viele gern von ihrem Glanz, und Löwin lässt das zu, solange ihr ihre Position nicht streitig gemacht wird. Sie wird versuchen, Konkurrentinnen fernzuhalten und zieht sich daher auf eine einsame Position zurück. Wer Löwin begegnen will, muss nahe an sie herangehen.

In einer Liebesbeziehung gibt es mit Löwin viel Spaß. Sie mag das Leben von der vergnüglichen Seite, lacht viel und ansteckend, ist charmant und sehr liebevoll. Sie gibt frau immer das Gefühl, sie sei die Einzige, die sie mit ihrer Anwesenheit und Aufmerksamkeit beehrt. Und je mehr Löwin wiederum hofiert wird, desto großzügiger wird sie und tut für ihre Freundin wirklich alles. Sex mit einer Löwin macht viel Freude, sie ist eine feurige Liebhaberin, die gern spielt und experimentiert.

Kreativer Ausdruck und Beruf

Löwin ist die klassische Schauspielerin auf der großen Bühne, auf den Brettern, die für sie ihre Welt bedeuten. Sie mag die Selbstinszenierung und Dramatik, liebt es, im Rampenlicht zu stehen und viele Augen auf sich gerichtet zu wissen. Will sie sich in ihrer Individualität wirklich zum Ausdruck bringen, braucht sie in erster Linie die Unabhängigkeit vom Erfolg, und das ist ihre größte Herausforderung. Sie ist sensibel und hat Angst vor dem Versagen und dem Abgelehntwerden. Aus diesem Grund geht sie eventuell Kompromisse ein, die sich bis zu einer großen Lebenslüge steigern können. Doch die Sonne ist die schöpferische Kraft und Symbol für das Leben. Wenn sich Löwin an diese Quelle anschließt, gewinnt sie die Kraft, für sich selbst einzustehen.

Einen großen Teil ihrer Kreativität bezieht Löwin aus ihrer Verspieltheit. Sie geht nicht nach vorgefertigten Konzepten vor und schöpft im besten Fall, wie ein Kind, spontan und unmittelbar aus ihrem Inneren. Diese Fähigkeit kann in vielen Berufen und Positionen eingesetzt werden. Klassisch ist für Löwin ein selbstständiger Beruf, in dem sie sich ihren Wirkungskreis selbst schaffen kann und in dem sie für alles selbst verantwortlich ist. In einer Führungsposition erntet sie oft Anerkennung. Sie ist eine gute Chefin, weil sie alle MitarbeiterInnen gleichmäßig mit viel Wärme bedenkt, und zwar so, dass sich alle zutiefst persönlich gemeint fühlen. Ist sie frei von Konkurrenzdruck, kann sie anderen den Raum geben, selbst zu strahlen und immer größer zu werden.

Entwicklung und Aufgabe

Löwin ist der lebende Beweis dafür, wie schön es ist, das eigene Licht leuchten zu lassen und nicht unter den Scheffel zu stellen. Nahe verwandt ist jedoch die Verblendung, wodurch Löwin eine Teilwahrheit als so leuchtend erscheinen kann, dass sie sie gern für die ganze Wahrheit hält. Ehrlich sich selbst anzuschauen ist nicht nur für Löwin schwierig, doch ist Verblendung etwas, das uns daran hindert, das wirkliche Licht der inneren Sonne zum Vorschein zu bringen.

Noch ein Bild aus dem Körper dazu: Das Herz nimmt sich selbst nur so viel Blut, wie es zur Eigenversorgung braucht und gibt alles andere weiter. Und doch bleibt es zentral. Der Blutkreislauf wiederum wird symbolisiert durch Wassermann, Löwes gegenüberliegendes Zeichen. Werden zu Wassermann Gruppen und Gruppenbewusstsein gerechnet, so können wir in Löwe die Voraussetzungen dafür sehen, nämlich Individualität und Eigenbewusstsein zu entwickeln.

Wenn sich Löwin wirklich als lebensspendende Sonne identifiziert, dann kann sie erkennen, wer sich eigentlich um die Sonne dreht. Ihr Publikum wirklich zu sehen heißt, in einer losgelösten Haltung den Schwerpunkt ihres Lebens auf das, was sie geben kann, zu verlagern. Die Königin lernt, ihr Volk zu sehen und sich ganz in den Dienst des Volkes zu stellen. Oder anders: Löwin erhebt sich von ihrem Lager und lernt, aktiv sich selbst zu geben. Dann ist sie ein Zentrum, nicht nur ein Mittelpunkt.

Löwe und Löwe

Löwe trifft Löwe

Das ganze Team des Bekleidungshauses wartet auf die beiden zur letzten Besprechung vor der Eröffnung. Löwin und ihr schwuler Kollege mussten aber unbedingt noch die Ereignisse des Wochenendes durchgehen und haben darüber die Zeit vergessen. Löwin hat auf einer Party eine tolle Frau entdeckt, die leider die ganze Zeit von einem Pulk von Leuten umlagert war. Unklar, ob sie eine Lesbe oder Hetera war. Aus der lokalen Szene der schicken, doch übersichtlichen Kreisstadt kannte Löwin sie nicht. Dann fand sie heraus, dass sie Designerin und neu zugezogen ist. Das machte die Angelegenheit spannend.

Jetzt werden die Türen geöffnet, und die ersten Kundinnen kommen, um sich die Frühjahrskollektion zeigen zu lassen. Eine halbe Stunde später steht sie wie gebannt: Die Löwin von gestern Abend kommt direkt auf sie zu. Sie suche einen interessanten Blazer, vielleicht auch ein Kostüm. Sie sei diagnostizierter Sommertyp, wolle aber auch kräftige Farben tragen, ausschließlich Pastelltöne – das sei nichts für sie, ob man sich in ihrem Haus damit auskenne? Ja, selbstverständlich, da sei sie bei ihr goldrichtig, stottert Löwin und geleitet sie in die entsprechende Abteilung. Sie muss sich einen Moment sammeln – nicht wegen der Farben, da ist sie wirklich Fachfrau. Sie zeigt ihr ein paar Modelle und erkennt: Löwin hat Geld; sie wählt das Teuerste und zuckt nicht mit der Wimper beim Blick auf das Preisschild. Und sie will sich zeigen, wählt dazu die extravagantesten Stücke aus. Löwin gewinnt ihr professionelles Selbstbewusstsein zurück, und mit geschultem Blick weist sie auf die unterschiedliche Wirkung von Schnitt und Farben hin und sucht die passenden Teile für sie aus.

Ihre Sicherheit und ihre feste Stimme beeindrucken die andere Löwin. Sie fühlt sich sofort in ihren Wünschen erkannt und außerordentlich gut bedient. Eigentlich hat sie noch eine

Menge Zeit, und in diesem Provinznest scheint frau sich ja tatsächlich einkleiden zu können. Diese Verkäuferin ist fit und, ja wirklich, nicht nur gut gekleidet, sondern insgesamt attraktiv. Am besten nimmt sie sie nach einem Kaffee gleich mit in die Blusenabteilung.

Die kleine Pause nutzt Löwin zur Beratung mit ihrem schwulen Kollegen. Der hat natürlich herumtelefoniert und herausgefunden, dass sie es offenbar ist, die ihm einmal einen Bi-Lover ausgespannt hat. Gott, die Welt ist klein – und sie sei hiermit gewarnt!

In der Blusenabteilung werden sie langsam warm miteinander. An passender Stelle flicht Löwin ein, dass sie die andere auf der Party gesehen habe. Das kommt nicht so gut an, die Kundin scheint sich distanzieren zu wollen. Doch die Unstimmigkeit ist schnell verflogen, und sie gewinnen Spaß am Aus- und Anprobieren. Die Verkäuferin kann nicht umhin, die körperlichen Vorzüge der anderen zu benennen, die durch die Kleidung ja gehoben werden sollen. Sie schätze experimentierfreudige Kundinnen, und die andere Löwin erwidert nach einer wirkungsvollen Pause, auch sie schätze Experimentierfreude auf der anderen Seite. Ihr Blick dazu lässt der Verkäuferin das Blut nicht nur in den Kopf schießen. Die andere bemerkt es hochzufrieden – und beide wissen jetzt, woran sie sind. Ohne weitere Umschweife schlägt die Kundin ihrer Beraterin ein Date vor, um sich das örtliche Nachtleben zeigen zu lassen.

Löwe begegnet Löwe

Beide Löwinnen stehen jeweils vor ihrer reichhaltigen Garderobe. Sie wählen lange und sorgfältig, denn sie wissen ja, dass am Outfit abzulesen ist, wie die Nacht sich entwickeln wird. Sie probieren so lange vor dem Spiegel, bis die eine die andere anruft und zu deren Erleichterung eine Verspätung um eine Stunde ankündigt. Die eine erscheint im kleinen Schwarzen –

unkorrekt, doch sie kümmert sich einfach nicht um den Frühling –, die andere im Smoking.

In der ersten Bar knistert es zwischen ihnen. In der zweiten Bar tanzen sie. Die dritte Bar streichen sie, um den Chill-out im Penthouse der neu Zugezogenen zu begehen. Kühler wird es jedoch nicht. Die Löwinnen lassen ihrer Experimentierfreude freien Lauf, und am Ende der Nacht finden sie, dass sie gerade erst auf den Geschmack gekommen sind. Doch erst mal schlafen sie aus. Nach dem üppigen Frühstück, aus dem Delikatessengeschäft angeliefert, vertiefen sie das Kennenlernen.

In Kürze steht eine Designermesse in Mailand an, wo Löwin die andere nicht nur als ihre neue Geliebte, sondern gern auch als ihre Stylistin einführen würde. Diese weiß nicht so recht, ob sie in dieser Schickimicki-Gesellschaft ein gutes Bild abgeben kann, doch lässt sie sich nichts anmerken und sagt lässig zu. Auf der Messe wimmelt es von schönen Menschen, schwul, aufgedreht, viel Geld. Doch nicht unbedingt gut gekleidet, pardon, gestylt, das Outfit lässt bei einigen deutlich zu wünschen übrig. Von Designerin-Löwin wird sie als ihre persönliche Stylistin und Modefachfrau vorgestellt und erst mal kritisch beäugt: Mit wem schmückt sie sich denn heute? Die Designerin überlässt sie ihren Leuten und schwirrt ab zu ihren Geschäften. Da begreift die Modefrau, dass es nun an ihr ist, die Gelegenheit zu nutzen und den Raum zu füllen, der ihr geöffnet wurde. Am nächsten Tag schon führt sie einen Terminkalender, am übernächsten lässt sie sich Visitenkarten drucken, denn sie kann in der Woche keine Beratungstermine mehr unterbringen.

Die andere Löwin ist eifersüchtig. Sie spürt es in sich kochen. Auf einmal ist die andere der Mittelpunkt bei ihren Bekannten. Die sind alle narzisstisch genug, um verschönert werden zu wollen und bedrängen sie mit Einladungen zum Dinner. Sie selbst geht nur noch als Beiwerk mit. Ein langjähriger Freund sieht es ihr an und lacht sie aus. Genau so müssten sich all die anderen Lover, egal welchen Geschlechts, gefühlt haben, die sie jährlich auf die Messe mitgeschleppt habe. Ob sie sich nicht endlich mal auf eine richtige Beziehung einlassen wolle – außerdem werde sie auch nicht jünger. Das trifft Löwin, und sie zieht sich beleidigt zurück. Doch er hat ja recht. Sie stürzt in eine kleine Depression, schafft es jedoch, noch einmal mit ihm zu reden. Es wird ihr klar, dass sie einem bestimmten Muster folgt: Sie will eine strahlende Person an ihrer Seite haben, doch sobald die andere sie zu überstrahlen scheint, trennt sie sich. Was, wenn sie ihrer beider Glanz zusammenführen würden – Synergie nenne sich das, verrät der Freund.

Am Abend gibt Löwin ihrer Löwin die Adresse des ersten Modehauses am Platze. Sie solle die Hälfte ihrer Termine absagen und statt dessen mit den bisherigen KundInnen ihre Beratung bei einem Einkauf konkretisieren. Das sei viel besser fürs Geschäft, so der Tipp der erfahrenen Unternehmerin. Und, etwas bemüht, fügt sie hinzu, wie es ihr eigentlich ginge? Die andere Löwin beginnt zu strahlen und erzählt. Und dann erzählt sie auch, dass sie sich von ihr allein gelassen gefühlt habe, und gleichzeitig habe sie bemerkt, dass die andere mehr am Rande der Aufmerksamkeit gestanden habe. Wie das für sie sei?

Nun, sie werden Jahre später noch von ihrer Dachterrasse aus dieses erste Experiment als äußerst gelungen bezeichnen. Es war die Grundlage ihres überaus erfolgreichen Unternehmens namens »Synergie in Mode und Design«.

Löwe und Jungfrau

Löwe trifft Jungfrau

Löwin steht am italienischen Stand auf dem großen Wochenmarkt, ihrem Samstagmorgenvergnügen. Sie kauft wieder einmal zu viel für ihren Single-Haushalt, doch liebt sie es üppig und kann diesen köstlichen Versuchungen nicht wiederstehen. Diese hier seien neu im Sortiment, weist die Verkäuferin sie auf drei Pesto-Gläser hin. Sie seien hausgemacht und hundert Prozent biologisch, fügt sie hinzu. Löwin schaut desinteressiert weg: Sie probiere gern Neues, aber lecker müsse es sein, erklärt sie mit Nachdruck. Da empfiehlt ihr Jungfrau die Sorte auf dem Probierteller. Mmhhh, köstlich, gibt Löwin von sich und probiert gleich die Nachbarsorte. Tja, das sei eben biologische Qualität, das würde frau doch gleich schmecken, oder? sagt Jungfrau etwas spitz, doch augenzwinkernd. Okay, lacht Löwin zurück und kauft alle drei. Die seien aber nicht lange haltbar nach dem Öffnen, gibt Jungfrau zu bedenken, doch sie merkt schon, dass ihre Kundin nicht zum Verzicht neigt.

Nach dem Markt treffen sie sich zufällig im Frauencafé wieder, wo Löwin umgeben von einigen Freundinnen sitzt. Löwin lädt sie gleich an ihren Tisch ein. Sie macht in Öko, stellt sie sie vor, und verkauft echt leckeres Pesto – sie stellt ihre drei eben erstandenen Gläser auf den Tisch. Jungfrau ist die Aufmerksamkeit in fremder Runde unangenehm, doch kann sie ja schlecht weggehen, wenn ihre Produktion gerade so eine Promotion erfährt. Und jetzt fordert Löwin sie auf, alles über ihr Pesto zu erzählen und ob sie noch mehr anzubieten habe. Doch an dieser Stelle greift Krebs hilfreich ein, sie solle erst mal in Ruhe ankommen, sie sei sicher müde nach dem langen Markt. Die Rede kommt auf etwas anderes, und irgendwann verabschiedet frau sich. Ach ja, dein Pesto, richtig klasse ist es, also bis dann, ruft Löwin ihr noch zu.

Jungfrau ärgert sich: Diese Gelegenheit hat sie vorbeiziehen lassen. So geht es ihr immer: Sie schafft es einfach nicht, sich selbst anzupreisen – so empfindet sie jedenfalls. So eine wie Löwin wird sie wohl nie werden, die sich einfach unbeschwert und gut gelaunt in den Mittelpunkt stellt. Doch nun hat sie mehr Gelegenheit, Löwins Art zu bewundern, denn jede Woche wechseln sie ein paar Worte miteinander am Stand. Löwin wiederum mag Jungfrau in ihrer stillen Zurückhaltung. Sie hat das Gefühl, dass sie in ihrer Gegenwart feinfühliger wird.

Vier Wochen später hat sich Jungfrau einen Plan zurechtgelegt und geht nach dem Markt wieder in das Café. Mutig nimmt sie sich einen Stuhl und setzt sich zu Löwin nebst Freundinnen an den Tisch. Bei der ersten Gelegenheit holt sie Karten heraus und verteilt sie. Es sind Einladungen zu einem italienischen Frühstück bei ihr zu Hause; nur selbst gefertigte Produkte gebe es, die meisten auch käuflich zu erwerben. Sie atmet tief durch – geschafft! Löwin findet sie süß in ihrer Schüchternheit und nimmt die Sache in die Hand. Also, Mädels, in zwei Wochen bei ihr zum Frühstück, ist doch klar!

Das Frühstück wird ein voller Erfolg. Löwin ist hingerissen von dem feinen Geschmack der auf den Punkt zubereiteten Speisen. Alles schmeckt ganz verschieden voneinander, wie im feinsten Gourmet-Restaurant! Löwin ist begeistert, sie würde das nie so hinbekommen. Ja, die Zutaten seien eben einfach gut, sagt Jungfrau bescheiden. Aber die Köchin, die habe sie doch erst in reinen Genuss verwandelt, entgegnet ihr Löwin charmant. Jungfrau schmilzt dahin und wagt es, Löwin zum Abendessen einzuladen. Die Reste müssten weg – und sie würde auch noch mehr zubereiten, fügt sie eilig hinzu, denn sie erinnert sich, dass für Löwin immer viel da sein muss. Löwin weiß das zu schätzen und nimmt sich vor, Jungfrau noch am selben Abend zu verführen.

Löwe begegnet Jungfrau

Löwin trägt Jungfrau auf Händen. Sie findet sie so sensibel, irgendwie zerbrechlich und schützenswert. Am liebsten möchte sie auch Jungfraus Unternehmen selbst in die Hand nehmen. Außerdem hat sie schon öfter an die Eröffnung eines Delikatessengeschäfts gedacht ... Aber das verbittet sich Jungfrau. Ihr ist klar, dass sie das auf ihre eigene Art machen muss, und so grenzt sie sich im Laufe der Zeit immer mehr gegen Löwin ab, die sich oft nur schwer zurückhalten kann.

Es kommt zu Spannungen, und die Öko-Luxus-Auseinandersetzung flammt erneut auf. Löwin hat ihre Vorurteile, Jungfrau auch. Frönt Löwin ihrer Genußsucht mit besonders guten Keksen, liest Jungfrau laut die Inhaltsstoffe auf der Packung vor. Findet Löwin einen Artikel in der Zeitung über den Betrug mit angeblicher Ökoware, reicht sie ihn triumphierend Jungfrau zum Lesen. Je geselliger sich Löwin in ihrem Kreis gibt, desto stiller sitzt Jungfrau nur dabei. Dann beginnen sie, sich richtig zu nerven. Löwin findet Jungfrau sparsam, übergenau und ängstlich. Jungfrau wiederum ist Löwin zu laut, großspurig und einfach gestrickt. Sie polarisieren sich immer mehr und können sich schließlich kaum noch sehen, ohne dass sie miteinander streiten. Löwin bekommt schlechte Laune, und Jungfrau stichelt.

Sie stellen fest, dass sie stark aufeinander reagieren und fragen sich, was sie aufeinander projizieren. Es wird einen Sinn geben, dass sie sich ineinander verliebt haben, und den wollen sie finden. Sie schauen sich noch einmal ihre allererste Begegnung an. Schon da hatten sie Vorurteile gehabt: langweiliges Gesundheitsdenken vs. oberflächliche Genußsucht. Jungfrau hatte Löwin dann überlistet, und Löwin hatte bereitwillig zugegeben, dass sie sich getäuscht hatte. Eigentlich also hatten beide da schon gelernt: Ökologie ist nicht gleich Genussverzicht, und Oberflächlichkeit kann Einsicht weichen.

Jungfrau gesteht, dass sie Angst hat, sich im Genuss zu verlieren. Der Genuss könnte sie so öffnen und aufweichen, dass sie die Kontrolle über sich verlieren könnte. Löwin wird klar, dass sie fürchtet, durch kritisches Betrachten und Analysieren in ihrer Lebensfreude ernüchtert zu werden. Sie stellen fest, dass beide versuchen, eine Seite des Lebens auszublenden, aber offensichtlich in der jeweils anderen Frau genau diese Seite gesucht haben.

Löwin überlegt sich, dass sie gern Freude empfinden möchte, ohne die unangenehmen Seiten des Lebens ausschließen zu müssen. Jungfrau wünscht sich, dass Löwin sich ihre kritische Sichtweise öfter mal anhört, ohne sie gleich des negativen Denkens zu bezichtigen. Nur durch Unzufriedenheit würden schließlich Veränderungen gesucht werden. Nur dadurch? – Löwin ist damit nicht ganz einverstanden. Allerdings: Wenn Jungfrau wirklich Veränderung wolle, dann solle sie konsequent sein – Löwin wird munter: Dann bring deine Öko-Produkte auch richtig auf den Markt. Sei überzeugend mit deinem kritischen Geist und übertrumpfe die Konservierungsmittel! Löwin strahlt Jungfrau an – und sie weiß, dass Jungfrau dann kaum widerstehen kann: Wie wäre es, wenn wir beide uns doch ganz zusammentun würden? Wir zwei in einem Delikatessengeschäft mit deinen Öko-Sachen? Und dann genießen wir beide hemmungslos! Mal sehen, antwortet Jungfrau – und mit spitzbübischem Lächeln zu Löwin hinüber fügt sie hinzu: Aber erst wird kalkuliert!

Löwe und Waage

Löwe trifft Waage

Löwin ist neu in den Stadtteil gezogen, in dem sich viele Szene-Treffs etabliert haben. Heute Abend macht sie sich gleich auf zum Spieleabend im Frauencafé. In einer Doppelkopfrunde ist noch Platz, und sie beginnen zu spielen. Löwin kennt die Regeln noch gut von früher, nur die Erinnerungen an die Feinheiten kommen erst langsam wieder. Löwin ist eine begeisterte Spielerin gewesen, hat ihr Hobby jedoch seit ihrer Examenszeit aufgegeben. Sie verliert die ersten beiden Spiele, trägt es aber mit Fassung. Sie müsse erst wieder warm werden, erklärt sie ihren drei Mitspielerinnen.

Waage ist schon länger in dieser Runde und freut sich über die neue Frau. Sie ist auf der Suche nach einer Partnerin und nimmt Löwin daher gleich unter die Lupe. Sie sucht eine offene und liebevolle Frau für eine harmonische Beziehung. Ihre letzte Partnerin – Widder – war regelrecht streitsüchtig gewesen, und Waage hatte sich sehr in die Enge gedrängt und ungerecht behandelt gefühlt; das würde sie nicht noch einmal mitmachen. Löwin findet sie jedenfalls offen und freundlich. Und mit dem Doppelkopf hätten sie gleich eine Gemeinsamkeit, notiert Waage innerlich.

In den nächsten Runden legt sich Löwin mehr ins Zeug. Sie ist ehrgeizig und kramt in ihrer Trickkiste, vor allem als sie beide Damen hat und ein stilles Solo spielt. Auch das verliert sie. Sie muss sich besser konzentrieren. Jetzt hat sie die Kreuz-Dame und ruft »re« sowie kurz danach »keine Neun«. Waage hat die zweite Kreuz-Dame, ist also ihre Partnerin, und ihr wird mulmig bei dem Risiko. Löwin spielt die Herz Zehn aus, und Waage legt ihren Fuchs darauf. Jedoch stellt sich bei den nächsten Stichen heraus, dass beide bei den Farben bedienen müssen. Die anderen Spielerinnen gewinnen mit 110 Punkten. Löwin ärgert sich, und Waage seufzt. Jetzt ist Löwin noch mehr angestachelt, geht auch im nächsten Spiel ein hohes Risiko ein und gewinnt endlich. Zufrieden macht sie in dem Stil weiter, gewinnt wieder. Waage, die immer auf Nummer sicher spielt, hofft, so schnell nicht wieder ihre Partnerin sein zu müssen, doch natürlich kommt auch das wieder auf sie zu. Sie zieht Gesichter, um Löwin vom Risiko abzubringen, doch die schert sich nicht darum und wird am Abend noch mehr Verluste einstecken. Es ist Löwin anzumerken, dass ihre Spannung zunimmt. Die letzten drei Spiele gewinnt sie jedoch, und so hat sie am Ende das Gefühl, eigentlich fast nur gewonnen zu haben. Dass sie vom Punktestand her Zweitletzte geworden ist, kann sie jetzt nicht mehr tangieren. Sie wirft einen Blick zu Waage hinüber und bedauert, dass Waage so überhaupt keinen Kampfgeist hat. Eine schöne Frau, findet sie, doch leider nicht ihr Kaliber – oder doch? Waage nämlich missdeutet den Blick und nimmt ihn zum Anlass, ihr ein Glas Prosecco bei Vittoria um die Ecke vorzuschlagen. Da sagt Löwin nur allzu gern zu –

wer weiß, was in Waage noch schlummert. Im schummerigen Licht der Kerzen erscheint ihr Waage doppelt schön und elegant, und sie lässt es sie durch einige Schmeicheleien spüren. Auf Waage wiederum wirkt Löwin strahlend und selbstbewusst – und sie merkt, dass sich Löwins Strahlen durch tiefe Blicke noch steigern lässt.

Löwe begegnet Waage

Am nächsten Vormittag wacht Löwin in Waages Wohnung auf. Im Tageslicht ist sie noch mehr beeindruckt von der eleganten Einrichtung. So etwas will sie auch haben! Ihre alten Möbel scheinen ihr in der neuen Wohnung nicht mehr passend zu sein, und außerdem wollte sie ihr Leben sowieso verändern. Doch erst mal findet sie, dass sie beide sich noch etwas persönliche Zuwendung geben sollten ...

Am Nachmittag macht Löwin Waage den Vorschlag, dass diese ihre Wohnung neu einrichte. Am liebsten wolle sie sie genauso haben wie Waages Wohnung, sie sei ganz begeistert von dieser Farb- und Formkomposition. Waage zögert. Löwin ist ihr zu begeistert, und sie fühlt sich vereinnahmt. Was würde passieren, wenn Löwin ihre Vorschläge nicht gefielen? Was, wenn sie sich die Einrichtung in kurzer Zeit über sehen würde? Was, wenn jemand die Wohnung kritisierte – dann würde Löwin ihr böse sein. Und wenn sie sich stritten, würde Löwin dann nicht ihre Möbel wieder loswerden wollen? Nein, auf so eine Geschichte wird sie sich nicht einlassen. Das ist ihr zu heikel, zu viel Verantwortung liegt darin.

Löwin gegenüber sagt sie, sie würde es sich nicht zutrauen. Da kennt sie Löwin schlecht! Die versucht sie zu überzeugen, macht ihr Komplimente über ihren Geschmack, sie würde ihr alles zutrauen, sie selbst gehe gern ein Risiko ein, das wisse Waage doch, sie liebe das Spiel und sei experimentierfreudig, da habe Waage also ganz freie Hand – ach, bitte, sagt sie mit unnachahmlich entwaffnendem Charme. Doch Waage lässt nicht mit sich reden, sie will sich auf solch ein Experiment nicht einlassen, und je mehr Löwin ihr zusetzt, desto abwehrender wird sie. Löwin ist beleidigt. Sie verträgt es schlecht, wenn sie ihre Wünsche nicht erfüllt bekommt. Sie solle es sich noch einmal in Ruhe überlegen, verabschiedet sie sich.

Waage bleibt entschieden. Sie könne sie gern punktuell beraten, doch eine komplette Einrichtung überschreite ihre Möglichkeiten. Löwin habe so viel Selbstvertrauen, da werde sie sicher auch über ihre Wohnungseinrichtung entscheiden können. Löwin wird klar, dass sich hier zwei Ebenen vermischen, und sie ahnt jetzt, um was es bei Waage geht. Sie provoziert sie. Waage wehrt ab: Löwin mache sich ein Bild von ihr, sie würde sich jetzt mit ihr schmücken, sie auf den Sockel stellen, und später würde sie sie hinunterstoßen. Sie würden streiten und das wolle sie nie mehr in einer Beziehung. Löwin ist betroffen; ja, sie kann sehr kraftvoll sein in der Verteilung ihrer Sympathie und Antipathie, könne damit auch verletzen; vielleicht habe sie von Waage wirklich zu viel verlangt. Das öffnet Waage wieder, und sie erzählt Löwin von ihren Ängsten. Löwin hört zu – und sie bleibt dabei: In Waage sei sicher etwas, mit dem sie sogar sehr gern gesehen werden wolle; dies sei in jedem Menschen. Waages Schutz verhindere das, und das sei schade. Vielleicht könne Waage mit ihr zusammen lernen, offen zu sich zu stehen und mit Angriffen umzugehen. Hier muss Löwin allerdings schlucken, denn sie weiß nur zu gut, wie verletzt sie selbst sein kann, wenn jemand an ihrem Image kratzt. Na ja, meint sie, wir könnten ja gemeinsam lernen ...

Löwe und Skorpion

Löwe trifft Skorpion

»Das Spiel der Wandlung – Das Spiel, das Ihr Leben verändern kann« – aha, davon hat sie als leidenschaftliche Sammlerin von

Brettspielen irgendwie schon mal gehört. Die Rückseite des Kartons verrät, dass es um »Entwicklungsprozesse« gehe, »Engel stehen zur Seite« und man könne »Karten ziehen für die nächsten Schritte auf dem eigenen Lebensweg«. Die Verkäuferin im Spieleladen erklärt, das Spiel gäbe es schon lange, und sie hätten es wegen häufiger Nachfragen nun ins Sortiment aufgenommen. Es sei recht esoterisch, aber man könne es auch einfach so spielen. Löwin zieht zur Probe eine Einsichtskarte: »Glückwunsch! Am rechten Ort zur rechten Zeit!«. Sie schmunzelt – nicht schlecht. Und dann erinnert sie sich daran, dass eine Frau aus ihrem weiteren Bekanntenkreis von Workshops erzählt hat, die sie mit dem Spiel anbietet. Nun ja, bei dem Preis, den das Spiel kostet, erwartet Löwin auch genügend Stoff dafür. Sie kauft das Spiel.

Zu Hause findet sie ein Faltblatt von Skorpion, und der offene Spielabend in einem spirituellen Zentrum spricht sie an. Skorpion ist eigentlich nicht ihr Fall, zu ernsthaft und grüblerisch war sie ihr erschienen. Doch *learning by doing* liegt ihr mehr als das Studium einer endlos langen Spielanleitung, und so macht sie sich in den nächsten Tagen auf den Weg. Ganz gegen ihre Gewohnheit geht sie allein dorthin – als ob sie sich nicht gern in die Karten sehen lassen wolle. Ihr ist etwas mulmig zumute, was sie sich nicht erklären kann, denn sie geht ja nur *just for fun* hin.

Im Zentrum erwartet sie eine Atmosphäre von Stille und Konzentration. Löwin versucht das Gefühl abzuwehren, dass ihr hier irgendetwas zu nahe gehen, ihr zu viel abverlangen könnte; so kennt sie sich eigentlich nicht. Dann kommt die Spielleiterin Skorpion und begrüßt Löwin, etwas überrascht. Zusammen mit ein paar anderen Frauen gehen sie in den Raum und setzen sich um das Brett.

Skorpion lässt die Frauen zunächst etwas darüber erzählen, weshalb sie hier sind und worum es gerade in ihrem Leben geht: um berufliche Entscheidungen, Kindererziehung, Integration von Spiritualität und Alltag und natürlich um Beziehungsprobleme. Löwin steht zu sich; sie wolle dieses Spiel einfach nur so, zum Kennenlernen mitspielen. Sie spielen zu viert. Zunächst soll eine Spielabsicht gefunden werden – sie wählt einen Konflikt, den sie mit ihrer Vorgesetzten hat und lösen will. Das erscheint ihr nicht allzu nahe. Sie beginnen zu spielen. Würfeln findet Löwin toll, und sie strahlt, als sie mit dem ersten Wurf gleich in ihre Inkarnation hineinkatapultiert wird. Die anderen begrüßen sie mit einem »Happy Birthday« auf der Erde, und sie betritt ihren Lebensweg. Skorpion freut sich über ihre Spielbegeisterung und sieht als erfahrene Spielleiterin sofort, dass sich hinter Löwins zur Schau gestellten Robustheit etwas anderes verbirgt. Sie weiß, dass nichts so befreiend für einen Menschen ist wie das Kennenlernen der eigenen Wahrheit, und auch Löwin soll heute davon kosten können. Jeden ihrer lustigen Sprüche beantwortet Skorpion daher unirritierbar mit einer direkten Frage. Löwin ist dies offenbar unangenehm. Hieran erkennt Skorpion, dass sie auf dem richtigen Weg mit ihr ist; schließlich geht es um nichts Geringeres als um Wandlung – von wegen *fun*!

Löwin stellt fest, dass Skorpion sie in ungeahnte Tiefen führt; sie sträubt sich erst gewaltig dagegen, schließlich wollte sie einfach nur spielen, und nun wird das Ganze so ernst. Jetzt landet sie auch noch auf einem Depressionsfeld. Skorpion erläutert, dass es hier um ein Haupthindernis auf ihrem Lebensweg geht und sagt, sie solle einfach ihre Gefühle zulassen und das Feld so lange wirken lassen wie nötig. Löwin spürt, dass sie mit etwas in Berührung ist, das weit über den Konflikt mit ihrer Vorgesetzten hinausgeht. Skorpion sieht, dass die Magie des Spiels Löwin erfasst hat und beobachtet sie genau. Jetzt kann Skorpion ihre volle Stärke zeigen und sie in ihrem Prozess begleiten.

Löwin fühlt sich am nächsten Morgen wie durch die Mangel gedreht. Ein Glück, dass heute Samstag ist. Was hat sie noch geträumt? Irgendetwas mit ihrer Ex-Freundin – und dann kommt ihr der gestrige Abend in den Sinn. Um ihre mangelnde Konfliktbereitschaft war es gegangen, wodurch ihre Beziehungen immer ins Stocken gerieten; daher die Depression. So hatte sie sich selbst noch nie gesehen und: sie weiß, dass es wahr ist. War gut, dieses Spiel, gibt Löwin anerkennend zu. Diese Spielleiterin hatte einfach nicht locker gelassen, faszinierend. Ziemlich entblößt und gleichzeitig von ihr getragen hat sie sich gefühlt.

Skorpion analysiert das Spiel des Vorabends. Wie immer ist sie unzufrieden. So gut diese offenen Abende für eine Einführung auch sind, sie kann immer nur Probleme antippen. Immerhin hat sie bei Löwin etwas am Lack kratzen können. Um die hat sie bei früheren Gelegenheiten immer einen Bogen gemacht, viel zu selbstherrlich hat sie sich gegeben, obwohl schon auf Entfernung zu merken war, dass das zum Teil Show war. Immer liegt Angst vor Ablehnung dahinter verborgen, wenn jemand es nötig hat, sich so darzustellen, weiß Skorpion. Aber, muss sie vor sich selbst zugeben, sie hatte auch immer wieder zu Löwin hinsehen müssen. Etwas an ihrer Lebensfreude und an ihrer Strahlkraft musste schon echt sein. Sie seufzt: glücklich diejenigen, die so positiv an das Leben herangehen können, und sie spürt einen Anflug von Sehnsucht in sich. Das Telefon reißt sie aus ihren Gedanken. Löwin ist am Apparat, und Skorpions Herz beginnt schneller zu schlagen.

Sie treffen sich im Café. Frei und offen erzählt Löwin, sie wolle die Energie des gestrigen Spiels gleich nutzen, um einen Konflikt mit Skorpion zu klären. Löwin hat sich bei ihren früheren Zusammentreffen arrogant von Skorpion behandelt gefühlt, hatte das Gefühl, irgendwie nicht richtig zu sein und war sehr verunsichert. Nun sehe sie, dass Skorpion sie in einer tiefen Unsicherheit berührt habe, die sie sonst immer mit vorgeblicher Selbstsicherheit überspielt hätte. Das wolle sie jetzt einmal aussprechen und damit für sie beide die Chance zu einer veränderten Beziehung eröffnen. Löwin schaut Skorpion aufrichtig in die Augen.

Die fühlt sich jetzt unbehaglich. Arroganz hat ihr schon manche nachgesagt, und sie weiß, dass sie damit andere Frauen auf Abstand hält. Sie mag niemanden nahe an sich heranlassen. Löwin fährt fort: Das Spiel und Skorpions Art der Spielleitung hätten sie überzeugt. Eine echte Beziehung könne tatsächlich nur auf der Basis ihrer beiderseitigen Bereitschaft zu absoluter Ehrlichkeit aufgebaut werden. Ob Skorpion davor eigentlich keine Angst habe. Skorpion spürt, dass sie sich entscheiden muss. Und sie entscheidet sich.

So kommt es, dass der Abend miteinander sehr lang wird und das tiefe Gespräch allmählich durch das ebenso tiefgehende Spiel der Erotik ersetzt wird.

Löwe und Schütze

Löwe trifft Schütze

Heute ist Schützin mit einer waschechten Berlinerin verabredet. So klingt sie wenigstens am Telefon, berlinert in lockerem Tonfall. Dabei wird sie von den meisten Menschen nicht einmal als Deutsche erkannt werden: Löwin kommt väterlicherseits aus Ghana, lebt aber seit ihrem zweiten Lebensjahr in Berlin. Schützin dreht einen Film über schwarze deutsche Lesben, und nun steht sie nebst Kamerafrau in der Tür ihrer heutigen Interviewpartnerin.

Mit professionellem Blick haben die beiden Filmfrauen schnell ihre Wohnung erfasst, und die Kamerafrau baut auf. Schützin beginnt sofort: Es gäbe nichts Afrikanisches in der Wohnung, ob sie ein schlechtes Verhältnis zu ihren Wurzeln habe? Löwin kontert verärgert, Ghana empfinde sie nicht als ihre Heimat, sie sei doch in Deutschland aufgewachsen. Zu Ghana habe sie kaum ein Verhältnis, außerdem wolle sie als Lesbe dort schon gar nicht leben. Innerlich verdreht sie die Augen: Wieder eine weiße Deutsche, die meint, ihr einreden zu müssen, dass sie sich mehr mit ihren so genannten schwarzen Wurzeln identifizieren solle. Dass viele Frauen Probleme mit ihren Vätern haben, egal ob diese schwarz sind oder weiß, blendet offenbar auch diese Frau wieder mal aus. Schützin ist enttäuscht. Sie wünscht sich nämlich viel mehr kulturelle Vielfalt in der Stadt, und ihre afro-deutsche Interviewpartnerin scheint deutscher zu sein als sie selbst. Sie findet die deutsche Kultur langweilig, Afrika dagegen ist bunt, aufregend und voller Potenzial. Kreativität scheint dort möglich, wo hier jede Bewegung gleich abgebremst wird. So schwärmt sie und vergisst den eigentlichen Zweck ihres Besuches.

Löwin wird wütend: Da würde sie wohl einiges idealisieren. Die wenigen Male, die sie in Afrika gewesen sei, hätten sie zwar inspiriert, aber die Idee, dort einmal zu leben, hätte sie sehr schnell verworfen. Hier dagegen sei das Leben gut, zumal es in der Stadt reichlich Clubs und Bars der Szene gäbe, in denen sie sich vorurteilsfrei aufhalten könne. Da wird Schützin hellhörig: Vorurteile kenne sie also doch in Deutschland? Und Löwin erzählt, ihr sei als Kind gar nicht aufgefallen, dass sie eine andere Hautfarbe habe, das sei einfach normal für sie gewesen. In der Schule hätten dann ihre MitschülerInnen angefangen, sie wegen ihrer Hautfarbe auszugrenzen, und manche hätten sie als Neger bezeichnet. Die Leute hätten sie immer wieder gelobt, wie gut sie deutsch spreche – dabei sei das doch ihre Muttersprache. Mit der Maueröffnung habe der Rassismus zugenommen, was sie konkret zu spüren bekomme. Da sei ihr im Berliner Umland Feindseligkeit entgegengeschlagen, und wenn sie ehrlich sei, fahre sie eigentlich nur mit Freundinnen zusammen vor die Tore Berlins. Einmal sei sie Hand in Hand mit einer Freundin gegangen, das sei Spießrutenlaufen gleichgekommen.

Sie wirkt jetzt traurig, und ihre Empfindsamkeit ist zu spüren. Aber Berlin, blitzt es aus ihren Augen, das sei gut!

Schützin bekommt nicht zu hören, was sie gern gehört hätte. Löwin merkt Schützes Enttäuschung, und dadurch plötzlich versöhnlich gestimmt, meint sie, bei anderen sei das sicher anders; aber sie selbst sei nun mal nicht besonders afrikanisch. Schützin spürt Löwins Selbstbewusstsein in dieser Aussage, will ihr jedoch immer noch ihr Multikulti-Ideal näher bringen. Sie lädt Löwin zu sich ein, sie habe tolle afrikanische Musik und Weltmusik, außerdem zwei wunderschöne Filme über Frauen in Südafrika, die müsse sie sehen. Löwin findet Schützin süß in ihrem missionarischen Eifer und verabredet sich mit ihr.

Bei Schützin stellen sie beide ihre Vorliebe für afrikanischen Tanz fest und ziehen daher noch am selben Abend in eine afrikanische Disco. Dort ist die Stimmung gut, und die Atmosphäre nimmt sie bald gefangen. Sie spüren die Anziehungskraft zueinander, doch als sie sich beim Tanzen körperlich annähern, wird ihnen unter den Blicken der übrigen Discobesucher ihr Lesbischsein deutlich bewusst. Es ist Schützin, die sich damit so unwohl fühlt, dass sie ein Weiterziehen in die Frauendisco vorschlägt. Da spürt Löwin irgendwie Enttäuschung.

Löwe begegnet Schütze

Löwin will verstehen, was in ihr passiert. Was verletzt sie trotz ihrer Erfahrungen, die sie als Lesbe in Ghana gemacht hat? Sie merkt, dass sie sich doch gefreut hat, als sich eine Frau wirklich für »ihre« Kultur interessierte, und sie ist verwirrt. Vielleicht hat sie sich bisher nur geschützt, indem sie behauptet hatte, Afrika würde sie kalt lassen. Sie erinnert sich, dass ihr andere afrodeutsche Frauen immer prophezeit haben, sie würde einmal an einen solchen Spannungspunkt kommen. Ach, sie hat keine Lust auf solche Psychogeschichten! Sie ist immer gut so durchgekommen.

Schützin ruft sie an und will wissen, wie es ihr geht. Sie treffen sich. Auch Schützin hat zwiespältige Gefühle in sich. Sie hatte die lüstern-abwehrenden Blicke in der Disco nur zu deutlich gespürt. Zugegeben, die hätte sie in einer weißen Hetero-Disco, in der Provinz jedenfalls, auch geerntet. Von »Afrika« hat sie diffus mehr Weltoffenheit erwartet und auch schon erlebt, jedenfalls wenn sie mit ihren Filmteams dort war, die allerdings hetero waren.

Löwin merkt, dass sie sich wenig auskennt in dieser Hinsicht, und sie bedauert es. Dann hat sie eine Idee. Sie sagt Schützin, dass diese fremde Kulturen offenbar idealisiere. Sie selbst dagegen versuche sich dort wohl zu fühlen, wo sie sei und schlage sich nicht gern mit Problemen herum, sondern nehme das Leben, wie es käme. Das sei afrikanisch, wirft Schützin ein. Löwin straft sie mit einem strengen Blick. Sie wolle das ändern, Schützin habe Fragen in ihr aufgeworfen, denen sie nachgehen wolle. Und sie sitzen zusammen und entwerfen Pläne, wie man Schützins Film lebensnaher und gleichzeitig interessanter gestalten könnte. Als Beiprodukt kommt außerdem heraus, eine Veranstaltungsreihe zu organisieren, in der sich in Berlin lebende deutsche Lesben mit nichtdeutschen Lesben über ihre Erfahrungen im Aus- und Inland austauschen könnten. Ein gutes Kulturprogramm müsse naturlich auf die Beine gestellt werden, nicht zu vergessen das Essen – dann stellen sie alles um und machen ein Wochenende daraus, damit auch Frauen von weiter her kommen können. Außerdem darf das Vergnügungsprogramm nicht zu kurz kommen.

Ihre Freundinnen bezeichnen sie bald nur noch als »das dynamische Paar«. Das sind sie in der Tat. Sie schlagen sich Nächte um die Ohren, um Pläne zu schmieden. Schützin ist am liebsten nur unterwegs, wenn nicht körperlich, dann wenigstens gedanklich. Dann wieder ist es Löwin, die eine Pause verordnet. Sie kann gut ein Wochenende auf der faulen Haut liegen, um danach mit verstärkter Kraft weiterzuarbeiten. In den nächsten Monaten gründen sie ein Kulturunternehmen, geben einen politisch-feministischen Online-Rundbrief heraus und beziehen eine gemeinsame Wohnung. Dann kommt der Urlaub – sie fliegen nach Ghana.

Löwe und Steinbock

Löwe trifft Steinbock

Löwin ist zum Umzug eingeladen und hat sich erboten, den Umzugs-LKW abzuholen. Sie fährt gern Laster, je größer, desto lieber und fühlt sich dann als Queen of the Road. Sie lässt sich Zeit, denn bei ihrer alten Freundin Schützin hat sie in den letzten drei Jahren schon zweimal beim Umzug geholfen; sie weiß, dass sie sowieso nicht fertig gepackt haben wird und dass dann alle nur herumstehen und warten.

Doch als sie ankommt, sind schon fast alle Sachen auf der Straße, und die Frauen warten nur auf den Wagen. Löwin wundert sich und fragt Schützin, wie sie das denn geschafft habe! Sie erzählt, dass Steinbock gestern gekommen sei und genaue Anweisung gegeben habe, wie alles zu ordnen und zu packen sei. So hätten sie noch weitere Kisten besorgen können, und sogar die alten Zeitungen und Pfandgläser seien schon entsorgt. Löwin pfeift anerkennend durch die Zähne. Sie schaut hinüber zu Steinbock, die gerade das korrekte Beladen des LKWs dirigiert. Löwin packt noch ein wenig mit an, und schon kann sie wieder einsteigen und den Umzugswagen zur neuen Adresse fahren. Steinbock sitzt neben ihr, und sie machen sich miteinander bekannt. Die Atmosphäre wird leicht angespannt, als es um den kürzesten Weg geht, denn Steinbock hat es eilig. Aber Löwin hat heute einen gutmütigen Tag und gibt nach.

Kaum angekommen, springt Steinbock aus dem Wagen und öffnet die Ladeklappe. Schöne Gegend hier – Löwin schnappt sich einen Lampenschirm und schaut sich erst mal die Wohnung an: Die zwei großen Zimmer und ein schöner Balkon finden ihre Zustimmung. Schützins Mutter ist, wie immer, mit Brötchen und Salaten dabei. Prima, gleich ist auch der Kaffee fertig, so dass es sich für Löwin gar nicht lohnt, anzufangen. Sie hält ein Pläuschchen mit Schützin-Mutter, trinkt ein Käffchen mit ihr, und dann macht sie sich auf den Weg nach unten. So sind Umzüge schön.

Die Kette funktioniert bereits wie geschmiert. Löwin klinkt sich an einer Stelle ein und findet sich oberhalb von Steinbock wieder. Diese knurrt etwas, als sie sie sieht und drückt ihr, bereits schweißgebadet, gleich eine Kiste in die Hand. Puh, schwer, doch noch ist Löwin frisch. Schön ist das, im Rhythmus miteinander zu arbeiten, findet sie. Die nächste Kiste ist ihr zu schwer, und sie bittet Steinbock, mit anzufassen. Steinbock nimmt sie ihr wieder aus der Hand und trägt sie allein hoch. Die nächste Kiste, dasselbe. Löwin fragt, was das soll. Steinbock ist der Meinung, dass eine allein tun solle, was sie allein tun könne, sie brauche Löwin dafür nicht. Löwin hält sie für verrückt. Dann kommen die schweren Möbel. Mit jedem weiteren Umzug findet Löwin, dass es langsam angebracht sei, gut gebaute Hilfskräfte zu engagieren. Sie jedenfalls weigert sich, noch zwei Wochen danach mit Knieproblemen zu tun zu haben und sucht nach leichterem Gut.

Steinbock ist müde, und sie spürt ihren Rücken deutlich. Sie streckt sich, setzt sich einen Moment und geht dann auf die Waschmaschine zu. Das schlimmste Stück, rauf auf die Karre. Sie hat sie gut im Griff, so dass sie damit gleich alle vier Treppen hochsteigt. Andere Frauen packen auf jedem Absatz mit an. Oben ist sie dann wirklich k.o., sie spürt jeden Knochen im Leib. Alles geschafft, der LKW kann zurück, ruft sie. Da schiebt sie jemand auf ein Polster und drückt ihr eine Flasche Wasser in die Hand. Löwin setzt sich neben sie. Der Wagen hat Zeit, das Geld muss jetzt da sein, sagt sie. Ich hab dich beobachtet, du machst dich kaputt. Was ist das für eine Philosophie, alles allein schaffen zu wollen, jetzt ruh dich erst mal aus. Steinbock ist tatsächlich den Tränen nahe, aber sie will es nicht zeigen. Die hat gut reden, denkt sie, die hat ja nur Pause gemacht. Als ob sie es gehört hätte, sagt Löwin, sie habe schon so viel gearbeitet und denke nicht daran, sich jetzt zu ruinieren, sie wolle das Leben genießen. Und wer soll die Arbeit tun? fragt Steinbock aufgebracht.

Löwe begegnet Steinbock

Es gibt eine Wohnungseinweihungsparty, und dort will Steinbock ihre Diskussion fortsetzen. Sie spürt ja, dass etwas dran ist an dem, was Löwin sagt, doch sie weiß wirklich keine Lösung dafür, wie sie mit der ganzen Arbeit, die immer anfällt, gut umgehen soll. Sie weiß, dass sie als Abteilungsleiterin oft Druck auf andere ausübt, und sie fühlt sich nicht wohl damit. Immer ist sie diejenige, die antreibt und doch damit endet, alles allein zu machen. Sie fühlt sich oft einsam, ohne dass sie wüsste, was sie verändern muss. Allerdings hat sie herausgefunden, dass Löwin offenbar nicht faul, sondern vielmehr selbstständig ist, und sie hat sich vorgenommen, mit ihr über das Thema Arbeit zu sprechen. Doch Löwin will erst mal essen und tanzen. Im Grunde hat sie gar keine Lust, über Arbeit zu sprechen. Doch dann sieht sie Steinbock und spürt ihre Not.

Löwin hat sich schon zweimal so überarbeitet, dass sie richtig krank geworden ist. Das kann sie sich als Unternehmerin nicht leisten, und deshalb hat sie nach einer anderen Arbeitsphilosophie gesucht. Sie ist bei einem buddhistischen Ansatz fündig geworden, in dem sie aufgefordert wurde, erst mal ein Zeitkonto aufzustellen und genau zu analysieren, wie sie mit Zeit umgehe. Das hätte ihr zwar gar nicht gelegen, da sie das Leben nun mal nicht so genau nehme und lieber großzügig mit allem umgehe. Genau das wurde durch die Analyse auch klar. So ist sie dazu gekommen, ihre eigenen Prioritäten aufzustellen und zu allem anderen nein zu sagen. Außerdem war es wichtig für sie, Dinge nicht aufzuschieben. Es war eigentlich ziemlich einfach, nachdem sie das Prinzip einmal begriffen hatte. Löwin schaut sie fröhlich an: Ich genieße jetzt mein Leben, ich genieße meine freie Zeit, und ich genieße meine Arbeit, denn beides macht mir Freude.

Steinbock hört aufmerksam zu. Obwohl sie mehrfach versucht war, sie zu unterbrechen, lässt sie sie ausreden. Löwin hat Autorität, sie hat an sich gearbeitet, und das findet Anerkennung bei Steinbock. Sie schreibt sich den Buchtitel auf. Daran kann sie allein arbeiten – hoppla, sie notiert in Gedanken, dass sie schon wieder in diesem Muster denkt. Aber jetzt hat sie ihre Arbeit für heute Abend erledigt – wieder hoppla, das Muster! Löwin ist jedoch bester Dinge und fordert sie zum Tanzen auf. Sie merkt, dass es in Steinbock arbeitet, und das findet auch ihre Anerkennung. Sie sagt Steinbock, dass sie Selbstständigkeit sehr zu schätzen wisse und Menschen, die sich auch mal allein helfen könnten. Steinbock freut sich und schaut sich Löwin genauer an: wirklich nicht unsympathisch. Löwin ergänzt, dass ihr daran gelegen sei, dass andere die Schönheit und Einfachheit des Lebens auch sehen könnten. Da bricht Steinbock regelrecht zusammen. Löwin hält sie, sie ahnt, was in Steinbock vor sich geht. Sie ist für sie da.

Löwe und Wassermann

Löwe trifft Wassermann

Am Eröffnungsabend des Astrologiekongresses tragen sich Löwin und Wasserfrau beide für den Workshop »Der Tierkreis in szenischer Darstellung« ein. Beide finden sich auf Anhieb sympathisch. Löwin notiert sich die Anfangszeit in ihrem Handheld, und Wasserfrau kann nicht umhin, neugierig hinzusehen und eine anerkennende Bemerkung zu machen. Löwin zeigt ihr gern, was sie hat. Sie ist stolz auf ihr neues Modell, das ihr ihre Freundin Wasserfrau empfohlen hat. Die kenne sich genau aus, so dass sie selbst immer auf dem neuesten Stand der Technik sei. Wasserfrau seufzt und denkt an ihr leeres Portemonnaie. Sie hören sich den ersten Vortrag an und gehen danach gemeinsam noch etwas trinken.

Sie sind als interessierte Laiinnen auf dem Kongress, wobei Wasserfrau so viele Veranstaltungen wie möglich besuchen will; Löwin hingegen will sich eher ein paar nette Tage machen. Sie tauschen sich über ihr Horoskop aus und stellen fest, dass sie so gut zusammenpassen, dass sie unbedingt etwas gemeinsam unternehmen sollten. Löwin hat so eine gewisse Ausstrahlung, und im Laufe des Abends spürt auch Wasserfrau mehr Lust auf Vergnügungen in sich aufkeimen. Später wird sie von ihrem Laptop aus via Internet die Stadt nach Adressen der lesbischen Szene absuchen. Gut, dass sie ein Hotel mit Internetzugang ausgewählt hat, frau wäre ja sonst vollkommen vom Leben abgeschnitten. Das Nachtleben hat immerhin ein paar schwule Bars zu bieten.

Am Nachmittag ist der Workshop. Der Leiter hat als Reminiszenz an die Entdeckung Uranus' und an das Wassermann-Zeitalter das Thema der französischen Revolution ausgewählt. Jedes Zeichen soll in einer bestimmten Figur dargestellt werden. Löwin meldet sich als Erste, für die Rolle des Königs, versteht sich. Wasserfrau will mitziehen und entscheidet sich für Robespierre. Im Verlauf des Spiels muss Löwin feststellen, dass sie als König abgesetzt und sogar enthauptet werden kann, wenn sie sich nur um den Erhalt ihrer Macht und ihrer Privilegien kümmert und sich von den Bedürfnissen ihrer Umgebung trennt. Wasserfrau lernt, dass auch RevolutionärInnen, die für Freiheit, Gleichheit und, tja, Brüderlichkeit kämpfen, damit noch lange nicht dem Willen des ganzen Volkes entsprechen und schließlich als enttarnte Egoisten ebenfalls ihren Kopf verlieren können. Löwin und Wasserfrau gehen beide mit Begeisterung in ihre Rollen hinein und tauschen sich am Abend in der Schwulenbar noch weiter darüber aus.

Sie sind sich einig, dass Individualität die Voraussetzung für Freiheit und diese die Voraussetzung für ein kreatives Leben und eine lebenswerte Gesellschaft sei. Dann kommen sie auf Beziehungen zu sprechen. Löwin lebt seit langem mit ihrer Partnerin zusammen, lässt aber durchblicken, dass sie für Affären durchaus zu haben sei, wobei sie Wasserfrau vielsagend anblickt. Wasserfrau ist gerade solo und findet Löwin überaus attraktiv. Die Baratmosphäre tut ein Übriges, und so landen sie gemeinsam in Löwins luxuriösem Hotel. Sie nehmen ein entspannendes Bad im Whirlpool und verbringen nach einem wieder Spannung fördernden Drink in der Hotelbar schließlich eine aufregende Nacht in Löwins Bett, das in weiser Voraussicht Platz für zwei bietet.

Löwe begegnet Wassermann

Die beiden verabschieden sich nach einigen weiteren aufregenden Nächten in unbestimmter Art voneinander. Sie wissen, dass sie sich gut aufeinander einlassen konnten, weil eine größere Entfernung zwischen ihnen liegt. Wasserfrau will keine feste Beziehung, und auf Löwin wartet zu Hause eine andere Wasserfrau; mehr als kurze Affären haben sie sich in ihrer Beziehung nicht gestattet. Doch die Daheimgebliebene ist gar nicht versessen darauf, dass Löwin zurückkommt; sie hat nämlich die Zeit genutzt, um ausgiebig auf verschiedene Parties zu gehen. Dies hat sie lange vernachlässigt, denn ihre Löwin ist im Laufe der Jahre sehr bequem geworden. Nun ist sie auf den Geschmack gekommen und verlangt mehr Freiheit von Löwin.

Löwin weiß nicht recht, ob ihr das passt oder nicht. Vielleicht könnte sie ja dann mit der anderen Wasserfrau noch ein wenig zusammensein. Doch die gibt Löwin klar zu verstehen, dass sie wirklich keine feste Beziehung will. Löwin ist gekränkt – obwohl sie ja eigentlich auch nur eine Affäre gewollt hatte.

Ihre Partnerin ist nun ständig unterwegs. Löwin hat viel Zeit für sich, in der sie über ihr Leben nachdenkt und zunehmend fürchtet, dass Wasserfrau von einer ihrer Parties nachts nicht nach Hause kommt. Das könnte sie im Moment schlecht vertragen. Löwin fühlt sich vernachlässigt, doch Wasserfrau tut ihr nicht den Gefallen, ihr Leben zu ändern. Dann merkt Löwin, dass sie sich selbst vernachlässigt hat. Bequemlichkeit hatte Wasserfrau ihr vorgeworfen; worin ist sie denn bequem geworden? Sie kann es schlecht fassen, doch sie spürt, dass etwas Wahres daran ist.

Wasserfrau hat im Sinn, was Löwin fürchtet. Ihr kaum zu stillender Drang, Neues zu erleben, würde durch eine kleine Eskapade noch abgerundet werden. So kreuzt bald eine Schützin ihren Weg, deren Abenteuerlust nicht nur Wasserfraus erotische Sinne weckt, sondern auch ihren eingerosteten Ideenreichtum wieder in Schwung bringt. Sie reden über Gott und die Welt und langweilen sich nicht eine Sekunde miteinander. Obwohl sie Löwins ruhige Art sehr geschätzt hat, kommt ihr ihr gemeinsames Leben jetzt fade vor.

Löwin zieht ihre Skorpion-Freundin zu Rate. Sie spürt, dass sie irgendwo stecken geblieben ist. Was hat sie in den letzten drei Jahren eigentlich gemacht? Skorpion fragt sie, an welchem Bild von sich sie festhalte, dass sie so stagnieren konnte? Löwin gibt zu, dass sie sich Wasserfraus Lebendigkeit, die sie früher angezogen hatte, vom Leibe gehalten hat. Sie war zufrieden gewesen mit der Partnerschaft, die sie hatten, und so sollte es bleiben; nur keine Unruhe oder Veränderung, wo es doch gerade so schön war. Dann fällt ihr der französische König wieder ein, und sie spürt, dass sie ihre Lebens- und Strahlkraft zurückhaben will.

Sie macht Wasserfrau einen neuen Antrag und zeigt ihr, dass sie sie will. Wasserfrau sagt, sie wolle eine Löwin, die sie selbst sei, die sich nicht in früherem Glanze sonne und nur noch ein Schatten ihrer selbst sei. Löwin wiederum verlangt, dass Wasserfrau ihre Interessen in die Beziehung einbringt; Freiheit solle innerhalb der Beziehung herrschen, und das verlange Einsatz von beiden.

Sie gestehen sich ein, dass sich beide auf ihrer Individualität und Selbstständigkeit ausgeruht haben. Sie haben Freiheit als etwas gesehen, das sich gegen Anpassung richtet. Die Freiheit, sich selbst aus der Tiefe heraus zu leben, verlangt eine viel größere Bereitschaft: sich zu zeigen und sich aneinander zu reiben. Erst das Risiko der Nähe schafft die Grundlage zur Entwicklung von Individualität. Damit sind sie einverstanden.

Löwe und Fische

Löwe trifft Fische

Allein die Landschaft entspannt sie schon. Weite und hundertachtzig Grad Himmel, hin und wieder ein kleines Dorf, Rapsfelder zu beiden Seiten. Sie bemerkt, dass sie sich unter den wunderschönen Baumalleen geborgen fühlt – ein ungewohntes Gefühl. Da kommt der See, und die letzten Kilometer führt die satellitengesteuerte Dame sie in ihrem Auto direkt zu ihrem Wellness-Hotel. Löwin hat sich ein Wochenende Auszeit genommen, bevor die Diskussion um das neue Reformpaket in die heiße Phase gehen wird. Als Landesministerin für Familie, Gesundheit und Soziales hat sie in langer Arbeit mit ihrem Team ein Programm zur Verbesserung der gesundheitlichen Lage zusammengestellt. Dies wird sie nächste Woche der Öffentlichkeit vorstellen, und sie weiß, dass es harte Diskussionen geben wird. Aber für dieses verlängerte Wochenende will sie alles loslassen und verwöhnt werden. Nach dem Begrüßungscocktail genießt sie in ihrem Zimmer die Aussicht über den See – wunderbar. Sie streckt sich und liest dann das Programm mit den Anwendungen, das ihre Sekretärin für sie hat ausarbeiten lassen. Noch heute Nachmittag ist die erste Massage.

Fische hat heute wenig zu tun, und sie nutzt die Zeit zwischen den Massageterminen zu Rundgängen durch den Garten. Trotz ihrer Vorliebe für wilde Gärten tut ihr die strenge Ordnung und Symmetrie der Anlage gut. Sie fühlt sich hier in einer größeren Ordnung aufgehoben und kann ihren Gedanken und Phantasien umso besser freien Lauf lassen. In zwei Monaten läuft ihr Fünfjahresvertrag aus, und sie hat noch kein anderes greifbares Ziel für sich gefunden. So wird sie ihren Vertrag wohl verlängern, die Gäste sind ja zufrieden mit ihr – nur sie selbst empfindet ihre Arbeit als zu oberflächlich. Sie möchte die Menschen tiefer berühren als nur auf der Haut, möchte sie ihre Schönheit und innere Weisheit erfahren lassen – doch traut sie sich das nicht wirklich zu. Das ist auch der Grund, weshalb ihre Diplomarbeit in Psychologie nur ein Manuskript geblieben ist. Ihr kleiner Wecker holt sie aus ihren Träumereien und erinnert sie an den nächsten Termin. Sie hat sich daran gewöhnen müssen, eine Uhr mit sich herumzutragen, weil die Hotelleitung auf genauer Zeiteinhaltung besteht – in den ersten zwei Jahren ihr ständiger Reibungspunkt. Erholung nach der Uhr, ein einziger Widerspruch für sie.

Löwin kommt zu spät und entschuldigt sich. Doch Fische, die mit einem Blick ihren hohen Stresspegel erkennt, ermutigt sie, sich an diesem Wochenende einmal ganz an ihrer inneren Uhr auszurichten. Weshalb sie denn zu spät gekommen sei? Löwin erzählt, dass sie sich einfach nicht satt sehen konnte an der Aussicht auf den See. Schön, sagt Fische, die mit sanften Ausstreichungen am Rücken begonnen hat, bleiben Sie dabei, und lassen Sie dieses Bild innerlich tief in sich wirken; öffnen Sie sich mit Ihrem ganzen Körper dafür. Sie sind ja ganz verspannt, und mit Ihren inneren Bildern unterstützen Sie die Wirkung der Massage. Löwin fühlt sich aufgehoben unter Fisches Händen. Sie hat das Gefühl, immer größer und breiter zu werden. Obwohl sie sich regelmäßig massieren lässt, hat sie so etwas noch nie erlebt. Und plötzlich bekommt sie Angst und springt hoch. Fische legt ihr eine Decke um die Schultern und streicht ihr über den Rücken. Löwin beruhigt sich und lässt sich wieder nieder. Ich hatte auf einmal Bilder von Zerstörung und Gewalt, sagt sie, und ich weiß nicht, woher sie kommen.

Löwe begegnet Fische

Fische macht seit langem die Erfahrung, dass sie bei Menschen viel auslösen kann; dabei massiert sie doch nur. Es liege an ihren Händen, meint Löwin. Sie sind sich in diesen zwei Tagen näher gekommen. Fische fühlt sich angezogen von dieser selbstbewussten und strahlenden Frau. Löwin wiederum ist schon von Berufs wegen an alternativen Heilmethoden interessiert, und außerdem wollte sie ihrer heftigen Reaktion auf der Massagebank nachgehen. Fische hat eine Angst in ihr berührt, die sie nie hat hochsteigen lassen. Im Gespräch mit Fische erzählt sie, dass sie schon früh viel Freude daran gehabt habe, ihre Ideen in der Öffentlichkeit darzustellen. Die Politikerinnenkarriere sei ihr sozusagen in die Wiege gelegt worden. Dennoch gebe es offenbar etwas in ihr, das eine andere Sprache spreche. Na ja, sie sei auch wirklich unter enormem Druck, was dieses Reformpaket angehe. Sie versteht nicht recht, warum sie das alles erzählt, doch erscheint es ihr in Fisches Gegenwart selbstverständlich.

Fische hört aufmerksam zu. Sie ist ganz berührt davon, dass diese derart viel Kraft ausstrahlende Frau so feine Empfindungen zulässt. Und sie weiß, dass sie mit ihrem Mitgefühl einen Energieraum schafft, in dem sich Löwin immer weiter öffnen kann. Lauter Gefühle und Erinnerungen kommen jetzt in Löwin ins Fließen. Irgendwann ist es genug, und sie wird still. Sie sitzen am See und Fische schlägt ihr vor, sich vorzustellen, ihre ganzen Gefühle in den See fließen zu lassen. Dort würden sie aufgehen in den tiefen Gefühlen, die die ganze Menschheit miteinander teilten. Löwin weint, und sie stellt sich vor, dass auch ihre Tränen sich mit dem Wasser und den Gefühlen der Menschen verbinden. Sie bemerkt, dass sie sich gar nicht sentimental dabei fühlt – so erlebt sie emotionale Situationen nämlich sonst immer. Sie fühlt sich einfach nur stimmig, wahrhaftig und am richtigen Platz. Das sagt sie Fische, als diese fragt, wie sie sich fühle. Ja, sagt Fische, sie brauche einfach nur ganz »ich bin« zu sagen. Das sei das einzige Ziel von Wandlung: vollkommen zu sich selbst zu stehen, unabhängig davon, ob sie Anerkennung von außen erhalte oder nicht. Dann schweigen sie lange.

Fische sagt, sie bewundere Löwin für ihren Beruf. Sie selbst könnte es nicht aushalten, ständig sichtbar zu sein und öffentlich angegriffen zu werden. Es sei gut, dass jemand die Kraft habe, das zu tun, obwohl sie so sensibel und berührbar sei. Löwin ist irritiert, so hat sie sich bisher nicht gesehen. Und doch muss es wohl so sein, denn – ja, sie fühlt sich gerade genau so. Und da diese Tage ohnehin schon seltsam genug sind, lässt sie auch diese Aussage einfach so stehen.

Dann fragt Löwin Fische, ob sie nicht beratend in ihrem Team mitarbeiten wolle. So könne sie Gutes für viele Menschen bewirken. In Fische steigt sofort Abwehr auf, und Bilder überfluten sie: Politik – ein schmutziges Geschäft, Männer haben das Sagen, frau muss faule Kompromisse machen ... Die nächsten zwei Tage nimmt sich Fische frei. Die Hotelleitung weiß um die spontanen Gefühlsanwandlungen ihrer besten Masseurin und hat zu ihrem eigenen Vorteil gelernt, nichts erzwingen zu wollen. Fische und Löwin führen lange Gespräche über menschliche Bedürfnisse, innere Sehnsüchte, geistig-spirituelle Entwicklungsmöglichkeiten und immer wieder auch über Politik. Beide spüren Veränderungswünsche und wollen doch keinen Druck.

Der See gibt ihnen Stille. Die Nähe wächst.

Jungfrau

23. August – 23. September

♍

Der erste Eindruck

Jungfrau lernen wir als eine zurückhaltende und fein empfindende Frau kennen. Sie hört und sieht mehr, als sie aktiv zum Ausdruck bringt. Temperamentvollere Frauen werden in ihrer Gegenwart leiser und vielleicht auch achtsamer in der Art, wie sie sich bewegen und ausdrücken. Lebte Löwin aus der Fülle heraus, so ist Jungfrau bestrebt, die Dinge auf das Wesentliche zu reduzieren. Manchen mag sie daher als nüchtern erscheinen. Ihre Qualitäten sind Zuverlässigkeit, Genauigkeit und ein kritischer Geist. Sie kommt immer wie aus dem Ei gepellt daher – und das Besondere ist, dass dieser Eindruck nicht abhängig ist von der Art der Kleidung, die sie trägt.

Lebenseinstellung und materielle Erscheinungsformen

Jungfrau hat einen stark ausgeprägten Sinn für Ordnung und liebt klare Strukturen und Übersichtlichkeit. Sie sucht sich aller Schnörkel zu entledigen, die für sie keine Nützlichkeit besitzen. Umgekehrt kann sie aus wenig sehr viel machen – günstig für die Küche bei unerwartetem Besuch. Sie ist kreativ, weil sie alles Vorhandene maximal nutzen und kombinieren kann. Jungfrau kennt sich gut aus mit Formen: Sie sind ihr wichtig in ihrer unendlichen Differenzierbarkeit. Alles soll exakt stimmen und zueinander passen; im Zweifelsfall wird es passend gemacht – siehe Aschenbrödel. Daher kommt Jungfraus Ruf, sie sei penibel, praktisch und pedantisch, wobei ihr diese Qualitäten oft zur Last gelegt werden, anstatt sie als Tugenden zu betrachten.

Jungfrau hat klare Vorstellungen darüber, wie etwas sein sollte, und sorgt auch für die exakte Umsetzung. Das ist in vielerlei Hinsicht günstig: Jungfrau duldet keine Nachlässigkeit, gibt selbst ihr Bestes und erwartet es auch von anderen. Sie ist ausdauernd, zuverlässig und korrekt.

Jungfrau besitzt Sinn für Routine und kann gut organisieren und verwalten. Jedoch neigt sie dazu, an Konzepten festzuhalten, wodurch Erstarrung eintreten kann. Das Leben erscheint Jungfrau manchmal als unübersichtlich, und so versucht sie, das Unwägbare zu gut wie möglich zu kontrollieren. Sie kann formal bis formalistisch und zwanghaft sein, auf Äußerlichkeiten und auf Einhaltung von Regeln bedacht. Die äußere und vorgegebene Ordnung erscheint ihr dann als oberste Norm.

Äußerlich wirkt Jungfrau immer perfekt und reinlich, was sie manchmal unlebendig, steif und geradezu unkörperlich erscheinen lassen mag. Ihre Wohnung ist sachlich und funktional bis zur Kargheit hin eingerichtet. Ihre kühle Ästhetik und ihre Liebe zur Geometrie finden hier ihren Ausdruck. Die Wohnung ist aufgeräumt, auch in den Schränken herrscht Ordnung, und sie beherrscht die Mülltrennung perfekt. Oder aber das genaue Gegenteil ist der Fall: Jungfrauen können in einem unglaublichen Chaos leben, weil sie den Entwurf ihres Ordnungssystems innerlich so perfekt ausgearbeitet haben, dass sie es konkret nie verwirklichen könnten und daher gar nicht erst mit der Umsetzung anfangen.

Energiefluss und Geld

Jungfrau ist ein veränderliches Erdzeichen; ihre Aufgabe ist es daher, Formen zu verändern, zu verbessern und zu verschönern. So befriedigen Ökonomie und Effektivität Jungfrau sehr: Sie will mit möglichst wenig Energieaufwand das Maximale erreichen. In der Ökologiebewegung ist sie damit Vorreiterin;

sie macht auf Verschwendung aufmerksam und legt in unserer Konsumgesellschaft oftmals den Finger auf die Wunde. Wir wollen nicht gern hören, wo überall gespart werden könnte. Allerdings kann dies auch in einen Sparzwang ausarten, und das Leben wird eingesperrt in bloße Nützlichkeitskoordinaten.

Jungfrau ist bis hin zur Genügsamkeit mit Wenigem zufrieden. Möglicherweise kultiviert sie eine Haltung des Verzichts, die jedoch in der Unfreiheit wurzelt, sich selbst nichts zu gönnen. Sie mag das Gefühl haben, ihr stehe nur das zu, was sie sich eigenhändig erarbeitet habe. Auf diese Weise vermeidet sie den Spannungszustand, der daraus entsteht, mehr haben zu wollen, als sie hat. Unterschwellig kann daraus Neid erwachsen auf diejenigen, die in der Lage sind, sich großzügig zu nehmen. Auch Jungfraus Geben wird dann eingeschränkt sein, und so kommt der Energiefluss ins Stocken.

In wirtschaftlichen Angelegenheiten geht Jungfrau eher auf Nummer Sicher; sie teilt ihr Geld gut ein, so dass keine Engpässe entstehen. Dagegen ist sie bereit und – da sie immer Geld zurückgelegt hat – oft auch in der Lage, von ihrem Einkommen an andere abzugeben oder ihnen finanziell auszuhelfen. Als Staatsbürgerin kennt sie ihre Rechte und Pflichten genau und nimmt sie sehr ernst. Steuerhinterziehung oder Verkehrssünden werden wir bei ihr nicht erleben – ob aus Überzeugung oder aus Angst vor dem Erwischtwerden wissen wir nicht so genau.

Konflikte – Krisen – Wandlungen

Unklare Verhältnisse und Situationen mit offenem Ausgang verunsichern Jungfrau. Was für sie außer Kontrolle geraten ist, versucht sie mit noch besserer Organisation und Absicherung wieder in den Griff zu bekommen. Dafür greift sie auf mentale Konzepte oder emotionale Gewohnheiten zurück, die für sie Maßstab zur Beurteilung von Situationen sind. Wenn Jungfrau zu viel Wert auf die äußere Form legt zum Zweck der Wiederherstellung einer verlorenen Sicherheit, gerät sie in Konflikt mit der Bewegung des Lebens selbst. Sie versucht dann, mit noch mehr Kraft und Disziplin an dem »Problem« zu arbeiten, und so erscheint ihr das Leben häufig als Mühsal und Anstrengung. Eine Krankheit zwingt sie möglicherweise zur Ruhe und erlaubt ihr, neuen Kontakt mit ihrem Inneren zu finden. In dem Maß, wie sie die Krankheit als inneren Konflikt erkennt, kann sie tiefer zu sich selbst kommen.

Für Jungfrau, die sich mit der Ausgestaltung des Lebens beschäftigt, ist es wichtig, sich an den Ursprung in ihrem Inneren anzuschließen – symbolisiert durch das gegenüberliegende Zeichen Fische. Die Offenheit, das Fließende und Ungeformte der Fische ängstigen Jungfrau, und doch sind sie die Quelle, aus der sie schöpfen kann: Vertrauen, Heilenergie und Kreativität. Jungfrau versucht, Fehler zu vermeiden, und doch eröffnet sich gerade dadurch, dass sie sich in den Zustand des Fehlens hineinbegibt, ein neuer, heilender Raum. Jungfrau muss lernen, sich nach innen zu wenden. Indem sie die äußeren Regeln loslässt und sich an ihr Inneres anpasst anstatt an das Äußere, findet sie ihre eigene Ordnung. Dann kann sie auch eine Kontinuität im Entwicklungsprozess sehen, die helfen mag, ihre Angst vor dem Gehen ins Unbekannte zu überwinden.

Heilung entsteht immer dann, wenn wir die äußere Form dem eigenen Bewusstsein anpassen. Jungfrau muss es wagen, ihrer inneren Wahrnehmung zu vertrauen.

Individualität und Begegnung

Indem Jungfrau sich an eine vorgegebene Ordnung anpasst, hat sie das Gefühl, für andere eine angenehme Partnerin oder Kollegin zu sein. Ihr fällt es schwer, sich selbst sichtbar zu machen und aus der Menge herauszuragen. Gleichzeitig ist sie kritisch, aber da sie eher ängstlich ist und heftigen Emotionen lieber aus dem Weg geht, unterdrückt sie oft ihre Gefühle. Sie bleibt distanziert und zurückhaltend, wodurch sie sich jedoch die Möglichkeit nimmt, ihre Qualitäten auszudrücken. Entwickelt sie aber ihren eigenen Kopf, wird sie aneckend. Sie beobachtet genau, ordnet ein, analysiert und nimmt dabei auf Gefühle wenig Rücksicht. In zwischenmenschlichen Beziehungen benennt sie die Dinge nüchtern und kühl, ohne zu beschönigen.

Macht sie sich emotional berührbar, ist sie äußerst sensibel. Andere schätzen sie sehr für ihr feines Einfühlungsvermögen und ihre exakten Beobachtungen. Sie gibt ihnen das Empfinden, erkannt worden zu sein und gesehen zu werden. Dabei drängt sie sich selbst nicht auf, bleibt diskret in ihrem Mitgefühl und lässt andere in ihrem Raum und in ihren Wahrnehmungen bestehen.

Lässt sie sich jedoch nicht ein, zeigt sie wenig von sich. In Beziehungen übernimmt sie dann den kontrollierenden Part, der alles im Griff hat und sehr gewandt die Konflikte auf die Partnerin projiziert. Dabei fühlt sie sich vermutlich selbst unzureichend, ist unzufrieden mit sich und verlangt ständige Beziehungsarbeit. Es ist wichtig für sie, zu vertrauen und sich auch unsicheren Situationen oder der Tragkraft ihrer Partnerin zu überlassen.

Kreativer Ausdruck und Beruf

Typisch für Jungfrau sind Berufsbereiche, in denen ihre Genauigkeit und ihre Feinfühligkeit geschätzt werden: chemische Berufe, Zahnärztin oder Zahntechnikerin, Feinmechanik, Computertechnologien, Buchhaltung, Gartenarbeit.

Da Jungfrau mit der Spannung zwischen innen und außen zu tun hat, ist die Beschäftigung mit Krankheit und Heilung ein ideales Berufsfeld für sie. Sie ist die klassische Krankenschwester, die die Kranken mit Hingabe und absoluter Zuverlässigkeit versorgt, ohne die Hauptverantwortung für die Heilung zu übernehmen. Da sie Risiken nicht mag, liegt ihr auch das Angestelltendasein in einer zuarbeitenden Position.

Entwickelt sie jedoch eigene Maßstäbe und steht sie zu ihnen, kann sie gut Verantwortung im größeren Rahmen übernehmen. Dann ist für sie möglicherweise die individuelle Entwicklung eines Menschen zentral anstelle der Normen in medizinischen oder psychologischen Schulbüchern. Sie kann Menschen durch ihre verfeinerte und exakte Wahrnehmung gut darin unterstützen, Krankheit oder Krise als Chance zu sehen, sich nach innen zu orientieren und die nächsten Schritte zu finden. Diese Auffassung steht im krassen Widerspruch zur Haltung der Gentechnologie, auch einer Jungfrau-Branche. Hier wird versucht, Krankheiten durch Manipulation an stofflichen Strukturen auszurotten; das Bewusstsein eines Menschen wird jedoch nicht einbezogen. Diese Haltung korrespondiert mit den im Westen selbstverständlich gewordenen Hygienestandards, Impfvorschriften und Antibiotika-Verordnungen, mit denen zwar viele Krankheiten ihre Lebensbedrohlichkeit verloren haben, das Auftreten von Krankheiten an sich ist jedoch bestehen geblieben, und diese haben als Regulativ und als Anstoß für Wachstumsprozesse auch ihren Sinn.

Entwicklung und Aufgabe

Jungfraus wichtigster Entwicklungsschritt liegt in dem Erkennen, dass jede Form einen geistigen Ursprung hat, der die Form erst ins Leben rief. Dieser Urqualität kann Jungfrau lernen zu dienen, um sie in vollendeter Form und Schönheit zum Ausdruck zu bringen. Jungfrau arbeitet dann mit einem neuen Bewusstsein ständig an der Form bzw. an sich selbst, an ihrer eigenen Persönlichkeit, um der Vollkommenheit ihrer inneren Essenz einen adäquaten Ausdruck zu geben. Die äußere Form ist dann »nur« der Ausdruck des Inneren.

Im Christentum finden wir eine Analogie dazu in der Geburt des göttlichen Kindes Christus durch die Jungfrau Maria. Maria war so rein, nämlich so unirritierbar durch äußere Einflüsse – in diesem Sinne also jungfräulich –, dass sie das Göttliche konkret und greifbar machen konnte. Dies ist die große und schlichte Aufgabe von Jungfrau, die wir als echte Kreativität definieren können: dem Geistigen, Ungeformten auf die eigene Art Ausdruck zu verleihen, das innere Potenzial konsequent in die Welt des Sichtbaren zu bringen, die Erde nach göttlichen Prinzipien zu gestalten. So dient Jungfrau dem größeren Ganzen, von dem sie sich nicht als getrennt erlebt, sondern mit dem sie voll und ganz identifiziert ist. Für sie ist das Ganze in jedem Teil enthalten. Sie arbeitet für das Paradies auf Erden.

Jungfrau und Jungfrau

Jungfrau trifft Jungfrau

O nein, da ist offenbar der Verschluss am Magnetrührer hängengeblieben, und nun ist ihre silberne Armbanduhr in den Erlenmeyerkolben gefallen. Zum Glück ist nur eine Kochsalzlösung darin, so dass das wertvolle Erbstück der Großmutter nicht zu sehr angegriffen wird. Allerdings wird das Salz auskristallisieren, und ihr ist klar, dass sie zur Uhrmacherin muss. Jungfrau trägt die Uhr schon seit mehr als zehn Jahren und fühlt sich von ihr treu begleitet. In ihrem Beruf als CTA muss sie Zeiten präzise einhalten, und trotz der Wanduhr ist ihr die Absicherung durch die eigene Uhr lieber; ohne sie fühlt sie sich sowieso unvollständig bekleidet. Sie studiert das Branchenverzeichnis und findet eine Uhrmachermeisterin: Eine Frau und ein Meistertitel – das erscheint ihr vertrauenswürdig. Sie erfragt telefonisch die Geschäftszeiten; tatsächlich will sie jedoch wissen, ob das Geschäft überhaupt noch existiert. Sie hat den Eindruck, dass die Geschäftsleute immer flüchtiger werden. Als ob sie aus einer Laune heraus etwas ausprobierten und ihr Unternehmen einfach wieder schließen, wenn es nicht so läuft wie erhofft. In ihrem Berufsleben hat sie gelernt – und ihr fällt plötzlich auf, dass sie sich vermutlich gerade aus diesem Grund für ihren Beruf entschieden hat –, dass Versuche am besten in Reihen und in kleinen Schritten durchzuführen sind, um die bestmöglichen Ergebnisse auf dem Erfahrungsweg zu erzielen. Diese Vorgehensweise entspricht genau ihrem Charakter.

Das Geschäft gefällt ihr sofort. Es strahlt Gediegenheit aus und die Uhrmachermeisterin Jungfrau Kompetenz. Diese betrachtet zunächst die Uhr von allen Seiten, schätzt das ungefähre Fabrikationsjahr und beginnt fast unmerklich die Uhr zu streicheln, ein außerordentlich schön gefertigtes Exemplar, keine Fabrikware. Sie hält die Uhr mit viel Feingefühl und Achtsamkeit in der Hand, was ihre Besitzerin mit Freude bemerkt.

Mit geübtem Griff hält die Uhrmacherin die Uhr unter ihre Speziallupe und studiert sie sorgfältig. Eine schöne Uhr sei das, bemerkt sie. Die Kochsalzlösung sei unter das Uhrglas gedrungen, vielleicht auch in das Laufwerk hinein. Sie fragt, ob sie die Uhr öffnen darf und beginnt dann mit winzigen Schraubenziehern die noch winzigeren Schräubchen am Gehäuse zu lösen. Die andere Jungfrau ist ganz fasziniert und fragt, ob sie sich diese kleinen Präzisionswerkzeuge einmal anschauen dürfe. Die Uhrmacherin erlaubt es ihr gern und schenkt ihrer Kundin gleich zwei Schraubenzieher, die sie sowieso häufig aus Werbezwecken erhält. Sie beobachtet ihre Kundin, wie sie fasziniert ihre Geschenke gleich an ihrem Brillengestell ausprobiert. Diese bemerkt es und erklärt, dass Präzision sie sehr anziehe, in ihrem Beruf als CTA arbeite sie ebenfalls mit geringsten Mengen und entsprechenden Instrumenten. Ob sie einen Blick in das Uhrwerk werfen dürfe? Die Uhrmacherin erklärt ihr das Laufwerk und die notwendigen Reinigungsarbeiten. Als die Kundin drei Tage später die Uhr abholt, bemerkt sie, dass sie ihr die Wunderwelt der Uhrenmechanik übrigens gern bei Gelegenheit genauer zeigen würde.

So treffen sie sich bald wieder und finden genügend Gesprächsstoff miteinander. Beim nächsten Treffen verlagert sich ihr Gespräch auf das Thema Partnerschaft. Sie finden, dass die Gesetze der Mechanik ebenso wie die Gesetze der chemischen Reaktionen unbedingt auf eine Partnerschaft übertragen werden sollten: Präzision und Zuverlässigkeit in der Zusammenarbeit der einzelnen Bestandteile innerhalb eines größeren Ganzen. Ihre Sympathie füreinander steigert sich, und Schritt für Schritt verlieben sie sich ineinander.

Jungfrau begegnet Jungfrau

Ihre Beziehung ist geprägt von liebevoller Fürsorge, Aufmerksamkeiten und kleinen Geschenken. Sie schätzen es, jeder ihren Raum zu lassen und einander zu nichts zu drängen. In ihrem Privatleben sind sie nämlich recht eigenbrötlerisch. Die CTA beschäftigt sich zu Hause mit ihrem neuen Hobby: Sie erforscht Herstellung und Wirkungen von Gewürzpflanzenessenzen für die Küche und zieht sich oft stundenlang in ihr kleines Labor mit Reagenzgläsern und Bunsenbrenner zurück. Auch die Uhrmacherin hat ihr Hobby: Sie liebt antike Uhren, an denen sie zu Hause so konzentriert bastelt, dass sie darüber die Zeit vergessen kann.

Im erotischen Leben sind beide eher zurückhaltend, so dass bei jeder der Eindruck entsteht, die andere habe kein großes Interesse daran. Klar ist ihnen jedoch, dass es in einer Beziehung ein gemeinsames Betätigungsfeld geben muss. Sie überlegen, zusammenzuziehen und sich einen Garten anzulegen. Zu Weihnachten liegen dann plötzlich zwei gleich große Bücher unter dem Tannenbaum. Tatsächlich: Sie schenken sich gegenseitig das Tantra-Buch für Lesben, das in der Frauenzeitschrift so gut besprochen worden war. Etwas verlegen gestehen sie sich, dass frau heutzutage doch mehr Möglichkeiten im sexuellen Bereich habe und es vielleicht ganz schön sein könne, diese unter Anleitung näher kennen zu lernen. Sie lesen sich das Buch vor und beginnen, es vom ersten Kapitel an durchzuarbeiten. Sie halten sich genau an die Vorgaben – zweimal wöchentlich massieren sie sich, meditieren, streicheln sich, spüren nach. Sie bestätigen einander, dass sie das alles ganz schön finden – und doch spricht die eine nach zwei Monaten aus, was auch die andere denkt: Irgendwie hatten sie sich mehr versprochen. Dabei haben sie doch alles richtig gemacht.

Sie fragen sich, warum sie das Buch eigentlich wirklich gekauft haben. Die eine kichert: Die rote Farbe des Einbandes habe sie total angemacht. Irgendwie habe sie damit etwas Verruchtes verbunden, und das hätte Wirkung in ihr gezeigt – nun wird sie rot wie besagter Einband. Die andere pflichtet ihr mit einem gedehnten Jaaaa bei und meint, wie es denn wäre, sich mal ein Buch mit erotischen Geschichten zu kaufen. – Mit echten Sexgeschichten, meinst du? – Ja, wo es richtig zur Sache geht! blitzen die Augen der anderen. Das Gespräch beginnt sie allmählich anzumachen. Hast du eigentlich irgendwelche Phantasien? traut sich die eine nun zu fragen ... In dieser Nacht schlafen sie wenig.

Der nächste Tag führt sie in den Frauenbuchladen und der übernächste Tag erneut dorthin, diesmal zur Spielzeug-Vitrine. Der Schwerpunkt ihrer Wohnungsplanung verschiebt sich nun auf die Gestaltung ihres Schlafzimmers, der Ort der Planung hat sich in das schwullesbische Nachtleben verlagert. Sie begreifen, dass sie mit ihrem eigenen Körper und ihren Empfindungen experimentieren können, und aus ihrer anfänglichen Unsicherheit erwächst allmählich Selbstvertrauen. Sie dehnen ihre Experimentierfreude auf andere Bereiche aus. Ihr Leben wird lebendiger – das hedonistische Leben ist ihrer Beziehung außerordentlich zuträglich.

Jungfrau und Waage

Jungfrau trifft Waage

Es hat sie einigen Mut gekostet, diesen Auftrag anzunehmen. Jungfrau soll für eine Löwin-Kundin eine Geige bauen und deren Schnecke und Wirbel mit Gold verzieren. Nun sucht sie in alten Fachzeitschriften nach der Annonce einer Goldschmiedin, die ihr einmal aufgefallen war ...

Waage ist sofort interessiert an diesem ungewöhnlichen Auftrag. Sie besucht Jungfrau in ihrer Geigenbauwerkstatt und schaut sich voller Bewunderung die verschiedenen Streichinstrumente an. Jungfrau merkt, dass Waage einen Blick dafür hat und erklärt ihr die verschiedenen Hölzer, ihre Lagerungszeiten und die Vor- und Nachteile alter und neuer Geigen. In Waage tauchen Erinnerungen an den Geigenunterricht ihrer Kindheit auf. Vielleicht sollte sie wieder einmal spielen? Mit ihrem Beruf hat sie allerdings so viel zu tun, dass für aktives Musizieren keine Zeit zu sein scheint. Ihr Konzert-Abo für die Philharmonie muss eben reichen. Sie reißt sich aus ihren Gedanken, denn Jungfrau beginnt gerade den Auftrag zu erklären. Vor Waages innerem Auge entstehen erste Bilder, wie die Verzierungen aussehen könnten. Die technischen Aspekte der Verbindung zum Holz sind ihr allerdings unklar, doch gemeinsam mit Jungfrau tüftelt sie etwas aus, was funktionieren könnte, ohne den Schmuck zu beeinträchtigen.

Löwin ist einige Monate später vollstens zufrieden mit ihrer neuen Geige und lässt sich gleich von Waage deren Schmuckkollektion zeigen. Waage wiederum hat das Bedürfnis, Jungfrau wieder zu sehen und erscheint schließlich mit ihrer alten Geige in der Werkstatt. Jungfrau möge sie doch überholen und neue Saiten aufziehen, sie wolle wieder etwas spielen. Ja, und ihre Zusammenarbeit sei wirklich gut gewesen, ob sie nicht wieder etwas zusammen machen könnten? Etwas verlegen fingert Waage an ihrem Geigenkasten herum und hat schon selbst die Idee. Wie wäre es mit schöneren Geigenkästen? Sind die immer noch so ideenlos wie früher? Gäbe es AbnehmerInnen dafür? Jungfrau setzt Tee auf und trägt alle Kataloge zusammen. Die Kästen seien auf keinen Fall der Schönheit ihrer Instrumente angemessen, stellt Waage fest.

Jungfrau hat sich auf den Besuch der Waage sehr gefreut. Über den oft harten Anforderungen ihres Alltags – KünstlerInnen findet sie häufig sehr exzentrisch – vergisst sie manchmal den Aspekt der Schönheit und sieht nur die technische Seite des Geigenbaus, um den gewünschten Klang zu erzeugen. Auch der Klanggeschmack ist ja mit dem Zeitgeist Veränderungen unterworfen, so dass sie in ihrer technischen Raffinesse immer wieder gefordert ist. Eine Zusammenarbeit ... Jungfraus Herz beginnt plötzlich zu klopfen, und sie spürt in ihrem Bauch Gefühle wirbeln. Sie wirft Waage einen schnellen Blick zu. Auch die sieht sie an. Der Blick ermutigt Waage; sie geht auf Jungfrau zu, nimmt sie in die Arme und küsst sie und lässt sich küssen. So einfach ist das.

Jungfrau begegnet Waage

Sie verbringen romantische Wochen zusammen. Öfter als sonst hängt an Waages kleinem Laden das Schild »geschlossen«, und Jungfrau erledigt gerade einmal die wichtigsten Auftragsarbeiten. Sie sind in einem Rausch miteinander, können es selbst kaum fassen, kennen sich so eigentlich beide nicht und lassen sich doch voll darauf ein. Sie sprechen über die Schwierigkeiten, die sie mit dem Hässlichen und dem Nutzlosen in der Welt haben, aber auch über die Verbindung von Schönheit und Nützlichkeit. Sie sind sich darüber einig, dass Schönheit nützlich ist und Funktionales schön sein sollte. So kommen sie wieder auf ihre Geschäftsidee zurück.

Jungfrau arbeitet für einige MusikerInnen im Philharmonischen Orchester, die vielleicht für bessere Geigenkästen interessiert werden könnten. Waage hat sich früher auch mit Industriedesign beschäftigt, und so beginnt sie mit ersten Entwürfen. Jungfrau stellt eine detaillierte Liste auf, welchen Ansprüchen ein guter Geigenkasten außen und innen genügen muss: extrem schlag- und stoßfester Kasten, gut gegen Kälte schützender Innenstoff, ein qualitativ hochwertiger Luftbefeuchter samt Hydrometer, die zwei Halterungen für Bögen, ein Notenfach und multifunktionale Tragehalterungen. Jungfrau kümmert sich um Fertigungsbetriebe und eine erste Kostenkalkulation, und Waage beginnt mit den Entwürfen. Dann aber kommt Waage auf die Idee, Döschen für Colophonium zu entwerfen; von dort macht sie weiter mit Stimmgabeln, und auch Notenständer stören eigentlich ihren Sinn für Ästhetik empfindlich. Sie vernachlässigt den Kasten, und Jungfrau beginnt mit ihr zu streiten: Die Notenständer würden doch ihren Dienst tun, die Döschen würde sowieso niemand sehen, aber bessere Kästen würden wirklich gebraucht. Waage wehrt sich, gibt nach und schiebt die Arbeit wieder vor sich her. Zweimal fragt Jungfrau noch, wann sie so weit sei, und schließlich machen sie einen Bogen um das Thema. Unterschwellig herrscht dicke Luft.

Als Löwin in die Werkstatt kommt und ihren Bogen mit Golddraht umwickelt haben möchte, kommt Jungfrau alles hoch. Sie merkt, dass sie Waage zur Rede stellen muss; diese dreht und windet sich. Dann aber gibt Waage doch zu, dass ihr der Entwurf des Geigenkastens keinen wirklichen Spaß mache, ihr Herz sei einfach bei der Arbeit mit Metallen. Jungfrau ist enttäuscht und gleichzeitig erleichtert. Endlich klären sich die Verhältnisse. Waage sagt, sie habe sich einfach nicht getraut, Jungfrau zu enttäuschen. Sie habe Angst gehabt, dass Jungfrau sie ablehnen würde – eine alte Angst von ihr. Schließlich hätten sie so viel über die Verbindung von Schönheit und Funktionalität gesprochen, doch eigentlich sei ihr die Funktionalität nicht wirklich wichtig. Ihr sei nun klar geworden, dass Schönheit eine Berechtigung in sich selbst habe. Jungfrau ist betroffen. Wie das mit Formen sei? Haben sie überhaupt eine Daseinsberechtigung für sich? Sie seufzt und spricht ihre Fragen aus. Wozu noch mehr Geigen produzieren? Wozu Handproduktion, wenn die Fabrikware auch immer besser wird? Waage spürt, dass sich da eine Schaffenskrise anbahnt – oder schon längst da ist? Das kennt sie auch. Du weißt doch selbst, sagt sie, dass ein schöner Klang nie wirklich in der Fabrik erreicht wird. Aber wenn sie ehrlich sei, habe auch sie immer wieder Zweifel daran, ob Schönheit angesichts der schwierigen Weltlage wirklich einen so hohen Stellenwert haben sollte. Doch da protestiert nun Jungfrau heftig.

Ihre Diskussionen gehen weiter und tiefer, und ihre Liebe und Leidenschaft füreinander werden wieder äußerst lebendig.

Jungfrau und Skorpion

Jungfrau trifft Skorpion

Jungfrau macht einen letzten Rundgang durch die Gästezimmer, zupft hier an einem Kopfkissen und rückt dort eine Blumenvase in die Tischmitte. An diesem Wochenende wird wieder ein Feuerlaufseminar stattfinden, das, wie sie weiß, zu Anfang viele Emotionen hochkochen lassen wird. Sie liebt diese Art von Gefühlsausbrüchen überhaupt nicht, die sie zum Glück nur aus der Ferne mitbekommt, doch die Seminarleiterin ist absolut vertrauenswürdig. Nun, sie muss ja nicht mitmachen. Ihren Anteil am guten Gelingen der Seminare sieht sie darin, als Hausleiterin eine Umgebung anzubieten, deren Energien absolut rein sind. Es kommt innerlich genug in Unordnung bei den Teilnehmerinnen, so dass das Äußere dabei unterstützen soll, sich ganz auf das Innere einzulassen. Jungfrau liebt diese Stunde, bevor die Gäste kommen, denn dann ist es besonders still.

Skorpion ist bereits einmal in diesem Seminarhaus gewesen, und sie hat die Atmosphäre dort sehr geschätzt. Als häufige Teilnehmerin an Seminaren und Workshops hat sie viele Häuser kennen gelernt, doch nie hat sie so viel Perfektion in einem Haus vorgefunden. Letztes Mal hat sie sogar einen ganz besonderen Service von Jungfrau in Anspruch nehmen müssen: Ihre Sorgfalt und Achtsamkeit hatten ihr Sicherheit in einem schwierigen Prozess gegeben, der sie einen ganzen Tag mit Übelkeit ins Krankenzimmer gebracht hatte. Gleichzeitig hatte Jungfrau eine wohltuende Distanz gezeigt. Nun kommt Skorpion mit einem großen Strauß Blumen, um sich noch einmal für die gute Pflege zu bedanken. Jungfrau kann sich gut erinnern: Wieder einmal waren heftige Emotionen einer Teilnehmerin auf den Solarplexus geschlagen.

Während des Seminars pflegt Jungfrau keinen persönlichen Kontakt zu den Teilnehmerinnen, sondern überlässt sie ganz ihrem eigenen und dem Gruppenprozess. Gleichwohl hat sie ein genaues Auge auf das Geschehen, fühlt sich ein Stück weit mitverantwortlich für das Gelingen des Seminars. Sie selbst hat einmal eine Heilpraktikerausbildung gemacht, jedoch hat die Selbstständigkeit sie zu sehr gestresst. In diesem Seminarhaus ist sie angestellt und kann ihre Heilkünste dennoch auf verschiedene Art und Weise gut anbringen.

Samstagnacht ist der Feuerlauf. In einem gemeinsamen Ritual haben sie das Feuer entzündet und warten nun in meditativem Schweigen darauf, dass sich die Glut bildet, über die sie nachher gehen werden. Alle sind aufgeregt, auch wenn sie sich gut darauf vorbereitet haben. Im Seminar haben sie daran gearbeitet, eine Absicht zu formulieren, für die sie im wahrsten Sinne des Wortes durchs Feuer gehen wollen. Skorpions Absicht ist es, eine Partnerschaft einzugehen, in der Wahrhaftigkeit und Berührung möglich sein werden. An diesem Wochenende ist sie noch einmal in alle Gefühle von Angst und Resignation hineingegangen, die diese Beziehung verhindern könnten. Jetzt fühlt sie sich stark.

Die Seminarleiterin warnt noch einmal: Geht erst los, wenn ihr euch vollkommen eins fühlt mit eurer Absicht. Geht durchs Feuer für sie!!! Jedes Prozent Nicht-Präsenz führt zu einer Brandblase. Es ist keine Schande, jetzt noch zurückzutreten.

Jungfrau begegnet Skorpion

Das ist bisher noch nie passiert: Jungfrau wird aus ihrem Zimmer geholt, da Skorpion sich Brandverletzungen zugezogen hat. Sie eilt hinunter ins Krankenzimmer, wirft einen Blick auf Skorpion, die von der Seminarleiterin betreut wird und trägt vorsichtig die Bach-Notfall-Creme auf ihre Fußsohlen auf. Es sind nur drei kleine Brandverletzungen zu sehen, doch die sind sicher schmerzhaft.

Skorpion weint leise und verzweifelt. Sie war sich so sicher gewesen, und nun zeigt ihr diese Übung, dass sie noch immer nicht da angekommen ist, wo sie so gern sein möchte. Dann lenken die Brandschmerzen sie wieder von dem tiefen Schmerz ab, den sie in ihrem Inneren fühlt. Die Salbe tut gut. Wenn es doch nur eine Salbe für ihre inneren Schmerzen gäbe! Sie sieht, dass Jungfrau die Seminarleiterin mit leisen Worten hinausschickt. Jungfrau setzt sich zu Skorpion. Wie geht es? fragt sie und nimmt ihre Hand. Sofort steigen neue Tränen in Skorpion hoch, die nicht von den körperlichen Schmerzen herrühren. Auch Jungfrau spürt das; sie kennt ihre Patientin ja bereits. Sie streichelt ihre Hand, berührt davon, worauf Skorpion sich einlässt. Sie fühlt mit ihr, und wie ein Schlag trifft sie plötzlich die Erkenntnis, dass sie selbst vielleicht auch so tiefe Gefühle haben könnte. Skorpion ist ihr auf einmal nicht mehr fremd. Sie spürt eine seltsam tiefe Verbundenheit mit ihr.

Die zurückkommende Seminarleiterin reißt sie aus ihren Gedanken. Jungfrau nimmt ihr die Zange mit einer glühenden Kohle aus der Hand und wendet sich an Skorpion: Ich halte jetzt die Kohle so nahe an deine Fußsohle, wie du die Hitze gerade noch erträgst. Es wird danach gleich viel besser, setzt sie hinzu, vertrau mir, und sie tauscht einen langen Blick mit Skorpion aus. Skorpion spürt nun die Hitze der Kohle an ihren Füßen, bis sie *Stopp!* ruft. Dann geht sie auf Anweisung Jungfraus ganz in den Schmerz, der jetzt stärker ist, hinein: sie fühlt nur diesen Schmerz, lässt ihn in ihren ganzen Körper, lässt ihn intensiv zu. Diesen Vorgang wiederholt Jungfrau noch zweimal, und Skorpion fühlt sich ruhiger und besser bei sich selbst. Ich komme morgen früh wieder, sagt Jungfrau und lässt sie mit der Seminarleiterin allein.

Am nächsten Morgen kann Skorpion schon einige Schritte laufen. Vor allem aber geht es ihr innerlich besser; sie fühlt sich so wohl und aufgehoben in diesem Haus – und so verbunden mit Jungfrau. Sie fragt sie, ob sie noch ein paar Tage bleiben könne. Jungfrau bekommt Herzklopfen: Sie kann – und sie würde sich darüber freuen, sagt sie. Jungfrau hat ihre bemerkenswerte Erkenntnis im Krankenzimmer nachwirken lassen und ist aufgewühlt. Sie fühlt sich stark zu Skorpion hingezogen, denn diese hat etwas in ihr geöffnet.

Nach dem Seminar erzählt Skorpion Jungfrau von ihrer Feuerlaufabsicht und von ihrer schon lange währenden Verzweiflung, sich für nicht beziehungsfähig zu halten. Dass Jungfrau sich zweimal so liebevoll und selbstverständlich um sie gekümmert habe, sei ihr sehr nahe gegangen. Sie sei sonst gewohnt, für Dienstleistungen zu bezahlen. Wieder spürt Jungfrau, dass etwas in ihr aufbricht. Tiefe Sehnsucht steigt in ihr auf, sich öffnen zu wollen, Leidenschaft in sich und der anderen zu entfachen. Am Abend sitzen sie lange an der Feuerstelle und erzählen. In der Nacht darauf lodern ihre inneren Feuer und werden zu einem.

Jungfrau und Schütze

Jungfrau trifft Schütze

Schützin macht ihren Antrittsbesuch beim Gemeindekirchenrat. Im kommenden Monat wird sie in dieser Gemeinde des bunten und alternativen Stadtbezirks das Amt der Pastorin übernehmen.

Sie erzählt den PresbyterInnen, dass sie neben dem Erhalt der laufenden auch neue Arbeitskreise aufbauen will. Insbesondere will sie Frauen ansprechen, die erfahrungsgemäß weit häufiger als Männer nach einem Sinn für ihr Leben jenseits der Befriedigung materieller Bedürfnisse suchten. – Hier erntet sie Stirnrunzeln und missbilligende Blicke. – Diese Frauen suchten nach geistigen Werten in ihrem Leben, und da sie in der Kirche häufig keine Anlaufstelle fänden – Blick zurück –, suchten sie sie in anderen Religionen oder unabhängigen Gruppen. Auch sie habe dort manche Anregung erhalten. So wolle sie selbst eine Meditationsgruppe anbieten und außerdem – sie holt innerlich tief Luft – eine esoterische Bibelgruppe.

Jungfrau hat mit zunehmender Aufregung zugehört. Sie ist seit mehreren Jahren ehrenamtliche Presbyterin, ohne mit ihren Ideen jemals auf Resonanz im hoffnungslos überalterten und konservativen Gemeindekirchenrat gestoßen zu sein. Sie werde die Pastorin voll und ganz unterstützen, sagt sie nun. Die anderen vier bleiben skeptisch.

Schützin verabredet sich sofort mit Jungfrau. Ihr persönlicher Weg in der Kirche ist bei beiden von Zweifeln begleitet gewesen. Schützin hat sich während einer tiefen Glaubenskrise Zeit genommen, um auf einer langen Reise die Religionen kennen zu lernen, die sie selbst am meisten interessieren: den Hinduismus und den Buddhismus Indiens. Sie hat Kurse in Meditationszentren besucht und Retreats in Klöstern mitgemacht. Begierig hat sie aufgesogen, was sie in ihrer Kirche vermisste: Stille, Meditation und das Studium geistiger Texte. Am Buddhismus hat sie besonders angesprochen, dass er statt des Glaubens das eigene Erfahrungswissen durch Meditation und das eigene Denken an die erste Stelle setzt. Es tat ihr gut, keine kirchlichen Dogmen um sich zu haben. Doch bei genauerem Hinsehen im Land fand sie, dass sich auch hier Formen kristallisiert hatten, die von der ursprünglichen Lehre so weit entfernt waren wie so mancher kirchliche Würdenträger von der Bibel. Dann lernte sie einen Hindu kennen, der ihr beibrachte, die Bibel mit anderen Augen zu lesen. Er machte sie auf die Schönheit der Texte und ihren verborgenen esoterischen Sinn aufmerksam. Von da an wollte sie zurück, um von einem neuen, selbstbewussten Standpunkt aus die wirklichen geistigen Werte der christlichen Bibel zu verbreiten.

Jungfrau hört der Schilderung fasziniert zu. Das Feuer hat nur so aus Schützins Augen geleuchtet, so dass Jungfrau ganz mitgerissen wurde. Sie selbst allerdings hat ein ganz anderes Anliegen. Sie lebt seit ihrer Kindheit in diesem Stadtteil und hat seinen Zuwachs an Alkohol- und Drogensucht, Verarmung und Verrohung gesehen. Viele Menschen suchen einen Halt, können ihn in der Kirche aber nicht finden. Jungfrau will daher ganz konkrete, geistlich geprägte soziale Arbeit machen und hofft nun mit Schützin auf eine starke Verbündete. Diese findet das toll, genau diese Verbindung müsse es geben: das Geistige und das Irdische Hand in Hand!

Jungfrau begegnet Schütze

Sie erarbeiten gemeinsam ein Konzept für die nächsten zehn Jahre, um die Kirche zu einem starken geistigen Zentrum im Stadtteil zu machen. Schützin steuert Zukunftsvisionen bei, die über ihr eigenes Leben weit hinausgehen. Jungfrau holt sie in die Gegenwart zurück: Der nächste Gemeindebrief muss herausgegeben werden mit Terminen für Veranstaltungen, die wiederum vorbereitet werden wollen. Jungfrau avanciert zu Schützins Managerin und persönlicher Sekretärin. So haben sie eine gute Arbeitsteilung und etablieren bereits im ersten Halbjahr zwei neue Gruppen in der Gemeinde, feiern öffentliche Gottesdienste auf dem Kirchplatz – denn sonst ist sonntags nach wie vor kaum jemand zum Kirchgang zu locken – und bieten monatlich einen spirituellen Vortrag eines Meditationslehrers an. Auch Jungfraus lang erträumtes Ziel, Obdachlosen im Winter eine Unterkunft anzubieten, rückt greifbar nahe.

Sie finden heraus, dass sie umso besser miteinander arbeiten, je mehr sie streiten. Es geht vor allem um einen Punkt: Schützin will so schnell wie möglich vorankommen, und Jungfrau will die Dinge langsam wachsen lassen. Schließlich will sie Schützin verbieten, sie mit noch mehr Ideen zu überhäufen, weil selbst sie sie nicht mehr ordnen könne und die Übersicht verliere. Schützin jedoch findet, Ideen könnten ruhig ungeordnet bleiben, Hauptsache, sie würden wieder gefunden. Ihre Art, über den täglichen Kleinkram hinwegzugehen, fasziniert Jungfrau und ärgert sie zugleich. Schützin wiederum ist oft fassungslos darüber, wie Jungfrau so »an der Erde« kleben kann.

Jungfrau verbringt ihre gesamte freie Zeit mit Schützin. Sie sind Freundinnen geworden, und allmählich beginnt es zwischen ihnen auch zu knistern. Jungfrau hat noch nie eine Frauenbeziehung gehabt, aber sie ist so verknallt in Schützin, dass alle es mitbekommen und sie es schließlich auch nicht mehr leugnen kann. Pragmatisch beschließt sie, dass sie nun eine Coming-out-Gruppe brauche – würde die der Gemeinde nicht auch gut stehen? Dann merkt sie kichernd, dass die Schützin-Euphorie bereits auf sie abgefärbt hat. Nicht nur daran wird Jungfrau bewusst, dass sie insgesamt besser auf die Wahrung ihrer Grenzen achten muss. Schützin ist so mit ihren Vorhaben beschäftigt, dass sie sich um Wirkungen wenig kümmert. Auch bei der Sonntagspredigt könnte sie sich leicht um Amt und Würden reden, wenn Jungfrau sich nicht angewöhnt hätte, ihre Predigten durchzusehen.

Schützins neueste Entdeckung sind Fernsehinterviews, mit denen sie wunderbar viele Menschen erreichen kann. Sie weckt überall Begeisterung für ihre Projekte, so dass nach jeder Sendung Dutzende von Telefonaten und eMails eingehen, die – natürlich – Jungfrau beantwortet. Sie soll dann die Menschen so für die Projekte interessieren, dass sie sich konkret an ihnen beteiligen, Geld zur Verfügung stellen oder weitere Kontakte ermöglichen.

Manchmal fühlt sich Jungfrau für ihre Arbeit nicht genügend geschätzt, weil achtzig Prozent davon für andere nicht sichtbar wird. Schützin ist immer sehr betroffen, wenn sie das hört. Sie hingegen ist gelegentlich traurig, weil, gemessen an ihren Ideen, doch wenig umgesetzt worden ist. Dann muss Jungfrau sie trösten und aufzählen, was sich alles verändert hat. Sie merkt dann, dass sie Schützin kaum Grenzen setzen kann. Sie selbst muss sie einhalten. Dann bleibt ihr Team stark.

Jungfrau und Steinbock

Jungfrau trifft Steinbock

Jungfrau kommt nach dem Jogging zum zweiten Mal an diesem Morgen ins Kurhaus, um in Ruhe eine weitere Flasche Wasser zu trinken. Sie sucht sich ein ruhiges Plätzchen in der Sonne, bevor es weitergeht zum Wassertreten. Sie kommt jedes Jahr an diesen Ort, um eine Fastenkur durchzuführen. Als erfahrene Fasterin weiß sie, wie wichtig gutes Wasser zur Unterstützung der Entschlackung ist.

Leise ächzend setzt sich nun eine weitere Frau auf die Bank; auch sie trägt eine Wasserflasche bei sich. Jungfrau spricht sie nach einiger Zeit an: Weshalb sie denn hier sei? Steinbock erzählt ihr von ihren seit Jahren bestehenden arthritischen Beschwerden in den Knien und in den Fingergelenken. Die Schulmedizin habe sie zwar mit Schmerzmedikamenten versorgt, ihr ansonsten jedoch keine weitere Therapie anbieten können. Durch einen Zeitungsbericht sei sie auf Fasten und Heilwässer gestoßen und habe sich für zwei Wochen hier angemeldet. Sie sei am dritten Fastentag und fühle sich überhaupt nicht wohl, sie habe Hunger, und ihre Beschwerden seien eher schlimmer geworden. Jungfrau berichtet, dass sie schon im siebten Jahr hier sei. Früher habe sie zu Hause gefastet, aber seitdem sie die Heilquellen hier kennen gelernt hätte, käme sie nur noch hierher. Steinbock staunt: Und ihre Beschwerden seien immer noch nicht besser geworden? Welche Beschwerden? fragt Jungfrau zurück. Sie habe keine Beschwerden – deshalb, vermutlich! Sie würde die Kur aus reiner Prophylaxe machen. Fasten sei sehr gesund. Außerdem würde sich durch Fasten die Wahrnehmung verfeinern, und als Feldenkrais-Lehrerin sei ihr das äußerst wichtig.

Steinbock ist beeindruckt. Sie selbst ist Managerin in einem mittelständischen Unternehmen, mit viel Verantwortung und viel Stress. Ihren knapp bemessenen Urlaub verbringt sie, so weit es geht, am liebsten mit Bergsteigen, gern kombiniert mit einem Wellness-Hotel. Auf die Idee, sich so intensiv nur um den eigenen Körper zu kümmern, wäre sie nie gekommen. Ihre Arthrose plagt sie schubweise, aber die Schmerzen hat sie ganz gut im Griff. Das Fasten jetzt habe für sie außerdem noch den Reiz gehabt, ein paar Kilo Gewicht abzuspecken. Jungfrau hat offenbar nicht einmal das nötig – Hut ab. Und das sagt Steinbock auch. Dennoch wolle sie in erster Linie, dass ihre Beschwerden verschwinden, basta. Für Körperertüchtigung habe sie keine Zeit. Jungfrau zieht sich zum Wassertreten zurück.

Das Gespräch beschäftigt Jungfrau. Etwas an Steinbock imponiert ihr. Am nächsten Morgen suchen beide wieder dieselbe Bank auf. Steinbock will jetzt Jungfraus Programm kennen lernen. Das ist selbst organisiert und sieht deutlich aktiver aus als Steinbocks, die fast nur Massagen und Wellness gebucht hat. Aufgrund ihrer langen Erfahrung hält Steinbock Jungfrau für kompetent. Sie ruft gleich vom Handy aus ihre Sekretärin zu Hause an, die sich darum kümmern soll, ihre heutigen Massagetermine abzusagen. Jungfrau macht aus ihrer Missbilligung des Handys keinen Hehl, und der kürzeste Weg zum Kurmittelhaus hätte sie hin und zurück nur zehn Minuten gekostet. Nein, sagt Steinbock gut gelaunt, das war jetzt der kürzeste Weg, und nun würde sie gern mitkommen zum Wassertreten.

Jungfrau begegnet Steinbock

Sie geraten weiterhin ständig aneinander und verbringen doch ihre gesamte Zeit miteinander. Steinbock hat großen Ehrgeiz entwickelt, das gleiche Programm durchzuziehen, das Jungfrau sich gesetzt hat. Sie fordert sich gern und beweist sich gern ihr Durchhaltevermögen. Widrige Umstände schrecken sie nicht. Auch hat sie sich daran gewöhnt, mit Schmerzen zu leben und ihnen nicht zu viel Beachtung zu schenken.

Jungfrau ist über diese Haltung entsetzt und hat das Gefühl, sich um Steinbock kümmern zu müssen. Sie findet, dass sie viel zu hart mit sich umgeht. Disziplin und ein Programm findet sie auch richtig, doch soll es den individuellen Möglichkeiten einer Person angepasst sein. Sie erklärt Steinbock, dass durch das Fasten viel Schlacke im Körper gelöst würde, was ihre Gelenkbeschwerden vermutlich erst mal verstärken würde. Sie dürfe auf keinen Fall darüber hinweggehen. Im Gegenteil, sie müsse Geduld haben und lieber noch eine dritte Woche anhängen. Sie müsse lernen, genau zu spüren, was sie an Übungen tun könne und wo ihre Grenzen seien.

An diesem Punkt wird Steinbock jedes Mal unwirsch. Durch Jungfraus Hinweise und Fragen hat sie schon gemerkt, dass sie kein gutes Körpergefühl hat. Sie hat bisher nur daran gearbeitet, ihre Leistungen zu optimieren und ist dadurch, teilweise zum Ärger ihrer männlichen Kollegen, in ihrem Betrieb in die höheren Ränge emporgestiegen. Etwas missachtend schaut sie schon auf Jungfrau, die in ihrem Beruf so gar keinen Ehrgeiz verspürt, Karriere zu machen, vielleicht ein Institut zu gründen, bundesweit tätig zu werden etc. Alle Gespräche in dieser Richtung hat Jungfrau abgewiegelt. Sie sei ganz zufrieden mit ihren Kursen und ihrer Einzelarbeit, mehr wolle sie nicht. Das versteht Steinbock schlicht nicht. Jungfrau sagt, es sei wichtig, die eigenen Grenzen zu kennen, und Steinbock habe dafür offenbar kein Gefühl. Den Feldenkrais-Kurs, in den Jungfrau sie als Erstes geschickt hat, findet Steinbock in der Tat nur ganz allmählich hilfreich. Anfangs fand sie es lächerlich, winzige Bewegungen zu machen und dann immer nur zu spüren und wieder zu spüren, wie sich wo was anfühlt. Jungfrau weist immer wieder, mal mit Engelsgeduld, mal ärgerlich, darauf hin, wie sie denn ihr Leben leben wolle, wenn sie nicht einmal ihren eigenen Körper kenne.

Doch Steinbock ist bisher auch ohne diese Kenntnis durchs Leben gekommen. Ihre Karriere würde es schließlich beweisen.

Aber zu welchem Preis? kontert Jungfrau und tippt auf Steinbocks Fingergelenke – findet sich jetzt aber erschrocken selbst zu hart und ergreift unwillkürlich Steinbocks Hand. Da sie nun schon so weit ist, hält sie sie einfach fest und beginnt dann, sie liebevoll zu streicheln. Und sie sagt: Vielleicht fehlt deiner Hand so etwas? Steinbock ist berührt – Jungfrau aber auch. Sie fühlen sich beide etwas verlegen, bleiben still sitzen und spüren ihr Miteinandersein. Empfindsamer geworden durch das Fasten, spüren sie die Zärtlichkeit zwischen sich, lassen die Anziehungskraft zu, fühlen einen zarten Strom von Sympathie und Sehnsucht.

Jungfrau und Wassermann

Jungfrau trifft Wassermann

Jungfrau macht zögerlich einen Kreis um die Anzeige: »Muntere Frauen-WG hat viertes Zimmer frei in Haus am Stadtrand. Gartenliebhaberin erwünscht.« Klingt ziemlich locker – ob sie das nun gut oder schlecht findet, weiß sie selbst nicht so genau. Jedoch ein Garten ...

Das Haus findet sie traumhaft, ein regelrechtes Hexenhäuschen. Wasserfrau öffnet ihr, und gleich dahinter tauchen noch zwei andere Gesichter auf. Mehrere Gedanken gleichzeitig gehen ihr durch den Kopf: Ist ja nett, alle kommen gleich zur Begrüßung an die Tür – oder sind die so neugierig? – sehr modern hier, alles hell, weiße Wände, moderne Malerei – klassische Musik von oben, schön – huch, jetzt stolpere ich ausgerechnet über die Katze ... Krebs hilft ihr, fasst sie an der Schulter und führt sie mit ein paar Worten ins Haus. Jungfrau deutet auf ihre Schuhe: ausziehen? Nicht nötig, winken die anderen ab. Hm, das passt ihr nicht, aber schon geht es weiter, zuerst ein Hausdurchgang. Zu unaufgeräumt, findet Jungfrau, ansonsten: toll.

Auf der Terrasse stellen sich alle vor: Studienfach, Eigenheiten, Hobbies, WG-Regeln, gewürzt mit Anekdoten rund ums

Haus und die WG – ein sehr munteres Grüppchen. Jungfrau fühlt sich etwas überfordert. Beim Gartenrundgang kann sie verschnaufen. Der Garten sei größtenteils »naturbelassen« – wie die WG das wilde Wuchern kichernd nennt – leider eher aus Unkenntnis. Nur Künstlerin Wasserfrau hat etwas gestaltet; sie experimentiert mit verschiedenen Materialien und hat versucht, Stauden, Steine und Metallobjekte als Semesterarbeit zu einem Kunstwerk zu kombinieren – eine Installation zum Thema »Revolte im Paradies«, erklärt sie, als sie Jungfraus ratlosen Blick sieht. Biologiestudentin Jungfraus Frage, ob sie ihre Pflanzenwesen, wie sie sie nennt, kennen lernen wollten, erbringt eifriges Kopfnicken. Jungfrau zeigt ihnen in einer einzigen Ecke gleich zwanzig verschiedene: von Bäumen über Sträucher und Stauden bis zu Wildkräutern und Gräsern. Schön, was ihr hier habt, meint sie, darauf lässt sich aufbauen.

Sie geht zurück zur Installation, die anderen folgen ihr beeindruckt. Sie habe die Blütezeiten nicht berücksichtigt, meint sie zu Wasserfrau; mit entsprechenden Pflanzen bliebe die Installation das ganze Jahr hindurch erhalten, wobei sie sich gleichzeitig ständig verändern würde. Wasserfrau ist interessiert, und Jungfrau sieht es. Das spornt sie an. Sie wundert sich über sich selbst, aber sie beginnt sich auf diese in ihren Augen merkwürdige Installation einzulassen: Wie wäre es mit Klangobjekten? Aus Metall, wenn sie das schön fände, aber auch Gräser und Schilf böten eine interessante Geräuschkulisse. Eine Idee folgt der anderen, und Jungfrau ist über sich selbst erstaunt, denn diese Seite kennt sie sonst nicht an sich. Sie verabreden, mit mehr Zeit gemeinsam an der Installation weiterzuarbeiten.

Als sie an den Tisch zurückkehren, haben die anderen schon mit der Zubereitung des Abendessens begonnen. Zum Gemüse sammelt Jungfrau noch Pfefferminze und Thymian ein und bringt gleich ein paar Blätter vom Schwarzen Johannisbeerstrauch mit; prima Tee, erklärt sie. Tja, ein bisschen öko bist du ja vielleicht, platzt Widder heraus, aber deine Erdkraft würde uns sicher nicht schlecht anstehen.

Jungfrau und Wasserfrau sitzen noch bis spät in der Nacht zusammen.

Jungfrau begegnet Wassermann

In der Tat erweist es sich, dass Bodenständigkeit und Gründlichkeit in diesem Hause Fremdworte sind. Zwar beginnt Jungfrau, mit Krebs mehr Ordnung, Pflege und Häuslichkeit in die WG zu bringen, doch macht die feurig-luftige Energie der beiden anderen ihre Bemühungen schnell wieder zunichte. Außerdem ist ständig Besuch da. Das Haus ist ein beliebter Treffpunkt für angehende freischaffende Künstlerinnen, die nicht nur ihre Skizzenblöcke und Farben überall verteilen, sondern auch tagelang an irgendwelchen Aufbauten für Fotos arbeiten, die dann ein bis zwei Wochen stehen bleiben.

Zwischen Jungfrau und Wasserfrau haben sich zarte Liebesbande entsponnen, ohne dass sie von Beziehung sprechen würden. Jedoch hat Jungfrau sich darauf gefreut, mit Wasserfrau zusammen an ihrer Installation arbeiten zu können. Sie selbst hat schon geplant, das Projekt zu erweitern und auch für eine Semesterarbeit an ihrem Fachbereich zu verwenden. Allerdings ist bisher kaum Zeit gewesen, um das gründlich durchzugehen. Einmal haben sie daran gearbeitet, die beiden anderen Termine hat Wasserfrau abgesagt. Wasserfrau war sehr berührt, dass Jungfrau sich gleich um die Umsetzung ihrer Ideen gekümmert hat. Auch ein gemeinschaftliches Projekt hat sie toll gefunden. Allerdings hat sie ständig neue Ideen, die sie beschäftigt halten. So erzählt sie abends ihren Mitbewohnerinnen völlig begeistert von einem aktuellen Projekt, um drei Tage später von einem anderen Projekt zu erzählen, das jetzt ihre ganze Aufmerksamkeit fordere. An das vorherige Projekt erinnert sie sich kaum und ist ehrlich erstaunt, wenn Jungfrau nach dessen Fortschritt fragt.

Jungfrau findet das anstrengend, und sie ist verwirrt, weil sie nicht weiß, woran sie mit Wasserfrau ist. Andererseits spürt sie, dass sie sich inspiriert fühlt von diesem flippigen Hin und Her. Sie stellt fest, dass sie auf eine andere Art zu denken beginnt. Dass sie Wasserfrau nicht zu fassen bekommt, macht sie allerdings unzufrieden. Sie fragt schließlich Wasserfrau, was sie daran hindere, sich auf das Projekt mit ihr verbindlich einzulassen. Wasserfrau sagt sofort, dass sie Freiheit über alles brauche; allein bei der Vorstellung, sich auf ein halbes Jahr gemeinsame Arbeit einzulassen, würde sie sich total eingesperrt vorkommen. Sie sei Künstlerin, und sie müsse frei bleiben, um kreativ sein zu können. Jungfrau fragt, wie sie denn etwas wirklich durchdringen wolle, wenn sie ständig Neues anfange. Wasserfrau antwortet ausweichend, wenn ihr etwas nichts mehr bringe, müsse sie eben gehen. Da würde sie ja eigentlich immer im selben Muster bleiben, kontert Jungfrau. Wasserfrau fühlt sich ertappt – und will nur noch weg. Aber trotzig entgegnet sie, dass Jungfrau sich nur verletzt fühle, weil sie eigentlich eine Beziehung mit ihr gewollt habe; jetzt projiziere sie ihren Frust auf sie. Jungfrau überlegt, zögert und nimmt sich dann Widder zum Vorbild: Ja, da sei etwas dran, sagt sie und schaut Wasserfrau dabei direkt in die Augen. Und ob sie befürchte, Jungfrau werde ihre Installation für sich vereinnahmen. Das bejaht Wasserfrau und gibt zu, dass sie eigentlich Angst davor hat, in einem Projekt an die Grenzen ihrer Ideen zu gelangen. Neues falle ihr dagegen immer ein. Sie habe noch nie etwas zu Ende gebracht, sondern sich immer nur durchgemogelt – das allerdings sehr gut!

Jungfrau lacht und findet Wasserfrau einfach charmant. Diese wiederum fühlt sich erleichtert und etwas verlegen. Sie gehen hinaus zur Installation. Wasserfrau nimmt Jungfrau in die Arme und sagt: Wie war das noch? Ein Projekt, das sich ständig verändert? Nicht uninteressant. Und sie küssen sich.

Jungfrau und Fische

Jungfrau trifft Fische

Auf dem Festival der Jahrmarktskünste ist wieder viel kreatives Volk versammelt. Jungfrau freut sich auf neue Inspirationen und überlegt sich außerdem, vielleicht einmal mit einer anderen Frau zusammenzuarbeiten. Jungfrau ist Handpuppenspielerin; sie baut ihre Puppen selbst und schreibt auch die Stücke. Sie schätzt das Alleinarbeiten – sie weiß, worauf sie sich verlassen kann, und doch spürt sie, dass sie irgendwie im eigenen Saft schmort.

So geht sie also aufmerksam zu den Aufführungen der Gaukler, Akrobatinnen, Feuerschluckerinnen und anderer Puppenspieler. Dann kommt sie zu einer Märchenerzählerin, Fische, die neu zu sein scheint. Jungfrau geht zu dem Zeltdach, unter dem die Zuhörerinnen auf weichen Polstern sitzen oder auch liegen. Schon nach wenigen Sätzen ist sie in die Geschichte versunken, sie spürt nicht mehr, wie die Zeit vergeht, vergisst ihre Umgebung und wird weit weggetragen.

Als die Geschichte zu Ende ist, braucht Jungfrau einige Zeit, um wieder in der äußeren Realität anzukommen. Etwas in ihr, das schon lange nicht mehr berührt worden ist, hat sich durch die weiche und doch intensive Stimme geöffnet. Mit der Märchenerzählerin müsste eine Zusammenarbeit wunderbar sein. Sie geht zu ihr. Fisches Augen wirken offen und durchlässig, sie scheint noch zum Teil in ihrer Geschichte zu sein, und ihre Gesten sind verträumt wie in Schwerelosigkeit.

Fische freut sich über Jungfraus Anfrage. Sie will jedoch zuerst ihre Puppen sehen, denn ein Märchen lebt davon, dass Bilder in den Zuhörenden selbst entstehen. Doch als sie sie sieht, ist sie fasziniert von den Puppen, ihrem Ausdruck und ihren außergewöhnlich fein gearbeiteten Gesichtszügen. Zu jeder Puppe skizziert sie gleich eine ganze Lebensgeschichte. Nun ist Jungfrau wiederum fasziniert von Fisches Empfindungsreichtum. Fische spürt, dass die Tiefe und Vielschichtigkeit, die sie in den Puppen sieht, auch in ihrer Schöpferin liegen. Sie spürt ihre Sehnsucht, sich mit so einer Frau tiefer zu verbinden. Schneller, als sie denken kann, nimmt sie Jungfrau in die Arme. Die fühlt sich unwohl damit, und Fische lässt sie rasch wieder los.

Fische erzählt, dass ihr jegliches Marketing im Grunde zuwider und sie finanziell mit ihren Märchen nicht erfolgreich sei. Mit Hilfe von Nebenjobs komme sie einigermaßen über die Runden; sie habe jedoch durch viele Berg- und Talfahrten erfahren, dass das Leben immer weitergehe – und das lehrten ja auch die Märchen. Sie lächelt Jungfrau an und fragt nach deren Leben. Jungfrau erzählt von ihrer Puppenspielarbeit, von der sie seit einigen Jahren hauptberuflich lebt. Sie reise viel und plane oft zwei Jahre im voraus, um bei den Veranstaltern günstige Termine zu bekommen. Fische ist beeindruckt. Sie kann nicht länger als zwei Monate im voraus planen und bewundert Menschen mit einer guten Selbstorganisation. Jungfrau beginnt zu zweifeln, ob sie mit dieser Frau wirklich zusammenarbeiten will. Doch die Erinnerung an das wunderbare Märchen motiviert sie – und sie kommt von Fisches Augen nicht los, in die sie immer wieder schauen muss. Und nachdem Fische eine Vorstellung von ihr mit viel Begeisterung aufgenommen hat, freuen sich nun beide auf das gemeinsame Schaffen.

Durch Fisches leeren Kalender kommen sie terminlich schnell zueinander. Jungfrau protokolliert ihre Absprachen und fährt schließlich mit einer Tasche voll Arbeitsideen nach Hause – und mit verträumten Gedanken an Fische.

Jungfrau begegnet Fische

Den ersten Arbeitstermin, der einen Monat später angesetzt ist, verlegt Jungfrau vor, obwohl sie mit ihrer ersten Puppe für die gemeinsame Aufführung noch nicht fertig ist. Sie spürt Unruhe und Sehnsucht in sich und will wissen, was es mit Fisches Ausstrahlung auf sich hat. Auch Fische spürt weiterhin eine starke Anziehung zu Jungfrau, zu ihrer Feinheit und Zartheit. Sie hat sich vorgenommen, ihr viel Raum bei ihrem Besuch zu geben und ihre Zurückhaltung und Vorsicht zu respektieren.

Fische lebt in einer Wohnung, die ganz ihren Märchen entspricht: Tücher und Teppiche überall, Lampen und Accessoires aus orientalischen Ländern. Jungfrau fühlt sich etwas fremd in dieser für sie eigentümlichen Umgebung. Fische lädt sie ein, sich Zeit zu nehmen, sich alles genau anzusehen und anzufassen. Sie würde überall solche Gegenstände finden, die ihr eine Geschichte erzählten. So entstünden ihre Märchen. Jungfrau empfindet wieder ein Gefühl der Zeitlosigkeit in Fisches Gegenwart. Es fällt ihr leicht, einfach dazusein, ohne ihren sonst steten Druck, etwas schaffen zu müssen. Das öffnet sie mehr für die andere Frau, als sie gedacht hat ... Es dauert nicht lange, und sie liegen sich in den Armen, wollen sich spüren, sich streicheln, sich nahe sein. Sie erleben ein romantisches Wochenende miteinander, lassen einander teilhaben an ihren Träumen, an ihren Sehnsüchten nach einem schöneren Leben mit mehr Spiel und Phantasie.

Auch ein Märchenabend steht auf dem Plan, mit demselben Titel wie beim Jahrmarktsfestival. Jungfrau ist gespannt, wie sie das Märchen diesmal erleben wird. Den Raum haben sie gemeinsam mit schönen Stoffen und Kissen ausgestattet, so dass er selbst schon märchenhaft erscheint. Fische beginnt zu erzählen, und wieder ist Jungfrau ganz gefangen. Doch dann merkt sie, dass die Geschichte eine andere Wendung nimmt. Sie ist irritiert, obwohl sie zunächst nicht recht weiß, wodurch.

Nach dem Ende fragt sie Fische, ob sie ihre Märchen eigentlich immer verändern würde. Immer, ist die erstaunte Antwort, sie verändern sich von selbst, und kein Märchen sei wie das andere. Erst da merkt es Jungfrau: Sie selbst kann nicht improvisieren, sie kann nur eine vorher lange geprobte Geschichte mit ihren Puppen spielen. Fische dagegen sagt, sie könne sich nie an etwas Vorgegebenes halten. Im Verlauf des Erzählens würden neue Bilder vor ihrem inneren Auge auftauchen, die sie dann verfolge. Sie würde ja das Leben aus einem Märchen nehmen, wenn sie immer bei einer Variante bliebe.

Jungfrau bricht in Tränen aus. Fische hat etwas tief in ihr berührt. Fische nimmt sie in die Arme, wiegt sie, flüstert ihr beruhigende Worte ins Ohr und spürt, wie sich Jungfrau langsam entspannt, ruhiger wird, stiller weint. Jungfrau gesteht ihr, dass sie das Gefühl habe, ihr ganzes Leben sei ein einziger Plan, vorhersehbar, abgesichert mit doppeltem Boden, in Grautönen und ganz das Gegenteil von Fisches phantasievollem Raum mit Improvisation, Lebendigkeit und Farbe. Sie habe schon oft versucht, auch so zu sein und es sei ihr doch nie gelungen.

Aber nein, es ist doch alles da, flüstert Fische ihr zu, du hast mich doch gefunden.

Waage

23. September – 23. Oktober

♎

Der erste Eindruck

Waage hat eine Ausstrahlung von Schönheit und Ausgewogenheit. Sie ist eine Frau, die anziehen kann, was sie will und doch stets den Eindruck vermittelt, gut gekleidet zu sein. Sie ist freundlich, liebenswürdig und charmant. Es ist angenehm, in ihrer Gesellschaft zu sein, weil sie das Gefühl weckt, willkommen und die interessanteste Gesprächspartnerin überhaupt zu sein. Sie verfügt über die Gabe, auf alles eingehen zu können, vermittelt Kontakte und tritt selbst dabei in den Hintergrund.

Lebenseinstellung und materielle Erscheinungsformen

Für Waage sind Harmonie und Schönheit Lebenselixier. Sie hat einen ausgezeichneten Sinn für Ästhetik, sie liebt die Kunst, Feinsinniges, Anmut und Eleganz. Das nimmt in ihrem Leben viel Raum ein, sowohl in ihrer Freizeit und in ihrem Zuhause, als auch in ihrem Berufs- und Beziehungsleben. Nach Möglichkeit begibt sie sich von vornherein in Situationen, die ihrem Sinn für Harmonie entsprechen. Sie fühlt sich unwohl, wo Grobheit, Unachtsamkeit, Unhöflichkeit oder gar Hässlichkeit herrschen. Doch überall, wo sie sich befindet, wird ihr Bestreben sein, eine Note der Verfeinerung hineinzubringen. Spannungszustände können sie regelrecht krank machen. Ein harmonisches Leben heißt für sie daher oft, Ecken und Kanten abzurunden, Knitter und Falten schnellstmöglich auszubügeln.

Waage versteht es, ihr Leben zu genießen. Sie umgibt sich dafür mit Umständen, Gegenständen und Menschen, die möglichst wenig störanfällig sind, die sie nicht in Konflikte bringen und wenig Veränderung verlangen. Ihre Wohnung ist natürlich geschmackvoll eingerichtet. Ihr Kleiderschrank enthält die zu jeder Gelegenheit passenden Stücke, ebenso wie ihr Esszimmer mehrere Tafelservice und eine große Auswahl an Tischwäsche enthält, die zu den verschiedenen Anlässen passen. Selbstverständlich würde sie nie Weißwein aus Rotweingläsern trinken oder die Kuchen- durch eine Spaghettizange ersetzen. Es ist ihr wichtig, dass die Einzigartigkeit einer Situation durch eine angemessene Ausdrucksform charakterisiert wird, und sie besitzt ein großes Geschick darin, mit nur wenigen Handgriffen z.B. einer Tischdekoration einen neuen Akzent zu geben. Mode- und Einrichtungszeitschriften stehen selbstverständlich auf ihrem Abonnementszettel. Dabei geht sie nicht unbedingt mit jeder Mode mit, sie mag ebenso das zeitlos Klassische schätzen. Auffällig um der Auffälligkeit willen oder gar protzig darf es jedoch nicht sein.

Energiefluss und Geld

Waage weiß, dass eine Person sich dann wohl fühlt, wenn sie in Harmonie mit sich und ihrer Umgebung ist. Durch Geomantie, Feng Shui, Farb- und Stilberatung sind diese Dinge in den letzten Jahren mehr ins breitere Bewusstsein gerückt. Die Energie fließt besser, wenn die Einrichtung in der Wohnung nach bestimmten Gesetzmäßigkeiten angeordnet wird. Unser Charakter kommt besser zur Geltung, wenn auch unser Outfit ihn widerspiegelt. Die sportliche Butch sieht im Rüschenkleid irgendwie »falsch« aus. Der »Sommertyp« versperrt sich mit »Frühlingskleidung« die eigene Stärke und Ausstrahlung.

Waage ist damit Vorreiterin für das Ausgestalten der Individualität. Ihr Gegenüber Widder bestimmt einfach, dass ihr Aussehen zu ihr zu passen hat, egal wie es ist. Waage jedoch bringt die Qualität ein, in Kontakt mit sich selbst und mit dem Gegenüber zu gehen. Aus dem immer feineren Umgang mit Unterschieden entstehen tiefe Verbindungen.

Waage hätte für ihre Bedürfnisse am liebsten Geld ohne Ende. Sie wünscht sich die bestmögliche Qualität für jeden Gegenstand, doch ist diese meistens an einen großen Geldbeutel geknüpft. Sie leidet sehr unter Billigware mit schlechten Materialien. Jedoch rettet sie ihr guter Blick. Sie kann mit einfachen Mitteln viel bewirken. Sie hat das feine Gespür, an der richtigen Stelle den richtigen Akzent zu setzen. Sie wird lieber minimalistisch eingerichtet sein und wenige gute Stücke im Kleiderschrank haben, als Schönheit durch Quantität zu ersetzen.

Konflikte – Krisen – Wandlungen

Waages größter Konflikt entsteht daraus, dass sie keine Konflikte will. Das Leben stellt sie jedoch täglich vor neue Entscheidungen, und die erzeugen Spannung in ihr. Manchmal müssen sogar Entscheidungen getroffen werden, die die Weichen für das ganze weitere Leben stellen, nicht nur für ihr eigenes, sondern auch für das anderer Personen. Sie muss etwas weglassen und ausschließen, und das fällt ihr schwer. Sie weiß nicht, ob ihre Entscheidung mehr Harmonie oder vielmehr neue Schwierigkeiten bringen wird.

Wirklich schwerwiegende Entscheidungen werden an Gerichten gefällt. Justitia wird dargestellt mit der Waage in der einen und dem Schwert in der anderen Hand. Ihre Augen sind verbunden – sie findet den Weg blind. Ihr inneres Feinempfinden leitet sie. Waage hat einen inneren Maßstab in sich, nach dem sie die Welt richtet. Jedoch wagt sie es oft nicht, diesen Weg zu gehen und ihre Bewertungsmaßstäbe konsequent anzulegen. Ihr fällt es schwer, ihre Meinung auszudrücken, sichtbar zu werden und sich damit angreifbar zu machen. Waage muss lernen, in Disharmonie zu gehen, um damit zu einer neuen und besseren Harmonie zu finden. Die Fähigkeit, einen Schritt zurücktreten zu können, ist wichtig. Und manchmal ist der Schritt nach vorn, in unbekanntes Land, der bessere. Waage kann das Wissen helfen, dass jeder Raum, den sie durch eine Entscheidung öffnet, sie näher zu sich selbst bringen wird, vorausgesetzt, sie betritt ihn ganz und lässt sich auf die Erfahrungen ein, die er anbietet.

Individualität und Begegnung

Waages Unentschlossenheit und ihre Ausweichmanöver können ihre Freundinnen auf die Palme bringen. Sie sucht die Harmonie und löst doch oft Konflikte und Ärger aus. Sie versucht, sich anzupassen, will, dass es allen gut geht und versucht, es allen recht zu machen – und muss doch sehen, dass es so nicht funktioniert, nicht funktionieren kann. Lebendige Beziehungen, die sich weiterentwickeln wie die Menschen, die sie eingegangen sind, brauchen Verschiedenheit und damit Reibung. Eine Weile mag Waage verbergen können, dass sie so selten wie möglich ihre eigene Meinung sagt, doch irgendwann wird sie dazu aufgefordert werden. Sie wird sich möglicherweise winden und herauszureden versuchen. Doch andere wollen wissen, wer sie eigentlich ist.

Wenn sie wirklich begegnen will, muss sie sich selbst in die Waagschale werfen, einen Schritt nach vorn tun und aus der alten Harmonie heraustreten. Waage verwechselt leicht das Aufgeben von Harmonie mit dem Aufgeben der Verbindung. Sie fürchtet, die andere Person zu verlieren, wenn sie sich zeigt. Dafür braucht Waage ein klares Zentrum in sich, einen gefestigten Dreh- und Angelpunkt, um die Verbindung zu halten und gleichzeitig sie selbst zu sein. Dadurch wird sie die Erfahrung machen, dass die Verbindung sogar stärker wird, Differenzen aushalten kann und beide Personen darin wachsen können.

Kreativer Ausdruck und Beruf

Waage besitzt die Fähigkeit, Sachverhalte so auszudrücken, dass sie leicht in einer ganzen Runde angenommen werden können. So ist sie die geborene Diplomatin und Mediatorin, im engeren und im weiteren Sinne. Sie kann also im Betrieb ein Amt bekleiden, in dem sie bei Konflikten um Hilfe gebeten wird. Doch wirkt sie häufig indirekt und hinter den Kulissen, indem sie eine friedliche Atmosphäre schafft; kleine Gesten geben Zuneigung und Zugehörigkeit zu erkennen, und auf einer Geburtstagsparty werden wie nebenbei diejenigen gewürdigt, die sonst manchmal zu kurz kommen.

Ihre typischen Berufe finden sich in allen Sparten, die mit Schönheit, Verbindung und Gerechtigkeit zu tun haben: von der Designerin über die Musikerin bis zur Restauratorin und Gourmetköchin. Als Architektin schafft sie ein Gebäude, das in jedem Detail seine Aufgabe spiegelt und sich außerdem in seine Umgebung vollendet einpasst. Als Schriftstellerin fängt sie die Fragen der Menschen auf und verarbeitet sie in einer Form, die andere berühren kann. Als Frauenbeauftragte benennt sie auch subtile Ungleichbehandlungen und setzt sich dafür ein, die Schwächeren stärker zu machen.

Entwicklung und Aufgabe

Waage sucht den Ausgleich und die Balance. Sie wünscht, ausgewogene Situationen festhalten zu können und kann daran verzweifeln, dass immer wieder neue Disharmonie entsteht. Lässt sie sich auf ihr gutes Gefühl für Harmonie wirklich ein, wird sie spüren, wie eine immer tiefere und stimmigere Harmonie erzeugt werden kann. Dann wird sie sogar dazu beitragen, Reibungsstellen zu benennen und sie offen zu legen, damit sie geheilt werden können. Ungleichgewicht bildet sich durch die Veränderungen des Lebens immer wieder neu. Waage kann durch das Halten der Gegenpole in einem größeren Ganzen eine Schwingung zum Vorschein bringen, die den Gegensätzen bereits zugrunde liegt. Dann vereint sie die Widersprüche in einem neuen Bewusstsein, ohne dass individuelle Standpunkte aufgegeben werden müssen. Sie baut Brücken zwischen Menschen, so dass sie ihr Gesicht zeigen können, anstatt es zu verlieren.

Waage und Waage

Waage trifft Waage

Die Ausstellung war wunderbar. Jetzt sitzt Waage mit dem Katalog im schönen Innenhof der Ausstellungsräume und trinkt einen Cappuccino. Sie blättert im Katalog und lässt die Bilder noch einmal auf sich wirken. Dann steht ein kleines Mädchen neben ihr, Stier, und versucht, auch in den Katalog zu lugen. Waage lässt sie schauen und fragt, ob sie auch in der Ausstellung gewesen sei. Sie nickt eifrig und zeigt auf eine andere Waage, ihre Mama. Die blickt sich gerade suchend um, sieht ihre Tochter und kommt herüber. Waage lädt die Mutter, die einen sympathischen Eindruck auf sie macht, ein, sich zu ihnen zu setzen.

So kommen sie ins Gespräch. Die eine Waage ist Fotografin und allgemein kunstinteressiert, die Waage-Mutter hat ihr Studium der Malerei während der Schwangerschaft abgebrochen und beginnt nun allmählich, sich wieder mehr in der Kunstszene umzusehen. Ihre Tochter mag Bilder, so dass sie sie gut mitnehmen kann. Sie ist eine schöne Frau mit schönen Bewegungen, was die Fotografin sofort wahrgenommen hat. Auch spürt sie eine Anziehungskraft von ihr ausgehen und würde sie gern näher kennen lernen. Doch die Tochter beginnt unruhig zu werden, und so will ihre Mutter aufbrechen. Die Fotografin fragt, ob sie die beiden noch fotografieren dürfe, und sie darf. Das gibt ihr die Möglichkeit, nach der Telefonnummer zu fragen ...

Wenige Tage später bringt sie ihr die Fotos vorbei und wird, wie erhofft, in die Wohnung gebeten. Die Wände sind mit vielen Kinderzeichnungen geschmückt, und die Mutter erzählt stolz, dass ihr Stier-Mädchen in einen Kindergarten geht, in dem die kreative Seite der Kinder sehr gefördert werde. Sie betrachten die Bilder und besprechen sie ausführlich – leider jedoch entdeckt die Besucherin kein einziges selbst gemaltes Bild von ihrer neuen Bekannten. Dabei hätte sie gern mehr über sie erfahren. Diese wiederum spürt ihr Interesse, lässt das ganz gern zu und flirtet ein bisschen mit ihr. Doch als sie zu dritt auf dem Sofa sitzen, ist sie in der Situation, die sie immer wieder fürchtet: Sie möchte einer Frau gern näher kommen, aber sie weiß nicht wie. So plaudern sie ein wenig über dies und das, und die Spannung zwischen ihnen wächst. Jede macht der anderen kleine Avancen, und doch kommen sie nicht wirklich voran. Waage-Fotografin erkundigt sich, ob denn die Tochter manchmal beim Vater sei. Ja, das sei sie, jedoch nur alle vier Wochen – das nächste Mal am kommenden Wochenende, setzt die Mutter schnell hinzu. Gäbe es da eine Chance, etwas zu zweit miteinander zu unternehmen? fragt die Fotografin mutig.

Sie verabreden sich für eine Ausstellung und ein Abendessen danach. Doch schon während der Ausstellung klingelt Waage-Mutters Handy. Die Tochter habe überraschend Durchfall bekommen, und die Babysitterin – der Vater war nämlich plötzlich verhindert – fühle sich gänzlich überfordert. Sie fahren nach Hause, doch an der Tür verabschiedet sich die Mutter von der anderen Waage. Sie bedauert das, doch sie weiß sich keinen anderen Rat. Und sie ist erleichtert, weil sie – mit der Tochter nebenan – vor einer eventuellen Liebesnacht doch Angst hatte. Die Fotografin ist verärgert, zeigt ihr gegenüber jedoch volles Verständnis. Und natürlich hat sie das auch.

Waage begegnet Waage

Sie verabreden sich erneut, und wieder wissen beide nicht recht, wie es weitergehen soll. Sie sprechen über sich und ihre Veränderungsprozesse, über vergangene Lebensabschnitte und Erlebnisse, doch das Thema Liebesbeziehung halten sie weiterhin außen vor. Wir sind freundlich miteinander, nett, aufmerksam, ja sogar liebevoll, doch das Entscheidende ist weder ausgesprochen noch machen wir es durch eindeutigen Körperkontakt klar – so denken beide. Jede hofft, dass die andere den ersten Schritt unternimmt. Dann überlegt die eine Waage, dass es gar nicht so schlimm sei, wenn nichts weiter liefe, schließlich sei es schön, eine neue gute Freundschaft zu haben. Außerdem sieht sie, dass die andere Waage natürlich zuerst an ihr Kind denken und eine Beziehung sehr viel Veränderung bringen würde. Und die Mutter denkt tatsächlich, dass sie viel freier in ihrem Leben sein könnte, wenn doch der Kindsvater mehr Verantwortung übernähme.

Dann merkt die fotografierende Waage, dass sie die Zurückhaltung der anderen laufend rechtfertigt. Als Älteste in einer vierköpfigen Geschwisterreihe hatte sie die Position übernommen, für Chancengleichheit unter den jüngeren Geschwistern zu sorgen. Das ging nur, indem sie sich selbst zurückgenommen und auch die anderen größeren Geschwister dazu animiert hat. Außerdem war sie in der Position, gegenüber den Eltern zu vermitteln. So war sie ständig dabei, die verschiedenen Pole zu harmonisieren. Nun spürt sie, dass sie endlich Gerechtigkeit will, sie selbst will auch wichtig sein. Dabei bemerkt sie, dass sie insgeheim bereits einen Groll gegen das Stier-Kind aufgebaut hat, als sei es schuld daran, dass sie sich in ihrer Familie oft selbst zerrieben hat.

Manchmal glaubt Waage, dass sie auch durch die Fotografie immer nur einen Spiegel schafft, in dem sich andere betrachten können. Mehr nicht. Wäre mehr denn möglich? Just in diesem Moment erwähnt die andere, dass »Kunsttherapie« eine Möglichkeit sei, mit verschiedenen Methoden und Materialien an eigenen Persönlichkeitsstrukturen zu arbeiten, sie sich bewusst zu machen und neue kreative Wege zu erschließen. Sie überlegt, eine entsprechende Ausbildung zu beginnen. Das findet die Fotografin interessant, und sie erzählt von ihren eigenen Gedanken dazu. So kommen sie endlich auf das Thema Spiegel-Sein – in Beziehung sein. Sie sprechen darüber, dass sie beide eigentlich eine Partnerin suchen: Sie sollte ihre Vorstellungen und Ziele im Leben teilen, sie solle kunstinteressiert sein, Kinder mögen und Harmonie lieben. Damit ist ihre Zeit gekommen, sich tiefer in die Augen zu sehen und ganz vorsichtig über eine Beziehungsmöglichkeit zwischen sich zu sprechen. Sie glauben, dass sie gute Voraussetzungen mitbringen, es miteinander zu versuchen. Inzwischen schläft Stier-Tochter ...

Das Wunderschöne an ihrer Beziehung ist ihre Bereitschaft zu Harmonie und Rücksichtnahme. Beide sind sehr liebevoll miteinander und bringen dies in all ihren größeren und kleineren Werken zum Ausdruck. Ihr Zögern allerdings führt sie in so manch schwierige und verstrickte Situation. Sie werden auf ihre Art herausfinden, dass ihre Beziehung die Lebendigkeit und Individualität von beiden braucht. Sie erleben, dass Vorwärtsgehen, Veränderung und Reibung miteinander ihre Harmonie vertieft.

Waage und Skorpion

Waage trifft Skorpion

Spät ist es, nach Mitternacht, und der Raum ist gänzlich verqualmt. Schummeriges Licht, viele Menschen. Es hat sie Überwindung gekostet, zu so später Stunde in den Jazz-Keller Moon River zu gehen, jedoch hatte die Ankündigung der an diesem Abend spielenden Band sie angesprochen.

Waage sucht sich einen Platz und erblickt direkt gegenüber, auf der anderen Bühnenseite, Skorpion. Sie fällt ihr auf, elegant, ganz in schwarz gekleidet, dunkle, gelgestylte Haare, außer Lippenstift kein Make-up, ein langer Zigarillo in der Hand und eine Espressotasse vor sich. Eine Erscheinung, wie sie hierher gehört, findet Waage, und dennoch irgendwie auffällig, besonders. Sie weiß nicht recht, was sie an ihr anzieht, doch muss sie immer wieder zu ihr hinüberschauen.

Auch Skorpion hat Waage nun entdeckt. Sie ist Stammgästin im Moon River und hat Waage hier noch nie gesehen. Sie scheint sich fremd zu fühlen, schaut immer auf die Uhr, weiß offenbar nicht, dass sich jede Band um eine halbe Stunde verspätet. Eine schöne Frau, findet Skorpion, sehr gepflegt und sorgfältig gekleidet, anders als die meisten Jeans-und-T-Shirt-Leute hier. Und sie trinkt einen Cocktail, was Skorpion interessant findet, denn sie hat sich immer schon gefragt, ob das Angebot auf der Karte nur ein *fake* sei; fast alle hier trinken Bier. Noch interessanter aber findet sie nun Waage selbst. Sie nimmt sich vor, im zunehmenden Publikumsgedränge unauffällig zu ihr hinüberzugehen.

Dann kommt die Band, und der Raum beginnt sich mit Klängen zu füllen. Langsam ist die Musik, sanft, eingängig und melodiös. Waage entspannt sich, nachdem sie angefangen hatte, sich über die Unpünktlichkeit zu ärgern. Jetzt genießt sie die Atmosphäre, geht mit der Musik mit, die allmählich spannungsreicher wird. Dann steht auf einmal Skorpion neben ihr, in der Hand ein Whiskyglas. Waage spürt Unruhe in sich; hat die andere ihre Blicke von vorhin bemerkt, irgendwelche Schlüsse daraus gezogen? Jedenfalls nimmt sie keinen äußeren Kontakt auf. Dennoch hat Waage das Gefühl, dass Kontakt da ist; sie spürt, dass Skorpion mit ihr beschäftigt ist – umgekehrt ist es ja auch so. Die Musiker haben sich nun warmgespielt, ihre Improvisationen werden nuancierter und intensiver, Spannungen werden aufgebaut, gehalten und gesteigert, dann endlich Auflösungen. Das Publikum ist gefangen, lässt sich ganz auf die Musik ein, der Raum vibriert. Dann Pause. Skorpion spricht Waage an: Diese Musik hole das Tiefste aus einem Menschen heraus, und das gefalle ihr daran. Dabei verrät ihr Gesicht Schmerz. Waage ist von dieser Offenbarung überrascht. Sie antwortet erst einmal etwas Unverbindliches. Doch Skorpion spricht weiter, fragt Waage, was die Musik mit ihr mache, wie sie mit diesen Spannungen zurechtkomme. Waage spürt, das sie in eine Intensität hineingezogen wird, die ihr fremd ist. Doch es passt zu der Atmosphäre, der Musik, der fortschreitenden Nacht. Sie spürt Sehnsucht, sich darauf einzulassen und spricht über Gefühle, von denen sie nicht wusste, dass sie sie in sich hat.

Die Musik beginnt wieder; sie ist leichter als vorher, bekommt romantische Züge. Skorpion und Waage stehen näher beieinander, berühren sich, und dann steigt Feuer in ihnen auf.

Waage begegnet Skorpion

Für den nächsten Morgen hat Waage sich den Wecker gestellt und meldet sich mit heiserer Stimme, die sie nicht extra verstellen muss, krank. Das hat sie noch nie getan, doch nach den ersten Küssen wusste sie, dass die Nacht den ganzen Tag dauern würde. Waage ist wie in einem Rausch mit Skorpion, was sie in Sekunden zwischendurch verwundert beobachtet, und dann verschwindet sie wieder darin. Sie kommt an Grenzen ihrer Gefühle, ihres Körpers, kennt sich nicht mehr, wird gehalten, hält die andere, will alles und gibt alles.

Skorpion hatte sich eigentlich vorgenommen, ihre nächste Beziehung, Affäre – sie weiß nicht, wie sie es nennen soll – langsam anzugehen. Sie wollte sich nicht wieder voll hineinstürzen in einen Strudel, in dem sie sich oft genug gefangen gefühlt hat. Sie glaubte dann, nur durch ein abruptes Beenden der Beziehung wieder herauskommen zu können. Und doch hat sie mit Waage erneut erlebt, dass ihr eine Begegnung ohne Intensität unmöglich ist. Sie weiß, dass sie andere Frauen damit anzieht, doch wollen die meisten dann nicht in dieser Intensität weitergehen. Sie spürt einen tiefen, diffusen Schmerz in sich. Waage schläft. Skorpion beobachtet sie, und ein liebevolles Gefühl steigt in ihr auf. Waage ist so zartfühlend gewesen, vorsichtig, auf Skorpions Wohlergehen bedacht. Ihre Ausstrahlung ist friedlich. Skorpion seufzt – Waage ist nicht von so quälenden Gedanken besetzt wie sie selbst. Wer weiß, wie lange ihr Zusammensein dauern wird. Dann wieder allein sein. Mit ihrer Therapeutin arbeitet sie schon lange daran, sich an einem bestimmten Punkt tiefer zu öffnen, anstatt so viel zu kämpfen. Waage wacht auf, sieht Skorpions Blick auf sich gerichtet, und sie nimmt wieder ihren Schmerz wahr, der auch in ihr etwas anrührt. Tränen kommen ihr. Sie nimmt Skorpion in die Arme, hält sie fest, spürt Mitgefühl in sich aufsteigen und Verbundenheit mit ihr. Skorpion fühlt Waages ruhige Kraft, und zum ersten Mal hat sie das Gefühl, zu verstehen, was ihre Therapeutin meint.

Waage hält die Intensität und das Bohrende von Skorpion manchmal kaum aus. Sie spürt, dass sie sich oft zurückziehen, einen Ausgleich finden muss, um sich selbst halten zu können. Sie fühlt sich tief angesprochen von Skorpion, fühlt ihr Inneres offen liegen, wenn sie mit ihr zusammen ist, hat Angst davor und ist unsicher. Sie spricht viel mit ihren Freundinnen darüber, was ihr gut tun könne, was ihr Sicherheit geben und wie sie das Gefühl für sich selbst erhalten könne. Das verliert sie manchmal in ihrer Beziehung mit Skorpion, die so viel in ihr in Frage stellt, dass sie zutiefst aufgewühlt ist. Skorpion zwingt sie sogar dazu, zu streiten. Waage merkt, dass sie nicht bereit ist, alles mitzumachen, nur weil Skorpion mit Vehemenz Aufmerksamkeit für ihre Angelegenheiten einfordert. Dieser Widerstand ist neu für sie. Und sie merkt, dass Skorpion damit nicht gut zurechtkommt. Skorpion braucht offenbar mehr Sicherheit, als sie zugibt, ihre ganze Suche und Verzweiflung scheinen auch Schutz zu sein. Sie fragt Skorpion, wovor sie wirklich Angst habe, und diesmal lässt sie nicht locker. Es ist das Stillsein, das Sein mit sich, was Skorpion fürchtet. Dann könnte etwas entstehen, was ihre ganze bisherige Existenz in Frage stellt. Waage hält sie fest, und Skorpion lässt es zu.

Waage und Schütze

Waage trifft Schütze

Schützin holt die Visitenkarte heraus, die sie sich kürzlich von einer Freundin hat geben lassen. Die hatte ihr von einer Bekannten erzählt, die Friseurin sei und sich mit Mondrhythmen auskenne. Diese hätten großen Einfluss auf das Gelingen des

Schnittes, und sie habe nur beste Erfahrungen damit gemacht. Neue Ideen begeistern Schützin immer, und so ruft sie an, um sich einen Termin geben zu lassen. Da sie den Namen der Frau vergessen hat, sagt sie der Frau am Telefon, sie wolle von der Kollegin bedient werden, die sich mit den Mondstellungen auskenne. Etwas kühl scheint ihr »Moment, bitte« zu kommen, und dann hat sie Waage am Apparat. Die klingt netter und empfiehlt ihr einen passenden Termin.

Ihre Chefin habe ihr widerwillig, aber auch respektvoll den Hörer in die Hand gedrückt, erzählt sie dann, während sie zu Beginn des Termins Schützin vom Körperbau über Garderobe und Brillengestell bis zur Ausstrahlung hin professionell studiert. Die Chefin lasse in dieser Hinsicht gar nicht mit sich reden, obwohl sie ihr schon erklärt habe, dass dies in bestimmten Kreisen ein Hit sei und sie gut damit werben könne. Sie jedenfalls berate ihre Kundinnen gern in dieser Richtung. Ob sie denn zu Experimenten bereit sei, wenn es um ihren Haarschnitt ginge? will sie wissen. Schützin hat Waage auf den ersten Blick gefallen, und sie wittert ihre Chance: Nur gegen ein Coaching-Gespräch mit dir! sagt sie, und es blitzt aus ihren Augen, das sei nämlich ihr Beruf, und vielleicht könne sie ihr ein paar Tipps für den Salon geben. Darauf ist Waage zwar gar nicht wild, doch etwas in Schützins Ausstrahlung bringt sie dazu, ja zu sagen.

Der Haarschnitt wird der beste, den Schützin je hatte, und sie beschließt, sich beim Coachen besonders ins Zeug zu legen. Den ersten Termin verschiebt Waage. Und dann kommt sie, jedoch mit Kopfschmerzen. Sie weiß, warum. Sie fühlt sich schon jetzt so in die Enge getrieben, dass sie sich fragt, warum sie sich bloß auf dieses Gespräch eingelassen hat. Inzwischen weiß sie, dass Schützin die stadtbekannte Coachfrau ist, von der viele schwärmen, dass sie sie auf den richtigen Weg gebracht habe. Das macht es nicht besser. Oft genug haben Freundinnen versucht, sie aus diesem etwas altbackenen Salon herauszuholen, doch Waage will sich gar nicht verändern. So sagt sie gleich, sie glaube nicht, dass die Beratung etwas bringen würde. Schützin jedoch ist professionell; sie kennt die Ängste ihrer Klientinnen und weiß ihnen zu begegnen: Sie soll sie gleich einmal aussprechen. Waage ist erleichtert, und bald fließt ihr Gespräch.

Es scheint ihr, als sei sie doch nicht ganz so feige und unentschlossen, wie sie sich selbst immer gesehen hat. Schützin weist sie darauf hin, dass sie allerhand Weiterbildungen in einer bestimmen Richtung gemacht hat. In Waage öffnet sich etwas, und sie spürt Kraft in sich aufsteigen. Doch dann sagt Schützin, dass Waage ihre Informationen anderen vorenthalte. Das findet diese nun wirklich moralisierend, und empört ruft sie aus, dass sie ihr Leben selbst bestimmen und sich nichts einreden lassen wolle. Und mit ihren Ängsten habe das auch nichts zu tun. Den Rest bekommt sie gar nicht mehr mit, so verärgert ist sie. Sie beendet die Stunde recht frostig und vereinbart keinen weiteren Termin.

Waage begegnet Schütze

In der Nacht jedoch träumt Waage von Schützin – es waren sogar erotische Aspekte dabei. Das ärgert sie. Sie kann sich denken, warum andere Frauen von Schützin schwärmen: Sie hat eine unglaublich vitale Kraft, die sie direkt und unverstellt zum Ausdruck bringt. Schützin wiederum ist gekränkt. Ihr Ego verträgt es schlecht, einer Frau nicht zu dem Erfolg verhelfen zu dürfen, den sie selbst so nahe sieht. Doch ist sie professionell genug, es loslassen zu können. Als der nächste Haarschnitt fällig ist, vereinbart Schützin wieder einen Termin mit Waage.

Diesmal gehen sie anschließend ins Café. Waage gesteht, dass sie sich so geärgert hat, weil Schützin exakt ins Schwarze getroffen habe. Sie selbst hat sich für überhaupt nicht ehrgeizig gehalten. Aber sie habe eingesehen, dass Schützin damals etwas ausgesprochen hat, was sie selbst nicht wahrhaben wollte. Schützin sagt, dass sie es kaum aushalten könne, wenn sie eine gute Geschäftsidee ungenutzt herumliegen sehe. Waage z.B. könnte wunderbar einen kombinierten Salon eröffnen: Haare, Styling, astrologische Beratungen, um den richtigen Zeitpunkt für Unternehmungen zu bestimmen ... Waage spürt, dass sie sich schon wieder leicht gereizt fühlt. Schütze mache ihr Druck, sie sei viel zu schnell. Aber das ist doch auch ein Spiel, versucht Schützin sie zu beruhigen und gleichzeitig aufzustacheln. Sich Ziele zu setzen wecke doch die Lebenskräfte, ein Risiko einzugehen eröffne neue Möglichkeiten. Waage hat das Gefühl, Schützin will sie in eine bestimmte Richtung drängen, und da schrillen ihre Alarmglocken. Sie wolle jetzt nach Hause, vielleicht ein andermal, lächelt sie und will sich verabschieden. Doch Schützin hält sie fest. Sie ist betroffen über ihre Wirkung bei Waage. Ob sie wirklich so bedrängend sei? Waage merkt, dass Schützin ihre Frage ernst meint. Sie spürt ihre eigenen Fluchttendenzen und entscheidet sich, ihnen nicht nachzugeben. Sie stellen fest, dass bei ihnen Mechanismen ineinander haken und sie stark aufeinander reagieren.

Im Laufe der Zeit werden sie persönlicher miteinander, wodurch ihre Beziehung nicht spannungsärmer wird. Sie wissen, dass sie sich voneinander angezogen fühlen, scheuen jedoch eine Beziehung. Schützin schätzt Waages Aufrichtigkeit, und sie liebt ihren guten Geschmack, von dem sie nun schon öfter profitiert hat. Auch ihr Büro hat sie schon komplett von Waage umgestalten lassen. Doch liebt sie auch ihre Unabhängigkeit und fürchtet, sie in einer Liebesbeziehung aufgeben zu müssen.

Waage ist irgendwie angestachelt von Schützins Überzeugung, nur starke Visionen würden das innere Potenzial freisetzen. Sie erlaubt sich mehr Phantasien als früher, hat nicht mehr die Angst, alles auf einmal umsetzen zu müssen. Jetzt träumt sie, wie es wäre, mit Schützin eine Partnerschaft zu haben; sie weiß, dass sie sich mit einer starken Frau an ihrer Seite viel mehr zutraut. Dann beschließt sie, Schützin zu verführen. Sie weiß auch, wie – sie entwirft eine Vision. Zwei Frauen, die ihre

Stärken synergetisch verbinden: Coaching und professionelles Styling, genau aufeinander abgestimmt. Schützin ist Feuer und Flamme. Sie entwirft gleich die erste Anzeige: Die Verwirklichung Ihrer Ziele in Harmonie mit Ihrer Persönlichkeit. Halt, sagt Waage, hier bin ich erst mal, und sie lädt sie ein zum ersten Kuss.

Waage und Steinbock

Waage trifft Steinbock

Es ist eine laue Sommernacht, wie gemacht für die Grillparty. Die meisten aus dem LehrerInnenkollegium stehen im Garten herum, andere sind gerade auf Besichtigungstour durch das neue Heim. Zwei Kolleginnen haben sich ein Haus gebaut und geben nun ihre Einweihungsparty. Steinbock ist besonders interessiert. Sie steckt mitten in ihren eigenen Überlegungen, sich ebenfalls ein Haus zu bauen, und will daher jedes Detail erfahren. Waage ist bei dieser Tour dabei und wundert sich, was Steinbock alles zu fragen weiß: Welche Anschlüsse sie hier verwendet hätten und wie dick die Wände dort seien und wie sie das Problem von Wärmedämmung und Lüftung gelöst hätten. Waage schaut mehr auf die Innenausstattung, befühlt hier einen Stoff und richtet dort eine Leuchte anders aus. Sie hat ihre Kolleginnen von Anfang an in Einrichtungsfragen beraten und daher allmählich das ganze Haus wachsen sehen. Die technischen Fragen haben sie gar nicht beschäftigt. Steinbock wiederum ist es ganz neu, sich mit Einrichtung auseinander zu setzen – das war ihr bisher nicht einmal als Thema in den Sinn gekommen. Sie findet es faszinierend, wie viele Feinheiten Waage wahrnimmt; sehr weiblich, denkt sie.

Schließlich gehen sie gemeinsam nach draußen, um sich Kartoffeln und Auberginenscheiben auf den Grill zu legen. Waage kann kaum glauben, dass Steinbock ein Haus nur für sich allein bauen will. Doch Steinbock bestätigt ihr das. Sie sei Single und wolle auch nicht länger auf die passende Frau warten. Sie habe sich klar entschieden, und damit ginge es ihr gut. Auch ließe es sich recht gut finanzieren – sie schließt eine längere Abhandlung über die Finanzierbarkeit des Projektes an. Waage hört nur mit halbem Ohr zu. Es beschäftigt sie, dass eine Frau so eine Entscheidung treffen kann und sich damit festlegt – keine Beziehung mehr. Waage meint, sie könne doch auch WG-mäßig mit jemandem zusammen in einem Haus wohnen. Aber Steinbock ist das zu viel. Ihre Ruhe ist ihr wichtig, und sie mag nicht gern viele Menschen um sich haben.

Dann darf getanzt werden. Waage ist eine leidenschaftliche Tänzerin, und Steinbock hat nichts Eiligeres zu tun, als sie zum Tanz zu bitten. Da beginnen andere Kolleginnen zu munkeln. Wenn Tanzmuffel Steinbock gleich den ersten Tanz tanzt, muss etwas dahinter stecken. So ist es auch. Steinbock findet Waage außergewöhnlich charmant, und sie freut sich über ihr Interesse am Hausbau.

Waage allerdings hat keinerlei Ambitionen in dieser Richtung. Sie findet Steinbock viel zu nüchtern und unsinnlich. Steinbock kann tanzen, doch fehlen Waage die Phantasie und Erotik dabei. Waage versucht daher, sich von Steinbock zu verabschieden und sich in der Gesellschaft anderer zu vergnügen. Doch Steinbock betrachtet sich als ihre Begleiterin für den Abend. Sie sucht nach neuem Gesprächsstoff und versucht es mit dem Thema Katzen – tatsächlich kommt da die Kommunikation wieder in Fluss. Waage hat zwei Katzen, und die sind ihr Ein und Alles. Die nächste Stunde vergeht mit Katzengeschichten.

Dadurch erscheint Steinbock allerdings Waage in einem anderen Licht; vielleicht ist da doch mehr Gefühlsleben, als sie gedacht hat? Und Steinbock überlegt die ganze Zeit, wie sie Waage am besten wieder sehen kann. Beim Abschied fragt sie sie schließlich, ob Waage sie einrichtungsmäßig etwas beraten könne, denn da habe sie keine Ahnung.

Steinbocks Wohnung ist genau so, wie Waage es sich vorgestellt hat. Peinlich aufgeräumt und spiegelblank, die Bücher alphabetisch geordnet in alten Bücherschränken. Das Mobiliar ist klassisch-zeitlos und unaufdringlich, doch für Waages Geschmack zu einfallslos. Sie selbst würde kaum etwas davon in ein neues Haus mitnehmen.

Steinbock macht ihr den Hof. Sie ist höflich und zuvorkommend, hat eine etwas altmodische Art, die Waage irgendwie anrührt. Dann kommt die Katze, die ihren Nachmittagsschlaf beendet hat. Wie zufällig streicht sie zuerst um Waages Füße und lässt sich dann auf Steinbocks Schoß nieder. Steinbock hat bereits die ersten Pläne für ihr Haus gezeichnet. Sie ist Do-it-yourself-Frau und hat schon ein ganzes Regalbrett mit Fachbüchern zum Thema Hausbau bestückt. Sie legt ihren Plan auf den Tisch und sagt vorsichtig, sie würde das mit dem Alleinwohnen noch einmal überdenken. Vielleicht sei es wirklich nicht so schlecht, zu zweit zusammenzuleben. Man könne doch schön füreinander da sein. Das sagt sie leicht errötend mit einem so lieben Blick, dass Waage ganz weich wird und sie irgendwie süß findet. Genau in diesem Moment räkelt sich die Katze und springt hinüber zu Waage. Waage kennt Katzen und ihr gutes Gespür. Welche Schwingung entsteht da zwischen ihnen beiden?

Sie beugen sich über die Pläne und gehen die einzelnen Zimmer durch. Waage hat mehrere Bücher und Kataloge mitgebracht und fragt Steinbock nun nach ihren Vorstellungen für die Einrichtung, nach ihren Vorlieben in Sachen Stil, Materialien, Stoffen und Farben. Steinbock hat sich noch nie mit so etwas beschäftigt. Aber Waage merkt, dass Steinbock bereit ist, sich darauf einzulassen. Spontan kann sie sagen, was ihr gefällt, und richtig ernsthaft versucht sie auf Waages Fragen hin herauszufinden, warum etwas sie anspricht. Steinbock fängt an, einzelne Textpassagen zu lesen und ist schnell vertieft. Sie spürt, dass sich etwas in ihr öffnet. Sie ist Lehrerin für Geschichte und Latein, hat ihr Leben ganz ihrem Beruf gewidmet und sich für Schönheitsdinge nie interessiert. Nun hat sie das Gefühl, dass etwas Neues in ihr Leben tritt, das sie innerlich weit macht – und auch ein wenig verunsichert.

Waage ist ebenfalls angerührt; sie spürt, dass sie Steinbock an einer empfindsamen Stelle begegnet ist. Diese Frau beginnt sie zu beeindrucken: ihre Tiefe, ihr schnörkelloses Denken, ihre Klarheit. Waage dagegen fallen zu jeder Idee zig Wenn und Aber ein. Unvermittelt fragt Steinbock, ob sie bereit wäre, ihr Haus einzurichten. Da wird Waage zurückhaltend. Sie wisse gar nicht, ob Steinbock Waages Schönheitssinn und ihre Detailfreude wirklich schätzen würde. Sie bemerkt Steinbocks verletzten Blick und schluckt. Sie überlegt einen Moment und sagt dann, sie wundere sich eigentlich, dass Steinbock plötzlich ein so ausgeprägtes Interesse an Einrichtung zeige. Steinbock spürt, dass sie nun ehrlich vorwärtsgehen muss: Ich wollte dich wieder sehen, sagt sie. Und bei der Hausbegehung habe ich gemerkt, dass ein Leben zu zweit doch schön sein könnte. Im übrigen, fährt Steinbock verschmitzt fort, bin ich ein Wintertyp, und in dazu passenden Farben will ich wohnen. Waage muss lachen. Sie holt Papier und beginnt einige Ideen zu skizzieren. Dann sagt sie auf einmal: Und wenn ich ein Zimmer in dem Haus hätte, würde ich es mir so gestalten ...

Waage und Wassermann

Waage trifft Wassermann

Wasserfrau schlendert durch die Delikatessenabteilung des großen Warenhauses. Sie ist für die Ausrichtung einer Riesenparty in vierzehn Tagen verantwortlich, und dort will sie etwas wirklich Besonderes bieten. Sie hofft, dass die berühmte Abteilung hält, was sie verspricht. Gerade ist sie bei den Süßigkeiten:

Träume von Pralinees und Trüffeln liegen in den Vitrinen, handgefertigte Konfiserie-Erzeugnisse. Die Torten und das Halbgefrorene sehen phantastisch aus. Waage, eine andere Kundin, beobachtet sie interessiert: Aufregend androgyn sieht sie aus, und sie hat schöne, anmutige Bewegungen. Sie beschließt, die Initiative zu ergreifen, tritt neben sie und deutet nach vorn. Das sei ihre absolute Lieblingstorte, allein die eleganten Verzierungen seien wunderbar, und der Geschmack – exquisit. Wasserfrau vernimmt eine angenehme Stimme und erblickt eine Frau, deren schöne Augen ihr auffallen. Sie fragt, ob sie sich auch mit den anderen Köstlichkeiten auskenne. Sie selbst sei gar keine Kennerin süßer Sachen. Waage fühlt sich ermutigt, denn auf diesem Gebiet ist sie bewandert. Sie erzählt, sie sei zweimal im Monat hier, denn ihre Lieblingsespressosorte gäbe es nirgendwo sonst. Natürlich würde daneben das eine oder andere Tütchen Trüffeln oder englische Bonbons abfallen. Sie könne ihr also einiges empfehlen. Ob sie denn die schönen exotischen Früchte schon gesehen habe?

Irgendwie stimmt die Schwingung zwischen ihnen, flirtige Vibrations beginnen hin- und herzugehen. Ohne Zögern also nimmt Wasserfrau Waages Angebot an, ihr die Früchteabteilung näher zu bringen. Waage braucht sie auch nicht lange zu überreden, an der Bar ihren Lieblingscocktail zu probieren. Wasserfrau erzählt, dass sie eine Party zur Einweihung des neuen Gaylesbian Cinemas ausrichte, zu der Waage unbedingt kommen müsse. Viele interessante Leute würden da sein, einige Drag Kings aus New York, und man rechne natürlich mit allen Stars und Sternchen der Szene. Sie nippt an ihrem Cocktail, köstlich, sie flippt fast aus vor Begeisterung. Ja, neben alkoholischen müssten unbedingt auch alkoholfreie Cocktails angeboten werden, das sei in Amerika Standard und damit ein Muss. Waage kennt eine Barkeeperin, die Wasserfrau auf jeden Fall kennen lernen müsse; diese mixe die phantasievollsten Drinks, die frau sich nur vorstellen könne. Sie arbeite in der Rainbow-

Bar, zufällig gerade heute, denn da sei Frauentag. Wasserfrau hört die Aufforderung. Sie schaut in ihren Timer – heute um 23.00 Uhr würde ihr gut passen.

In der Bar treffen sie gemeinsame Bekannte, schnell sitzt eine ganze Clique beisammen. Waage besitzt eine Buchhandlung und organisiert gerade eine lange Nacht der Bücher, so dass sie reichlich Gesprächsstoff haben. Gleichzeitig flirrt die Luft zwischen ihnen. Jeder zweite Satz enthält eine doppelte Bedeutung, und da beide gern mit Worten umgehen, übertreffen sie einander, eine mehrdeutige und witzige Unterhaltung zu führen.

Die Nacht verbringen sie bei Wasserfrau. Diese hat eine so ausgefallene Wohnung, dass Waage sich geradezu bieder vorkommt. Ungewöhnliche Einzelstücke und einfallsreiche Kombinationen weisen Wasserfrau als individualistische Frau aus, die unbedingt auch so gesehen werden will. Auch in der Nacht erweist sie sich als experimentierfreudige Liebhaberin, was Waage gut gefällt.

Waage begegnet Wassermann

Erst am Vorabend der Party geht die Filmrolle mit der in der Szene lang erwarteten Uraufführung ein. Wasserfrau will den Film unbedingt vorher sehen, weil sie weiß, dass sie während der Party zu aufgeregt sein wird. Mit ein paar Freundinnen und Freunden also sitzt sie vor der Leinwand. Es ist ein Schwarzweißfilm mit stark experimentellen und surrealistischen Anteilen. Waage ist nach einer halben Stunde schon vollständig entnervt, rutscht auf ihrem Stuhl hin und her und kann ihre Kommentare langsam nicht mehr unterdrücken. Wasserfrau dagegen ist völlig hingerissen – tolle Einstellung, welch eine Idee, unglaublich –, und sie kann sich an manchen Stellen geradezu ausschütten vor Lachen. Waage spürt immer mehr Aggressionen in sich hochsteigen. Sie hält noch eine weitere halbe Stunde aus und geht dann.

Es wird ihr erster Streit. Waage findet, der Film wolle nur provozieren und habe ansonsten nichts auszusagen. Hier würde mit einer Ästhetik gearbeitet, die rein kopflastig sei und mit echtem menschlichen Erleben nichts zu tun habe. Wasserfrau verteidigt den Film. Provokation würde eben Emotionen wecken und Denkgewohnheiten durcheinanderbringen. Frau müsse sich auf den Film auf einer anderen Ebene einlassen als auf der üblichen erzählerischen. Da sei die Zuschauerin eben gefordert. Waage wird immer wütender: Da könne frau sich ja alles leisten, Hauptsache, es falle aus dem Rahmen. Wo aber sei die eigentliche Aussage in dem Film? Sie jedenfalls würde er nicht berühren. Doch, entgegnet Wasserfrau, du bist sogar tief getroffen. Das reiche ihr aber nicht; einfach etwas lostreten und dann die ZuschauerInnen damit allein lassen. Vielleicht gefalle er Wasserfrau deshalb gut, weil sie auch so viel Wert auf ihre Besonderheit lege. An welchem Punkt finde denn eine wirkliche Berührung statt?

Waage spürt, dass sie weit nach vorn gegangen ist. In ihren Worten geht es tatsächlich um mehr als um den Film. Es stimmt, sie erlebt Wasserfrau als unnahbar, sie ist schneller bei einer anderen Sache, als Waage ihr folgen kann. Und sie vermutet, dass ein System dahintersteckt: Wasserfrau weicht aus. Sie sieht an ihrem Gesichtsausdruck, dass sie auch jetzt dabei ist, sich aus dem Thema herauszustehlen. Sie deklamiert, welche anderen Filme durch ihre Provokation Geschichte gemacht hätten und wie einflussreich sie auf das ganze Filmschaffen gewesen seien. Waage spürt auf einmal Müdigkeit in sich. Sie sagt, sie möchte nach Hause gehen, morgen würden sie alle Hände voll mit der Party zu tun haben – Wasserfrau hatte sie um Unterstützung gebeten. Wasserfrau entgegnet cool, okay, und für den nächsten Tag würde sie auch andere zum Helfen finden. Waage ist schon wieder wütend – und sehr wach. Freundin Skorpion bemerkt mit spitzem Blick, dass es wohl etwas auszusprechen gäbe. Waage zögert, doch dann geht sie ganz nach vorn. Sie will wissen, was nach ihrer Kritik wirklich in Wasserfrau vorgeht. Auch Skorpion blickt Wasserfrau streng an: Wie geht es dir, wenn der Film morgen durchfällt? Der Punkt ist getroffen. Wasserfrau gibt zu, dass sie Angst hat: Sie hat den Film ausgesucht, und es würde auf das ganze Kino zurückfallen, wenn das Publikum ihn ablehnt. Sie schaut beide hilfesuchend an. Waage drückt ihr versöhnlich die Hand. Wie wär's zusätzlich mit einem Kultfilm als Kontrastprogramm, z.B. *Thelma & Louise*? Du wirst mehr Gemeinschaft schaffen, eine Identifikationsmöglichkeit, und der Erfolg des Kinos ist sicher. Alles in Wasserfrau lehnt sich dagegen auf. Allein das Wort *Kultfilm!* Aber sie gibt zu, dass sie den Film auch mag. Gemeinschaftsstiftend – schön, eigentlich. Sie umarmt Waage und stürmt zum Telefon.

Waage und Fische

Waage trifft Fische

Waage liegt auf der Wiese. Wunderbar. Sie genießt die Sonne und ihren Roman, hört Stimmen von anderen Mitstudierenden um sich herum und ist froh, dass sie das Seminar hat sausen lassen. Französische Literatur des Mittelalters – das findet sie gänzlich langweilig und unnütz. Irgendwie wird sie schon zu ihrem Schein kommen. Waage ist fest entschlossen, bei Romanistik zu bleiben, nachdem sie schon zweimal gewechselt hat. Sie liebt die französische Lebensart, und da lag die Wahl dieses Studienfaches eigentlich auf der Hand. Seltsam, dass sie das nicht schon früher erkannt hat. Sie räkelt sich und seufzt; ein schöner Tag steht ihr bevor. Schade nur, dass sie sich ihre zwei Cafés au lait, die sie sich pro Woche erlaubt, schon genehmigt hat. Nun muss sie wieder diesen Cafeteria-Kaffee trinken. Ach, die richtigen Freundinnen am Tisch zu haben ist sowieso wichtiger.

Sie hebt den Kopf und schaut sich um. Ganz in der Nähe ist Fische. Sie sehen sich oft, denn die Wiese ist ihrer beider Lieblingsplatz. Auch Fische neigt dazu, lieber draußen zu liegen, als drinnen in den Seminaren zu sitzen. Sie ist nach Religionswissenschaft zu Philosophie als Studienfach gewechselt. Sie will wissen, wie Menschen in allen Zeiten und Kulturen die Zusammenhänge des Lebens sehen. In den Seminaren aber wird nur intellektuell diskutiert. Offenbar sehr belesene Leute treten in derart abgehobene Diskurse ein, dass sie nicht mithalten kann. Und irgendwie hat sie das Gefühl, sie reden am Thema vorbei. Da ist es besser, das Seminar zu schwänzen, sich der Weite des Himmels hinzugeben und ihren eigenen Gedanken freien Lauf zu lassen. Sie träumt von einer wirklichen Schule der Philosophie, in der Wissen nicht nur gelehrt wird, sondern durch Meditation und Übungen selbst erfahren werden kann. Sie überlegt ernsthaft, ihr Studium ganz aufzugeben; sie scheint am ganz falschen Ort zu sein.

Als sie aufsteht, steht Waage gerade ebenfalls auf, und sie schauen sich zufällig direkt an. Sie lachen, aber Fische, die nicht an Zufälle glaubt, spricht Waage an und lädt sie ins Café ein, so dass diese doch noch zu ihrem Café au lait kommt. Gemeinsam beklagen sie sich über ihr Studium. Fische wird im Verlauf des Gespräches immer klarer, dass sie wirklich einen anderen Ort für ihre Suche finden muss. Andererseits glaubt sie, sie müsse eine richtige Ausbildung machen, etwas Handfestes. Sie hat schon als Kind lieber in ihrer eigenen Welt gelebt als mit den Verpflichtungen der äußeren Welt. Die waren ihr inhaltsleer und bedeutungslos vorgekommen – sie träumt schon wieder, war der Satz, den sie ständig zu hören bekam. In der Kirche hatte sie sich wohl gefühlt, jedoch auf ihre zunehmenden Fragen keine befriedigenden Antworten bekommen; als könnten die Erwachsenen nicht verstehen, um was es ihr wirklich ging.

Fische spürt, dass sie innerlich schon wieder abschweift. Sie fühlt sich selbst oft nutzlos und überflüssig. Waage hat gerade begonnen, von Frankreich zu schwärmen. Der ständige Leistungsdruck in Deutschland, immer etwas schaffen zu müssen, nerve sie. Das Laissez-faire dagegen liege ihr; das Leben genießen, sich treiben lassen, von heute auf morgen leben, ungeplant und leicht. Sie beschließen, ein Wochenende gänzlich ohne Planung miteinander zu verbringen. Dabei verlieben sie sich ineinander.

Waage begegnet Fische

Fische hat etwas, um das Waage sie grenzenlos beneidet. Sie hat von ihren Eltern Teile eines großen Unternehmens geerbt, ihren Anteil jedoch an die Geschwister verkauft. Sie kann in dem guten Gefühl leben, niemals auf Erwerbstätigkeit angewiesen zu sein. Doch sitzt es tief in Fische, nützlich sein zu müssen. Waage dagegen redet ihr zu, ihr Leben zu genießen, zu reisen und in all den Kulturen das kennen zu lernen, was sie so interessiert. Aber da fühlt sich Fische unverstanden von Waage. Sie will nicht faulenzen, sie sucht nur nach einem Lebenssinn, den sie in der Betriebsamkeit des äußeren Lebens nicht finden kann. Waages Savoir-vivre reizt sie gar nicht. Aber, sagt Waage, etwas muss dich daran auch faszinieren, sonst hättest du mich weder kennen gelernt noch dich in mich verliebt. Das muss Fische zugeben, auch wenn sie nicht genau sagen kann, was sie anzieht.

Waage schwelgt in noch größerem Lebenshunger, wie Fische es nennt, als zuvor. Die Nähe und die Erotik, Fisches Fähigkeit, sich zu öffnen und hinzugeben, sich keinerlei Grenzen zu setzen in Bezug auf Nähe oder Zeit haben sie tief angerührt. Fische und sie führen lange Gespräche darüber, ob sie sich auf die Gesellschaft, wie sie ist, einlassen oder aus ihr aussteigen sollten. Langsam keimt in Waage das Empfinden, dass ihre Unzufriedenheit daher rühren könnte, dass sie sich nie ganz auf das, was sie unternahm, eingelassen hat. Sie wollte anderes nie dafür aufgeben, das hätte ihr Angst gemacht. Fische spürt bei Waage, dass sie, wie sie selbst, an der falschen Stelle sucht. Sie glaubt, dass man, wenn man den richtigen Ort gefunden habe, sich ganz in das Erleben hineinbegeben müsse. Aber was ist der richtige Ort, wie ihn finden? Ihre Freundin Steinbock hat ihn offenbar gefunden – sie hat sich gerade für ihre Diplomarbeit angemeldet und wird mit Sicherheit bald eine Assistenstelle an der Uni erhalten. Das ist Selbstverwirklichung auf dem kürzesten Wege.

Fische und Waage fragen sich, was ihr richtiger Ort und ihr kürzester Weg sein könnten. Fische geht zu einem zweiwöchigen Meditationsseminar. Waage geht nicht mit, denn sie hat Angst vor Sekten. Fische jedoch findet dort viel für sich. Sie erzählt, dass der richtige Ort in ihr selbst liege und der kürzeste Weg nicht immer der schnellste sei. Sie fühle sich friedlicher und habe viel von ihrem Druck losgelassen. Sie werde diesen Meditationsweg weiterverfolgen, und daraus werde sich das Nächste ergeben. Auch Meditation sei eine sinnvolle Tätigkeit für die Gesellschaft, habe sie erkannt. Was sie in sich an negativen Persönlichkeitsmustern auflösen könne, das wirke sich auf alles Leben um sie herum aus.

Sie fragt Waage, warum sie eigentlich so wenig dafür tue, sich ihren französischen Lebensgenuss zu erhalten und warum sie nicht zum Beispiel ein Jahr in Frankreich studiere. Fische würde ihr gern und ganz frei das Geld dafür geben. Da schreckt Waage zurück, und Fische spricht mit Überzeugung aus, was sie schon lange spürt: Nur mit ihrer ganzen Hingabe und Bereitschaft könne Waage Erfahrungen machen. Was sie denn so tief an der viel gepriesenen französischen Lebensart berühre? Waage antwortet spontan, es sei die Lebensbejahung. Das kann Fische gut nachempfinden. Sie hat beim Seminar Französinnen aus einem Kloster kennen gelernt, in das sie sich demnächst ein Jahr zurückziehen will. Sie hatten keinesfalls lebensfremd auf sie gewirkt. Dadurch hat sie ein Gefühl dafür bekommen, dass Innerlichkeit und äußeres Leben vielleicht doch nicht getrennt gelebt werden müssten. Das Leben ist eins. Beide sagen ja zum Leben, jede auf ihre eigene Art. Zwei Monate später steigen sie in den Zug – gemeinsam.

Skorpion

23. Oktober – 22. November

♏

Der erste Eindruck

Skorpion erregt unsere Aufmerksamkeit, weil sie irgendwie geheimnisvoll wirkt, dunkel, verschlossen und tiefgründig. Ihre Augen sind auffällig – ihnen scheint nichts verborgen zu bleiben. Sie durchdringen das Betrachtete, sehen Dinge, die nicht unbedingt an die Oberfläche kommen sollen. Skorpion ist angriffslustig, und sie bringt Tabuthemen zur Sprache. Wenn ihr etwas gegen den Strich geht, wird sie es benennen, egal, wie es ankommt. Sie liebt schwarzen Humor, kann selbst bissig und sarkastisch sein, und in ihrer Gegenwart wird es garantiert keine Langeweile geben.

Lebenseinstellung und materielle Erscheinungsformen

Für Skorpion ist das Leben nie das, was es zu sein scheint. Sie lebt oft mehr in dem, was nicht sichtbar, was von einer äußeren Hülle verdeckt ist. Besonders das, was etwas zu verbergen scheint, hat eine große Anziehungskraft auf Skorpion. Sie will die Hülle wegreißen und sehen, was dahinter ist. Das bezieht sich auf Aussagen, Normen, Glaubenssätze, auf Gefühlsäußerungen und Wahrnehmungen aller Art. Sie will prüfen, welche Wahrheit in den Dingen liegt, und beginnt in Frage zu stellen, zu kritisieren, nachzubohren und Widersprüche zu benennen. Um gegen die dicke Tünche, wie sie es empfindet, anzugehen, ist sie auch bereit, Härte und Schärfe einzusetzen. Es braucht

Macht, um sich durchzusetzen, und sie ist bereit, Macht in Anspruch zu nehmen.

Das Tier Skorpion ist ein Schalentier; es schützt mit seinem Panzer seine weichen und empfindsamen Seiten. An Skorpions äußerem Erscheinungsbild zeigt sich das daran, dass sie dunkle, sogar schwarze Kleidung bevorzugt, die ihren Körper und ihr Energiefeld schützen. Ihre Wohnungseinrichtung kann minimalistisch sein, kühl in den Formen, in kontrastierenden Farben: schwarz, weiß und chrom.

Energiefluss und Geld

Ihr Leben zu leben ist für Skorpion weder leicht fließend noch statisch. Sie kommt nicht zur Ruhe, denn das Leben ist für sie ein nie abzuschließender Transformationsprozess. Sie kann selten etwas stehen lassen als das, was es ist. Sie wittert in allem etwas Verborgenes, und in jeder Struktur sucht sie das Wesentliche, das sie zum Vorschein bringen möchte. Dazu muss das abgestoßen, aufgelöst, getötet und gewandelt werden, was nicht mehr passt und die Entwicklung hindert. So ist Skorpions Leben häufig konflikthaft und selten harmonisch. Im Gegenteil, jede Harmonie ist ihr suspekt, und sie sucht – und findet – garantiert das Haar in der Suppe. Ob es nun in den Gesamtrahmen der Situation passt oder nicht – Skorpion hält es kaum aus, etwas nicht zu benennen. Sie reibt sich oft damit auf und findet kein Ende. Sie fühlt sich wie in einen Wasserstrudel hineingezogen, wobei der erste Impuls ist, dagegen anzukämpfen und um sich zu schlagen. Tatsächlich muss sie sich ganz auf den Grund ziehen lassen, um sich dort sicher nach oben abstoßen zu können.

Skorpions Prozesse verlaufen extrem. Auch finanziell ist sie entweder arm oder reich, zumindest empfindet sie es so. Sie gewinnt alles oder verliert alles, sie hat nichts oder braucht nichts. Unvorhergesehene Erbschaften oder Gewinne im Glücksspiel bringen sie mit der Macht des Geldes in Kontakt, und sie muss beweisen, wo sie selbst tatsächlich steht.

Konflikte – Krisen – Wandlungen

Skorpion will alles vom Leben, radikal. Sie sucht Erfahrungen, die sie an Grenzen bringen, ekstatische Erlebnisse und den Kick, durch den sie sich in ihren Tiefen spüren kann. Sie sehnt sich danach, endlich irgendwo anzukommen, wo sie in Ruhe sein kann – und verhindert es doch selbst. Skorpion spürt, dass es einen Punkt von Wahrheit in ihr gibt, den sie finden will. Dass diese Wahrheit wiederum nur die Verhüllung einer tieferen Wahrheit ist, weiß sie, und sie will rastlos immer weiter. Die Vergangenheit kann sich ihr nicht zufriedenstellend erschließen, obwohl sie tief in sie eindringt. Doch letztlich will Skorpion Zugriff auf Gegenwart und Zukunft haben; sie will Kontrolle ausüben.

In ihren Grenzerfahrungen sucht sie die Hingabe und das Vertrauen, sich überlassen zu können, und fügt sich auf diesem Weg selbst viel Leid zu. Skorpion erlebt tiefsten Kummer, Angst und Einsamkeit. Sie kommt mit Schmerz in Berührung, der sie an den Rand des Todes führt. Diesen Punkt sucht sie, als erlösende Wandlung einer Form, die einengt und festhält. Tod bedeutet das Verschwinden einer bestimmten Form von der »Bild«-Fläche, nie jedoch geht etwas verloren, sondern es wird in eine neue, stimmigere Form gewandelt. Skorpion hat den Mut zu sterben, und hofft dennoch, die Transformation so steuern und kontrollieren zu können, dass sie verläuft, wie sie es sich vorstellt.

Durch die Zerstörung von Altem und Überholtem schafft Skorpion Raum für Neues. Skorpion hat genauso viel Angst vor Neuem wie jeder andere Mensch, geht allerdings häufig über diese Grenzen hinweg. Sie kann das zwanghafte Bedürfnis haben, das Neue bereits ans Licht zu holen, bevor es genügend gereift ist und seine Empfindsamkeit und Verletzlichkeit geschützt sind. Dann erlebt sie Verletzung, zieht sich zurück, verbirgt sich und wird empfindlich. Zwar ist Skorpion sehr konfliktfreudig und bereit, Disharmonien auf den Grund zu gehen, doch um sich zu schützen, will sie bestimmen, um welche Disharmonien es sich handelt. Sie verliert sich mit ihren Konflikten auf Nebenschauplätzen. Es fällt ihr leichter, sich mit Problemen aus der Vergangenheit zu beschäftigen, als ihren eigenen gegenwärtigen Konflikten zu begegnen. Licht auf ihre blinden Flecke zu werfen führt sie in eine tiefe Krise. Jetzt kann sie beweisen, wie viel Vertrauen und Bereitschaft zum Loslassen sie wirklich hat. Sie braucht eine Neuorientierung und muss sich fragen, nach welchen inneren Werten sie neue Entscheidungen treffen will.

Individualität und Begegnung

Skorpion kann nichts lassen, wie es ist. Sie zweifelt, ist misstrauisch, kompromisslos und duldet kein Vertuschen. Sie hat ein seismografisches Empfinden für das, was nicht stimmt. Skorpion macht oft als Kind schon Erfahrungen damit, wie es ist, wenn Unwahrheiten oder Halbwahrheiten als ganze Wahrheiten verkündet werden. Sie erfährt, dass »man« Wahrheiten nicht ausspricht. Eventuell wurde die Wahrheit sogar mit Gewalt unterdrückt. In jedem Fall wird sie daraus schließen, dass Wahrheit in ihrem Leben an erster Stelle stehen muss.

Erlebt sie Unstimmigkeiten, geht sie entweder direkt oder auch indirekt auf sie zu. Skorpion kann sticheln, als Wasserzeichen machtvoll Stimmungen erzeugen, herumkritteln, Andeutungen machen und andere damit verunsichern. Sie wirkt dann nicht recht durchschaubar, und das bringt manche Menschen dazu, sich von ihr fernzuhalten. Sie wird gemieden, abgelehnt und sogar gefürchtet; ihre Kritik wird nicht gewollt. Dann muss sie sich entscheiden, ob sie die Rückmeldung ernst nehmen will als eine Wahrheit, die der ihren gleichwertig ist, oder ob sie sich unverstanden fühlt und sich zurückzieht. Der Rückzug kann den Angriff als beste Verteidigungsstrategie beinhalten.

Ebenso geht sie mit sich selbst um. Sie greift sich selbst an, neigt zum Grübeln, zweifelt an sich und beißt sich an ihren

Problemen fest. Sie kommt nicht auf den Punkt und gewinnt dadurch das Gefühl, alles aufgeben zu müssen. Nur eine radikale Lösung erscheint ihr als befreiend.

Skorpions Beziehungen sehen oft kompliziert aus. Kaum ist ein Problem gelöst, tut sich ein neues auf. Sie braucht daher eine Partnerin, die drastisch von ihr fordert, loszulassen, oder die sie darin unterstützt, den richtigen Kampfplatz aufzusuchen. Auf jeden Fall muss die Partnerin in der Lage sein, sich Konflikten zu stellen, und sie darf keine Angst vor Macht haben.

Sexualität ist für Skorpion wichtig, weil sie dort tiefe und ekstatische Erfahrungen macht. Skorpion ist eine leidenschaftliche Liebhaberin, die vor keiner Grenze Halt macht, Exzesse sucht und alle Varianten der weiblichen Begegnung ausloten will. Rollenspiele und Spiele mit Dominanz und Unterwerfung, Macht und Hingabe ermöglichen ihr, die extremen Seiten in sich auszuleben. Im Orgasmus erlebt sie die wandelnde Kraft der Selbstaufgabe, wenn sie einer größeren Macht erlaubt, Besitz von ihr zu ergreifen.

Kreativer Ausdruck und Beruf

So wie ein Baum im Herbst seine Blätter hergibt, damit im Frühjahr Neues keimen kann, so haben auch wir Zeiten des Loslassens und Hergebens. Viele Menschen erleben in der Novemberzeit verstärkt eine Konfrontation mit sich selbst, oft einhergehend mit Ratlosigkeit und depressiven Gefühlen. Skorpion ist für therapeutische und beratende Berufe sehr geeignet. Viele Abgründe des menschlichen Lebens sind ihr vertraut, und sie hat keine Angst vor extremen Gefühlen und Situationen. Im Gegenteil: Sie legt den Finger direkt auf die Wunde, öffnet das Geschwür und leitet damit die Heilung ein. Sie zerstört Formen, die einengen, und trägt dazu bei, dass das Leben wieder fließen kann.

Skorpion hat eine aufdeckende und wandelnde Energie in sich. Tabuthemen anzusprechen kann ebenfalls sehr heilsam sein, denn die in ihnen gebundene Energie wird freigesetzt. Skorpion vermag eine Atmosphäre herzustellen, in der Menschen sich ohne Peinlichkeit und Schuldgefühle öffnen können.

Entwicklung und Aufgabe

Skorpion kann viel Leid ertragen. Das ist sie gewohnt, und sie hält es nicht für nötig, Hilfe in Anspruch zu nehmen. Ihr Lebensweg wird ihr die Möglichkeit bieten, sich für andere zu öffnen und Liebe und Annehmen zuzulassen, einfaches Sein, Vertrauen, sich versorgen und tragen lassen. Der härteste Kampf ist der Kampf mit sich selbst: die eigenen, Sicherheit gebenden Strukturen loszulassen ohne den Beweis für die Tragkraft des Neuen zu haben.

Skorpion braucht ein Ziel und eine Orientierung. Sie hat die Aufgabe, Verblendungen aufzulösen und scheinbare Wahrheiten als Teilwahrheiten zu entlarven. Sie wird beweisen, dass das Licht stärker ist als die Dunkelheit. Trennungen können im Licht nicht existieren; sie dienten nur dazu, Macht auszuüben und sich bzw. andere Menschen klein zu halten. So enthüllt Skorpion allmählich die ganze Wahrheit des Lebens. Als Lucifer, als Lichtbringerin hat sie die Begrenzungen der Materie und ihren Schmerz kennen gelernt und dennoch den Kontakt zum Licht nicht verloren. Sie gibt die Kontrolle über Unkontrollierbares auf und hält fest am Licht ihrer Wahrheit.

Skorpion hat ein untrügliches Gespür für Verdrängtes und Unterdrücktes. Sie weiß, dass alles mit transformierendem Licht durchstrahlt werden muss, damit es seinen unheimlichen, Angst einflößenden Einfluss verliert. Jede dunkle und vergessene Ecke unseres Lebens muss von uns selbst im Licht des Tages in Besitz genommen werden. Licht und Dunkelheit begegnen sich, und daraus entsteht Bewusstsein. Der furchterregende Drache wandelt sich in den Drachen der Weisheit.

Skorpion und Skorpion

Skorpion trifft Skorpion

Skorpion überlegt sich bei einem langen Blick in den Spiegel, dass sie unbedingt etwas für ihre Figur tun muss. Der Hüftspeck muss weg, während mehrere Muskelgruppen an Umfang gewinnen sollen. Sie legt sich ein Tarot dazu – denn das ist ihre Profession. Die Karten zeigen auf Kraft durch Konflikt, nicht ganz neu für sie, jedoch auf der sportlichen Ebene? Karate ist die Lösung, da wird sie sicher gefordert.

Die ersten dreißig Minuten im Frauenkampfsportzentrum sind reines Konditionstraining, und das braucht sie auch. Sie setzt ihre ganze Willenskraft ein und hält durch. Blicke zur Trainerin stacheln sie an: Diese scheint nicht einmal außer Puste zu kommen, obwohl sie gleichzeitig noch spricht. Trainerin Skorpion beobachtet sie genau und bemerkt, wie sie sich trotz ihrer ständigen Ermahnungen an die Gruppe, auf die eigenen Grenzen zu achten, nicht schont – und es imponiert ihr. Genau so ist sie selbst auch. Am Abend geht sie mit Freundinnen noch etwas trinken, und da erfährt sie, dass die Neue im Kurs die Tarot-Frau ist, zu der alle schon einmal gegangen sind – nur Skorpion nicht, die Skeptikerin. Sie hält sich lieber an die Welt, die sie mit Händen und Füßen erfahren kann. Karten sind ihr zu obskur. Aber als ihre neue Kursteilnehmerin schließlich zweimal wöchentlich kommt und sich auch in das Karate mit großem Eifer hineinbegibt, überlegt sie doch ernsthaft, sie wegen ihrer beruflichen Zukunft einmal aufzusuchen. Die Trainerin beruhigt sich, dass sie ja nicht glauben müsse, was die Kartenlegerin ihr sagt.

Sie macht einen Termin. Die Tarot-Frau sagt ihr, sie müsse sich eine klare Fragestellung überlegen, denn nur darauf bekomme sie Hinweise. Skorpion will wissen, ob sie weiter in der Stadt bleiben oder den Schritt unternehmen solle, ein Kampfsportzentrum auf dem Land aufzubauen. Dann zieht sie ihre sieben

Karten. Die andere Skorpionin legt sie im richtigen Muster aus und beginnt zu erzählen. Sie sagt, dass große Wandlungskräfte in ihr wirken würden, dass ein inneres Potenzial freigesetzt werden wolle, allerdings auch Ängste da seien, so dass ihre Absicht noch mehr Kraft und vor allem Zielrichtung bekommen müsse. Der Karate-Frau wird mulmig, aber sie will es nicht zeigen. Sie spürt, dass Wahrheit in den Worten liegt, aber ihr Stolz erlaubt es nicht recht, es zuzugeben. Die andere schaut sie durchdringend an, so dass sie sich fast nackt fühlt. Unwillkürlich rückt sie mit ihrem Stuhl zurück. Die Tarot-Frau spricht weiter, unbeeindruckt von der Reaktion ihrer Klientin. Sie hat sie ja beim Karate erlebt und weiß, dass ihr Gegenüber sich im wahrsten Sinne des Wortes nicht so leicht in die Karten sehen lässt. Das kann sie gut annehmen, und sie bleibt gleichzeitig bei dem, was sie sieht. Sie entlässt sie mit dem Hinweis, sich noch einmal zu fragen, welches Ziel oder Ideal Karate-Frau denn in Wirklichkeit verfolge.

Die Tarot-Frau findet die andere Skorpionin toll. Sie spürt die Kraft in ihr und hat das Gefühl, dass sie sich dieser nicht recht bewusst werden will. Sie sucht ihre Nähe, doch die andere lässt sie nicht zu. So empfindet sie es jedenfalls. Dann treffen sie sich zufällig auf einer Party wieder. Die Karate-Frau kommt auf sie zu, zögert etwas und sagt dann, dass ihr die Tarotbesprechung sehr gut getan und sie zum Nachdenken angeregt habe.

Skorpion begegnet Skorpion

Die Karate-Skorpionin will mehr über Tarot wissen. Die Tarot-Skorpionin sagt, für sie sei das Leben ein ständiger Wandlungs- und Wachstumsprozess. Daher sei ihr vor einigen Jahren klar geworden, dass sie alle Karten konsequent nur in dieser Richtung deuten müsse. Weder würde sie Vorhersagen machen noch Beruhigungspillen verabreichen. Sie fragt, was die andere denn so berührt habe an ihrer Sitzung? Die Karate-Frau antwortet, sie habe gemerkt, dass es noch eine Frage hinter ihrer Frage gab. Die Tarot-Frau antwortet, es sei oft so, dass in einer Sitzung deutlich werde, dass es um einen tieferen Prozess ginge als gedacht. Welcher denn ihrer sei? Doch da fühlt sich die andere in die Enge gedrängt, wieder so nackt und ungeschützt wie in der Sitzung. Ihr Gegenüber merkt es und lädt sie erst mal zu einem Gang ans Buffet ein.

Dann erzählt sie von ihrer eigenen Entwicklung. Sie ist durch die Erfahrung mit einer lebensbedrohlichen Krankheit darauf gekommen, sich hauptberuflich mit dem beschäftigen zu wollen, was für sie persönlich in dieser Zeit am Wertvollsten war: der Weg des Tarot. Das hat ihr viel Klarheit gegeben und auch die notwendige Kraft, schwierige Situationen durchzustehen. Sie findet, dass Selbstständigkeit kein einfaches Geschäft sei, doch käme für sie nichts anderes in Frage. Für sie sei es wichtig, andere Frauen ebenfalls zu ermutigen, ihren Weg konsequent zu gehen. Nur daraus könne Kraft für ihre Wandlungsprozesse erwachsen. Die andere Skorpionin ist sehr berührt von ihrer Offenheit und Klarheit. Diese Kraft hat sie auch in der Sitzung mit ihr gespürt, und diese Kraft hat so in ihr weitergewirkt, dass sie sich noch lange mit ihrem Thema beschäftigt hat. Glaubwürdig findet sie sie, das ist das richtige Wort, und sie spürt eine Öffnung im Bereich ihres Herzens.

Da fragt die andere, was sie eigentlich für eine Philosophie mit dem Karate verfolge. Sie antwortet ihr, dass ihr wichtig sei, dass sich die Frauen ganz mit ihrem Körper verbinden könnten und schließlich so eins mit ihm würden, dass sie sich aus ihrer Mitte heraus allen Lebenssituationen stellen könnten. Im Körper seien alle Gefühle gespeichert, und in Angstsituationen gebe frau oft den Kontakt mit Teilen von sich auf, so dass die Angst Raum gewinne und das Vertrauen zur eigenen Kraft schwinde. Ihr sei es bei einem Überfall auf sie so gegangen. Danach habe sie mit Karate angefangen, und nun sei es ihr Ziel, dazu beizutragen, dass Frauen wieder in ihre ganze Macht kämen. In diesem Moment spürt die Tarot-Frau wieder die starke Ausstrahlung der anderen. Erotische Gefühle beginnen in ihr aufzusteigen. Und die andere ergänzt, dass ihr diese Zielsetzung durch die Tarotsitzung klar geworden sei. Dabei sei sie vorher durchaus skeptisch gewesen, sagt sie und wirft ihr einen Blick zu, der ihr direkt in den Bauch fährt. Die Tarot-Frau erwidert, sie glaube, dass die Karate-Frau auch mit ihrer eigenen Macht sicher noch mehr arbeiten könne, die Karte »Herrscherin« aus dem Tarot würde darauf hinweisen. Sie kenne die Zweifel an der eigenen Macht sehr gut. Aber sie gewinne viel Vertrauen aus dem Licht, das sie tief in sich spüre, nachdem sie durch viele Phasen der Dunkelheit gegangen sei.

Sie spüren die Anziehungskraft zwischen sich, spüren das Potenzial aus ihrer weiblichen Tiefe heraus, spüren, dass sie gemeinsam weitere Grenzen überschreiten können.

Skorpion und Schütze

Skorpion trifft Schütze

Im Planetarium ist wieder ein Vortrag unterm Sternenhimmel über den Weltraum angesagt. Skorpion ist Astrologin und geht mit den Frauen ihres Astrologiekurses dorthin. Sie findet es wichtig, dass Astrologieschülerinnen auch über Astronomie Bescheid wissen, und so gehört der Vortrag zum Pflichtprogramm der Ausbildung. Sie selbst hat den Vortrag schon öfter gehört und liebt insbesondere die Fotos über die Planeten.

Diesmal gibt es eine neue Referentin: Schützin. Sie hat einen ganz neuen, tollen Vortrag ausgearbeitet – über die Weite des Universums, die Entstehung der Milchstraße, unseres Sonnensystems und der Planeten. Sie schließt ab mit einem begeisterten Plädoyer für die Weiterentwicklung der modernen Weltraumfahrt. Durch die neuen suggestiven Animationen ist Skorpion ganz in Schützins Bann gezogen. So einen lebendigen und spannenden Vortrag hat sie noch nie gehört. Es ist

Schützin deutlich anzumerken, dass sie ihre Forschungen mit Leib und Seele betreibt. Leider hat sie sich in dem Abschnitt über die Geschichte der Astronomie deutlich gegen die Astrologie abgegrenzt. Wieder so eine, die eine Trennung vollzieht, die nicht sein müsste. Dabei war so viel Begeisterung von ihr herübergekommen. Je mehr Skorpion darüber nachdenkt, desto mehr ärgert sie sich. Wie kann eine Frau nur so viel in sich selbst abspalten?

Sie verabschiedet sich von ihren Schülerinnen und geht nach vorn zum Rednerpult. Sie stellt sich vor als Astrologin und bedankt sich knapp für den interessanten Vortrag. Leider habe Schützin die Astrologie abgelehnt, obwohl doch bekannt sei, dass Astronomie und Astrologie früher eine einzige Wissenschaft gewesen seien, bis sich dann die Astronomie im 17. Jahrhundert von der Astrologie getrennt habe. Es sei sehr bedauerlich, dass sie weder die alten Forscher mit ihren astrologischen Erkenntnissen gewürdigt habe noch die heutige Astrologie mit ihren sehr differenzierten Möglichkeiten. Ob sie selbst denn glaube, die Planeten seien nur tote Materie ohne jegliche Wirkung? Wie es so etwas überhaupt geben könne?! Schützin fühlt sich durch die Vehemenz von Skorpions Rede in die Enge getrieben. Sie entgegnet, sie habe wahrhaftig keine Zeit, sich mit solchen Dingen auseinander zu setzen, die doch wohl mehr Glauben als wissenschaftliche Tatsachen verlangten. Das Sonnensystem sei im übrigen weit genug erforscht, so dass es als erwiesen gälte, dass es auf anderen Planeten mit Sicherheit kein Leben gäbe.

Skorpion kocht vor Wut über diese Arroganz. Diese zur Schau gestellte Selbstsicherheit provoziert sie. Ach ja, meint sie, die Erde ist auch mal eine Scheibe gewesen. Wenn es keine Menschen gäbe, die sich trauen würden, so genannte bewiesene Tatsachen wieder in Frage zu stellen, würden wir immer noch auf der Scheibe sitzen. Wie könne sie als Wissenschaftlerin nur so engstirnig sein! Hier ist sie zu weit gegangen, merkt sie. Sie entschuldigt sich und fragt mit ihrem charmantesten Blick, den sie jetzt aufbringen kann, nach ihrem Sonnenzeichen. Schützin merkt, dass sie nun entgegenkommen muss und sagt es ihr. Oho! ruft Skorpion aus, und wo sind Ihre Ideale? Wozu erzählen Sie Menschen etwas über die Ordnungen im Universum, wenn sie angeblich bedeutungslos sind?

Skorpion begegnet Schütze

Sie merken, dass sie sich nicht unsympathisch finden in ihrer jeweils feurig-temperamentvollen Art. Schützin schlägt eine Kneipe um die Ecke vor, um diese interessante Diskussion, wie sie es nennt, fortzusetzen. Skorpion allerdings will jetzt wirklich wissen, mit wem sie es zu tun hat. Sie fragt erneut, was Schützin denn wirklich interessiere an der Astronomie? Diese antwortet, es sei äußerst interessant, neueste Entdeckungen auszuwerten und mit bestehenden Daten zu verknüpfen, es würde ja täglich Neues gefunden, der Weltraum sei ein unendliches Gebiet für die Forschung – hier korrigiert sie sich: unendlich nur insofern, als unsere wissenschaftlichen Methoden noch begrenzt seien. Sie holt Luft, um gleich weiterzusprechen, doch Skorpion unterbricht sie. Sie sind mir noch eine Antwort schuldig: Was wollen Sie persönlich eigentlich herausfinden? Was ist Ihr ureigenes persönliches Interesse? Schützin schaut sie verständnislos an.

Dann erzähle ich Ihnen mal etwas Astrologisches. Schalten Sie Ihr wissenschaftliches Gehirn ab und öffnen Sie Ihren Kopf – und gern auch Ihr Herz, setzt Skorpion hinzu und merkt, wie sie bei den letzten Worten rot wird. Hoffentlich hat sie nichts gemerkt, denkt sie. Eine Schützin brauche ein Ziel für ihr Leben, eine Orientierung, Werte, an denen sie sich ausrichten könne. Was sind denn nun Ihre Werte, innere oder äußere? Ich will der Forschung dienen, antwortet Schützin spontan. Gut denn, knurrt Skorpion, dann dienen Sie ihr auch wirklich – vergessen

Sie diese Ammenmärchen über Astrologie, und setzen Sie sich einmal wirklich damit auseinander. Sie kramt einen Zettel hervor und schreibt ihr drei Buchtitel auf. Lesen Sie die drei, aber lassen Sie sich darauf ein! Dann treffen wir uns wieder!

Schützin ist etwas durcheinander. Skorpion beschäftigt sie über Gebühr. Tatsächlich hält sie Astrologie für reinen Humbug – die Frau aber nicht. Sehr bestimmend war sie, sehr überzeugt von sich und sehr streitbar. Nun ja, die Sache mit der Orientierung ist wirklich interessant, aber das gilt doch eigentlich für jeden Menschen. Sie besorgt sich eines der drei Bücher und liest es nach ziemlichen Anfangsschwierigkeiten dann doch am Stück durch. Dennoch sind in der Zwischenzeit mehrere Wochen vergangen. Schützin ruft Skorpion an. Diese hätte nie mehr mit einem Anruf gerechnet, und sie selbst wäre zu stolz gewesen, um ihr auch noch hinterherzutelefonieren. Sie sprechen über eine Stunde miteinander, in der Schützin das Gefühl hat, dass Skorpion ihr Löcher in den Bauch fragt. Gnadenlos und direkt ist sie – Skorpion selbst nennt es wahrheitsliebend. Anschließend verabreden sie sich noch im Frauencafé.

Im Café beginnt Skorpion erneut, Schützin auszufragen. Doch die hat sich ja mit Astrologie beschäftigt und weiß, dass Skorpione dazu neigen, bei anderen Aufdeckungsarbeit zu leisten, sich selbst jedoch sehr bedeckt halten. Dem will sie jetzt entgegenwirken. Sie fragt zurück, wie denn ihre Ideale eigentlich aussähen und welche Wandlungsprozesse sie demnächst angehen werde. Skorpion ist klar, dass sie diese Energie provoziert hat. Doch so schlecht findet sie es nicht. Astrologie im Planetarium unterrichten, antwortet sie prompt, Astronomie und Astrologie zusammenführen – mit dir?

Skorpion und Steinbock

Skorpion trifft Steinbock

Skorpion und Steinbock treffen gemeinsam vor der Tür der Privatwohnung ein, in der heute ein Esoterischer Arbeitszirkel beginnen soll. Sie sind beide in sich gekehrt, beäugen einander allerdings unauffällig. Sie werden hereingelassen, ziehen sich die Schuhe aus und gehen in den Raum, in dem acht Plätze im Kreis auf dem Boden vorbereitet sind. Um 20.00 Uhr sind noch nicht alle da, und Steinbock und Skorpion sagen fast gleichzeitig, dass sie nun gern anfangen wollten. Sie mögen keine Unpünktlichkeit. Es wird dennoch zehn Minuten gewartet. Dann ist der Kreis vollzählig, und die Leiterin beginnt mit einer kurzen Stillezeit. Anschließend stellt sie ihr Programm vor, das sich über ein Jahr erstreckt. Im Wesentlichen soll es eine Einführung in Esoterische Grundlagen geben, und es soll meditiert werden. Dann stellen sich alle in der Runde vor.

Einige kennen sich im esoterischen Bereich gut aus, manche meditieren schon länger, andere haben nur diffuse Ideen und Wünsche. Steinbock hat sehr klare Vorstellungen: Sie will mit intensiver Meditation ihre Kundalini-Kraft befreien. Sie hat alle Bücher dazu gelesen, die sie finden konnte, scheut die Gefahren nicht, sondern meint, so lange keinen Sinn im Leben zu finden, bis sie nicht deutlich spüren könne, dass der große Befreiungsprozess in ihr einsetzt. Sie will eine klare Anleitung dafür und hofft sehr, in der Leiterin eine kompetente Begleiterin dafür zu finden. Als Skorpion an der Reihe ist, sagt sie, sie wolle kein bestimmtes Ziel erreichen, möchte jedoch an sich selbst arbeiten. Sie spüre, dass sie unendlich viele Blockaden in sich trage, denen sie auf den Grund gehen will. Befreiung könne nur einsetzen – damit schaut sie kurz zu Steinbock hinüber –, indem frau alles in sich wandele. Die Wahrheit läge tief in ihr verborgen, und sie sei entschlossen, intensiv daran zu arbeiten und sich absolut alles anzusehen, was dort sei.

Steinbock holt schon Luft, um zu widersprechen, doch die Leiterin spürt die Dynamik zwischen ihnen und unterbricht. Spannende Themen, doch die kämen später. Kurzgefasst könne sie jedoch dazu sagen, dass sie weder Wert auf die Befreiung der Kundalini lege noch in dieser Gruppe viel persönliche Arbeit machen werde. Wenn die Teilnehmerinnen allerdings aufmerksam mitarbeiteten, würden sie sich selbst bewusster wahrnehmen, dadurch persönliche Prozesse in Gang setzen sowie lernen, differenziert mit ihren Energien umzugehen. Nur durch das Einbauen eines höheren Bewusstseins in jede einzelne Körperzelle werde die Kundalini-Energie freigesetzt, und zwar dann gefahrlos. Ein höheres Bewusstsein wiederum werde dadurch in den Körper eingebaut, dass jede Frau entschlossen sei, ihre eigene Wahrheit tatsächlich zu leben. Das wiederum bewirke tiefe Wandlungsprozesse in jeder Einzelnen. Diese Zusammenhänge leuchten allen ein. Zunächst jedoch, fährt die Leiterin fort, versuchen wir einmal, uns an unser höheres Bewusstsein anzuschließen.

Sie leitet eine Meditation zum Scheitel-Chakra, die alle begeistert. Die meisten sehen Licht und fühlen sich leichter. Nur Skorpion verweigert sich. Dennoch haben am Schluss alle das Gefühl, einmal gründlich gereinigt zu sein.

Skorpion begegnet Steinbock

Skorpion und Steinbock streiten sich immer wieder an dem Punkt, an dem es um Licht und Dunkelheit geht. Skorpion findet, es sei nicht richtig, zu Licht zu meditieren, weil dadurch alles Dunkle verdrängt würde, und dies sei ein ganz patriarchaler Ansatz. Weiblich sei es, in die Dunkelheit zu gehen, alles tief anzunehmen, was dort sei, und es dadurch zu wandeln. Tatsächlich jedoch beobachtet Steinbock, dass Skorpion sich sehr wenig annimmt. Sie hat an sich selbst am meisten auszusetzen und betont ständig ihre Unzufriedenheit mit sich und ihren Mustern. Steinbock ist ziemlich genervt. Sie glaubt, es sei richtig, ganz gezielt auf Licht zu meditieren. Mehr noch, sie versucht, sich mit dem Licht zu identifizieren, wodurch dem Dunklen einfach die Macht genommen wird. Sie meditiert diszipliniert zweimal täglich eine halbe Stunde.

Dann bekommen alle in der Gruppe die Aufgabe, zu zweit eine Ausarbeitung zu verfassen. Skorpion und Steinbock sollen sich dem Thema Licht und Dunkelheit widmen. Nun haben beide zwar sehr viel miteinander gesprochen, doch sie ahnen auch, dass sie sich noch schonen und aus dem Weg gehen. Da sie so oft aneinandergeraten, studieren sie zur Einstimmung ein Astrologiebuch. Dort steht, dass ihre Zeichen oft in Konkurrenz miteinander treten würden, denn beide wollten Recht behalten. Da müssen sie lachen. Sie überlegen Schritte für ihre Ausarbeitung. Was ist eigentlich zuerst da: das Licht oder die Dunkelheit? Sie meditieren dazu und tauschen sich aus, sprechen über ihr Leben.

Skorpion kennt Dunkelheit seit frühester Kindheit: Immer hat sie Zweifel gehabt und düstere Gedanken über das Leben, war Stimmungsschwankungen oft hilflos ausgeliefert, kennt Ängste und Gedanken von Sinnlosigkeit. In ihrem erwachsenen Leben hat sie dann versucht, all das aufzuarbeiten und zu verstehen. Eine fünfjährige Analyse hat ihr dabei sehr gut getan.

Steinbock wiederum ist immer damit beschäftigt gewesen, vorwärts zu kommen. Auch sie war häufig unzufrieden, hat jedoch den Ehrgeiz gehabt, die Unzufriedenheit schnellstmöglich und effektiv abzustellen. Sie hat gelernt, dass positive Affirmationen das Leben erleichtern und dass Übungen auf der physischen Ebene wie Yoga und Putzen enorm dazu beitragen, den Kopf klar zu halten. Und Meditation sei Lebenselixier für sie, am liebsten eine kontinuierlich gleichbleibende, die sie in immer größere Tiefen führen würde. An dieser Stelle greift Skorpion ein: Du willst *doch* in die Tiefe??

Beide sind bewegt und berührt durch ihr Gespräch. Sie spüren, wie verbunden sie durch ihre Suche sind und wie viel Nähe zwischen ihnen ist. Auch das nächste Treffen ist wieder von einer dichten und persönlichen Atmosphäre geprägt. Gemeinsam kommen sie zu dem Schluss, dass ein weiblicher Weg darin besteht, sich lange genug, vor allem jedoch intensiv, bis auf den Grund auf eine bestehende Form einzulassen: auf eine Beziehung, einen Konflikt, ein Empfinden. Dort, in der tiefsten Dunkelheit würde sich das Licht unweigerlich zeigen. Sie glauben, dass das Licht dann dafür da ist, alle Konzepte und Bilder über sich zu zerstören, um aus der gereinigten Substanz neue Möglichkeiten wachsen zu lassen.

Sie sehen sich an und spüren, dass genau so ein Prozess in ihrer gemeinsamen Arbeit stattgefunden hat. Es ist still zwischen ihnen. Dann spüren sie, dass Feuer zwischen ihnen entfacht ist.

Skorpion und Wassermann

Skorpion trifft Wassermann

Auf der wöchentlichen Teamsitzung des Frauenarchivs geht es hoch her. Seit Skorpion vor einigen Monaten als Ehrenamtliche ins Team eingestiegen ist, kommt das öfter vor. Skorpion ist Strafverteidigerin und hat hier die Aufgabe übernommen, die Abteilung »Frauen in der Kriminologie« aufzubauen. Sie befasst sich mit der Problematik der Nebenklägerin in ihrer Doppelfunktion als Opfer und Zeugin, weshalb die Glaubwürdigkeit der Nebenklägerinnen routinemäßig psychologisch begutachtet wird: eigentlich ein unglaublicher Vorgang, den es bei ZeugInnen in anderen Prozessen nicht gibt. Wasserfrau, die überhaupt nichts von Gesetzbüchern und der Justiz an sich hält, hat schon oft Bemerkungen fallen lassen, die Skorpion jedes Mal scharfzüngig gekontert hat.

Diesmal aber spricht Skorpion Wasserfrau bei der ersten Bemerkung direkt an. Sie will wissen, was Wasserfrau eigentlich wirklich gegen sie habe. Wasserfrau beeilt sich zu betonen, dass sie nichts gegen sie persönlich habe, aber sie finde, dass sie zu sehr die etablierte Justiz vertrete. Das Archiv arbeite seit Jahren daran, die Befreiung der Frauen zu unterstützen, für Gleichberechtigung und Gleichwertigkeit einzutreten und Frauen einen Zugang zu den Dokumenten individuell und vorurteilslos denkender Frauen zu ermöglichen. Skorpion dagegen komme immer mit ihren Kategorien einer patriarchalen, längst überholten Gesetzgebung an. Allein ihr Vokabular sei unerträglich. Skorpion antwortet, solange Menschen – und Frauen eben auch! – nicht in der Lage seien, sich selbst mit ihrer ganzen Macht hinzustellen, ohne die Grenzen anderer zu verletzen, so lange müsse es auch eine Justiz geben. Solange das Empfinden von Machtlosigkeit und Opfersein – und das sei gerade bei Frauen ausgeprägt – dazu führe, die eigenen Bedürfnisse auf eine andere Menschen schadende Art und Weise durchzusetzen, seien Kriminalistik und Rechtsprechung wichtig. Gerade dadurch würde die persönliche Freiheit geschützt, und auch wenn die Justiz teilweise tatsächlich veraltet sei, so gelte doch der Grundsatz der Gleichbehandlung. Wo dies geschlechtsspezifisch nicht der Fall sei, müsse das aufgedeckt und analysiert werden, und genau dafür sei sie unter anderem hier.

Dann will Skorpion hören, ob Wasserfrau denn selbst etwas mit dem Thema Macht und Ohnmacht zu tun habe. Das weist Wasserfrau entschieden zurück. Doch Skorpion spürt etwas anderes und will sich ihre Wahrnehmung nicht ausreden lassen. Sie sagt, sie glaube das nicht – Wasserfraus Widerstand sei zu massiv, und sie habe eine verletzende Energie in sich. Das müsse ausgesprochen werden, sonst könne sie nicht weiterarbeiten. Wasserfrau ist verwirrt; niemand sonst spricht so mit ihr! Sie überlegt, wie sie sich rechtfertigen könnte und ahnt gleichzeitig, dass Skorpion eine Wahrheit getroffen hat. Während sie noch nach Worten sucht, schaltet sich Waage ein. Sie findet, dass Skorpion definitiv zu weit gehe. Sie würde Wasserfrau schon lange kennen und habe sie noch nie als verletzend wahrgenommen. Skorpion wirke auf sie viel aggressiver als die andere. Vielleicht beruhe das Ganze ja auf einem Missverständnis. Wasserfrau ist erleichtert über diese Interpretation, gibt dies ihr doch wieder Raum. Skorpion allerdings fühlt sich gedeckelt und hegt die Vermutung, dass in der ganzen Gruppe etwas ganz und gar nicht stimmt. Und wie immer will niemand darüber sprechen. Sie sagt nichts mehr und zieht sich frustriert zurück.

Skorpion begegnet Wassermann

Wasserfrau spricht mit einer Freundin, ebenfalls Skorpion, über diesen Vorfall. Die meint, natürlich habe Wasserfrau etwas mit dem Thema Opfer zu tun. Sie rede zwar gern von Individualität und Kreativität, habe aber z.B. für sich selbst immer noch keinen beruflichen Ausdruck gefunden. Auch habe sie sich seit ihrer letzten langen Partnerschaft nie wieder auf eine Frau eingelassen – vielleicht besitze sie gar nicht die Freiheit, sich einzulassen, weil sie die letzte Beziehung nie aufgearbeitet habe und sich immer noch verletzt fühle. In Wasserfrau ruft das Protest hervor. Sie ist empfindlich, wenn jemand behauptet, sie sei unfrei. Gerade dieser Protest beweise, so Skorpion, dass sie nicht wirklich frei ist. Sie könne sich nicht neu verbinden, solange sie noch gebunden sei. Nach langer Diskussion wird Wasserfrau klar, dass sie ihrer Exfreundin noch nicht verziehen hat. Damit macht sie sich tatsächlich zum Opfer – es fällt ihr schwer, das zuzugeben.

Wasserfrau spricht der Skorpionjuristin auf den Anrufbeantworter, sie habe etwas in ihr berührt, und darüber wolle sie gern mit ihr sprechen. Skorpion sitzt neben dem Telefon und hat keine Lust, den Hörer abzunehmen. Sie fühlt sich genervt von diesen Psychogeschichten, die nie richtig vorwärts gehen. Sie spürt unendliche Schwere in sich. Den ganzen Tag hört sie Opfergeschichten, von ihren eigenen MandantInnen und von der

Gegenseite. Sie wünscht sich nichts mehr als die Fähigkeit, geradlinig und offen die eigenen Fehler und Verfehlungen zuzugeben. Das würde einen ganz anderen Umgang mit den eigenen Schattenseiten ermöglichen.

Als sie sich mit Wasserfrau trifft, ist sie auch nicht besserer Stimmung. Wasserfrau erzählt ihr ihre Geschichte und das Übergehen ihrer Gefühle, was sie unfrei gemacht habe. Das söhnt Skorpion allmählich aus. Ihre Stimmung hebt sich. Dann aber sagt Wasserfrau, dass es stimme: Sie hege Aggressionen gegen Skorpion, weil sie im Team des Archivs so unberührbar erscheine. Sie würde zwar oft andere angreifen, jedoch selbst nichts von sich zeigen. Skorpion spürt körperlich, dass sie sich sofort zurückzieht. Aber ihre Analytikerin hat in einer ihrer seltenen, dann aber umso bedeutungsvolleren Bemerkungen anklingen lassen, dass ihr frühkindliches Aufmerksamkeitsdefizit sie immer wieder in bestimmte Rollen hineinzwinge. So entschließt sie sich, sich Wasserfrau zu stellen. Sie erzählt, dass sie sich in ihrer Kindheit nie richtig umsorgt und beschützt gefühlt habe, dass sie die unterschwelligen Feindseligkeiten zwischen ihren Eltern wahrgenommen habe, doch immer, wenn sie sie in kindlicher Art zur Sprache gebracht habe, sei ihr das ausgeredet worden. So sei ihr jede Unterdrückung von Konflikten ein Gräuel und ... Wasserfrau wird unruhig, sie hatte doch etwas ganz anderes gesagt. Allerdings fühlt sie sich auch unsicher, denn normalerweise macht sie solche Vorstöße nicht. Sie fasst Mut und fragt, aber warum sie denn dann nicht ihre eigenen Konflikte zeigen würde, das würde doch anderen helfen, selbst auch offener zu sein. Skorpion spürt, dass Wasserfrau ins Schwarze getroffen hat. Wasserfrau sieht Skorpions panischen Blick, sieht, dass sie aufgehört hat zu atmen, setzt sich neben sie und legt ihr die Hand auf den Rücken. Skorpion atmet aus.

Später, als sie schon lange ein Paar sind, sprechen sie noch oft über diese Situation, die ein Schlüssel für beide gewesen ist: für Skorpions Öffnung und für Wasserfraus Macht des Mitgefühls.

Skorpion und Fische

Skorpion trifft Fische

Skorpion hat eine Anzeige in die Frauenzeitung gesetzt; sie sucht Frauen ab Siebzig, die sich mit ihrem Altwerden beschäftigen wollen. Es meldet sich nur eine Frau – Fische. Schon ihr erstes Telefonat ist lang Sie haben beide viel gelebt, es ist Sympathie da, und sie fühlen sich auf einer Wellenlänge.

Sie treffen sich in einem schwullesbischen Café an einer belebten Straße, beobachten die durchweg jüngeren Leute, wie sie reden, lachen, sich umarmen. Sie hängen ihren eigenen Gedanken nach. Dann sagt Fische, was sie an der Anzeige gewundert habe, sei der Begriff Altwerden. Wir sind doch alt, oder? Ich jedenfalls spreche es für mich ganz bewusst aus: Ich bin alt. Das fühlt sich schön an, damit kann ich gut sein. Ja, sagt Skorpion, seit meinem siebzigsten Geburtstag sage ich auch, ich bin alt – aber offensichtlich fühle ich mich nicht so. Sie sagt, sie fühle sich getriebener denn je. Ihr Leben sei immer intensiv gewesen, und nun verspüre sie eine mächtige Sehnsucht nach einer noch tieferen Intensität, eine Verzweiflung, die sie aus jüngeren Jahren gut kenne. Darüber möchte sie sich austauschen, sie wolle noch etwas finden, bevor ihr Leben vorbei sei.

Fische spürt den Schmerz in ihr, und sie sieht auch das leidenschaftliche Feuer in ihren Augen. Sie hört aufmerksam zu und fühlt sich berührt von der Offenheit, mit der ihr Skorpion begegnet. Das Café wird ihnen zu laut für ihr intimes Gespräch, und sie gehen in den nahe gelegenen Park. Unter den Bäumen erzählt Fische aus ihrem Leben. Sie kennt Verzweiflung und Verletzung in intensiven Lebensabschnitten gut. Allerdings hat sie nie nach irgendwelchen Tiefen suchen müssen, sie sind eher von selbst gekommen. Sie hat oft in ihrem Leben Haltlosigkeit erlebt, eine tiefe Bodenlosigkeit in sich, die einfach da war. Sie hat gelernt, sich im äußeren Leben Strukturen aufzubauen, die ihr Sicherheit und Stabilität auf der Erde geben. So hat sie es geschafft, mit diesen wiederkehrenden Phasen zu leben. Dann hat sie in ihren mittleren Jahren begonnen, sich mit Philosophie und Religion auseinander zu setzen. Sie hat sich immer zu inneren Welten hingezogen gefühlt, war schon von ihren Eltern als realitätsfremd angesehen worden. Es hat ihr gut getan, die Welt des Geistigen, der Spiritualität systematischer zu erforschen. Langsam, sehr langsam hat sie gelernt, die Haltlosigkeit als einen Wert zu betrachten und sie für sich in Hingabe umgewandelt.

Auch Skorpion ist berührt von der anderen alten Frau. Sie spürt Nähe und fühlt sich zu ihr hingezogen. Doch dann wird sie wieder zurückhaltender. Spiritualität ist ihr suspekt, sie denkt an Kirche und an Gurus, an Vorschriften und Normen. Sie hat Intensität in ihrer Sexualität und in ihrer ganz konkreten Gefühlswelt erlebt, mit extremen Schwankungen, die sie in extreme Erfahrungen haben gehen lassen. Ihre Liebesbeziehungen sind heftig und eindringlich gewesen. Sie hat alle Partnerinnen an ihre Grenzen gebracht, sie gefordert und überfordert. In langen Jahren der Analyse und Therapie hat sie mühsam gelernt, loszulassen, andere ihre eigenen Wege finden und gehen zu lassen. Aber sie hat im Grunde nie wirklich nachvollziehen können, dass Menschen sich auch dann lebendig fühlen können, wenn sie sich nicht ständig in Grenzbereichen bewegen. Ihr hat oft gefehlt, selbst gefordert zu werden.

Fische fragt, wie sie denn ihre eigenen Grenzen benennen würde. Was würde sie z.B. auf gar keinen Fall aufgeben in ihrem Leben?

Skorpion begegnet Fische

Skorpion spürt, dass sie bei dieser Frage sofort in Tiefen stürzt. Da ist eine Angst in ihr, die sie in die Zange nimmt. Sie sagt spontan, dass sie ihr Leben nicht hergeben will. Sie hat Angst vor dem Sterben. Fische nickt und nimmt liebevoll ihre Hand.

Mitgefühl strömt zu Skorpion. Inmitten der Stille des Parks ist ihr Verbundensein besonders innig.

Fische beschäftigt sich schon lange mit den so genannten letzten Dingen. Sie hat die Totenbücher von verschiedenen Kulturen gelesen, sich mit Sterbeforschung aus medizinischer Sicht auseinander gesetzt, alle Berichte von Nahtoderlebnissen gelesen, die sie finden konnte, und schließlich in Seminaren selbst dazu gearbeitet und meditiert. Sie hat sich tief eingelassen auf diese Fragen. Zwischenzeitlich spazieren sie über den benachbarten Friedhof. Sie gehen Hand in Hand, während Fische einfach erzählt. Sie fühlen sich bedächtig durch die besondere Stille des Friedhofes. Skorpion spürt eine starke Kraft und Sicherheit, die von Fische ausstrahlt. Fische geht so selbstverständlich mit diesem Thema um, dass ihre Skepsis sich einfach auflöst. Ihre Fragen hat sie dennoch, aber sie kann sie beiseite stellen, sie haben Zeit.

Fische erzählt von der geistigen Essenz in jedem Menschen. Sie nennt es einfach eine feinere Schwingung als die dichte Materie oder die ebenfalls dichten Emotionen. Dieses feinstoffliche geistige Wesen existiere vollkommen unabhängig von einem physischen Körper, das würde sie deutlich wahrnehmen. In manchen Meditationen spüre sie es als Licht in sich, dann wieder als Liebe. Wenn sie daran Anschluss finde, spüre sie ihr einfaches Sein. Ihr einziges Ziel im jetzigen Leben sei es, sich mit diesem Sein immer besser zu identifizieren und sich so auf den großen Übergang, den Tod, vorzubereiten. Das sei sehr schön, sie müsse nichts mehr erreichen, sich und anderen nichts mehr vormachen. Aber, so platzt es aus Skorpion heraus, was ist mit dem Leben? In mir brennt es voller Leben, ich will nicht einfach stillsitzen und spüren. In mir ist Feuer, Glut und immer noch ein ganz großer Erlebenshunger! Fische merkt, wie eine geradezu aggressive Verzweiflung wieder in Skorpion hochzusteigen beginnt. Das ist doch toll, sagt sie einfach und wundert sich selbst darüber. Da gibt es sicher gar keinen Widerspruch. Mein Drängen danach ist wohl nie so mächtig gewesen wie deines. Aber lebe es doch einfach, lebe dein Feuer, bring deine Intensität in alles hinein.

Und wie geht es dir damit? fragt Skorpion etwas hilflos. Fühlst du dich nicht überfordert von solchen Ausbrüchen wie eben? Na ja, sagt Fische, es ist nicht so ganz meine Energie. Aber ich fände es spannend, sie näher kennen zu lernen. Angst macht sie mir nicht. Sie sieht Skorpion in die Augen. Vielleicht würde mich deine Kraft herausfordern, die Wahrheit meines inneren Lichtes im Leben zu beweisen.

Skorpion vertritt auf jeden Fall die Überzeugung, dass Leben ohne Leidenschaft nicht lebenswert sei. Und Fische bleibt bei ihrem Standpunkt, alles anzunehmen, was ist. Sie beschließen, ihre Möglichkeiten bis zum letzten Atemzug voll auszuschöpfen.

Schütze

22. November – 22. Dezember

♐

Der erste Eindruck

Schützin ist kraftvoll-feurig, idealistisch, zukunftsorientiert und positiv gerichtet. Sie glaubt an eine gute Sache und daran, dass diese sich irgendwann verwirklichen wird. Bis dahin redet sie gern davon, wie sie überhaupt interessante Dinge zu erzählen weiß. Da sie viele Länder – innere und äußere – bereist hat, ist sie erfahren in Lebenssituationen jeglicher Art und stets aufgeschlossen für neue Abenteuer.

Lebenseinstellung und materielle Erscheinungsformen

Für Schützin ist das Leben die Zukunft: Der Pfeil, das Symbol für ihr Zeichen, deutet das an. Sie durchdringt den Raum, der vor ihr liegt, mit ihrer Energie und schafft mit ihren Bildern, Vorstellungen und Idealen Verankerungspunkte. So erscheint ihr selbst das als ganz realistisch, was andere für Flausen und fromme Wünsche halten.

Schützin hat nämlich immer Ideale und Visionen. Dabei kann es sich um eine traditionelle Religion, eine Philosophie oder ein gesellschaftliches Konzept handeln; es kann allgemein anerkannt sein, auf uralten Systemen beruhen oder ein selbsterarbeitetes geistiges Gefüge sein; es kann einen weltumspannenden Rahmen haben oder sich auf ein klar eingegrenztes Gebiet beschränken – immer jedoch ist das Ideal für Schützin Ansporn, Motivation und Energielieferant. Sie denkt in großen Zügen und bedauert es, wenn andere nicht so sind wie sie. So findet sie, dass, wenn die Menschen nur so denken würden wie sie, die ganze Gesellschaft zum Besseren verändert werden könnte. Eigentlich wäre alles ganz leicht ...

Sie selbst allerdings liebt das Philosophieren und Diskutieren; sie ist keine Frau, die die Dinge anpackt. Sie läuft vorweg und schwingt die Fahne; die Arbeit können andere erledigen. In diesem Sinne ist sie eine unpraktische Frau. Schützin genießt ihr Leben, und Bequemlichkeit liebt sie auch. »Groß« ist ein Begriff, der in jeder Lage für sie passt: Schützin ist großzügig, großherzig, großmütig, manchmal auch großspurig. Sie liebt das Leben mit all ihren Sinnen. Ihre Wohnung muss groß sein, ihr Auto ebenfalls und ihr Gehalt möglichst auch. Wenn es nicht so ist, träumt sie davon, das geht auch. Dann hat sie zumindest einen großen Freundinnenkreis und auf jeden Fall große Pläne. Manchmal fühlt sie sich auch ziemlich großartig – und das genießt sie dann.

Energiefluss und Geld

Schützin ist das reinste Energiebündel. Sie lebt ihr Leben nach vorn, einem weiten Horizont entgegen. Solange sie an ihr Ideal denkt, ist sie voller Kraft, fühlt sie sich jung und entschlossen. Sie ist leicht entflammbar für verwandte Ideen und steckt auch gern andere mit ihren Ideen an. So treibt sie Entwicklungen stark voran. Sie ist Individualistin, liebt aber Gesellschaft. Ihr reicht es nicht, dass Einzelne etwas für sich allein erreichen. Alle sollen von einem besseren Leben profitieren. So will sie andere von ihrer guten Sache überzeugen und kann dabei dazu neigen zu missionieren. Sie sieht sich durchaus als Weltverbesserin, hat gute Argumente und gute Ideen. Nur: Die Menschen müssten mitmachen.

Sie ist lieber unterwegs, als dass sie ankommt. In diesem Sinne bezeichnet sie sich gern als Suchende, das ist nicht falsch und auf jeden Fall eine gute Ausrede, wenn sie wieder einmal erklären muss, warum sie eigentlich immer noch keinen Beruf hat, mit dem sie sich identifizieren kann, und ihre Wohnung immer noch nicht fertig eingerichtet ist, obwohl sie schon vor drei Jahren eingezogen ist.

Schützin ist optimistisch und schert sich nicht darum, wenn Erfolge für ihre Projekte nicht gleich sichtbar werden. In diesen Fällen interessiert sie das Äußerliche nicht. Sie denkt positiv, verwirft alle Einschränkungen und Begrenzungen und zieht damit viel Gutes an. Sie glaubt unbedingt an den Durchbruch für ihr Projekt und ein gutes Gelingen.

Schützin kümmert sich nicht gern um Kleinigkeiten, auch nicht allzu sehr um ihr Bankkonto. Sie gibt gern, und sie kann auch gut annehmen. Sie lebt gern aus dem Vollen, und da sie das Leben als ein unendliches Potenzial begreift, erlebt sie sowieso überall Fülle. Sollte sich also ihr Geldbeutel mal zu leicht anfühlen, wird Schützin dies bestimmt als einen Hinweis sehen, nun dem Leben noch tiefer als bisher zu vertrauen. Und mit Sicherheit empfindet Schützin auf einer anderen Ebene einen mehr als gerechten Ausgleich dafür; sie fühlt sich immer reich beschenkt.

Konflikte – Krisen – Wandlungen

Schützin kann glauben, dass sie zu Höherem berufen ist. Ein Konflikt tritt auf, wenn sie eine Trennung macht zwischen ihrer Philosophie und dem, was sie selbst lebt. Sie predigt, anstatt zu praktizieren. Schützins Visionen können möglicherweise dazu dienen, ihr Leben auf später zu verschieben. Sie kann ihre eigenen Schwierigkeiten, Hemmnisse und Ängste mit großen Worten vertuschen. Dann entspringen ihre hehren Ideale keinem selbstlosen Denken für die Menschheit, wie es den Anschein hat, sondern eigenen Problemen und Minderwertigkeitsgefühlen. Um diese zu kompensieren, sucht Schützin einen Sündenbock im Äußeren, um dagegen ihre (Wort-)Geschütze aufzufahren. In der großen Weltpolitik und mancher Religion begegnen uns öfter solche Menschen ... Essentiell wichtig ist es daher für

Schützin, sich in ihren Idealen selbst zu erkennen, um die Trennung zwischen innen und außen aufzuheben.

Schützin muss einerseits lernen, sich voll und ganz mit ihrer Vision zu identifizieren und die Spannung dahin zu halten. Andererseits muss sie jedoch dazu bereit sein, offen zu lassen, auf welche Art und Weise sich ihre Ziele im Konkreten verwirklichen. Mit einer klaren Fixierung auf ein Ziel kann sie sehr viel erreichen, doch ist es dann gefährlich, wenn ihr Bewusstsein nicht umfassend genug ist, um die Auswirkungen überschauen zu können. Verbunden mit Selbstbezogenheit führt Selbstüberzeugtheit zu Hybris und Selbstüberschätzung, die ihr selbst und anderen Menschen viel Leid bringen können.

Schützin braucht die Erde, den Widerstand der dichten Materie, um sich wieder selbst zu spüren, wenn sie sich mit ihren Kräften und Fähigkeiten überschätzt hat. Dauerhafte Misserfolge sollte sie nutzen, um zu überprüfen, ob sie dies weiter innerlich und äußerlich tragen kann. Ihr eigenes Ideal dient dabei weiter als Orientierung. Wenn sie daraus kurzfristige Ziele ableitet und dann sehr konkrete nächste Schritte entwickelt, kann sie sich gut verankert zu immer Höherem aufschwingen.

Individualität und Begegnung

Ein oft benutztes Symbol für das Zeichen Schütze ist der Zentaur: Das Wesen, halb Mensch, halb Pferd, bietet zwei Deutungen. Zunächst weist es auf die noch unbewusste und ungezügelte Kraft in Schützin hin. Diese macht sie sich im Laufe ihres Lebens durch Erfahrungen zu eigen: Sie lernt sich kennen, erfährt sich selbst in ihren Kräften und Fähigkeiten und gelangt dann dahin, ihre Macht und ihre Kräfte auch tatsächlich zu benutzen. So wird sie schließlich eins mit ihrem »Pferd« und weiß es zu lenken. Sie gewinnt Beweglichkeit und Freiheit und kann ihren Pfeil auf das richtige Ziel richten.

Dieses Ziel liegt in Wirklichkeit immer tief in ihr selbst. Dies zu erkennen befreit sie von dem Anspruch, sich für eine große

Sache einsetzen zu müssen, die außerhalb ihrer selbst liegt. Natürlich wird sie sich weiterhin dafür engagieren, doch wird ihr nun bewusst sein, dass diese Sache tief mit ihr persönlich zu tun hat. Das erst macht sie greifbar für andere Menschen.

Ihre Freundinnen kennen ihre Ideen nämlich bald in- und auswendig und können im schlimmsten Fall ihre großen Worte nicht mehr hören, die eigentlich mehr einem Monolog gleichen als einem wirklichen Austausch dienen. Schützin schaut nämlich die Welt an, findet Bezugssysteme, universale Prinzipien und Erklärungsmodelle, die alle interessant sind – doch eine Begegnung mit Schützin als Person hat noch nicht stattgefunden. Es ist für Schützin wohltuend, wenn sie einfach konsequent bei ihrem eigenen Wort genommen wird. Sie ist nicht leicht beleidigt, hat Humor, kann verzeihen und großzügig über die Fehler anderer hinwegsehen – und natürlich auch über ihre eigenen.

Als Partnerin braucht sie eine Frau, die ihre Vision mit ihr teilt. Gleichzeitig ist es günstig, wenn diese handfester und besser geerdet ist als Schützin selbst. Sollte dies nicht der Fall sein, mag dies Schützin anspornen, selbst diese Rolle in der Partnerschaft zu übernehmen und diese Seite in sich zu entwickeln.

Kreativer Ausdruck und Beruf

Schützins Arbeitsplatz muss ihr genügend Raum für Entwicklung und Kreativität bieten. Sie wird sich entweder einen Beruf zur Verwirklichung ihrer Lebensideale aussuchen oder aber ein Team, in dem sie ihre menschlichen Werte einbringen kann. Ihre Umgebung sollte ihr Bequemlichkeit bieten und genügend große Schränke, um ihre mitunter unordentlichen Akten- und Materialsammlungen unterbringen zu können. Natürlich liebt sie auch Berufe, in denen sie gar kein Büro braucht, sondern unterwegs sein kann.

Eine wichtige Aufgabe für Schützin ist es, zu lernen, ihr Feuer in die richtigen Kanäle zu lenken. Dann ist sie eine gute Anführerin, geeignet für Führungspositionen, weil sie andere Menschen sehr gut motivieren kann. Sie hält anderen das Bild ihrer Möglichkeiten so plastisch vor Augen, dass diese sich gern dafür einsetzen. Schützin traut sich selbst und anderen viel zu. Daher ist sie eine gute Lehrerin und ein guter Coach. Da sie Hindernisse nicht aufbauscht, sondern großzügig beiseite rückt – schließlich ist sie Philosophin und interessiert sich mehr für den Sinn im Hindernis als das konkrete Hindernis selbst –, bleiben ihre Mitarbeiterinnen, Kundinnen oder Schülerinnen zuversichtlich und stressfrei.

Schützin ist sozial eingestellt, oft etwas jovial und tut des Guten manchmal zu viel. Auch hier ist ihre Motivation entscheidend. Durch ihre positive Art mögen ihr manche Menschen zu gutgläubig folgen. Ihre Verantwortung ist hier gefragt, das Glauben-Wollen als ein Geführt-werden-Wollen zu erkennen und den anderen ihre Verantwortung zurückzugeben.

Entwicklung und Aufgabe

Schützin erkennt im Laufe ihres Lebens, dass jedes Ziel, das sie anvisiert, ihren Ursprung tief in ihr selbst hat. Sie erlebt es als Sehnsucht und Streben. Erreicht sie ein Ziel, hat sie das befriedigende Gefühl, einen Teilaspekt von sich verwirklicht und sichtbar gemacht zu haben. Das Ideal, das Schützin ansteuert, ist also in Wirklichkeit immer sie selbst. Die Wahrheit, die sie für sich erkannt hat, ist ihre eigene Wahrheit; sie muss nicht für andere gelten. Schützins Aufgabe ist es dann, sich mit ihrer Wahrheit in ein größeres Ganzes einzuordnen. Das heißt, sie strebt nicht mehr ein weit in der Ferne liegendes Ziel an, sondern sie nimmt das, was sie jetzt ist, um es der Gruppe oder Gesellschaft zur Verfügung zu stellen.

Anderen kann sie bewusst machen, dass es in ihrem Leben einen roten Faden gibt; jeder Mensch richtet sich – meistens unbewusst – nach bestimmten Werten aus. Diesen Faden zu erkennen und ihm zu folgen setzt viel Energie frei. Schützin macht darauf aufmerksam, dass das Leben einen Sinn hat. Es ist nicht unbedingt leicht, dessen Bedeutung zu erschließen – wenn es überhaupt möglich ist –, jedoch zeigt Schützin, dass wir unserem Leben einen Sinn geben können. Schützin lebt vor, sich auf den Weg zu begeben, im Leben eine Richtung einzuschlagen und sich nach inneren Werten auszurichten. Dabei weiß sie, dass es immer noch viel mehr gibt als das, was sie sich vorstellen kann ...

Schütze und Schütze

Schütze trifft Schütze

Nun wird sie doch noch die letzten zwei Tage vor der Reise durcharbeiten müssen. Sie ist gestresst und verspannt und kann sich nicht einmal eine Zigarette anzünden, weil sie vor zwei Monaten das Rauchen aufgegeben hat. Die Schokolade hat sie sich vor einem Monat dann auch verboten, aber dafür Urlaub eingereicht. Ohne ihre beste und etwas hypochondrische Freundin Krebs hätte sie das nie geschafft. Die hatte ihr prophezeit, sie würde bald einen Herzinfarkt bekommen, weil sie zu viel arbeite, ein Magengeschwür, weil sie sich von ihrer Chefin ausnutzen lasse und schlimme Augen, weil sie den ganzen Tag nur in den Bildschirm starre. Typische Selbstausbeutung von Frauen sei das. Schützin hatte ihr nicht gesagt, dass sie die Magenbeschwerden und schlimmen Augen schon hat, ihre chronischen Schulterverspannungen erwähnt sie schon gar nicht mehr, aber den Urlaub hat sie beantragt. Zwei Tage noch html und pdf, Pixel und Browser, dann hat sie die Website für die wichtige Kundin fertig, und sie kann abdüsen auf ihre Mittelmeerkreuzfahrt ...

Eigentlich hatte sie es sich anders vorgestellt in einem Betrieb, in dem Frauen für Frauen arbeiten – so das Motto. Irgendwie hatte sie geglaubt, allein dadurch würde sie mehr Sinn in ihrem Beruf finden. Doch die Aufträge sind genauso kommerziell, das kommt ihr allmählich klar zu Bewusstsein. Aber nun will sie erst mal alles hinter sich lassen. Sie sitzt im Bus, der sie von ihrem Hotel zum Schiff bringt. Neugierig schaut sie sich um und erblickt eine Frau, ebenfalls Schützin, die sie interessant findet. Sie hat eine klare und kraftvolle Ausstrahlung. Ihre Blicke treffen sich, und sie lächeln sich zu.

Schützin liegt auf Deck in der Sonne, und da – wunderbar, wie im Roman – kommt tatsächlich die andere Schützin vorbei und belegt mit einem lässigen Hallo den Liegestuhl neben ihr.

Schützin fühlt ihr Herz klopfen. Eine Romanze auf See, das wäre etwas für ihr Abenteurerherz. Da packt die Schützin neben ihr ihren Laptop aus und beginnt zu tippen. O nein, das kann sie jetzt wirklich nicht gebrauchen. Sie erhebt sich. Stört dich mein Tippen? fragt ihre Nachbarin. Ja, platzt es aus ihr heraus, ich mache Urlaub und kann Computer gerade absolut nicht sehen. Die andere klappt den Laptop zu und lacht sie mit dem charmantesten Lächeln der Welt an: Welche Art von Gesellschaft möchtest du denn gern in deinem Urlaub?

Die Schützin mit dem Laptop stellt sich als Reisejournalistin vor. Vergnügt erzählt sie, sie habe früher den Superstressjob beim Fernsehen gehabt und dabei doch immer nur zugearbeitet. Erst als sie ziemlich krank geworden sei, habe sie sich besonnen. Sie habe gekündigt und sich auf freiberufliche Tätigkeiten im Bereich sanfter Tourismus verlegt. Das würde ihr so gut bekommen! Sie räkelt sich verführerisch im Liegestuhl, und die Webdesignerin sieht deutlich, wie gut es ihr bekommt. Das interessiert sie, die Frau aber auch. Happy Hour, sagt sie, wie wär's mit einem Cocktail? Ja, sagt die andere, aber nur alkoholfrei. Seit meiner Kündigung halte ich mich absolut clean, und auch das bekommt mir supergut. Das nächste Räkeln, das Schützin auf Borddisco und Mondschein hoffen lässt.

Schütze begegnet Schütze

Auch die Journalistin ist einem amourösen Abenteuer nicht abgeneigt. Sie fühlt sich frei, ganz ihren eigenen Zielen nachzugehen und ist entschlossen, sich durch nichts mehr davon abbringen zu lassen. Außerdem ist sie schnell in ihrem Denken: Eine Webdesignerin erschließt die Welt, macht es möglich, virtuell überall dorthin zu reisen, wo die interessanten Dinge passieren. Vielleicht gäbe es Möglichkeiten der Zusammenarbeit. Eine gute persönliche Beziehung kann dabei ja nicht schaden, denkt sie.

Disco und Mondschein vereinfachen die Annäherung der beiden. Sie verbringen aufregende Nächte miteinander. Tagsüber ist das Schiff gerade groß genug, um die Spannung der zufälligen Begegnungen zu erhalten. Und die Grenzenlosigkeit des Meeres macht es ihnen leicht, nahe beisammen zu sein, zu viel Nähe mögen beide nicht. So verabschieden sie sich genauso gern voneinander, wie sie sich später freuen, sich wiederzusehen. Nach einigen Tagen stellen sie fest, dass sie richtig verliebt sind.

Die Webdesignerin fühlt sich durch die Journalistin animiert, über ihre Arbeit nachzudenken. Sie findet sie bedeutungslos, weil sie nur zufällig eingehende Aufträge abarbeitet. Sie schaut in den blauen Himmel, der ihr auch keinen Sinn bietet, nur endlose Weite. Sie fragt die andere Schützin, ob sie einen Sinn in ihrem Leben sehe. Ja, sagt diese. Ausgelöst durch ihre Krankheit beschäftige sie sich ständig damit, wie ihr Lebensweg weiter verlaufen solle. Sie habe damals einen neuen Raum geöffnet und ihn betreten. Nun sehe sie die Tür zu einem weiteren Raum. Es sei wichtig zu wissen, dass diese Räume in ihrem eigenen Inneren liegen, das gebe ihr Zeit. Erst wenn sie ein klares Bild vor Augen habe, könne sie es umsetzen. Die andere kann damit sofort etwas anfangen. Der Raum ihres jetzigen Jobs ist zu eng, und sie sucht die Tür in einen größeren Raum. Die Journalistin meint, sie müsse sich vorstellen, bereits in den neuen Raum hineinsehen zu können; das gäbe ihr Ziel und Orientierung, und dann erst würde sie Tür und Schlüssel dazu finden.

Sie hilft ihr: Wo sie denn den roten Faden in ihrem Leben sehe? Sie selbst habe nach Jahren der Reisereportagen im Fernsehen zu dem Punkt gefunden, dass es ihr um die Entwicklungsreise der Menschen ginge, denn Menschen seien – wie sie selbst, bewusst oder unbewusst – in ihrem tiefsten Herzen immer auf der Suche nach Besserem. Die Webdesignerin denkt laut: Ich ermögliche Menschen das Reisen im Web, doch zu welchem Ziel? Bisher habe ich die Ziele anderer anklickbar gemacht.

Und dann klickt es in ihr: die Reise zu sich selbst – Reisen nach innen – Selbsterfahrungsreisen. Sind solche Veranstalter eigentlich vernetzt? Nicht genug, weiß die Journalistin. Die idealistischen Veranstalter tun sich schwer damit, ihre qualitativ hochwertigen Angebote zu vermarkten. Es braucht vielleicht genau eine wie dich, die Angebote vernetzt – vielleicht verlinkt mit guten journalistischen Artikeln?

Sie werden die Welt bereisen – virtuell und real. Aus ihrem kleinen Abenteuer wird ein handfestes Projekt. Sie haben viele Ideen, mit denen sie am liebsten alles erneuern wollen, sie packen überall an und reden überall mit. Sie erweitern ihr Angebot ständig und coachen schließlich die Reise- und Seminarveranstalter, damit sie an ihren Zielvorstellungen festhalten. Und sie selbst betreten gemeinsam immer neue Räume.

Schütze und Steinbock

Schütze trifft Steinbock

Sie hat alles genau geplant. Den Tag vor dem Seminar hat sich Steinbock freigenommen, und sie kommt auch schon mittags im Seminarhaus an, um sich an die Umgebung zu gewöhnen. Sie stellt fest, dass es gut war, die Empfehlungen aus dem Prospekt zu befolgen, denn sie fühlt sich bereits recht entspannt. Steinbock ist Managerin in einem großen Bürobedarfshandel und muss und will dort Höchstleistungen erbringen. Sie hat viel Ehrgeiz in ihr Projekt gelegt, hochwertige Recyclingprodukte in das Sortiment aufzunehmen. Das hat sie Stress und Durchsetzungskraft gekostet, jedoch ausgezeichnete Erfolge gebracht.

Seit Jahren schon interessiert sie sich für Zen-Philosophie. Sie hat viele Bücher gelesen und auch Meditationskurse belegt. Durch die Mitarbeit an einem Buch über Zen im Management ist sie auf dieses Seminar im Bogenschießen gestoßen. Steinbock weiß, dass ihre chronischen schmerzhaften Verspannungen im Schulterbereich, die zu tagelang anhaltenden

Kopfschmerzen führen können, mit ihrer ständigen inneren Anspannung zu tun haben. Massagen lindern, beheben aber die Ursache nicht.

Widder, die Seminarleiterin, ist eine kraftvolle Frau und dabei von jener humorvollen Gelassenheit, die Steinbock bei guten Zen-Lehrerinnen so schätzt. Sie stellt gleich klar, dass das Wesentliche die Vorarbeit sei und erst am Ende des Wochenendes Pfeile abgeschossen würden. Die Enttäuschungsrufe einiger Teilnehmerinnen hat sie offenbar erwartet, Steinbock jedoch ist verwundert, denn sie ist selbstverständlich bereit, allen Anweisungen zu folgen.

Sie meditieren, üben achtsames Gehen, achtsames Essen und Achtsamkeit überall. Steinbock liebt diese Übungen. Sie liebt die Stille, die Disziplin, das Minimalistische. Für sie ist es erholsam, nicht selbst denken zu müssen und die Leitung vollständig abgeben zu können. So kann sie sich ganz auf die Übungen einlassen. Schützin jedoch, eine andere Teilnehmerin, ist aufmüpfig. Die Übungen machen sie unruhig, sie fühlt Spannungen ist sich, sie will am liebsten aus der Halle hinauslaufen und laut schreien. Schließlich will sie zielen und schießen lernen. Übungen draußen auf dem Rasen verschlimmern alles noch. Sonne und Insekten kitzeln sie, und alles ruft nur danach, das Leben in die Hand zu nehmen. Hier hat sie das Gefühl, das Leben habe sie im Griff, genauer gesagt, die Seminarleiterin. Und Steinbock nervt sie auch kolossal, richtig heilig benimmt sie sich, absolut korrekt und perfekt. Schützin spürt unbändige Wut in sich aufsteigen.

Am Nachmittag eine Austauschrunde. Schützin nutzt die Gelegenheit, ihre ganzen Spannungen und Aggressionen hinauszuschleudern. Danach fühlt sie sich erleichtert. Steinbock findet diesen Ausbruch unmöglich: Wie kann die sich auf einem Zen-Seminar nur so benehmen! Als Widder eine Meditation ankündigt, findet Schützin, dass sei nun das Letzte, was die ihr in diesem Moment anbieten dürfe, und sie schwört sich, dies werde ihre letzte Meditation. Dann werde sie abreisen. Mit diesem Entschluss wird sie schon ruhiger. Widder fordert sie auf, alle Spannungszustände in sich zuzulassen, sie genau zu spüren und sie nur zu halten. Als gäbe es nichts anderes. Darin liege ihre Kraft.

Schütze begegnet Steinbock

Das starke Energiefeld, das in dieser Meditation in der Gruppe entstanden ist, spüren alle. Schützin sagt in die Runde, sie fühle sich wie verwandelt, sie habe immer geglaubt, sie müsse alle Spannungen sofort abbauen, tanzen, joggen, schreien – irgendwie ausagieren. Jetzt sei ihr klar geworden, dass sie Kraft vergeudet habe, anstatt sie zu nutzen. Widder nickt. Ja, sie habe viel aus der Meditation für sich herausgeholt. Sie selbst habe früher unter ähnlichen Problemen gelitten. Steinbock sagt, sie könne sehr gut eine hohe Spannung in sich aufbauen, sie sei sehr zufrieden gewesen in der Meditation. Widder schaut sie aufmerksam an, sagt aber nichts.

Dann üben sie die Körperstellung beim Bogenschießen. Nun geht es darum, zwischen den beiden Händen die maximale Spannung aufzubauen. Sie arbeiten nur mit ihrer Vorstellungskraft und sind erstaunt, wie gut das funktioniert. Dann üben sie das fiktive Loslassen des Pfeils auf der Sehne. Steinbock muss erstaunt feststellen, dass ihr das überhaupt nicht gelingt. Sie steht in Spannung und weiß einfach nicht, was sie tun soll. Sie hört die Anweisungen, doch ihr Körper kann ihnen nicht folgen. Das hatte die Seminarleiterin bei ihr vermutet. Auch zu diesem Komplex arbeiten sie in der Meditation. Steinbock wird bewusst, wie sehr ihr Leben von Festhalten geprägt ist. Immer mehr Bilder steigen in ihr hoch, ihre Kindheit, ihr Studium, ihr Arbeitsplatz. Sie hat schon früh viel Verantwortung übernommen und sich später mit Pflichten geradezu überladen. Sie hat immer viel Anerkennung dafür erhalten, so dass ihr nie in den

Sinn gekommen ist, sie könne etwas falsch machen. War denn nun alles falsch, was sie bisher gelebt hat? Sie fühlt die Stockung in sich, wie in der Übung zuvor. Nach der Meditation bricht ein Strom von Tränen aus ihr heraus. Sie weint und schluchzt wie noch nie in ihrem Leben. Schützin ist tief angerührt, setzt sich neben sie und legt ihr die Hand auf den Rücken.

Am Abend bedankt sich Steinbock bei Schützin. Ihre Hand habe ihr gut getan, diskret und schützend. Offen gibt sie zu, dass sie vorher eigentlich schlecht über sie gedacht habe, weil sie sie unbeherrscht fand. Nun, sagt sie, das hat wohl viel mit mir selbst zu tun. Schützin bekommt einen Lachanfall und beeilt sich zu sagen, dass sie gerade einfach süß ausgesehen habe. Steinbock wird rot. Normalerweise benutzt sonst niemand so einen Ausdruck für sie. Schützin fährt fort, dass Steinbock ihr sehr sympathisch geworden sei – und setzt hinzu, dass sie sie auch ziemlich blöd gefunden hätte, weil sie so heilig und unberührbar ausgesehen habe. Aber so sei sie ja gar nicht, strahlt sie. Mit dieser Emotionalität kann Steinbock gar nicht umgehen. Schützin macht einen kleinen Scherz dazu, und sie müssen beide lachen.

So unterschiedlich sie von ihrem Charakter her sind, finden sie doch allerhand Gemeinsamkeiten: Sie gehen gern vorwärts im Leben, wollen viel bewirken und übernehmen mit Vorliebe leitende Positionen. Schützin kommen gleich Ideen zu Steinbocks Arbeitsprojekt, sie kann gar nichts dagegen tun. Steinbock wiederum nimmt Schützins Idee, eine professionelle Zukunftswerkstatt für Frauen aufzuziehen, ernster als sie selbst. Sie haben sich viel zu erzählen. Und nachdem sie am letzten Tag alle ihre Pfeile verschossen haben, sehen beide eine Liebesgöttin auf einem Mäuerchen, die gerade ihren Pfeil herausholt ...

Schütze und Wassermann

Schütze trifft Wassermann

Schützin hat vor einem halben Jahr ein Frauenhotel eröffnet. Es liegt zentral, jedoch ruhig, hat zwanzig Betten und einen Konferenzraum. Sie hat nicht sehr lange nach einem Objekt suchen müssen, denn sie war örtlich nicht gebunden. Im Gegenteil, sie fand es interessant, nicht zu wissen, wo sie landen würde. Nur das Bild des Hotels hat sie exakt im Kopf gehabt und mit diesem Bild auch gezielt innerlich gearbeitet. Das ziemlich heruntergekommene Hotel, das sie dann übernommen hat, entsprach ihrer Vorstellung perfekt. Leider hat sie vergessen, es sich frisch renoviert vorzustellen ... doch die Renovierung holt sie ohne allzu großen Aufwand nach.

Ihr ganzes Geld hat Schützin in Werbung investiert und sich dabei gleich international ausgerichtet. Ihr Hotel hat eine Website und ist in den Suchmaschinen gut zu finden, sie hat Anzeigen in jeder europäischen Frauenzeitschrift geschaltet und gerade auch noch den Redaktionsschluss für den *Gay Lesbian Guide – Worldwide* geschafft. Das hat sie ein kleines Vermögen gekostet, doch nun trägt ihre Marketingstrategie erste Früchte: Eine Gruppe Geschäftsfrauen aus den USA hat sich für eine Woche angesagt, die die Kultur und Szene der Großstadt kennen lernen wollen. Schützin ist aufgeregt, weil sie weiß, dass Amerikanerinnen anspruchsvoll sind, was Komfort und Service angeht. Sie engagiert daher zwei Extrakräfte für den Service, weil sie sich Festangestellte noch nicht leisten kann. Auch hat sie keinen Hotelbus, was die Amerikanerinnen erstaunt und Schützin den Entschluss fassen lässt, in spätestens einem Jahr einen zu besitzen.

Eine Stunde vor Ankunft fällt die Elektrik aus – nichts geht mehr. Schützin atmet tief durch, sucht das Frauenbranchenverzeichnis und findet darin eine Elektrikerin. Wasserfrau ist in einer halben Stunde da. Mit ihrem Werkzeugkasten geht sie von Verteilerdose zu Steckdose zu Verteilerdose, misst den Strom hier und prüft die Kabel dort. Nach zwanzig Minuten hat sie den Fehler gefunden. Pünktlich zur Ankunft der Gästinnen funktioniert die Eingangsbeleuchtung wieder, kurze Zeit später auch der Rest. Schützin hat nun alle Hände voll zu tun, die Frauen auf ihre Zimmer zu verteilen, das Telefon zu erklären und auf die Ständer mit den Prospekten der Szene zu verweisen. Dann kann sie mit Wasserfrau einen Kaffee trinken. Die hat dem Treiben interessiert zugesehen. Tolle Sache, die du da machst, sagt sie, nur: Die Elektrik ist Schrott hier. Die Leitungen kannst du vergessen, alles morsch, kann jeden Moment wieder zusammenbrechen. Schützin sagt, dass dies zum ersten Mal passiert sei, aber Wasserfrau solle eben das Notwendigste reparieren. Das ist es ja, antwortet die Elektrikerin, hier ist gleich alles notwendig. Schützin ist blass geworden. Wasserfrau schlendert herum, schaut hinter die Gardinen, macht Fenster auf und zu. Schönes Haus, schöne handwerkliche Arbeiten, Holz und Stuck. Aber nicht viel dran gemacht in letzter Zeit. Wie sieht denn der Rest aus: Wasserleitungen, Heizung? Schützin hat solche Sachen nie besonders genau genommen, und bisher ist ja alles gut gegangen.

Wasserfrau schaut sie mitleidig und etwas belustigt an: Ich sehe mich mal selbst um und mache dir einen Kostenvoranschlag. Ich verstehe von vielen handwerklichen Dingen etwas.

Schütze begegnet Wassermann

Wasserfrau kommt am nächsten Tag mit einem noch größeren Werkzeugkasten, Helm und Handschuhen. Die Amerikanerinnen sitzen gerade im Empfang, rufen: »Ah, woman at work!« und beugen sich wieder über die Prospekte, um ihr heutiges Nachtleben zu planen. Wasserfrau schnappt ein paar Worte auf und mischt sich ohne weiteres ein. Sie war ein paar Mal in den USA und freut sich, wieder Englisch sprechen zu können. Sie charakterisiert ein paar Bars und Parties, die in dieser Woche stattfinden und gibt den Touristinnen einige Tipps zu deutschen Besonderheiten mit auf den Weg. Die Frauen sind dankbar und ziehen los. Danke, sagt Schützin anerkennend, du machst das gut. Macht mir Spaß, sagt Wasserfrau. Hast du öfter internationale Gäste? Schützin antwortet, sie hätte gern noch mehr davon, aber das müsse sich erst herumsprechen.

Wasserfrau fragt nach ihren PR-Strategien, Zielgruppen etc. Sie sind bald ins Gespräch vertieft, diskutieren kulturelle Unterschiede, die subjektive Wahrnehmung monetärer Verschiedenheiten und landen schließlich philosophierend bei der globalen Vernetzung von Geschäftsfrauen mit sozial-ethischem Wertesystem. Sie trinken einige Tassen Kaffee und bestellen sich Pizza, und so erfährt Wasserfrau, dass Schützin die Küche gar nicht in Betrieb hat. Das ist ihr zu viel gewesen – in der Stadt könne frau schließlich überall essen gehen. Aber sie merkt, dass sich durch Wasserfraus Fragen in ihrem Kopf expansionistische Gedanken bilden, und das findet sie ungemein aufregend. Und die Frau selbst nicht weniger. Auch Wasserfrau hat das Gefühl, dass ihr eigener Ideenreichtum durch Schützin beflügelt wurde. Sie legt ihr wie zufällig die Hand auf den Arm, was beide elektrisierend finden – und macht sich endlich an die Arbeit.

Wasserfrau kommt nun fast jeden Tag, um in jeden Winkel des Hotels zu steigen. Schützin ist, ehrlich gesagt, doch froh, dass eine mal alles überprüft. Für sie selbst ist das nichts, es soll einfach alles funktionieren. Das elektrisierende Gefühl zwischen ihnen verstärkt sich. Dann erzählt Wasserfrau, wie gut es sei, mal in einem normalen Betrieb zu arbeiten – was sie unter »normal« verstehe. Im Allgemeinen arbeite sie in irgendwelchen Spießerhaushalten, wo ihr der Mann ständig auf die Finger schaue und alles besser wisse. Schützin würde ihr freie Hand lassen, was sie sehr schätze. Außerdem fände sie Schützin sehr inspirierend. Es knistert heftig; in dieser Nacht wird der Stromkreis geschlossen und das spannungsreiche Energiefeld abwechselnd auf- und wieder entladen.

Am nächsten Tag will Wasserfrau wissen, ob sie mal über eine Geschäftspartnerin nachgedacht habe. Schützin hält einen langen Monolog darüber, wie ein Hotel geführt werden müsse. Wasserfrau ist genervt, weil sie sich zum Zuhören gezwungen fühlt. Lässt Schützin die Chefin raushängen? Sie spürt Fluchttendenzen – aber dann muss sie lachen. Hey, du weichst aus, sagt sie. Und ich war auch nicht direkt. Ich will hier einsteigen, gleichberechtigt!

Wasserfrau steigt also als Allroundhandwerkerin mit ein. Außerdem bleibt sie Schützins Geliebte. Als Erstes machen sie sich an die Website. Sie bauen ein bundesweites Portal schwullesbischer Hotels auf und verlinken sich mit allen einschlägigen Treffpunkten. Sie wollen klein anfangen, bevor sie sich an das Internationale machen. Aber das wird nicht mehr lange dauern.

Schütze und Fische

Schütze trifft Fische

Schützin ist wieder in ihre Heimatstadt zurückgekehrt. Das ist ein seltsames Wort für sie, denn Heimatgefühle, wie andere Menschen sie zu dem Ort ihrer Kindheit oder Jugend haben, kennt sie nicht. Sie kommt gerade von der Frühjahrssaison auf La Gomera zurück, wo sie den urlaubenden Lehrerinnen Ferienapartments vermietet hat. Heimat ist die Stadt, in der sie regelmäßig die Zeit zwischen ihren Reisen verbringt. Schützin hat in Portugal in einer Kooperative gearbeitet, auf Bali ein Zentrum mit aufgebaut, mit den Tuareg beim Tee um Schmuck gehandelt, in Nicaragua einer Arbeitsbrigade angehört, ist in den USA verheiratet gewesen, hat in Nepal Reiseleitung für Trekkingtouristen gemacht, auf Sri Lanka im Kloster gelebt, in Australien auf den Spuren der Aborigines geforscht und ist in Ägypten für ein Frauenmagazin den Nil hinaufgefahren. Sie hat sozusagen alle Weltmeere bereist, und stets fehlt ihr mindestens eine Reise, bevor sie endlich einmal zu Hause bleiben kann – sagt sie jedenfalls. Ihre Wohnung ist voll mit Reiseandenken, und immer noch empfindet sie sich als Suchende. Eigentlich fühlt sie sich auch gut mit dieser Identifikation und gibt diesen Begriff gern als Berufsbezeichnung an.

Ihren nächsten Job bei einer Zeitarbeitsfirma fängt sie erst in der kommenden Woche an, und so hat sie Zeit, durch die Stadt zu schlendern. Sie sieht der Pantomimin zu, Fische, die mit ihren schönen und unendlich langsamen Bewegungen auch die Aufmerksamkeit anderer Passanten erregt. Sie sieht ihr zu, geht weiter, kommt zurück und setzt sich dann in das Café, vor dem Fische spielt. Stundenlang schaut sie ihr zu. Sie versucht, Fisches Anziehungskraft zu verstehen: Sie unterbricht das hektische Herumlaufen durch ihre Langsamkeit, dann wieder imitiert sie Bewegungen von ZuschauerInnen in Zeitlupe. Die sind irritiert, aber auch von ihrem Spiegelbild fasziniert. Fische ist weiß gekleidet und geschminkt, wodurch ihre wortlose Präsenz eindringlich und gleichzeitig wie aus einer anderen Welt wirkt.

In Fisches nächster Pause wirft Schützin eine Münze in ihren Hut und lädt sie an ihren Tisch ein. Fische hat Schützin ebenfalls schon lange beobachtet und kommt gern mit. Schützin sagt: Tolle Aufführung, seit wann machst du das, und wo kommst du her? Fische hat einige angefangene und abgebrochene Studiengänge und Ausbildungen hinter sich. Mit nichts hat sie sich wirklich identifizieren können, ihr hat immer eine bestimmte Tiefe gefehlt. Zwischendurch ist auch sie viel gereist. Sie hat Alkohol ausprobiert, andere Drogen genommen, mit härteren Drogen experimentiert, sie hat mit exzessiv lebenden Künstlerinnen zusammengewohnt, hat sich in Beziehungen gestürzt, die nie auf Dauer hatten existieren können, und dann versucht, in abgelegenen Gegenden autark zu leben. Sie sagt, sie habe mit verschiedenen Mitteln immer dasselbe probiert: die Begrenzungen ihres eigenen körperlichen und sinnlichen

Daseins zu überschreiten, in einen Zustand der Stille zu kommen, in dem Sein möglich sei. Nun fühle sie sich gerade bodenständiger und verdiene auch ganz gut, jedenfalls im Sommer.

Schützin fühlt sich etwas überfordert von Fisches Offenheit, ist jedoch auch tief angerührt. Sie verabschieden sich mit einem »Auf bald«.

Schütze begegnet Fische

Fische geht Schützin nicht aus dem Kopf. Was spricht sie so an an dieser Frau, deren Gesicht sie noch nicht einmal richtig gesehen hat? Vielleicht, dass sie ihr Reiseziel in sich selbst sieht? Sie geht am nächsten Tag wieder hin, und sie verabreden sich für den Abend am See. Ohne Schminke erscheint Fische Schützin viel empfindsamer und verletzlicher. Fische fragt, ob ihr ihre Lebensgeschichte gestern zu viel gewesen sei; das Erzählen habe sie selbst immer weitergetragen. Jetzt möchte ich etwas von dir hören. Ihr Gespräch wird lang, sie stellen Ähnlichkeiten fest und Wesensverwandtschaften. Schützin spricht Dinge aus, die sie selbst nicht von sich gewusst hat. Sie erzählt von ihrer unbändigen Ruhelosigkeit und ihrem Drang nach etwas, das sie nicht benennen kann. Stets wollte sie wieder von dem Ort weg, der ihr einmal vielversprechend schien. Auch ihre Beziehungen waren anfangs immer interessant, mit großen Plänen und weltverändernden Vorstellungen; vor dem Umsetzen der Pläne hatten sie sich dann gedrückt und sich voneinander getrennt. Schützin spürt auf einmal ein großes Bedürfnis nach Zugehörigkeit, sie fühlt sich einsam und verloren.

Fische nimmt ihre Hand, schaut sie an und fragt, ob sie diese Gefühle eigentlich tief in sich zulassen könne. Diese Frage ist zu viel für Schützin. Fische bemerkt, dass sie sich verschließt und sagt, auch wenn Schützin es nicht wahrhaben wolle. Unter den großen Idealen und Wünschen liegen oft Traurigkeit und Verlassenheit, die wir nicht spüren wollen. Schützin beginnt zu weinen, und dann schluchzt sie hemmungslos. Fische legt den Arm um sie, sagt nichts, hält sie einfach. Sie spüren eine tiefe Verbundenheit miteinander, sitzen lange Zeit still, genießen das Zusammensein.

Später sagt Fische, Pantomime sei für sie eine Möglichkeit, die Mehrschichtigkeit des Lebens zum Ausdruck zu bringen. Alles sei dicht miteinander verwoben, und sie versuche, die Menschen das erleben zu lassen. Durch die Pantomime entstehe bei den Zuschauenden mit wenigen Mitteln der Eindruck einer realen Situation. Das Äußere könne sofort spurenlos wieder weggewischt werden, aber der Eindruck bleibe. Wenn sie Menschen imitiere, müssten sie lachen, doch gleichzeitig spürten sie traurige, lächerliche oder absurde Seiten in sich. Ja, sagt Schützin, die sich wieder beruhigt hat und ein interessantes philosophisches Gespräch wittert, das entspricht mehr der Wahrheit des komplexen menschlichen Lebens. Und trotzdem scheine ich doch etwas ganz Bestimmtes zu suchen, eine Art Erfüllung, denn ich fühle mich wie weggedrängt von dem Ort, an dem ich bin. Fische sagt, andere würden es den Stein der Weisen nennen oder den Heiligen Gral. In jedem Fall liege der Schlüssel zur Erlösung in uns selbst und sei im Äußeren nicht zu finden. Das habe ich jedenfalls für mich verstanden. Das findet Schützin wieder ungreifbar, doch Konkreteres ist aus Fische nicht herauszubekommen. Schützin spürt nämlich, dass sie sich wirklich mehr Ruhe im Leben wünscht, ein Projekt, in das sie sich ganz einbringen kann und das doch nicht einengt. Ja, meint Fische, das wäre sicher schön. Dann küssen sie sich.

Sie etablieren das Ritual, jeden Morgen vor dem Frühstück ihre nächtlichen Träume gemeinsam auszuwerten. Schützin liebt besonders die visionären und Fische die absurden Träume. Sie werden Expertinnen auf diesem Gebiet – und vielleicht bald Gründerinnen eines Traumdeutungsinstituts?

Steinbock

22. Dezember – 20. Januar

♑

Der erste Eindruck

Steinbock lernen wir als eine klare und aufrechte Frau kennen. Sie hat ein sicheres Auftreten, feste Grundsätze und weiß, was sie will. Ihr trockener Humor und ihre treffenden Kommentare verschaffen ihr Respekt und Distanz. Sie macht deutlich, dass sie zu einem Kontakt nur bereit ist, wenn frau sich wirklich etwas zu sagen hat. Sie gehört nicht zur Masse, sie hat Prinzipien, und frau muss Steinbock schon etwas anbieten können, um sie aus ihrer Reserve zu locken und sie näher kennen zu lernen.

Lebenseinstellung und materielle Erscheinungsformen

Leben bedeutet für Steinbock, etwas zu erreichen. Sie strebt nicht ein Ziel an, wie ihre Vorgängerin Schützin, sondern sie erreicht das Ziel. Für Steinbock ist nicht die Weite interessant, sondern die Konzentration auf das Wesentliche. Steinbock plant ihr Leben und arbeitet diesen Plan Punkt für Punkt ab. Sie weiß daher immer, wo sie steht und wie es weitergehen wird.

Steinbock ist eine Einzelgängerin. Sie setzt sich eine Aufgabe und erfüllt sie, und es ist ihr nicht wichtig, ob es schwierig und anstrengend ist oder nicht. Tendenziell neigt sie dazu, schwierige Aufgaben zu übernehmen, bei denen andere längst aufgeben würden. Sie jedoch kommt nicht einmal auf diese Idee. Sie führt ihre Projekte immer zu Ende und wundert sich, wenn andere etwas halb fertig liegen lassen. Steinbock hält durch, egal, ob andere mitkommen oder nicht. Sie ist zäh und stur. Das spiegelt sich im Körper in seinen festen Strukturen wieder: Zu Steinbock gehört das Knochengerüst, insbesondere die Wirbelsäule und die Knie, doch auch die Haut als Abgrenzung. Ihr Körperbau ist typischerweise hager und knochig.

Steinbocks Einstellung zum gesellschaftlichen und familiären Leben ist eher konservativ. Sie findet, dass das, was sich bewährt hat, auch bewahrt werden solle. Neuerungen steht sie skeptisch gegenüber. Sie vertraut daher eher ihrem Hollandrad oder ihrem zehn Jahre alten Auto, das dank mangelnder Elektronik nicht so fehleranfällig ist. Ihre Wohnungseinrichtung kann spartanisch sein, ist jedoch sicherlich solide. Sie legt Wert auf handwerklich hochwertige Arbeit, so dass sie lieber wenige handgearbeitete Stücke besitzt als Dinge, die sie alle paar Jahre erneuern müsste. Auch ihre Garderobe ist klassisch-zeitlos angelegt. Die Formen sind klar, streng, symmetrisch. Ihr Geschmack ist nicht breit gefächert, aber stilsicher.

Energiefluss und Geld

Steinbock gewinnt ihre Energie aus dem Alleinsein und der Konzentration. Ihre Qualität ist die der Verdichtung, der Komprimierung und der Kristallisation. Energie fließt nicht, sondern wird auf einen Punkt hin gelenkt. Um ein Projekt auszuarbeiten, schafft sie eine Struktur, die sie unweigerlich dorthin führt, wo sie hinwill. So versucht sie, größtmögliche Sicherheit zu schaffen.

Steinbock scheint perfekt und in vielem daher schon fertig zu sein. Sie hat eine Meinung und einen Standpunkt, den sie deutlich vertritt. Sie folgt unbeirrbar und stur ihrer Linie und schaut dabei weder nach rechts noch nach links. Andere bewundern ihre Geradlinigkeit und werfen ihr gleichzeitig Scheuklappendenken vor. In der Tat ist Steinbock nicht sehr offen für neue Impulse; Lebendigkeit und Spontaneität erscheinen ihr chaotisch und verwirrend. So grenzt sie sich ab gegen das, was nicht auf ihrer Linie liegt, und das führt sie nicht selten in Unbeweglichkeit und Starre. Die positive Qualität der eindeutigen Ausrichtung wird zur Falle, wenn das Fließende und Lebendige fehlt. Dann verliert das Verdichtete seine Kraft, wird trocken und beginnt zu bröckeln. Die ursprüngliche Klarheit wirkt verkrampft und einengend.

Steinbock kann häufig unter Druck gut arbeiten und zu Höchstleistungen auflaufen. Begrenzungen ängstigen sie nicht, sondern geben ihr Halt. Auch sie selbst ist absolut zuverlässig. Ihr Pflichtgefühl wird sie immer Termine einhalten lassen, sie wird nie eine Frau im Stich lassen, der sie etwas versprochen hat. Das kostet sie mitunter viel: Weil es ihr Grundsatz ist, alles wie geplant durchzuziehen, geht sie aus dem Kontakt zu ihren eigenen Empfindungen und ihrem Körper hinaus. Auch wenn sie schon erschöpft ist, hält sie durch und überfordert sich völlig. Die Folge können Erkrankungen des Knochengerüstes sein: Rückenschmerzen, weil sie zu viel trägt, Wirbelsäulenprobleme, weil sie starr festhält, Zahn- und Kieferprobleme, weil sie die Zähne zusammenbeißt. Sie neigt zu verhärtenden Prozessen, Steinbildungen und Chronifizierungen.

Steinbocks Finanzen sind gut geordnet und sicher angelegt. Sie wird sich finanziell niemals übernehmen, sondern ist vielmehr gut in der Lage, zu verzichten, wenn es nötig sein sollte. Da Steinbock die Übersicht braucht, wird sie sich nicht auf risikoreiche Spekulationen einlassen, sondern Anlageformen bzw. einen Beruf wählen, in dem sie ihre Rendite bzw. Rente im voraus berechnen kann. Dass sie außerdem einen nicht schlecht gefüllten Sparstrumpf zu Hause hat, ahnt niemand, denn sie gibt sich in der Öffentlichkeit eher bescheiden.

Konflikte – Krisen – Wandlungen

Für Steinbock sind klare Formen, Grenzen und Normen Halt gebend. Sie kann so lange gut mit ihnen leben und arbeiten, wie sie einigermaßen zu ihrem eigenen Bewusstsein und ihrer Entwicklung passen. Irgendwann aber wird sie über die Normen hinauswachsen, und dann ist sie gefordert, eine Entscheidung zu treffen: Bleibt sie innerhalb ihrer Grenzen, wird sie durch Schmerz und möglicherweise Krankheit erfahren, dass der Weg, den sie bisher geradlinig gegangen ist, nicht mehr der richtige für sie ist.

Wenn sie erlebt, dass Dinge sich verändern, deutet sie das zunächst als Zwischenfall. Kommen mehr Veränderungen, macht ihr das Angst. Unvorhergesehenes hat keinen Platz in ihrer Planung gefunden, so dass sie nicht damit umgehen kann, wenn es eintritt. Und es wird eintreten, denn das Leben ist voller Unwägbarkeiten. Steinbock versucht dann, noch besser zu planen. Die Angst macht sie eng. Sie will die Dinge in den Griff bekommen und ihrem Willen unterwerfen. Damit unterdrückt sie das Lebendige und Unüberschaubare, aus ihrer Autorität wird Herrschsucht, sie wird diktatorisch und versucht, den Lebensfluss ihren Bedingungen zu unterwerfen. So geht sie mit anderen um, und so geht sie mit sich selbst um: Was nicht in ihr Selbstbild passt, wird unterdrückt und weggeschlossen. Sie trennt sich von lebendigen Anteilen in sich selbst.

Steinbock hat den Anspruch an sich, perfekt zu sein. Perfektionismus liegt aber die Angst zugrunde, in der normalen menschlichen Unvollkommenheit nicht angenommen zu sein. Sie kann das Gefühl haben, nur akzeptiert zu sein – und im extremen Fall: eine Daseinsberechtigung zu haben –, wenn sie genug leistet. Ihr Ehrgeiz kann dann verhindern, dass sie Aufgaben überhaupt beginnt; sie hat das Gefühl, niemals so gut sein zu können, wie sie sich vorstellt, sein zu müssen. So lebt sie möglicherweise unterhalb ihres Niveaus.

Wenn sie sich dieses Muster bewusst macht und den Mut hat, sich ihrer Angst zu stellen, liegt in ihrem Schmerz eine große Chance. Sie kann einsehen, dass der Begriff »Fehler« einfach aussagt, dass etwas fehlt. Sie erkennt, dass sie nicht vollkommen sein muss, das Leben selbst wird sie immer vollkommener machen. Sie kann entspannen und in dieser Entspannung – ein

Paradox – doch wieder ihre Vollkommenheit erleben. Die Orientierung an ihrem Inneren ermöglicht ihr den Aufbau eines »inneren Stehens«, um im Äußeren lockerer, weicher und flexibler sein zu können. Das Stehen in und zu sich selbst, der aufrechte Gang sind beste Steinbock-Prinzipien. Dann kommen ihre Qualitäten wieder zum Tragen: Sie kann mit Widerständen und Hindernissen geschmeidiger umgehen. Wenn sie keine Angst hat, nimmt sie die Herausforderung an, nicht nur mit Disziplin und Beharrlichkeit durch schwierige Zeiten zu gehen, sondern Probleme auch einmal mit ungewöhnlichen Maßnahmen zu überwinden.

Individualität und Begegnung

Steinbock braucht Stille und Rückzug, um sich entwickeln zu können. Sie ist ein willensbetontes Zeichen und bestimmt ihre Lebensführung am liebsten ganz allein. Sie liebt das Alleinsein, braucht nicht viele Kontakte und wirkt auf manche wortkarg, verschlossen und ernst. Sie ist eher mental und sachlich als emotional oder gar impulsiv.

Kommunikation und Absprachen dienen Steinbock dazu, etwas gemeinsam erreichen zu können. Unnütze Worte mag sie nicht, und unnütz ist alles, was nicht zur Sache selbst gehört. Smalltalk und Gespräche über das Wetter sind für sie überflüssige Schnörkel und Verzierungen. Sie konzentriert sich auf die Sachebene, will die zwischenmenschliche, die Gefühlsebene nicht wahrhaben, und sie verliert die Fähigkeit, zu spüren, was zwischen den Zeilen geschieht. So stößt sie manche Menschen vor den Kopf, weil sie nicht geübt darin ist, Dinge so auszusprechen, dass sie von anderen angenommen werden können. Die diplomatische Gabe fehlt ihr.

Frau spürt, dass Steinbock nicht diejenige ist, die man als Kumpel mal so anhaut. Steinbock legt Wert darauf, sich von anderen zu unterscheiden und will auch so gesehen werden. Dadurch wirkt sie häufig kühl-kontrolliert und unberührbar. Es ist schwer, ihr nahe zu kommen. Wenn jedoch in langer Zeit und mit dem Durchstehen verschiedener Lebensabschnitte und Krisen eine Freundschaft aufgebaut ist, dann ist diese dauerhaft und haltbar. Steinbock ist treu und wird niemals eine Freundin im Stich lassen. Ihre Liebespartnerin wird Steinbock mit viel Gefühl erreichen, jedoch auch lernen müssen, sich aus deren Energiefeld nicht abweisen zu lassen, sondern sie zu fordern und zu konfrontieren. Steinbock ist emotional zwar zurückhaltend, und es fällt ihr schwer, sich auf andere gefühlsmäßig einzustellen, jedoch kann sie tief empfinden und wird in ihren Gefühlen immer ehrlich sein. Ihre Individualität ist die Grundlage für eine Begegnung in Wahrhaftigkeit. Und je mehr sie sich emotional öffnet, desto reicher kann die Beziehung gestaltet werden.

Findet Steinbock genügend Selbstbewusstsein in sich, wird sie sich leichter öffnen können: Manch eine wird sich wundern, welche unbekannten Talente noch in Steinbock schlummern. Mit ihrem trockenen und manchmal schwarzen Humor wird sie vielleicht nicht gerade große Runden unterhalten können, doch Liebhaberinnen der Steinbock-Art werden sehr auf ihre Kosten kommen.

Kreativer Ausdruck und Beruf

Steinbock ist eigensinnig und lässt sich nichts vorschreiben. Versehen mit einer klaren Aufgabe, ist sie für Führungspositionen hervorragend geeignet und kann sich auch gut in eine Hierarchie einordnen. Allerdings liegt ihr mehr die Leitung im traditionellen Sinn: überschaubare Aufgabengebiete, für die zuverlässig arbeitende Menschen eingestellt werden. Steinbock kann autoritär sein, gut strukturieren und klare Anweisungen geben. Alle wissen, woran sie mit ihr als Chefin sind und fühlen sich sicher unter ihrer Leitung. Ihr Denken ist klar, abstrakt und logisch. Sie ist realitäts- und erfolgsorientiert, praktisch veranlagt und verfolgt unter allen Umständen konsequent ihr Ziel, pragmatisch auf die Notwendigkeiten beschränkt. Sie übernimmt gern Verantwortung und ist daher auch für politische und öffentliche Ämter gut geeignet.

Allerdings kann es ihr schwer fallen, Aufgaben zu delegieren, weil sie glaubt, die Dinge selbst am besten erledigen zu können – niemand kann es ihr wirklich recht machen. Wenn andere eigene Ideen einbringen wollen oder gar ein Mitspracherecht verlangen, fordert das sehr ihre Flexibilität. Steinbock liebt Eindeutigkeit und verabscheut Mehrdeutigkeit. Komplexe Geschehen reduziert sie auf das Wesentliche, das Gerippe, worin sich andere nicht mehr gut wiederfinden können. So lässt sie häufig zu wenig Raum für die Kreativität anderer Menschen. Sie fühlen sich leicht ausgeschlossen und begehren dann auf. Steinbock löst bei anderen häufig Autoritäts- und Elternkonflikte aus. Kann sie sich jedoch von ihrer eigenen starren Planung lösen und sich darauf einlassen, dass gut ist, was der Erfüllung der Aufgabe dient, wird sie gern von anderen Ideen annehmen, die sie dann sinnvoll einbaut. In der Zusammenarbeit wird Steinbock auch lernen, sich auf Menschen zu verlassen, die Aufgaben anders angehen als sie selbst. Die Ergebnisse werden verschieden aussehen, und Steinbock muss lernen, das zu akzeptieren.

Da Steinbock Planung und Sicherheit wichtig sind, wählt sie oft einen Beruf, in dem Karriere und Finanzen vorhersehbar sind: Sie wird Beamtin oder sucht sich eine Stellung in einem großen, traditionsreichen Unternehmen. Dabei ist sie ehrgeizig und wird nicht aufgeben, bis sie die Aufgabe erledigt oder die Stellung erreicht hat, die ihren Ansprüchen, ihrem Einsatz und ihren Qualitäten tatsächlich angemessen ist. Selbstständig macht sie sich nur dann, wenn sie wirklich sicheren Boden unter sich spürt.

Entwicklung und Aufgabe

Durch ihr Bedürfnis, das Beste von sich zu geben, schärft Steinbock das Bewusstsein für die Aufgabe, sich aus der Masse herauszuheben, kollektive Normen zu verlassen und die eigene Individualität zu entwickeln. Damit einhergehend nimmt die Verantwortung zu, eine Position im größeren Gefüge einzunehmen, die der Individualität entspricht und diese vollkommen auszufüllen.

Das Zeichen Steinbock beginnt mit der Wintersonnenwende, dem Tag mit der längsten Zeit der Dunkelheit. Erst drei Tage später beginnt die Sonne wieder länger zu scheinen. Diese Tiefe und Stille, das extreme Erleben von Einsamkeit braucht Steinbock, um das Licht wiederzugebären. Steinbock arbeitet an ihrer Entwicklung, sie geht lange in ein- und dieselbe Richtung, bis sie einen Gipfelpunkt erreicht und ganz im Licht steht. Von hier aus hat sie eine weitere Sicht als je zuvor, und sie erlebt, dass das Licht größer ist als sie selbst. Sie spürt Demut in der Begrenztheit ihres eigenen Bewusstseins. Dies ist der Wendepunkt, an dem Steinbock symbolisch auf die Knie gehen muss. Von hier aus wendet sie sich wieder nach unten: Vom Gipfel steigt sie in die Niederungen des Alltags herab. Sie stellt ihr Licht und ihre Qualitäten anderen Menschen zur Verfügung, um sie zu unterstützen und ihnen zu helfen, ihren Weg ebenfalls zu gehen.

Steinbock und Steinbock

Steinbock trifft Steinbock

Steinbock läuft und läuft, und zufrieden stellt sie fest, dass sie ihre Leistung stetig steigert. Sie trainiert für den Halbmarathon im Juni. Eigentlich würde sie gern Marathon laufen, aber sie weiß, dass sie das bei ihren vielen anderen Verpflichtungen nicht schaffen wird. Doch ganz aus dem Kopf ist die Idee keinesfalls. Als persönliche Referentin der Landesministerin für Gesundheit und Soziales ist sie sehr in Anspruch genommen. Bei ihrer 60- bis 70-Stunden-Woche versucht sie, zumindest etwas Regelmäßigkeit in ihr Leben zu bringen: Jeden zweiten Tag steht sie um fünf Uhr für einen morgendlichen 7,5-km-Lauf auf, an den übrigen Tagen geht sie Schwimmen. Um halb acht sitzt sie am Schreibtisch. Zu später Stunde diktiert sie noch die Protokolle ihrer abendlichen Sitzungen, mindestens aber die Memos, die die Ministerin am nächsten Morgen für die vormittägliche Pressekonferenz auf dem Tisch haben muss. Wenn sie am Wochenende keine Auswärtstermine hat, sichtet sie nach ihren 10- bis 17-km-Läufen die Presseausschnitte für ihr Ressort.

Heute hat sie eine Sitzung mit dem neuen Vorstand der größten Verbraucherschutzorganisation des Landes. Es ist wichtig, gut mit ihnen zusammenzuarbeiten, daher rekapituliert sie vorher gründlich ihre bisherigen Arbeitspapiere. Auch die andere Steinbock-Frau weiß um die Wichtigkeit des ersten Kontakts und ist daher noch besser vorbereitet als sonst. Wegen ihrer absoluten Zuverlässigkeit, Strukturiertheit und Genauigkeit ist sie in den Vorstand gewählt worden. Sie will den Start einer großen Kampagne gegen das Rauchen forcieren, deren Ziel ein Rauchverbot in Restaurants, Cafés, öffentlichen Einrichtungen und am Arbeitsplatz sein soll. Das würde ein hartes Durchgreifen verlangen: Zuwiderhandlungen sollen als Ordnungswidrigkeit geahndet und mit Bußgeld belegt werden. Und noch ein Tabu soll ihrer Meinung nach geknackt werden: Sie will jegliche Zigarettenwerbung verboten sehen.

Vor dem Sitzungssaal begegnen sie sich – und sind verwirrt. Sie müssen einen Moment überlegen, denn das Outfit passt irgendwie nicht zum Gesicht; dann wissen sie: Sie sind im selben Yoga-Kurs. Dass sie sich hier wiedertreffen würden, hätten sie allerdings nicht gedacht. Nach einer kurzen Verunsicherung entscheiden sie sich, erst mal professionell distanziert zu bleiben. Außerdem haben sie auch im Kurs eigentlich kein persönliches Verhältnis zueinander aufgebaut, denn so regelmäßig, wie sie seit Jahren zumindest einmal wöchentlich in den Unterricht gehen, so sicher gehen sie anschließend immer sofort nach Hause. Die Verbraucherschutzfrau weiß nun allerdings, dass die Referentin inhaltlich sicher nichts gegen das Rauchverbots-Projekt einzuwenden haben wird, denn in ihrer Yoga-Richtung wird großer Wert auf gesunde Ernährung und Lebensführung gelegt. Doch die Staatsdienerin schlägt eine andere Richtung ein. Rauchen sei schädlich, das bezweifle wirklich niemand mehr, doch so strenge Vorschriften ließen sich unglaublich schwer durchsetzen. Sie habe nicht nur das Finanzministerium wegen der geringeren Steuereinnahmen gegen sich – traurig, aber wahr –, sondern auch die Restaurant- und Gaststätten-Innung, die gesamte Werbebranche und natürlich die Tabakkonzerne selbst. Einzig die Krankenkassen stünden auf ihrer Seite. Wie sei es denn mit den VerbraucherInnen selbst, fragt sie. Darauf ist die andere Steinbock-Frau vorbereitet und legt die Ergebnisse von Umfragen vor. Wie erwartet, sieht das nach einer längeren Kontroverse aus.

Steinbock begegnet Steinbock

Die Referentin ist in einem Gewissenskonflikt. Wenn sie ehrlich ist, stimmt sie mit den Forderungen der anderen Steinbock-Frau voll überein. Doch als Politikerin hat sie die Aufgabe,

Neuerungen langsam den Weg zu ebnen. Das erfordert jahrelange Lobbyarbeit, Ausschußsitzungen, Delegation an Gremien usw. Selbst ihr, für die Ausdauer einen hohen Wert besitzt, dauern die Prozesse oft zu lange.

Nach dem nächsten Yoga-Kurs warten beide Steinbock-Frauen unabgesprochen aufeinander. Sie überlegen, in welche Kneipe sie gehen und müssen lachen, denn ihr oberstes Kriterium lautet: Hauptsache, nicht verqualmt. Sie einigen sich auf das einzige Nichtrauchercafé der Hauptstadt und nehmen dafür einen längeren Weg in Kauf.

Sie verabreden, ihren beruflichen Konflikt nicht anzusprechen, spüren jedoch, dass sie nichts voreinander verbergen wollen. Für die Politikerin sollte das Yoga anfangs nur der besseren Konzentrationsfähigkeit dienen, und die andere hoffte, durch Körperübungen ihre chronischen Rückenschmerzen loszuwerden. Beide haben jedoch gelernt, dass Yoga vor allem ein geistiger Weg ist. Ihre Lehrerin, Waage, überzeugte ihren kritischen Verstand durch die Authentizität ihrer eigenen Person. Schüchtern gestehen sie sich, dass sie sich schon lange sympathisch finden. Die Kursteilnehmerinnen haben mit der Zeit gewechselt, doch sie beide sind kontinuierlich dabei; das schätzen sie, denn es hat ihnen Sicherheit gegeben. Eigentlich seltsam, dass sie erst jetzt miteinander sprechen. Beide spüren, dass sich die Luft zwischen ihnen merklich zu erwärmen beginnt. Auf einmal haben sie das Gefühl, sich schon seit Jahren sehr gut zu kennen. Sie sitzen einander gegenüber und fühlen sich miteinander verbunden.

Es stellt sich heraus, dass sie relativ nahe beieinander wohnen, und da fragt die Läuferin die andere, ob sie Lust habe, morgens mit ihr zu laufen, sie würde auch gern langsamer und kürzere Strecken laufen. Die andere wehrt ab, nein, das sei gar nicht ihre Sache. Die Politikerin zieht sich zurück und schwenkt auf ein anderes Thema um. Die kleine Abkühlung in der Stimmung verfliegt jedoch rasch.

Die Läuferin fragt sich am nächsten Morgen, was sie da bloß für ein Angebot gemacht hatte. Sie muss schließlich hart trainieren, und ein langsameres und kürzeres Laufen wäre vollkommen kontraindiziert gewesen. Sie spricht mit Freundin Stier darüber, die sagt, sie lebe einfach zu einsam und spartanisch. Ihr spontanes Angebot beweise, dass ihr Gesellschaft und vielleicht eine Partnerschaft – ein deutlicher Blick – fehlt. Sie solle sich dieser Frau doch direkt auf dieser Ebene nähern. Steinbock spürt plötzlich Lust in sich aufsteigen. Das ängstigt sie – sie hat ein volles Programm in ihrem Leben, wie soll eine Partnerschaft da hineinpassen? Vielleicht eine schöne Freundschaft? Und außerdem: die politische Auseinandersetzung!

Die andere Steinbock-Frau grübelt auch über ihre Gefühle nach. Sie ist verliebt, kein Zweifel. Und die andere hat ihr so ein süßes Angebot gemacht, das sie rüde ausgeschlagen hat – warum? Doch ihre große Stärke – Konsequenz in einer Sache, egal welche Widerstände – siegt. Sie hat keine Eile, aber sie will es wissen. Und nach dem nächsten Yoga-Kurs bekommt sie die Antwort, die sie sich gewünscht hat: genauso klar.

Steinbock und Wassermann

Steinbock trifft Wassermann

Diese Hitze liegt ihr überhaupt nicht: Steinbock nimmt sich vor, dass ihr nächstes Auto eine Klimaanlage haben wird. Doch jetzt kann es nicht mehr weit sein. Endlich kommt der Campingplatz für Frauen in Sicht. Steinbock sieht sofort, es ist Hochbetrieb, und sie hofft, dass es für ihr Zelt noch einen Schattenplatz gibt. Am Eingangshäuschen hängt ein Schild: Bin gleich zurück. Steinbock setzt sich in den Schatten und wartet. Gut, dass sie noch Wasser in der Kühltasche hat. Nach zehn Minuten Wartezeit ist sie mit den Nerven am Ende. Sie gibt der Campingplatzbetreiberin noch exakt fünf Minuten, dann wird sie wieder abfahren. Nach vier Minuten kommt Wasserfrau in bester Laune um die Ecke. Steinbock beschwert sich knapp und kühl. Wasserfrau sagt: Hier bei uns gibt's eine andere Zeitrechnung. Relax erst mal, du hast Urlaub! Dieser Spruch kommt bei Steinbock nicht gut an. Sie hat seit Beginn ihrer Selbstständigkeit vor zwei Jahren keinen Urlaub gemacht, und selbstverständlich hat sie auch jetzt Laptop und Handy dabei. Sie kann es sich nicht leisten, auch nur einen Auftrag zu verlieren. Doch abgesehen davon, dass sie einfach mal Pause machen musste, hat ihr ihre Therapeutin einen echten Tapetenwechsel verordnet. Da Steinbock als Steuerberaterin täglich aussehen muss wie aus dem Ei gepellt, hat sie ihr als Kontrastprogramm ein Campingwochenende vorgeschlagen.

Ein Kontrastprogramm ist dies in der Tat. Sie fährt ihr Auto auf den zugewiesenen Platz – immerhin steht ein Bäumchen darauf – und inspiziert als erstes die sanitären Anlagen. Sie entsprechen keineswegs Steinbocks Ansprüchen, aber sie hat schon vorher in der Therapie daran gearbeitet, in allem das Schöne zu sehen und Unvollkommenes gelten zu lassen. Eingedenk dessen nimmt sie sich also ausführlich Zeit, die Sanitärräume auf allen Ebenen zu betrachten. Sie bemerkt die individuelle Ausstattung: An den Wänden befinden sich anstelle einiger Fliesen Muscheln und kleine Steine, die oberen Abschlüsse sind wellenförmig gearbeitet, und die Hausordnung ist kurz, geistreich und freundlich gehalten. Steinbock merkt, wie gut ihr die Vorbereitung geholfen hat und atmet aus. Am besten duscht sie gleich mal.

Als sie aus der Dusche kommt, wird ihr schwindelig, und sie sackt in sich zusammen. Zum Glück sieht sie eine andere Frau, Widder, und holt gleich Wasserfrau mit dem Erste-Hilfe-Köfferchen. Gemeinsam lagern sie ihre Beine hoch. Widder massiert ihr die Füße, und Wasserfrau hält ihr Pfefferminzöl unter die Nase. Steinbock kommt wieder zu sich, will sich aufrichten und wird von Wasserfrau sanft, aber bestimmt zurückgehalten.

Steinbock lässt sich zurücksinken. Was ist passiert? Ist sie umgefallen? Typisch, denkt sie, alle anderen haben gesehen, wie ausgepowert ich bin, nur ich nicht. Sie trinkt Wasser und merkt, sie will eigentlich nur liegen bleiben – nie wieder etwas anderes tun ...

Als sie zu ihrem Platz zurückkommt, steht das Zelt schon fast. Wasserfrau und Widder haben es gemeinsam aufgebaut. Steinbock ist fassungslos und bekommt einen Heulkrampf. Widder fühlt sich überfordert und geht, doch Wasserfrau nimmt sie in die Arme und bettet sie schließlich in ihren Schoß. Steinbock lässt alles geschehen, sie kann einfach nicht mehr.

Steinbock begegnet Wassermann

Zum Abendessen ist Steinbock bei Wasserfrau eingeladen. Doch sie fühlt sich wieder gut und würde am liebsten allein bleiben. Aber Wasserfrau ist so nett gewesen, dass sie ihr keinen Korb geben mag. Wasserfrau wohnt in einem großen Caravan. Ein Teil ist Privatbereich, ein Teil scheint das Büro zu sein. Steinbock ist entsetzt, als sie die Unordnung sieht, die dort herrscht. Mühsam wendet sie sich ab und erinnert sich an ihre Aufgabe, in allem das Schöne zu sehen – es gelingt ihr nicht! Wasserfrau bemerkt ihren Blick und ist froh, dass sie in der Wohnküche wenigstens etwas aufgeräumt hat. Eigentlich macht sie ja um diese oberkorrekten Frauen – und zu denen gehört Steinbock, das hat sie mit ihrer auf dem Campingplatz gewachsenen Menschenkenntnis sofort gesehen – einen weiten Bogen. Sie selbst fühlt sich als Freigeist: Leben und leben lassen ist ihr Motto. Allerdings haben ihr Freundinnen klar gemacht, dass ihre viel gepriesene Toleranz nicht für Menschen gelte, die nicht so »tolerant« seien wie sie. Bei Steinbock will sie ihren Vorurteilen auf den Grund gehen und diese Frau richtig kennen lernen.

Wasserfrau hat sich also ins Zeug gelegt und ihr bestfunktionierendes Lieblingsgericht gekocht: Reis mit Gemüse und Erdnußsauce, exotisch gewürzt. Sie hat draußen den Tisch gedeckt, dafür eine zwar ungebügelte, jedoch tadellos weiße Tischdecke gefunden und einige Blüten aus ihrem Gärtchen geopfert und in eine große Glasschale in der Mitte gestellt. Sie ist sehr zufrieden, richtig einladend sieht es aus; das könnte sie eigentlich auch mal für sich selbst tun – schon die erste Erkenntnis.

Steinbock ist unbehaglich zumute. Sie fühlt sich ganz und gar nicht entspannt, zumal ihr ihr erster Auftritt noch peinlich ist, der zweite mit der Ohnmacht nicht minder und der dritte mit ihrem Weinkrampf erst recht. Sie ist beeindruckt, wie locker und leicht Wasserfrau mit allem umgeht und spürt ihre eigene Steifheit und ihr Verknotetsein in sich selbst. Wasserfrau bedankt sich für Steinbocks etwas mühsam formuliertes Lob über den schön gedeckten Tisch. Steinbock wiederum kann es nicht fassen: Wasserfrau hat alles so liebevoll bereitet, und sie selbst starrt magisch angezogen auf die ungebügelte Tischdecke. Sie reißt sich los und überreicht Wasserfrau ihr kleines Gastgeschenk, eine Tüte Studentenfutter. Wasserfrau muss lachen: Du opferst dein Nervenfutter, nicht wahr? Du siehst auch so blass und gestresst aus! Komm, setz dich, es geht gleich los mit dem Salat. Steinbock fühlt schon wieder Tränen in sich aufsteigen. Was ist nur mit ihr los? Es ist auch nicht Wasserfraus leichteste Übung, mit weinenden Frauen umzugehen, doch sie hat einiges von ihrer Freundin Krebs gelernt. Sie drückt Steinbock kurz, lächelt sie an und serviert den Salat.

Es wird ein wunderbarer Abend. Nach einem halben Glas Wein – mehr verträgt sie nicht – wird Steinbock gelöster. Und Wasserfrau merkt, dass ihre offene Haltung Steinbock gegenüber schon vieles verändert hat. Anknüpfungspunkt für ein Gespräch ist ihre gemeinsame Selbstständigkeit. Sie sprechen über Stressbewältigung, Auszeiten, Eigenpflege, Geldverdienen, Ängste und schließlich darüber, dass das Leben eigentlich immer weitergeht. Das findet jedenfalls Wasserfrau, und Steinbock spürt, dass sie es wirklich so empfindet. Am nächsten Abend kocht Steinbock für Wasserfrau. Dann versuchen sie, sich darin zu übertreffen, wer die andere schöner verwöhnen kann. Irgendwann liegen sie sich in den Armen. Und dann kommt Steinbock immer öfter.

Steinbock und Fische

Steinbock trifft Fische

Steinbock ist Steinmetz-Meisterin und hat mehrere Grabmal-Betriebe. Auch ihr Vater war Steinmetz, und sie hat schon als Kind den kühlen, festen Stein geliebt. Für sie war es tröstlich, und es gab ihr Sicherheit, dass der Stein im Gegensatz zu dem Menschenkörper, dessen Namen er tragen würde, dem Verfall standhalten würde. Ganz natürlich hat sie daher angefangen, selbst Steine zu bearbeiten. Auch der Widerstand, den der Stein ihr bot, hat ihr gefallen. Es war ein Dialog zwischen ihnen: Ihr Wille und der Stein, der bereit war, sich gestalten zu lassen, jedoch Bemühen und Klarheit von ihr forderte. In jede Arbeit hat sie ihren ganzen Ehrgeiz gelegt, denn der Stein verzeiht keine Fehler. Auch der Umgang mit den KundInnen hat ihr gefallen: Einen angesichts eines menschlichen Verlustes sichtbaren Grabstein anzubieten fand sie eine befriedigende Aufgabe. So hat sie gern früh das Geschäft ihres Vaters übernommen und bald zwei weitere Betriebe eröffnet. Die Steinmetzarbeiten selbst hat sie nach und nach aufgegeben – sie hat jetzt alle Hände voll mit der Geschäftsführung zu tun.

Eines Tages taucht Fische bei ihr auf. Sie sei Steinbildhauerin und ob sie bei ihr arbeiten könne. Steinbock ist unwirsch; unangemeldeten Besuch kann sie nicht leiden. Sie sagt, eher nicht, sie habe bisher keine guten Erfahrungen mit der Vermischung von Kunst und Handwerk gemacht. Andererseits braucht Steinbock dringend eine weitere Person, denn sie hat viele Aufträge in der Warteschleife. Also fügt sie hinzu, sie könne sich ihre Arbeiten ja dennoch ansehen. Fische legt ihr ihre Mappe hin.

Fische will es nach Jahren des Lernens und freien künstlerischen Schaffens einmal mit einer festen Anstellung versuchen. Sie ist mitten in ihrem ersten Saturn-Return, und sie weiß, dass dies bedeutet, Lehrjahre abzuschließen und mit Eigenverantwortung ins gesellschaftliche Leben zu treten. Sie möchte gern etwas Nützliches tun, einen Zusammenhang sehen zwischen Produktion und Verkauf bzw. Nutzung. Friedhöfe haben sie schon immer angezogen: Ihre Stille und Zeitlosigkeit finden in ihr Resonanz, als ob darin eine tiefere Wahrheit läge als im ewigen Kreislauf von Leben und Sterben. Auch durch die Grabsteine fühlt sie sich innerlich tief ruhig.

Steinbock hat die Fotos um der handwerklichen Anforderungen willen sehen wollen. Nun jedoch fühlt sie sich von den Skulpturen selbst angezogen; sie bemerkt die Schönheit der Schwünge, die Spannung, die durch verschiedene Winkel und Kanten erzeugt wird, fühlt sich durch die Kraft des Ausdrucks hineingezogen in eine eigene Welt. Und sie spürt die Sehnsucht in sich, sich wie früher wieder einmal an einen Stein zu setzen und ohne ein gegenständliches Vorbild einfach Formen entstehen zu lassen. Sie wischt ihre Tagträumerei beiseite und weiß, dass Fische sich bei der Arbeit hier langweilen wird – oder bringt diese sie zu stark mit etwas Unerfülltem in sich in Berührung? Dann überlegt sie: Sie hat sich nie davor gescheut, mit Widerständen umzugehen, doch ist ihr kürzlich klar geworden, dass sie sich eine regelrecht ablehnende Haltung angewöhnt hat. Ihre spontane Antwort auf eine an sie gerichtete Anfrage lautet meistens nein. Vielleicht sollte sie es einmal andersherum versuchen – mit einem grundsätzlichen ersten Ja zu allem.

Steinbock begegnet Fische

Steinbock sagt ja zu Fische, sie könne bei ihr anfangen. Welche Vorstellungen sie denn habe? Damit weiß Fische nichts anzufangen, und Steinbock merkt, dass sie konkret werden muss, um konkrete Angaben zu erhalten. Sie macht Vorschläge für Probezeit, Gehalt und Urlaub. Ehrlich sagt sie, dass es von der Auftragslage abhänge, wie lange Fische bleiben könne. Fische ist alles recht. Sie bedankt sich, dass Steinbock sie unangemeldet empfangen habe und ihr als Mensch so vertraue, denn ihre Fähigkeiten kenne sie ja noch gar nicht. Steinbock ist ganz berührt davon. Fische wiederum findet Steinbock toll: Drei Betriebe gleichzeitig zu managen erscheint ihr als eine unglaubliche Fähigkeit. Sie fühlt sich angespornt, ihr Bestes zu geben. Gleich am nächsten Tag fängt sie an.

Steinbock spürt, dass sie Fisches Nähe sucht. Fische erzählt, dass sie eine Ausbildung als Steinmetzin abgebrochen hat. Die Theorie hat sie wenig interessiert, schlimmer aber war, dass sie am Stein nie das Geforderte hinbekommen hat. Sie hat sich lange schlecht damit gefühlt. Erst als sie den Anspruch der Ausbildung losließ, hat sie erlebt, dass sie wieder frei mit Material und Werkzeug umgehen konnte. Sie erzählt, dass sie sich damals auf jeden Stein eingestellt und in ihm eine Form gespürt habe. Die habe sie dann freigelegt, und so seien ihre Skulpturen entstanden. Dadurch habe sie neues Vertrauen in sich aufgebaut. Durch Steinbocks irritierten Gesichtsausdruck erst merkt sie, was sie da gesagt hat und fügt lachend hinzu: Jetzt würde sie aber sicherlich Steinbocks Ansprüchen genügen können, sie habe inzwischen viel Erfahrung. Steinbock sagt, ja, sie sehe, dass Fische ihre Sache gut mache.

So gehen einige Wochen ins Land. Fische bekommt die Arbeit gut, doch sie ist noch nicht richtig warm geworden mit ihrer Chefin; Anziehung und Abstoßung sind gleichermaßen da.

Steinbock fürchtet, dass Fische auf sie als Nur-Handwerkerin herabsieht. Fische betont zwar, dass sie die praxisorientierte Arbeit sehr angenehm finde, jedoch fällt auch den KollegInnen auf, dass ihre Arbeiten einfach anders, künstlerischer und eigenwilliger ausfallen.

Steinbock hat in dieser Zeit ihr altes Werkzeug wieder hervorgeholt. Blitzblank gepflegt schaut es ihr aus dem Kasten entgegen. Liebevoll nimmt sie jedes einzelne Stück in die Hand und überlegt, mit welchem Stein sie anfangen will. Doch sie kommt nicht voran. Tagsüber ist keine Zeit, und abends ist sie so erschöpft, dass sie sich dem Stein nicht mehr widmen mag. Oder ist das eine Ausrede?

Dann fragt Fische Steinbock, ob sie eine Büste von ihr anfertigen dürfe. Nein, denkt Steinbock – und sagt wiederum ja. Fische freut sich und ist gleichzeitig nervös, denn Steinbock ruft mehr und mehr Gefühle in Herz und Bauch in ihr wach. Steinbock ist beim Modellsitzen aus demselben Grund nervös. Doch die feierliche Enthüllung irritiert Steinbock vollends. Die Skulptur ist abstrakt, und sie erkennt sich überhaupt nicht wieder. Aber es ist ja ein Kunstwerk. Tapfer sagt sie, ja – das bin also ich? Sie weiß nicht, ob sie beleidigt sein, sich geehrt oder nicht gesehen fühlen soll. Fische ermuntert sie, sich eher meditativ auf die Skulptur einzulassen und nichts Bestimmtes darin zu suchen.

Und dann entdeckt Steinbock, dass Fische etwas sehr Wesentliches von ihr eingefangen hat. Und sie spürt, dass Fische dies nur mit Liebe in ihr gesehen haben kann. Zärtlich umarmt sie sie.

Wassermann

20. Januar – 19. Februar

♒

Der erste Eindruck

Wasserfrau ist ein Luftzeichen, und sie begegnet uns als androgyner Typ voller Leichtigkeit und Esprit. Sie ist ein unkonventioneller, freidenkender Geist und sucht gern den inspirierenden Austausch mit Gleichgesinnten. Meistens ist sie voller Ideen und amüsanter Geschichten, auch wenn wir sie gestern erst getroffen haben. Ihr Leben besteht aus Veränderungen, und es ist manchmal nicht einfach, mit dieser flippigen Frau Schritt zu halten.

Lebenseinstellung und materielle Erscheinungsformen

Das Leben ist für Wasserfrau eine ständige Beschäftigung mit immer Neuem. Sie hat viele Ideale, für die sie sich einsetzt und die alle eines gemeinsam haben: Sie beruhen auf Freiheit und führen zu noch größerer Freiheit. Hierbei kann es sich um Pflanzen, Tiere, Menschen oder Völker handeln. Auf der ganzen Welt und in jedem Lebensbereich gibt es Einsatzgebiete für die engagierte Wasserfrau. Aus ihrer Perspektive stellt sich das Leben als ein einziges Reservoir dar, neue Möglichkeiten zu erfinden und zu entwickeln.

Alle Befreiungs- und Emanzipationsbewegungen sind grundsätzlich durch dieses Zeichen geprägt. Starre Vorschriften und Regeln, Normen und Moralvorstellungen, die sich mehr an der Masse als am einzelnen Menschen orientieren, lehnt Wasserfrau ab. Jede Grenze, jede Mauer ist für sie eine Einladung, diese zu durchbrechen – manchmal ist es auch ein Drang oder sogar Zwang. Wasserfrau erträgt keine Enge. Sie braucht die Unabhängigkeit und liebt das Besondere und Außergewöhnliche abseits des Mainstream. Sie findet, dass jeder Mensch speziell ist und auch besondere Entscheidungen und Möglichkeiten für sich in Anspruch nehmen sollte. Sie ist enttäuscht, wenn das für andere nicht so wichtig ist. Jeder Mensch sollte seine spezielle Eigenart der menschlichen Gemeinschaft beisteuern – nur das ist von Bedeutung. Eine Gruppe besteht für sie aus Menschen, mit denen sie Interessen und Ideale teilt, um diese gemeinsam und im gegenseitigen Austausch weiterzuentwickeln. Gemeinschaften oder Vereine, die Althergebrachtes bewahren wollen oder in denen es primär darum geht, sich in Gewohntem wohl zu fühlen, sind ihr ein Gräuel.

Natürlich ist sie diejenige, der der Freundinnenkreis am häufigsten beim Umzug hilft; sie hält es nicht lange am selben Ort aus. Ihre Wohnung ist hell und luftig, am besten unterm Dach mit weiter Aussicht, und sie hat in jedem Fall ein Gästezimmer. Die Einrichtung ist leicht und modern, und abstrakte Kunstwerke schmücken ihre Wände. Ihr neuester Laptop strahlt sie vom großen Küchentisch aus an, so dass sie endlich einige ihrer Zeitschriften abbestellen kann; durch die neue Technik geht das Surfen viel schneller. Daneben liegt ihr Lieblingshut, den ihr eine Freundin maßgefertigt hat. Auch ihre restliche Garderobe besteht aus eher schrillen Einzelstücken, denn für Kleider von der Stange hat sie wenig übrig.

Energiefluss und Geld

Wasserfraus vielseitiges Interesse ist sprichwörtlich. Manchen erscheint sie daher unbeständig und unzuverlässig. Sie legt sich nicht fest, hält sich Hintertüren offen und besteht darauf, Dinge auf eine etwas andere Art zu erledigen als abgesprochen. Sie steht oft im Mittelpunkt des Interesses, denn sie bewegt sich gern in exotischen Gefilden, die andere eher verunsichern. Manchmal verläuft sie sich auch darin. Sie gilt als exzentrisch – das heißt: aus der Mitte herausgetreten. Dadurch hat sie keine feste Verankerung; sie verliert sich in der Vielfalt und hat Mühe, tatsächlich im Leben zu stehen.

Für Wasserfrau fließt das Leben, nichts steht jemals fest. Auch das Symbol dieses Zeichens drückt den Fluss des Lebens aus. Wichtig ist für Wasserfrau, in diesem Fluss sich selbst zu spüren und sich nicht von den vielen Möglichkeiten mitreißen zu lassen. Alles, was unbekannt und aufregend aussieht, zieht sie magisch an. Sie braucht diesen Kick und findet, dass das Leben langweilig wird, wenn frau immer dasselbe macht. Wenn sie an einer Sucht leidet, dann an dieser.

Obwohl sie eher im Mentalen als im Emotionalen ihre Stärken hat, ist Wasserfrau sehr feinsinnig und empfindsam. Kommunikation ist ein wesentlicher Teil ihres Lebens, sie liebt den Austausch und die Diskussion. Ihre Einfälle sind immer inspirierend, sie denkt schnell und kreativ, und sie ist die typische geniale Erfinderin. Doch lässt sie sich leicht beeinflussen; sie sieht schnell die Berechtigung anderer Auffassungen ein und beweist wenig Standfestigkeit, was ihre eigene Meinung angeht. So ist ihr Denken nicht nur chaotisch und sprunghaft für andere, sie kann sich auch selbst in ihren eigenen Gedanken verwirren. Klare Kommunikationsstrukturen – die sie vielleicht vorher abgelehnt hat – helfen ihr dann doch, sich zu ordnen.

Über materielle Dinge, insbesondere ihre Finanzen macht sich Wasserfrau wenig Gedanken. Geld ist da, um zu fließen. Das Leben ist so unvorhersehbar, dass es sich nicht lohnt, vorauszudenken oder gar zu sparen. Sie empfindet sich selbst in jedem Alter als jung, und Altersvorsorge findet sie daher nicht nur spießig, sondern geradezu absurd. Vielleicht hat sie aber doch in einem plötzlichen Anfall von Angst einmal die eine oder andere Versicherung abgeschlossen, die ihr die Sicherheit gibt, ohne die auch sie, wenn sie ehrlich ist, nicht auskommt.

Freiheit ist Wasserfraus wichtigster Begriff, und dadurch entstehen auch ihre Konflikte. Freiheit heißt für sie häufig erst einmal, frei zu werden von etwas: Sie grenzt sich ab gegen ihre Eltern, die Vergangenheit, die Tradition, die Gesellschaft etc. Abgrenzung führt schnell zu Ausgrenzung. Wasserfrau hat ihre eigenen Kriterien zu Ausgrenzung: Fühlt sich die Masse vom Un-Normalen bedroht, so fühlt sich Wasserfrau über die Masse erhaben; sie will möglicherweise mit »Konservativen« nichts zu tun haben und stellt sich dadurch ebenfalls in eine Position der Absonderung, der Trennung.

Ihre schlimmste Befürchtung ist, ihre persönliche Freiheit und Unabhängigkeit zu verlieren. Die setzt sie auf der körperlichen Ebene gleich mit der Möglichkeit, sich zu jeder Zeit überall auf der Welt hinbewegen zu können. Dafür braucht sie Geld, und dafür muss sie sich auf einen Arbeitsplatz einlassen. Sie wird diesen so wählen, dass sie möglichst jederzeit wieder gehen kann; langfristige Projekte vermeidet sie daher. Das fehlende Geld kann natürlich auch in weiten Teilen durch ihre Erfindungsgabe ersetzt werden und durch ihre Freundinnen, die sie auf der ganzen Welt hat. Freiheit heißt für sie auch, fühlen und denken zu können, wie sie will. Am einfachsten erscheint es ihr daher erst mal, sich nicht festzulegen. Sie vermeidet es dann, sich auf Beziehungen einzulassen und klare Standpunkte einzunehmen. Sie hat Angst davor, festgenagelt zu werden und achtet darauf, dass sie immer genügend Freiraum nach allen Seiten hat. Hauptsache, sie ist frei – und das finden manche ziemlich egoistisch.

Irgendwann bekommt sie das Gefühl, in der Luft zu hängen und nirgends dazuzugehören. Sie wird unruhig und nervös. Die vielen Ausweichmanöver bringen sie nicht mehr vorwärts, sondern lassen sie stagnieren. Lässt sie diese Gefühle zu, wird ihr klar werden, dass sie von ihren Spielräumen und den Möglichkeiten der Unverbindlichkeit abhängig geworden ist. Weder ist sie damit frei, noch hat sie einen sinnvollen Platz auf der Welt gefunden. Ein inneres Ziel ist für sie notwendig, damit ihre ganze Bewegung ihren Rhythmus, eine Richtung und damit einen Sinn erhält. Auch die Ideale, die sie propagiert, muss sie in Verbindung mit sich selbst bringen: Wofür will sie denn eigentlich frei sein? Wenn sie sich auf diese Frage einlässt, findet sie heraus, wer sie wirklich ist. Wenn sie sich darauf festlegt, wird sie wirklich unabhängig; dann kann sie ihre Individualität unbehindert und von Grund auf entfalten und ihre innersten Qualitäten mit anderen teilen.

Individualität und Begegnung

Wasserfrau ist ein geselliger Mensch. Sie ist witzig, charmant und kann intelligent und interessant unterhalten. Wortgewandt und kosmopolitisch versiert, bringt sie ihre oft idealistischen Anliegen zur Sprache und kann so manchen Menschen dazu begeistern, sich für eine gute Sache zu engagieren. Manchmal hat sie auch fixe Ideen; sie übertreibt ganz gern, um dann doch wieder in eine andere Richtung umzuschwenken. In Diskussionen ist sie oft unkonzentriert und schweift vom Thema ab. Manche finden sie zu kühl, zu schwärmerisch-abgehoben, Luftschlösser bauend und ungreifbar.

Wasserfrau strebt ihre Individualisierung häufig über das Individualistisch-Sein an: Sie versucht, sich in möglichst vielen Punkten von anderen Menschen zu unterscheiden und ist damit in Wirklichkeit, wie oben beschrieben, unfrei. Sie sucht sich Freundschaften, in denen eher die Unverbindlichkeit geschätzt wird bzw. fühlt sich nur frei unter Menschen, die ähnlich denken wie sie. Sie gelangt dann an Grenzen, wenn sie sich unter Andersdenkenden bewegt, die sie angreifen und sie herausfordern. Dann fühlt sie sich verunsichert; ihr fehlt die Kraft, zu sich zu stehen, und sie zieht sich von ihnen zurück. Sie grenzt allerdings damit auch die Anteile in sich selbst aus, die diese Menschen symbolisieren. Durch diese Verdrängung baut Wasserfrau keine wirkliche Festigung in sich auf. Sie fühlt sich allein gelassen und isoliert.

Die Integration des Verschiedenartigen in ihr selbst ist daher ein wichtiger Schritt. Das heißt vor allem, nicht über ihre Gefühle oder die anderer Menschen hinwegzugehen. Es ist schwer für sie, sich selbst als so unfrei zu erleben. Eine Partnerin braucht genügend Konfrontations-, aber auch Tragkraft, um sie in ihre eigenen dunklen, noch nicht erleuchteten Seiten hineinzufordern. Es tut Wasserfrau gut, wenn diese ihr Mut macht, Gefühle zu zeigen und sich ruhig auch einmal abhängig zu fühlen von der Liebe einer Partnerin. Wasserfrau lernt, Verantwortung für ihre Individualität zu übernehmen und ihre Fähigkeiten in die Beziehung einzubringen. Sie selbst gibt sowieso jeder anderen Frau das Gefühl, einzigartig zu sein ...

Kreativer Ausdruck und Beruf

Vielfalt ist Stärke! Das ist Wasserfraus unbedingtes Credo. Oder andersherum: Wenn sie vor einer Aufgabe steht, sucht sie ein Team von Frauen zusammen, die aus möglichst unterschiedlichen Perspektiven und mit verschiedensten Fähigkeiten und Qualitäten an diese Aufgabe herangehen. Die Einzelnen fühlen sich in ihrer Individualität gesehen und sind hochmotiviert, ihre Fähigkeiten in die gemeinsame Arbeit einzubringen. Es macht viel mehr Freude, in einem solchen Team zu arbeiten. Vielfalt führt also zu höherer Leistung und Kreativität und gleichzeitig zu größerer Zufriedenheit der Individuen. Für eine ausgesprochene Führungsposition im traditionellen Sinne ist Wasserfrau ungeeignet, weil sie ungern Vorschriften macht und den Einzelnen zu viel Spielraum für ihre eigene Entfaltung lässt. Doch in letzter Zeit haben selbst traditionsreiche Unternehmen gemerkt, dass ihre ArbeitnehmerInnen es zu schätzen wissen, wenn sie nicht nur produktiv, sondern auch kreativ sein dürfen.

In Projekten ist Wasserfrau gern gesehen, denn sie versteht es, zu integrieren. Sie macht aus einem Haufen Frauen eine Gruppe, indem sie die Energieschwingung in der Gruppe wahrnimmt und ihr eine entsprechende Richtung und Form gibt. Sie findet den gemeinsamen Nenner in der Vielheit.

Wasserfrau braucht Abwechslung auch in ihrem Arbeitsleben, und so sind Betriebe, die auf Weiterentwicklung basieren, günstig für sie. Die Arbeit mit neuen Technologien ist eine Selbstverständlichkeit, und alle Branchen, in denen weltweite Kommunikation, Idealismus, Kreativität und Eigenverantwortlichkeit gefragt sind, sind ihr willkommen.

Hat sie weniger Angst vor Bindung, ist die Selbstständigkeit für Wasserfrau sehr geeignet, denn sie bringt den Ideenreichtum und den Innovationsgeist mit, der in einer modernen Gesellschaft die Grundlage für ein erfolgreiches Unternehmen ist. Hat sie dann auch den ausreichend langen Atem, und tut sie sich mit den entsprechenden Frauen zusammen, die Ideen in die Tat umsetzen können, steht dem Gelingen nichts im Wege.

Entwicklung und Aufgabe

Nichts kann aus sich selbst heraus existieren. Alles ist miteinander verbunden und voneinander abhängig. Das sieht Wasserfrau ohne weiteres ein, doch die Konsequenz ist schwierig für sie. Es bedeutet, sich in ein größeres Ganzes hineinzubegeben und die eigene Position dort einzunehmen. Erst diese Festlegung und Verwurzelung ermöglichen ihr wirkliche Entfaltung.

Unser physischer Körper ist dafür ein schönes Beispiel. Jedes Organ ist absolut individuell und tut nichts anderes, als genau seine Aufgabe auszuführen. Gleichzeitig arbeitet es immer mit den anderen Organen zusammen; es ist nichts ohne die anderen. Wasserfraus Aufgabe ist es, dieses Bewusstsein, das in unserem Körper ja bereits vorhanden ist, auch in die mentale Ebene der Menschen hineinzubringen. Gruppenbewusstsein heißt, sich nicht abzusondern und die eigene Individualität zentral zu stellen, sondern dem Ganzen in einem über die eigene Persönlichkeit hinausgehenden Bewusstein zu dienen. Ein Denken, das Müttern schon immer zu eigen ist? Ja, und doch geht es noch darüber hinaus: Es ist das vertrauensvolle Denken, dass der Organismus davon profitiert, wenn die Einzelnen immer mehr ihre Individualität herausarbeiten. Dann wird und bleibt das Ganze lebendig.

Wasserfrau braucht einen ausgesprochenen Willen zur Freiheit, will sie ihre eigenen Grenzen wirklich überschreiten – und Grenzen sind auch auf sehr subtilen Ebenen vorhanden. Sie muss beweisen, dass es ihr ernst ist mit ihrer Freiheit. Dazu muss sie akzeptieren, dass ihr eigenes Leben auf wenige Jahrzehnte begrenzt ist und dass das ganze Leben auf der Erde Begrenzung heißt. Lässt sie sich auf diese Bedingungen ein, wird sie zu der Freiheit wachsen, ihre Qualitäten unter allen Umständen einzubringen. Dann gibt sie sich, ohne sich aufzugeben.

Wassermann und Wassermann

Wassermann trifft Wassermann

Begeistert klatscht und wippt sie im Rhythmus mit. Der Karneval der Kulturen ist für Wasserfrau immer ein Hauptereignis im Sommer. Sie findet die unterschiedlichen Darbietungen toll, eine Gruppe ist phantasievoller und lebensfroher als die andere. Jedes Jahr ist sie dabei, vom Straßenrand aus zuschauend oder mittanzend. Gerade zieht die Frauen-Samba-Gruppe an ihr vorüber, bei der sie eigentlich auch gern einmal mitmachen will. Aber irgendwie sind immer andere Sachen dazwischen gekommen. Plötzlich springt eine der Frauen aus der Gruppe, ebenfalls Wasserfrau, Pfeife im Mund, Rassel in der Hand, auf sie zu und zieht sie zum Mittanzen auf die Straße. Sie wundert sich, lässt sich an diesem Tag aber gern von allem mitziehen, was da kommt. Tolle Atmosphäre, so mitten im Geschehen, überschäumend, crazy.

Sie kennt die Samba-Frau, aber woher? Sie durchforstet ihren Kopf, und dann fällt es ihr ein: Sie gehörte mit zu den Frauen, die zusammen das Haus besetzt hatten, in dem sie heute immer noch lebt – genau, einen One-Night-Stand hatten sie auch gehabt. Wilde Zeiten waren das damals gewesen. Dann war die andere ausgezogen, warum, wusste sie nicht mehr, und sie hatten sich aus den Augen verloren. In den kurzen Pausen – immer noch mitten im Geschehen – können die beiden ein paar Worte miteinander wechseln. Zwischenzeitlich ist jeder auch der Name der anderen eingefallen. Über das »Was machst du so?« kommen sie zwar nicht hinaus, doch gibt ihnen die Samba die Gelegenheit, sich erst mal nonverbal auszutauschen. Sie tanzen, was die Sohlen hergeben und verabreden sich später zu einem ruhigeren Treffen.

Die Frauen in dem ehemals besetzten Haus haben eine Genossenschaft gegründet, es nach langen Verhandlungen mit den Eigentümern gekauft und dann in Eigenregie instandgesetzt. Als Samba-Wasserfrau die Tür öffnet, kommt ihr ihre ganze Vergangenheit entgegen. Sie hatte damals gerade mit dem Musikstudium angefangen und versucht, im Haus eine Band zu gründen. Eine chaotische Zeit, lächelt sie in sich hinein, sie selbst war am unregelmäßigsten zu den Proben erschienen, weil sie dadurch das Gefühl von Freiheit haben konnte. Das Treppenhaus: Es war damals vollgeklebt mit Postern von Fahne schwingenden Revolutionärinnen. Jetzt gibt's nur ein Schild: Zur Dachterrasse immer nach oben. Mit Wasserfrau hatte sie damals eine kurze Affäre gehabt – war diese nicht sogar hetero gewesen? Oder vielleicht bi? Es war die große Zeit des Frauentheaters und der Frauenbands gewesen, alles war Experiment und Improvisation. Sie seufzt, tolle Zeit damals. Lange her? Schau an, die Wohnungstüren haben immer noch Klinken zum Herunterdrücken. Sie klopft und tritt ein.

Sie reden über die anderen Frauen von damals, die Vergangenheit allgemein und das individuelle, alternative und manchmal sehr konventionelle Wohnen jetzt. Berufsmäßig geht es ihnen ganz gut: Die eine unterrichtet an der Musikschule, die andere ist Lehrerin an einer freien Schule. Nur ganz allmählich sprechen sie über sich persönlich.

Wassermann begegnet Wassermann

Beide Wasserfrauen sind zurzeit ohne Beziehung, und sie finden das gut, beeilen sie sich zu sagen. Sie haben alle Beziehungsformen durchprobiert. Sie haben es mit Langjährigkeit und Treue versucht, die eine ist tatsächlich bi und findet Beziehungen mit Männern hin und wieder interessant, und die andere hatte immerhin mal ein Techtel mit einem schwulen Mann. Sie sind sich einig darüber, dass im Großen und Ganzen eigentlich nur experimentelle und freiheitliche Beziehungen für sie in Frage kommen. Nichts dürfe so sein, wie sie es schon einmal gelebt haben oder gar wie es die Konvention erfordere. Monogamie dürfe keinesfalls zur Dauereinrichtung werden, und an die Erotik stellen sie hohe Ansprüche in Sachen Abwechslungsreichtum. Sie kommen ziemlich ins Kichern, als sie sich gegenseitig ihre wilden Stories erzählen.

Zwischenzeitlich sind sie auf die große Dachterrasse umgezogen und von einer Grillparty dort mit Essen versorgt worden. Jetzt sehen sie zu, wie die Sterne hervorkommen und unter ihnen die Stadt ihre Lichter anzündet. Sie werden stiller, und eine fragt, wie eigentlich ihre Zukunft aussehe, beziehungsmäßig. Sie würde gern das Reden über die Vergangenheit abschließen. Die Wasserfrau aus dem Haus sagt, auch wenn ihre Stories so lustig geklungen hätten – sie frage sich manchmal, ob das freiheitliche Beziehungsmodell nicht auch nur ein Konzept sei. Hier im Haus hätten sie schier endlose Diskussionen gehabt, einzig aufgrund der Angst, von irgendeiner dominiert zu werden. Sie hätten öfter nach Maßnahmen gesucht, wie Beschlüsse gegebenenfalls wieder rückgängig gemacht werden könnten, als die Beschlüsse selbst zu fassen. Vielleicht aus Angst vor Festlegung, aber sicherlich aus Angst vor Verantwortung. Ja, sagt die andere, vor allem aber ist es die Angst vor der eigenen Individualität. Ich lebe seit langem allein, und mir wird durch unsere Erzählungen klar, dass ich es vermeide, mich vor anderen zu zeigen, wie ich bin. Ich habe Angst vor der Konfrontation, dem Konflikt, Angst davor, nicht mehr gemocht zu werden, Angst vor Ablehnung und – vor dem Alleinsein. Deshalb lebe ich allein, so kann ich mich autonom wähnen, erlebe keine Tiefen – aber auch keine Höhen. Mein Leben läuft ganz gut, kann ich mir sagen.

Die Stimmung hat sich gewandelt. Die Dunkelheit scheint ihnen die Möglichkeit zu geben, anderes zur Sprache zu bringen. Sie sinnieren: Wirkliche Freiheit, was ist das? Eine sagt, ihr gefalle der Spruch gut, Freiheit sei, etwas zu tun, obwohl die Eltern es wollten. Jede Ausrichtung an einer Konvention, ob als Zustimmung oder Ablehnung, mache immer abhängig. Aber die Ausrichtung an sich selbst zwinge zu der Frage: Wer bin ich? Wer bin ich wirklich?

Über dieser Unterhaltung vergeht die halbe Nacht. Sie spüren, dass sie sich geöffnet und Dinge ausgesprochen haben, die vor ihnen selbst ein Tabu waren. Dann machen sie sich ein Bett auf der Dachterrasse. Sie lachen inzwischen wieder; die zeitweilige Schwere ihres Gesprächs ist verflogen. Und sie finden, dass es einfach toll ist an diesem Haus, dass irgendeine garantiert irgendwo zwei Feldbetten herumstehen hat. Als sie in die Sterne schauen, sagt die eine, sie fühle sich sehr romantisch und vielleicht sei eine feste Beziehung doch ganz schön. Sollen wir es miteinander versuchen? fragt die andere, beugt sich über sie und macht ein ernsthaftes Gesicht. Sie prusten beide vor Lachen. Lass uns morgen noch mal Samba tanzen gehen, dann sehen wir weiter, sagt die eine – aber sie schlafen schon mal Hand in Hand ein.

Wassermann und Fische

Wassermann trifft Fische

Wasserfrau ist pleite und das eigentlich mehr oder weniger permanent. Lange Jahre hat sie keinen Wert auf besonderen Komfort gelegt; ihr reichte eine einfache Einrichtung für ihr WG-Zimmer, Kleidung und Bücher tauschte sie mit ihren Freundinnen aus, und Essen war ihr sowieso nicht wichtig. Hauptsache, sie konnte ihre vielen Fortbildungen und Seminare machen. Angewandt hat sie ihre Ausbildung im therapeutischen Bereich nie; sie sagt immer, das habe sie mehr für sich selbst getan. Außerdem war sie viel unterwegs, hat in mehreren Gemeinschaften und Frauenländern auf Zeit gelebt und gearbeitet und wenn nötig durch Taxifahren ihr Geld verdient.

Kürzlich aber hat sie sich verliebt, und zwar ausnahmsweise nicht in ein Luft- oder Feuerzeichen, sondern in eine Stier-Frau, und bei ihr hat sie echten Luxus kennen gelernt. Jedoch ist Wasserfrau zuerst ganz ablehnend gewesen, und so hat Stier ihr auf den Kopf zugesagt, dass sie sich gerade durch ihre Ablehnung ständig mit der Materie, die ihr angeblich so unwichtig sei, beschäftigen würde. Außerdem würde sie der Wahrheit ausweichen, dass sie permanent am Existenzminimum lebe. Sie mache aus der Not eine Tugend. Dabei sei das Leben Fülle und könne ihr viel mehr ermöglichen. Das traf Wasserfrau an einem empfindlichen Punkt: Sie hat sich immer etwas darauf eingebildet, gut mit wenig Geld leben zu können, aber tatsächlich ist ihr das Taxifahren in letzter Zeit höllisch auf den Geist gegangen. Dann hat Stier sie verwöhnt. Und nach anfänglichem Widerstand fing Wasserfrau an, es zu genießen und fühlte sich dabei politisch absolut unkorrekt. Ihre Freundin Skorpion hat ihr gesagt, sie müsse sich mit ihren Schuldgefühlen auseinander setzen, sie sei ja total in einem Muster gefangen. Knurrend, aber einsichtig hat sich Wasserfrau dann sämtliche Bücher zum Thema Geld zusammengesucht, die sie finden konnte, und das waren eine ganze Menge.

Nun will sie einen Arbeitskreis gründen mit dem Titel: »Die Ethik des Geldes – Grundlage zu Freiheit und Kreativität oder Sargnagel für die Individualität?« Das Thema zieht dreißig Frauen an. Wassermann beginnt ihren Eröffnungsvortrag: Die vielen Frauen, die gekommen seien, bewiesen, dass die Zeit reif sei, Geld mit neuen Augen anzusehen. Sie erzählt, wie sie zu diesem Thema gekommen sei und dass sie mit Erschrecken festgestellt habe, wie sehr die Menschen mit Geld beschäftigt seien – und zwar mit der Abwesenheit von Geld. Dann sammeln sie erst mal gemeinsam Sprichwörter und Sprüche, mit denen sie in ihren Familien und in der Gesellschaft aufgewachsen sind. Die Palette reicht von »Geld stinkt« bis zu »beim Geld hört jede Freundschaft auf«. Wasserfrau hält eine enthusiastische Rede, dass die Tendenz wohl klar sei: Geld sei schlecht, doch wolle jede möglichst viel davon haben. Die Frage sei also, wie Geld positiv aufgewertet werden und viel mehr Menschen nutzen könne. Da meldet sich Fische zu Wort: Sie sei mit der Richtung dieser Veranstaltung gar nicht einverstanden, sie wolle nicht nur nicht viel Geld, sie wolle überhaupt kein Geld haben, es gehöre endlich abgeschafft, denn es sei die Grundlage für Habgier, Neid, Ausbeutung, Gewalt und Krieg. Eine heftige Auseinandersetzung entsteht, in der Wasserfrau und Fische die entgegengesetzten Pole verkörpern.

Wassermann begegnet Fische

Wasserfrau geht ziemlich aufgewühlt nach Hause. Fische hätte fast die ganze Runde gesprengt. Gut, dass sie noch dazu gekommen sind, kleinere Arbeitsgruppen zu bilden. Und dann sagt sie sich, dass sie schließlich eine Diskussion in Gang setzen wollte: Sie ruft Fische an, und sie verabreden sich.

Auch Fische hat der Abend sehr mitgenommen. Sie spürt, dass ihre heftige Reaktion mit ihrer eigenen Sozialisation zu tun hat. Sie erzählt Wasserfrau, was ihr alles hochgekommen ist. Sie ist in einer wohlhabenden Familie aufgewachsen, in der die Kinder sozusagen gekauft worden sind. Sie wurden mit Geld belohnt, bestraft, ruhig gestellt und abgespeist. Wirkliche menschliche Zuwendung haben ihre Eltern ihr nicht gegeben. Fische hat früh begonnen, Geld abzulehnen und sich eine Gegenwelt aufzubauen, in der die Menschen liebevoll miteinander und mit der Schöpfung umgingen. Dafür ist sie von der ganzen Familie als spinnert bezeichnet worden. In ihrer Jugend hat sie sich in sozialen Projekten engagiert und lange in die Mission nach Afrika oder Südamerika gehen wollen. Dann aber hat sie sich so über die Doppelmoral der Kirche, u.a. in Gelddingen, geärgert, dass sie lieber Sozialarbeiterin geworden ist, um hier den Ärmsten der Armen zu helfen.

Wasserfrau ist schon versöhnt. Sie sind sich einig darin, wie schädlich und traurig eine rein materialistische Sichtweise des Lebens ist. Aber Wasserfrau will weiter; ihr ist klar geworden, dass die Ablehnung des Geldes die Spaltung zwischen Geist und Materie weiter verstärkt. Sie sagt, sie sehe einen tief spirituellen Aspekt im Geld selbst: Geld gehe von Hand zu Hand, und damit verkörpere es den allgegenwärtigen Fluss des Lebens auf der materiellen Ebene. Wenn alles Energie sei und alles mit allem verbunden, dann gebe es kein besseres Medium als Geld, um dies zu verdeutlichen.

Fische braucht etwas Zeit, ihren Thesen zu folgen. Dann sagt sie, es sei doch aber Realität, dass Menschen mit Geld gar nicht im göttlichen Sinne umgingen. Und in Fluss würden es auch die wenigsten gern bringen, die meisten wollten ihr Geld festhalten oder es nur in solche Projekte stecken, die ihnen wiederum viel Gewinn versprächen. Dann sei es doch besser, wieder in ehrliche Tauschgeschäfte wie früher einzusteigen, und alle hätten die Chance, die eigenen Talente und Produkte einzubringen. Das ist doch umständlich, poltert Wasserfrau los, schenkt Fische aber gleich darauf ein strahlendes Lächeln. Außerdem leben wir global, wir können doch nicht unseren Sack Mehl nach Australien transportieren, um dafür ein paar Kiwis zu bekommen. Eben, sagt Fische, dann verzichten wir doch auf die Kiwis und essen wieder Äpfel. Wenn wir im überschaubaren Rahmen bleiben, ist das gut machbar. Aber Wasserfrau ist Kosmopolitin und argumentiert, der Tauschhandel würde so oder so bleiben, ob Mehl oder Geld.

Sie argumentiert, dass Geld der Kreativität der Einzelnen diene, und das wolle sie gern unterstützen. Die Börse erscheine ihr unter diesem Gesichtspunkt daher ganz ohne Sinn. Sie wähle nun genau aus, wem sie ihr Geld gebe, und sie gebe ihr Geld immer mit dem Gedanken weiter, dass die Empfängerin dadurch kreativ werden könne. Ja, das ergibt Sinn, sagt Fische gedankenverloren. Langsam fügt sie hinzu: Mir ist gerade ein Bild gekommen, wie ich vielleicht meinen Eltern verzeihen kann. Wenn ich sie beerbe, kann ich nämlich viel Gutes mit ihrem Geld bewirken. Und ich wollte das Erbe schon ablehnen!

Fische wendet sich Wasserfrau zu: Dein Arbeitskreis ist wirklich eine schöne Idee. Wasserfrau freut sich und bedankt sich für den Austausch mit ihr. Dann zögern sie. Fische fragt, ob es vielleicht irgendwie weitergehen könne, und wird rot dabei. Wasserfrau, die sofort weiß, was sie meint, bekommt Herzklopfen. Wie wär's erst mal mit einem Eis am See? Gleichzeitig sagen sie: Ich lade dich ein – lachen und greifen nach der Hand der anderen.

Fische

19. Februar – 21. März

Der erste Eindruck

Fische erleben wir unmittelbar als eine offene, sensible und phantasievolle Frau. Sie kommt nicht immer im erwarteten Moment, aber dann ist sie voll da – oder ist sie schon wieder ganz woanders? Manchmal haben wir das Gefühl, dass sie in einer anderen Welt lebt, verträumt, vielleicht eingesponnen in ihren Bildern – aus der Vergangenheit, der Zukunft?

Lebenseinstellung und materielle Erscheinungsformen

Für Fische ist das Leben ein Ganzes, und zwar in einem sehr umfassenden und realen Sinne. Sie unterscheidet nicht zwischen Form und Formlosigkeit, nicht zwischen dem Greifbaren und dem Ungreifbaren. Allerdings liegt ihr die unsichtbare Welt näher, sie ist für sie realer als die Sichtbare. Äußere Formen haben keinen Bestand und lösen sich früher oder später auf, während innere Bilder und innere Empfindungen ein Leben lang existieren können. Fische macht uns bewusst, dass das Leben mehr ist als die konkreten Formen, auf die es reduziert wird. Im Gegenteil, die Erde ist messbar und bestimmbar, während der Himmel weit und unergründlich ist. So sind ihr die inneren Welten – das bedeutet für sie erst mal ihre Gefühle und Empfindungen – wichtiger als das Äußere. Fische hat es daher oft schwer, mit den Erfordernissen der harten Realität zurechtzukommen. Vorgegebene Strukturen liegen ihr nicht: Die Zeit kommt ihr abhanden, sie vergisst Termine oder Unterlagen, bleibt nicht bei einer Sache, verliert sich in Möglichkeiten und Tagträumen – und geht auf ihre Art doch weiter. Im übrigen ist es ihr gar nicht wichtig, weiter oder gar vorwärts zu kommen. Fische lebt einfach.

In ihrer Wohnung herrscht ein mehr oder weniger kreatives Chaos. Fische ist künstlerisch veranlagt, malt oder modelliert gern, und ihre Schöpfungen hat sie in ihrer Wohnung ausgestellt. Auf einen bestimmten Einrichtungsstil legt sie nicht unbedingt Wert, doch mag sie Verspieltes, Romantisches, und sie legt sich genau die Einzelstücke zu, die ihr gut gefallen. Sie hängt nicht an materiellen Dingen und ist gern bereit, etwas herzugeben oder zu tauschen. Ihre Garderobe kann nachlässig sein. Gern aber hat sie weite, fließende Gewänder, wobei ihr Farben wichtig sind. Sie liebt es, genau die Farbe auszuwählen, die zu ihrer Stimmung passt.

Energiefluss und Geld

Fische ist ganz in das Dasein eingebettet, so wie es ist. Sie geht mit dem Leben mit, ohne besondere Erwartungen zu haben und ohne sich an Veränderungen und Unvorhergesehenem zu reiben. Sie fließt durch ihr Leben. Hindernisse sind für sie nicht existent, wie Wasser, das den Weg des geringsten Widerstandes wählt. Fische ist lieb und einfühlsam, sie ist sehr fein empfindend und sensitiv, oft auch medial veranlagt. Die andere Seite zeigt sie haltlos, stimmungsabhängig und willensschwach. Sie lässt sich gehen und hat es schwer, eine Struktur für sich aufzubauen.

Fische liebt alle Gewässer, insbesondere jedoch das Meer. Mit seiner Weite und Unendlichkeit identifiziert sie sich, und es löst tiefe Glücksgefühle in ihr aus. Alles ergießt sich ins Meer, alles fließt zusammen und wird eins. Fische erlebt das Einssein mit sich und mit ihrer Umgebung tief. Sie fühlt sich geborgen, aufgehoben in einem unendlichen Sein. Diesseits und Jenseits verschmelzen, der Tod gehört zum Leben, Himmel und Erde sind eins, jede Pflanze, jeder Stein ist sie selbst. Sie fühlt sich getragen und spürt, dass sie dem Leben bedingungslos vertrauen kann.

Dann wieder wird sie gezwungen – so erlebt sie es –, sich mit der äußeren Welt auseinander zu setzen. Sie fühlt sich reduziert und spürt die Sehnsucht nach Aufhebung der Gegensätze und Verschmelzung. Sie will die Trennung überwinden und aufgehen in einem größeren Ganzen. Fische lebt sich manchmal so in ihre innere Welt ein, dass sie das Leben um sich herum nur diffus wahrnimmt. Grenzen verwischen sich, und sie fühlt sich leicht, frei, ungebunden und losgelöst. Bestimmte Drogen können helfen, diesen Zustand künstlich herzustellen, und es ist die fischige Sehnsucht in uns, die uns dazu greifen lässt.

Ihr Geld kann Fische schlecht einteilen; es kommt und geht. Jedoch lebt sie damit, und es macht ihr nichts aus, einmal weniger im Portemonnaie zu haben, weil im nächsten Monat ja wieder alles anders sein wird. Sie kann sich daher gut in verschiedene Bedingungen einfinden, braucht jedoch auch hier manchmal ein wenig Struktur. An die Altersvorsorge denkt sie nicht, denn sie vertraut ja dem Leben.

Konflikte – Krisen – Wandlungen

Fische fühlt sich eins mit allem. Sie erlebt sich als tief spirituell – doch ist das wahre Leben für sie nur die innere Welt. Die äußere Existenz mit all ihren scheinbaren Notwendigkeiten hat ihr noch nie etwas bedeutet. Ihre eigene innere Welt ist so viel harmonischer, bedeutungsvoller – und in sich geschlossen. Menschengeschaffene Formen und Strukturen nimmt sie nicht ernst, lehnt sie häufig als unvollkommen ab. Fische baut sich oft nichts auf, legt sich nicht fest und geht damit Reibungspunkten aus dem Weg. Dann ist ihr Rückzug aus der Welt in Filme und Romane, in die sie ganz hineingehen kann, aber auch in Meditation und Kloster eine Flucht und nur eine Scheinlösung.

Es ist wichtig für sie, zu erkennen, dass sie selbst diese Trennung errichtet. Denn das Leben ist eins! Sie jedoch will sich mit den Widerständen, die die Materie nun einmal bietet, nicht auseinander setzen. Sie spürt, wie das Leben eigentlich sein könnte, doch sie nimmt es nicht in die Hand, ihre Gegebenheiten zu gestalten, weil sie fürchtet, dieser Aufgabe nicht gewachsen zu sein. Sie stuft sich mit ihren eigenen Fähigkeiten herunter, anstatt auf das Leben zuzugehen. Fische fühlt sich häufig den Anforderungen der Gesellschaft ausgeliefert. Als Kind erlebt sie schon, dass ihre Wahrnehmungen, ihre Bilder und auch ihr langsames Tempo abgelehnt werden. Sie versucht dann, sich anzupassen, bleibt aber in stiller Rebellion.

Wenn sie sich diesem Konflikt stellt, kommt sie an einen Punkt, an dem sie eine Entscheidung treffen muss. Sie kann in der Passivität verbleiben, sich nie wirklich zugehörig fühlen und sich in ihre – mehr oder weniger – heile Welt zurückziehen. Oder sie entscheidet sich, ihrer stillen, feinen, inneren Kraft tief zu vertrauen. Nun kann sie beweisen, ob sie wirklich daran glaubt, dass das Leben sie trägt. Sie kann in kleinen Schritten beginnen, sich einen eigenen Wirkungsbereich zu schaffen, der für sie stimmt, der zu ihrem Rhythmus passt und in den sie ihre Qualitäten einbringen kann.

Individualität und Begegnung

Fische ist gern in der Natur, und sie ist gern mit Menschen zusammen. Kinder liegen ihr besonders und die Menschen, die in den gesellschaftlichen Strukturen nicht so eingebunden sind. Fische kann andere Menschen sehr tief berühren. Sie kann sich so in Menschen einfühlen, dass sie deren Schmerzen mit erleidet.

Fische erlebt häufig keine Abgrenzung zu ihrer Umgebung. Sie ist so offen und sensibel, dass sie Energien, Stimmungen und Gedanken früher als andere wahrnimmt. Ihre Wahrnehmungen sind für sie bestehende Realität, und sie glaubt, dass andere

Menschen das gleiche wahrnehmen wie sie. Daher hält sie es nicht für nötig, sich mitzuteilen. Auf andere wirkt sie dann unzugänglich, ungreifbar und nebulös. Fische spürt das, und es enttäuscht und verunsichert sie. Es entstehen Missverständnisse im Zusammensein; durch Nachfragen fühlt Fische sich bedrängt und zieht sich zurück.

Fische hat Angst, sich in ihrer Offenheit zu verlieren, Angst, dass andere in ihre sowieso schon sehr empfängliche Form eindringen und über sie bestimmen. Sie vermeidet Reibung und Konflikt, damit aber auch Kontakt und Begegnung. Fische braucht tatsächlich viel Rückzug und Stille, um sich von den fremden Energien zu reinigen, die in ihr System eingedrungen sind. Wenn sie jedoch in Kontakt gehen will, muss sie sich auch zeigen. Sie wird lernen, sich zu schützen und sich abzugrenzen. Je besser sie sich an ihre innere Quelle anschließt, desto mehr kann sie auch das Risiko des Konfliktes wagen. Manchmal hilft die Sensibilität der anderen, sie so anzusprechen, dass sie das Gefühl hat, sich frei äußern zu können. Auch strukturierende Fragen helfen ihr, sich konkreter auszudrücken. Und manchmal gibt ihr auch die von Liebe getragene Direktheit die Sicherheit, sich öffnen zu können.

Ihre Partnerin muss bereit sein, ihr viel Zeit und Freiraum für sich zu geben. Sie kann sie jedoch auch gut unterstützen, indem sie ihr mit klaren Strukturen und Regelmäßigkeiten hilft, sich im praktischen Leben tiefer zu verankern. Fische wiederum eröffnet ihrer Partnerin einen großen inneren Raum für Träume und Phantasien. Fische ist romantisch; in ihrer Gegenwart ist nichts anderes als Nähe und Innigkeit möglich. Auch ihre Partnerin öffnet sich ganz, und gemeinsam verschmelzen sie in Hingabe.

Kreativer Ausdruck und Beruf

Fische ist nicht ehrgeizig, denn ihr liegt nichts daran, eine bestimmte Form zu erreichen oder auf eine bestimmte Art und

Weise erfolgreich zu sein. Arbeit ist für sie Broterwerb im ursprünglichen Wortsinn, und ihr eigentliches Leben lebt sie außerhalb ihres Arbeitsplatzes. Den erlebt sie oft als entfremdet; sie leidet darunter und träumt sich, wann immer es geht, weg davon. Dann wieder ist sie verzweifelt, weil sie ihr Tun als sinnlos erlebt. Die Lebensdimensionen, die sie in sich spürt oder auch nur diffus erahnt, sind so ungleich größer, dass ihr die alltäglichen Aufgaben als lächerlich erscheinen.

Auch hier kann Fische nur eine Lösung finden, indem sie eine Verbindung nach innen aufbaut. Wenn sie Verantwortung für ihre Qualitäten übernimmt und sich nicht an den äußeren Erfordernissen aufreibt, kann sie sich mit etwas Aufwand an Selbstdisziplin und Regelmäßigkeit in die Mitte des Arbeitslebens stellen. Termine jedoch kann sie schwer einhalten, und bestimmte Arbeitsmethoden und Absprachen wird sie garantiert für sich modifizieren. Das ist auch gut so, denn dann kann sie sich so in die Arbeit hineinbegeben, das die Aufgabe für sie zu leben beginnt. Eine eigene kleine Welt entsteht, und darin erschaffen sich wie von selbst neue Herangehensweisen und Methoden. Fische ist daher sehr geeignet für alle Arbeitsbereiche, die Phantasie und Kreativität verlangen.

Natürlich ist Fische die typische Künstlerin. Sie spürt die Schwingungen in ihrer Umgebung und ist voller Eindrücke von den feinen Energien, für die andere Menschen keine Wahrnehmungsantenne haben. Fische macht sie durch ihre Kunst sichtbar, hörbar oder spürbar und ist damit ein Kanal für das, was von anderen dann in eine konkretere Welt umgesetzt wird. Indem sie die Zukunft erträumt, erleichtert sie es der Gegenwart, sich zu entfalten.

Entwicklung und Aufgabe

Fische bringt uns in Berührung mit der Welt des Unvergänglichen und des Unzerstörbaren in uns. Sie lebt uns vor, dass wir alles loslassen können und dennoch nichts verloren geht.

Fische konfrontiert uns mit unserer Angst vor dem Unfassbaren, Unkonkreten, Unbekannten, nur Erahnbaren und Nicht-Logischen. Sie fordert uns auf, zum Leben selbst Stellung zu beziehen: Woran glauben wir, und worauf vertrauen wir wirklich?

Fisches Qualitäten sind Losgelöstheit, bedingungslose Liebe, tiefes Mitgefühl und Identifikation mit dem Ganzen. Sie führt uns die Verantwortlichkeit für unser Leben vor Augen. Wir sind aus dem Einen geboren, das göttliche Licht ist in uns, und wir sind auf der Erde, um es zur Unterstützung von anderen leuchten zu lassen. Wir sind nicht *von* dieser Welt, doch *in* dieser Welt. Hier ist unser Wirkungsbereich. Er existierte schon immer. Ich habe nichts Greifbares, um mich festhalten zu können und gehe jetzt ganz ins Leben hinein.

Fische und Fische

Fische trifft Fische

Sie haben sich bei den Tänzen des universellen Friedens kennen gelernt: Fische und Fische. Sie sind einander aufgefallen, weil sie besonders schön gesungen haben. In der Pause setzen sie sich nebeneinander und beginnen ein Gespräch. Beide haben in ihrem früheren Beruf viel gesungen: Die eine Fische-Frau war zehn Jahre Nonne bei den Benediktinerinnen, die andere war bis vor kurzem Nonne in einer tibetisch-buddhistischen Sangha. Sie brauchen nicht viel zu sprechen; es ist, als ob sie sich tief erkennen würden. Wie selbstverständlich vereinbaren sie ein Treffen.

Die Buddhistin wohnt mit zwei weiteren Frauen in einem Häuschen mit Garten. Der Tisch ist draußen auf dem Rasen gedeckt. Auf der Bank liegt ein hoher Stapel mit Garten- und Astrologiebüchern. Die Katholikin sieht sie, sieht den ziemlich unordentlichen Garten und fragt, ob sie den Garten umgestalten wolle. Nun ja, gibt die andere zu, sie verstehe bislang wenig vom Gärtnern, aber noch zu Klosterzeiten sei in ihrem Inneren das Bild aufgetaucht, dass sie einen Garten anlegen würde. Darüber habe sie lange meditiert, und sie habe schließlich herausgefunden, dass dieses Bild ein Symbol dafür war, aktiver in der Welt tätig zu sein und die Gesellschaft mitzugestalten. Als Erstes habe sie jetzt eine Gärtnerinnenlehre angefangen. Und Astrologie sei ihr Hobby.

Die Katholikin nickt und strahlt. Sie ist in ihrem Kloster die Gartenschwester gewesen und hat sich mit ihrem ganzen Herzen und ihrer ganzen Kraft in diese Aufgabe hineinbegeben. Sie habe nie das Bedürfnis gehabt, sich mit der Welt und den Menschen auseinander zu setzen, die sie alle zu sehr nach außen gerichtet und oberflächlich fand. Mit den Pflanzen habe sie richtig zusammenleben können. Das aber habe schließlich die-sen Konflikt in ihr noch verstärkt: Auch das Klosterleben –

von der Amtskirche ganz zu schweigen – sei ihr immer äußerlicher vorgekommen. Sie habe zunehmend das Gefühl bekommen, dass sie in der Klostergemeinschaft nicht zu ihrer tiefen inneren Spiritualität würde durchdringen können. Dieser Prozess habe sich über mehrere Jahre hingezogen, Zeit würde schließlich keine Rolle spielen – hier nickt die andere wissend. Aber dann sei eine unbändige Sehnsucht nach Leben in ihr wach geworden, die sie schließlich zum Austritt aus dem Orden bewegt habe. Sie habe weder eine Berufsausbildung noch Geld besessen. Nun, sie habe dann Krankenschwester für Psychiatrie gelernt, und hier sei sie, gesund und munter.

Die Buddhistin legt ihre Hand auf die Hand der anderen, und sie sehen sich lange an. Der tibetische Buddhismus hat mich immer sehr angesprochen, sagt die Katholikin dann. Ihr habt auch so schöne Rituale wie wir. Ja, sagt die Buddhistin gedehnt, doch sind sie nicht das Eigentliche, für mich jedenfalls nicht. Nein, antwortet die andere. Sie wissen, wovon sie reden.

Sie sitzen lange schweigend. Liebe füreinander entsteht in ihnen. Unausgesprochen ist klar, dass auf sie eine gemeinsame Aufgabe wartet.

Fische begegnet Fische

Die beiden Fische sitzen auf dem großen Findling im Garten. Sie haben sich bei den wenigen deutschen Kliniken beworben, die in ihren Therapien einen spirituellen Ansatz verfolgen. Sie haben sich als Paar geoutet, als ehemalige Nonnen, mit ihren Berufen, in denen sie arbeiten wollen, und mit ihrem gemeinsamen großen Plan. Die Leiterin einer Klinik für Transpersonale Psychologie hat befunden, dass sie beide eine Bereicherung für ihr Haus seien und ihnen völlig freie Hand gegeben.

Die Fische hatten zwar versucht, den Plan detailliert auszuarbeiten, doch haben sie das bald verworfen, weil sie merkten, dass sie sich vor Ort in die Gegebenheiten und in die Menschen würden einfühlen müssen. Sie haben daher die ersten drei Monate im bestehenden Ablauf mitgearbeitet und glauben, nun mit ihrem Plan beginnen zu können. Sie werden einen Heilgarten anlegen. Dabei wollen sie sowohl die Erfahrungen aus alten Klostergärten einfließen lassen als auch astrologische Erkenntnisse nutzen, und sie wollen Symbole und Formen aus tibetischen Mandalas verwenden. Der Garten soll selbstverständlich Heilkräuter enthalten, er wird aber durch seine Anlage selbst heilsam wirken für alle, die ihn betreten.

Fisches besonderes Konzept sieht vor, dass sich PatientInnen und Klinikpersonal gemeinsam an dem Projekt der Erschaffung und der Pflege des Gartens beteiligen – freiwillig natürlich. Ihre Idee wird in alle Stationen hineingetragen und von den meisten begeistert aufgenommen. Dann stellen sie fest, dass sie viel mehr Zeit brauchen, um den Garten innerlich gründlich vorzubereiten. Sie haben vor, die Energie der vier Elemente im Garten darzustellen, das Spiel von Licht und Schatten soll deutlich werden, die Beete sollen in verschiedenen Symbolformen angelegt werden: im Kreis, im Quadrat und im Dreieck, und der Garten soll, wie ein Horoskop, sowohl durch Spannungen als auch durch Harmonien lebendig werden. Und schließlich soll der ganze Garten auf ein inneres Zentrum hin ausgerichtet sein. Gleichzeitig soll Raum sein für Unvorhergesehenes, für Wachstum und Entwicklung, so dass Freiflächen integriert sein werden, die die eigene Phantasie anregen, sowie geschützte Meditationsecken, in denen der Garten in Stille wirken kann.

Erst mit jeder Umsetzung eines Planungsschrittes wird den Fische-Frauen klar, wie der nächste Schritt auszusehen hat. Nun werden von jeder Station zwei Freiwillige gebraucht, die sich für die Station meditativ auf den Garten einstimmen. Sehr einfach und harmonisch teilt sich nun die Verantwortlichkeit auf. Die Zuständigkeit für die verschiedenen Elemente wird verteilt, und die einen machen sich an das Mixen von biologischem Dünger, die anderen beschäftigen sich mit biologischen Schädlingsbekämpfungsmitteln, wieder andere suchen Pflanzen aus, pflegen die Gartenwerkzeuge usw. Alle finden ihre Aufgabe, und die Fische sorgen dafür, dass alles in einem heilsamen Tempo und einem heilsamen Miteinander bleibt. Schließlich soll die Arbeit im Garten selbst heilen. Niemand soll über- oder unterfordert werden. Die ganze Klinik ist beeindruckt von diesen beiden Frauen, die sich ihrer Vorgehensweise so sicher sind.

Erst ein Jahr später lässt der Garten sein Gesicht ungefähr erkennen. Und es kommen erste Anfragen von anderen Kliniken über das Projekt.

Alle sind stolz. Sie spüren, dass allein der Blick auf den Garten vom Speisesaal aus heilsam ist. Und die Fische-Frauen wissen, dass der Garten seine Heilenergie in die ganze Welt verströmt – auch für die Menschen, die ihn nicht sehen können.

Die Autorin

Kristina Messerschmidt, Jahrgang 1957, Sonne/AC Zwillinge, Heilpraktikerin, lebt in Berlin und arbeitet im AQUARIANA-Zentrum.

Die Astrologie überraschte sie mitten in ihrem Amerikanistik-Studium und einer jugendlich-ungezügelten Lebensweise als Einstieg in eine neue esoterische Lebensbetrachtung, die Ordnung und geistige Ausrichtung brachte. Meditation und Heilarbeit sowie eigene Astrologiekurse kamen bald dazu. 1991 eröffnete sie ihre erste Heilpraxis, und 1998 gründete sie das AQUARIANA Praxis- und Seminarzentrum in Berlin-Kreuzberg.

In den Horoskopen ihrer KlientInnen findet sie klare Aussagen zu deren momentaner Situation und ihrem Entwicklungsweg. Sie begleitet Menschen meist über längere Zeiträume mit Esoterischem Heilen und Chakrenarbeit in den Wandlungs- und Wachstumsprozessen, die die Suche nach dem inneren Licht und das Sich-Einlassen auf das Leben mit sich bringen. Im Energiefeld einer Gruppe erleben viele Frauen durch den Austausch gegenseitige Unterstützung: Astrologie- und Meditationsgruppen, Ausbildungen in Esoterischem Heilen und andere Seminare im Bereich spirituellen Wachstums.

AQUARIANA

Am Tempelhofer Berg 7 d
10965 Berlin
Tel. (030) 69 80 81-17
eMail: KristinaMesserschmidt@Aquariana.de
Website: www.aquariana.de

Wir danken Astropress (www.astropress.de)
für die freundliche Erlaubnis,
ihre Symbole der Tierkreiszeichen zu verwenden.

Die Deutsche Bibliothek – CIP-Einheitsaufnahme
Messerschmidt, Kristina:
Unter den Sternen – Lesben und Astrologie
Kristina Messerschmidt
Berlin: Krug & Schadenberg, 2003
ISBN 3-930041-37-5

Arndtstr. 34, 10965 Berlin
Tel. (030) 61 62 57 52, Fax (030) 61 62 57 51
info@krugschadenberg.de
www.krugschadenberg.de

Originalausgabe
1. Auflage 2003

Lektorat: Andrea Krug, Berlin
Satz und Gestaltung: Grafikbüro Schadenberg, Berlin
Coverfotos: Getty Images
Druck: Clausen & Bosse, Leck